U0526087

上海浦山新金融发展基金会

弘扬浦山先生为代表的经济学家克己奉公的高尚品质
推动金融理论创新，支持上海国际金融中心建设

见证
失衡 II

双顺差的结束、人民币国际化和
美元武器化

余永定 著

电子工业出版社
Publishing House of Electronics Industry
北京·BEIJING

未经许可，不得以任何方式复制或抄袭本书之部分或全部内容。
版权所有，侵权必究。

图书在版编目（CIP）数据

见证失衡：双顺差的结束、人民币国际化和美元武器化. II / 余永定著. -- 北京：电子工业出版社，2024. 10. -- ISBN 978-7-121-48550-3

Ⅰ. F752.6；F837.126

中国国家版本馆CIP数据核字第2024KT1735号

责任编辑：张　毅
印　　刷：三河市鑫金马印装有限公司
装　　订：三河市鑫金马印装有限公司
出版发行：电子工业出版社
　　　　　北京市海淀区万寿路173信箱　邮编：100036
开　　本：720×1000　1/16　印张：27.5　字数：428千字
版　　次：2024年10月第1版
印　　次：2024年10月第3次印刷
定　　价：99.00元

凡所购买电子工业出版社图书有缺损问题，请向购买书店调换。若书店售缺，请与本社发行部联系，联系及邮购电话：（010）88254888，88258888。
质量投诉请发邮件至 zlts@phei.com.cn，盗版侵权举报请发邮件至 dbqq@phei.com.cn。
本书咨询联系方式：（010）68161512，meidipub@phei.com.cn。

浦山书系简介

"浦山书系"是由上海浦山新金融发展基金会（简称"浦山基金会"，Pushan Foundation）创设的。

浦山基金会由中国金融四十人论坛（CF40）旗下上海新金融研究院（SFI）发起，于2016年7月成立。浦山基金会以弘扬浦山先生为代表的经济学家克己奉公的高尚品质，推动金融理论创新，支持上海国际金融中心建设为宗旨，主要业务为奖励在国际经济领域作出贡献的经济学家，并且资助国际金融和新金融领域的课题研究与研讨。

"浦山书系"专注于国际经济等相关领域，基于研究和研讨成果出版系列图书，力图打造兼具理论、实践、政策价值的权威书系品牌。

2009年以来，"中国金融四十人论坛书系"及旗下"新金融书系""浦山书系"已出版190余本专著。凭借深入、严谨、前沿的研究成果，该书系在金融业内积累了良好口碑，并形成了广泛的影响力。

序　言

改革开放之初，外汇短缺是中国实现经济起飞的最突出瓶颈。中国希望引进外国先进设备，但 1978 年只有 1.67 亿美元外汇储备。中国希望积极参与国际分工、开展对外贸易，但没有外汇进口原材料、中间产品和技术。1979 年，中国出口总额只有 137 亿美元。1979—1989 年，除其中的两年外，中国贸易都是逆差，同期经常项目当然也是逆差。由于从海外借债和引入外商直接投资（FDI），资本项目则有少量顺差。

所幸的是中国的改革开放恰逢东亚地区代工、贴牌生产的高峰期。采用这种贸易方式，没有外汇也可以获得所需的原材料、中间产品和技术。对进口品进行加工后再出口，中国企业可赚到等值于加工所创价值的外汇。以"三来一补""进料加工"为主要形式的加工贸易使中国贸易顺差迅速增加。

与此同时，中国通过建立合资企业大力引进 FDI。中国鼓励、要求"三资"企业实现自身的外汇平衡。这样，随着加工贸易的发展和 FDI 的流入，从 1990 年代初起中国出现所谓"双顺差"（贸易顺差、资本项目顺差）。由于双顺差，中国的外汇储备迅速增加，1996 年中国外汇储备超过 1000 亿美元。

中国以加工贸易 +FDI 为主要特征的"出口导向"发展战略无疑是成功的。但正如马克思所说的，"辩证法在对现存事物的肯定的理解中同时包含对现存事物的否定的理解"，早在 1983 年，世界经济学界就有人对中国政府一方面追求外贸顺差，另一方面大力引进外资的政策提出疑问，指出这种政策组合存在内在矛盾。

我在1996年开始关注中国国际收支不平衡问题，在同年6月发表的一篇文章中，我写道："如果一个国家持续维持双顺差，意味着这个国家通过贸易顺差赚到的外汇和通过从外国银行借款、对外发行股票和债券筹集到的资金并未用于购买外国商品，特别是资本品。""增加的外汇储备必然是某种形式的外国金融资产。""双顺差导致外汇储备增加，意味着出口赚到和引资借到的外汇或被闲置，或被存放回外国银行，或被用来购买外国证券（大概是美国的短期国库券）。这种状况可以比喻为穷人以高利息从富人那里借钱，再用低利息把钱借给富人。这是对资源的一种极大的浪费。""从国际收支的总体来看，经常项目顺差国必然是资本输出国而不是资本流入国，尽管从资本项目上看中国是世界上第二大外资吸收国，但由于中国这些年来一直维持着贸易顺差，从实际资源利用的角度来看，中国是资本输出国而不是资本输入国。""中国外汇储备增加的最大受益者是美国。"①

在文章中我提到的另一个问题是："根据IMF（国际货币基金组织）1996年《收支平衡统计年报》，在1988年，中国投资收入逆差为1.26亿美元，到1994年，这一数字增长到10亿美元。6年间年均增长率为45%左右。这种增长速度太快了，但由于基数较低，暂时问题还不大。但在1995年，中国的海外收入未增反降，而外国投资者从中国获得的海外收入却一下子增加了246.8%（达169.6亿美元）。其结果是，1995年外国投资者在中国所获得的海外净收入竟比1994年增长了1055%。由于外国投资者的投资收入急剧增加，尽管中国的贸易顺差相当大，但中国的经常项目顺差却不大，只有几十亿美元。这种发展趋势的后果比'双顺差'问题还严重。如果有朝一日贸易顺差只能用来抵销投资收入逆差，我们所输出的实际资源将完全作为外国人的收入而被外国人所占有，我们就连外汇储备的增加都无法实现了（持有外汇储备尽管收益较低，但毕竟还有收益）。如果事态再进一步发展下去，我们就会陷入'贸易项目顺差、经常项目逆差、资本项目平衡（或略有顺差）、外汇储备不变（或减少）'这种国际收支状况。这样一

---

① 余永定.资本流入的宏观管理问题[J].世界经济与政治，1996（6）.

种国际收支状况意味着中国必须减少国内投资（降低经济增长速度），以便省出实际资源支付外国投资者的利润收入，外资的存在成为中国经济的负担，而不是增长的推动力。"①

不难看出，我当时的观点是：尽管双顺差的形成有其合理性，但不是资源的最优配置，中国应该调整政策，实现贸易和国际收支的基本平衡，特别是不应过度积累外汇储备。此文发表后受到某些领导人的严厉批评。关于这些我在《见证失衡：双顺差、人民币汇率和美元陷阱》中已有所交代，这里不再赘述。总之，在此之后我开始持续关注中国国际收支平衡问题。2010年，生活·读书·新知三联书店（后文简称"三联书店"）结集出版了我自1996年6月到2009年4月撰写的有关国际收支失衡的30余篇文章，文集取名《见证失衡：双顺差、人民币汇率和美元陷阱》。

失衡是指某种难以长期维持的状态。一国的国际收支失衡在经济分析中同国际收支平衡表中的四种情况相关：其一，贸易项目失衡；其二，经常项目失衡；其三，经常项目同资本与金融项目中的资本项目失衡；其四，经常项目同资本与金融项目中的非储备资产项目失衡。"失衡"一词在这里是描述性而非规范性用词，本身并无贬义。

中国从1990年代初到2012年始终维持双顺差，即经常项目顺差和资本项目顺差。按定义，经常项目顺差＋资本项目顺差＝外汇储备增量。增加外汇储备可能是政府政策所追求的目标，也可能是经济运行的某种状况的"被动"结果。在早期，由于投资收益（或投资收入）非常少，为分析方便，我们把双顺差简单理解为贸易顺差和资本项目顺差。② 1997年中国国际收支状况如表1所示。

---

① 余永定. 资本流入的宏观管理问题 [J]. 世界经济与政治，1996（6）. 这段话在《见证失衡：双顺差、人民币汇率和美元陷阱》一书中被删减。
② 对"双顺差"的两种解释，见《见证失衡：双顺差、人民币汇率和美元陷阱》（由三联书店出版）第1页到第12页和第120页到第142页。

表1　1997年中国国际收支平衡表

项　目	金额（亿美元）
1. 经常账户	370
1.1 贸易账户	428
1.2 投资收益账户	−59
2. 资本与金融账户	210
2.1 资本账户	0
2.2 金融账户（非储备金融账户）	210
3. 储备资产	−357
4. 误差与遗漏	−223

表1采用了《国际收支和国际投资手册》第六版中标准的国际收支平衡表格式。在新版国际收支平衡表中，旧版本中的资本账户（项目）被称为资本与金融账户，由资本账户和金融账户两部分构成。新版本中的资本账户记录资本的跨国交易（International Capital Transactions），如外债豁免、移民导致的物品和资产的跨国转移、版权、遗产继承税等。为简化分析，我们把经常账户中的单向转移项并入投资收益账户。为了叙述方便，本文把金融账户下的储备资产账户提出，单列为准备资产账户。这样，在表1中的金融账户实际上是新版本中的"非储备金融账户"，即我们过去所说的"资本项目"。按定义，经常项目差额＋资本项目差额＋储备资产变动＝0，但由于统计上的原因，经常项目差额＋资本项目差额＋储备资产变动≠0。为满足复式簿记的借方＋贷方＝0的要求，引入余值项——误差与遗漏项。按定义，经常项目差额＋资本项目差额＋储备资产变动＋误差与遗漏＝0。在下文中我们将沿用"项目"和"投资收入"这样的习惯说法。

表1显示，1997年中国国际收支平衡表中的经常项目顺差为370亿美元、资本项目（资本与金融账户中的非储备金融账户）顺差为210亿美元。经常项目和资本项目都是顺差，因而中国的国际收支状况被学术界描述为"双顺差"。按定义，双顺差一定等于外汇储备的增加。在表1中，370亿美元＋210亿美元＝外汇储备增量357亿美元＋误差与遗漏223亿美元。

按定义，经常项目顺差国一定是资本输出国。但中国的资本项目顺差又似乎意味着中国是资本输入国，而且我们经常为自己是世界第一大或第二大引资国而感到自豪。这又作何解释？经常项目顺差＝外汇储备增量－资本项目顺差。把资本项目和外汇储备（国际收支平衡表中的资本账户＋非储备金融账户＋储备资产）放在一起看，可以发现尽管资本项目下的外国直接投资和间接投资之和是顺差（资金流入中国），但外汇储备的增长幅度（资金流出中国）大于资本项目顺差的增长幅度，资金是净流出的。经常项目顺差恰好等于这个差额（加上误差与遗漏）。以表1为例，经常项目顺差＝（外汇储备增量－资本项目顺差）＋误差与遗漏，即370亿美元＝（357亿美元－210亿美元）+223亿美元。即中国在资本项目下净输入外资210亿美元，但通过购买美国国债（357亿美元）和误差与遗漏（223亿美元），输出资本580亿美元。因而，中国净输出资本370亿美元。

还需要注意的是，表1中的经常项目顺差370亿美元是扣除了对应于210亿美元资本项目顺差的净进口后的经常项目顺差。例如，假设中国在上半年取得580亿美元经常项目顺差，下半年引入210亿美元FDI（假设在非储备项目下中国没有资本输出），并用此210亿美元进口资本品。这样，年末的国际收支平衡表就显示为：经常项目顺差370亿美元（580亿美元－210亿美元）、资本项目顺差210亿美元、外汇储备增量357亿美元和误差与遗漏223亿美元。也存在另一种可能性，即资本项目顺差210亿美元并未转化为进口资本品。在这种情况下，中国经常项目顺差就仅仅是370亿美元。实际情况如何，只能通过对国际收支状况的更为细致且具体的分析才能确定。

国际收支失衡还存在一个全球维度。西方学者所说的"全球不平衡"（Global Imbalances）主要是指美国的经常项目逆差与中国、日本、石油输出国组织等的经常项目顺差长期共存。只有当顺差集团想维持的经常项目顺差恰好等于逆差集团想维持的经常项目逆差时（或者只有当逆差集团想吸引的外资等于顺差集团想增持的金融资产时），"全球不平衡"才可以维持（"不平衡"的平衡）。一旦这种"不平衡"的平衡无法维持，美元就会大幅度贬值，美国债务就会违约，美国通货膨胀率就会飙升。换言之，全球经济就可能受到金融危机、国际收支危机、货币危机的冲击。从2002年到2008年，"全球不平衡"一度成为全球经济学家关注的头号热点。

就中国而言，国际收支平衡问题的演进可以分为三个阶段。

第一阶段：从1970年代末到1990年代中，经常项目逆差、资本项目顺差。这样一种国际收支状况对于处于经济起飞阶段的发展中国家而言是自然的。这种状况意味着中国利用了国外资源弥补了国内储蓄对投资而言的不足，在不断改善人民生活水平的同时，加快了经济增长速度。

第二阶段：从1990年代中到2014年，经常项目顺差、资本项目顺差[1]。换言之，从1990年代中到2014年，中国是资本输出国而不是输入国。《见证失衡：双顺差、人民币汇率和美元陷阱》主要讨论的是从1996年到2009年中国的国际收支失衡问题。

1990—2014年的双顺差阶段可以进一步分为两个小阶段。1990—2005年的绝大部分年份，资本项目顺差大于经常项目顺差，即外汇储备增加主要源于资本项目顺差。换言之，在这个阶段，中国用于购买美国国债的资金主要是借来的而不是赚来的。2005—2014年的大多数季度中，经常项目顺差大于资本项目顺差[2]，外汇储备持续大幅度增加。由于借来的外汇储备相对减少，这种国际收支结构应该说比以前要合理一些。

第三阶段：2014年至今，经常项目顺差、资本项目逆差。从2014年第四季度起，资本项目逆差和误差与遗漏大幅度增加，外汇储备大幅度减少。2017年和2018年前三个季度一度恢复资本项目顺差。此后，虽然基本上是资本项目逆差，但逆差规模较小（2022年第三季度除外）。在这个时期，误差与遗漏项下资本的流出规模出现增长趋势，不得不令人怀疑自2014年下半年以来资本外逃的规模

---

[1] 2012年中国出现少量资本项目逆差，但2013年又恢复为资本项目顺差。中国连续的年度资本项目逆差始于2014年。
[2] 2004年，中国经常项目顺差686.59亿美元，资本和金融项目顺差1106.60亿美元。2005年，中国经常项目顺差1608亿美元，资本和金融项目顺差急跌至630亿美元。

开始加大。另外，2016年以后经常项目顺差呈明显下降趋势。中国经常项目顺差与GDP之比在2007年一度升至9.9%以上，以后逐年下降，2010年回落至4%，2020年不到1%。经常项目顺差与GDP之比明显下降，说明国际收支不平衡状态逐渐改善。

在经过30余年的经济高速增长之后，中国海外投资增加，资本项目由顺差转化为逆差本属自然，但资本外逃到底对此起到多大作用，始终是我们没有搞清或有意回避的一个问题。尽管中国在2005年才公布海外投资头寸表，我们知道此前中国已经成为海外净债权国，但是令人意外的是，中国一直是投资收入逆差国。最近几年随着中国海外净资产的增加，中国的投资收入逆差不减反增，背后的原因还值得进一步分析。

《见证失衡：双顺差、人民币汇率和美元陷阱》的时间跨度为1996年6月到2009年初，对应于中国国际收支不平衡的第一阶段，即中国持续双顺差、外汇储备不断增加阶段。该书对双顺差的成因与性质、人民币汇率体制改革、资本管制、中国外汇储备的安全性和国际货币体系改革进行了讨论。

该书出版至今已有14年，在此期间，全球经济和中国经济都发生了重大变化。《见证失衡Ⅱ：双顺差的结束、人民币国际化和美元武器化》收录的数十篇文章主要记录了全球金融危机爆发后（《见证失衡：双顺差、人民币汇率和美元陷阱》出版后），特别是中国国际收支不平衡进入第三阶段——经常项目顺差、资本项目逆差阶段后，我对国际收支失衡相关重要问题的一隅之见。这些文章涉及①中国国际收支失衡的原因与影响，②国际货币体系改革和区域货币合作，③人民币国际化，④汇率体制改革，⑤资本外逃，⑥美国的外部可持续性，⑦美元武器化，⑧双循环战略与政策。东方出版社2016年出版的我的另一本文集《最后的屏障》虽然主要讨论资本项目自由化，但对国际收支不平衡问题也多有涉及。为避免重复，凡在这两本书中收录过的文章，新文集《见证失衡Ⅱ：双顺差的结束、人民币国际化和美元武器化》一律不再收录。

《见证失衡Ⅱ：双顺差的结束、人民币国际化和美元武器化》所收录的文章尽管时间跨度超过15年，涉及的问题不同，分析的维度不同，但主要是围绕中国海外资产（特别是外汇储备）的安全性展开的。为方便读者了解本书的写作背景，我有必要首先对《见证失衡：双顺差、人民币汇率和美元陷阱》付梓后中国国际收支平衡问题的演变作一简单回顾。

2008年10月，随着雷曼兄弟公司的倒闭，中国突然发现自己积累的大量美元资产，特别是美国机构债（agency bonds）存在违约危险。2009年3月13日在回答美国媒体"美国巨额债务会导致美元贬值，您是否担心中国在美国的投资"的提问时，时任总理温家宝说："我们把巨额资金借给美国，当然关心我们资产的安全。说句老实话，我确实有些担心。因而我想通过你再次重申要求美国保持信用，信守承诺，保证中国资产的安全。"中国拥有的巨额外汇储备主要是美元资产，特别是以美元计价的美国国债和机构债。一旦美元贬值、美国国债价格下跌或美国出现通货膨胀，中国外汇储备资产的价值就会缩水，更遑论得到合理收益。中国储备资产可能遭到损失本来只是一种理论上的可能性，现在突然变成了现实的威胁。中国能够做的唯一事情是"要求美国保持信用，信守承诺，保证中国资产的安全"。幸运的是美国政府把濒临破产的"房利美"和"房地美"置于政府托管之下，中国政府所持有的大量两房机构债得以避免违约。

在全球金融危机爆发之后，中国政府主要关心两个问题：出口形势的恶化和外汇储备的安全。为了抵消经常项目顺差急剧减少对中国GDP增长的冲击，2009年中国推出"四万亿元刺激计划"。为了维护外汇储备的安全，中国先后提出三个重要政策目标：以加强特别提款权（SDR）的国际储备货币地位为核心的国际货币体系改革、人民币国际化和加强区域金融合作。

由于国际货币体系改革和区域金融合作两个领域进展困难，而且中国在这两个领域也没有主导权，中央银行在2009年7月正式启动人民币国际化。在预期人民币升值的助力下，在最初几年，人民币国际化，特别是在人民币进口结算领域，取得明显进展。2012年，为了加速人民币国际化，中央银行又决定加速资本项目下人民币自由兑换进程。

2012年，中国经常项目顺差为1931亿美元（2011年为1361亿美元），同比增长42%，资本和金融项目却14年来首次出现168亿美元的逆差（2011年为顺差1861亿美元）。其中直接投资顺差1911亿美元、证券投资顺差478亿美元、其他投资逆差2600亿美元。外汇储备增长大幅放缓，国际收支平衡表口径的外汇储备资产仅增加987亿美元。[①]

中国资本和金融项目逆差主要来源于其他投资项目的巨大逆差。根据以往经验，其他投资项目逆差同热钱的流出和资本外逃关系密切。大量其他投资逆差的出现一方面反映了市场对中国经济增长前景预期的不利变化，另一方面可能也同资本项目自由化有关。

虽然2012年中国由双顺差变为一顺一逆，但当时还无法确定这种变化是长期性的还是临时性波动。事实上，2013年中国的国际收支又重新回到了双顺差的轨道。这种情形一直延续到2014年上半年。2014年6月底，中国外汇储备余额创下3.99万亿美元的纪录。2012年第四季度中国经济形势出现好转，2013年中国资本项目顺差的恢复应该同市场预期好转有关。

2013年5月22日，时任美联储主席伯南克在国会联合经济委员会听证会上宣布将放慢购买美国国债速度，减少新投放到经济中的货币量。伯南克的发言在全球引起"退出恐慌"（Taper Tantrum）。受其影响，美国国债收益率迅速上升，并导致美国各类利息率和住房抵押贷款利率上升。发展中国家则因短期资本大量外流，汇率承受了不同程度的贬值压力。中国虽然在2013年没有立即受到"退出恐慌"的影响，2014—2015年中国资本和金融项目出现逆差与此大概不无关系。

2014—2015年中国资本和金融项目出现逆差的主要原因应该有四个。第一，套利交易平仓。由于人民币贬值预期，平仓和提前偿还外债的活动导致其他投资项目下的贷款项目负债减少。第二，中国居民资产配置的多元化。中国居民增持美元资产。第三，投机者沽空人民币。第四，资本外逃。2015—2016年，中国对外直接投资有较明显增加也应该是导致资本和金融项目出现逆差的

---

① 《2012年第四季度货币政策执行报告》提供的数字同国际收支平衡表中的数字存在不一致的地方。

原因之一。

令市场颇感到困惑的是：2014年第二季度，中国资本项目（含净误差与遗漏）出现了逆差，但第一、第二季度外汇储备资产却持续增加。这种情况可能同中央银行要"打爆"投机者，改变人民币升值预期有关。事实上，2014年1月14日，人民币汇率中间价创下1994年汇率并轨以来的新高，市场甚至预期人民币对美元汇率马上将"破6"进入"5"时代。外汇储备资产增加意味着中央银行对外汇市场进行了干预，而干预的目的是抑制人民币升值，甚至是人为制造人民币贬值，使投机者不再敢押注人民币升值。事后来看，中央银行和国内外绝大多数经济学家（包括我自己）没有意识到中国国际收支平衡状况已经发生转折：资本和金融项目的长期趋势已经从顺差转为逆差，双顺差时代已经结束，人民币升值的长期趋势也已经结束。

2015年大概是中国多年来经济形势最差的一年。可能是为了让人民币顺利加入SDR篮子，中央银行依然决定在8月11日推出人民币汇率形成机制改革。汇改当天，人民币对美元汇率中间价一次性贬值近2%。然而这一小幅贬值，强化了市场已经形成的贬值预期。从2015年到2016年底，中央银行消耗了近万亿美元的外汇储备来稳定汇率。直到2016年12月底，人民币对美元汇率下跌到1美元兑换6.9元人民币之后，才止跌回升。此后，人民币对美元汇率开始了双向波动。现在来看，中央银行推动汇率市场化的改革是完全正确的，但时机选择不好。

人民币对美元汇率止跌回升的时点恰好同美元指数结束其维持了两年多的上升趋势相重叠。事后来看，如果中央银行当时不后退，不入市干预，人民币贬值并不会失控。当年为稳定人民币汇率，中央银行消耗近万亿美元外汇储备是否值得令人怀疑。

2015—2016年，中国进出口连续两年负增长，贸易顺差收窄14.2%。从2017年第四季度开始，中国经常项目顺差明显减少。2018年第一、第二季度竟然破天荒地出现经常项目逆差。

由于中美贸易战的不利影响及其他原因，2018年3月人民币对美元汇率达到 1 美元兑换 6.23 元人民币的高点后开始下跌，10 月人民币对美元汇率几乎"破7"。几经反复，2019 年 8 月 5 日，人民币对美元汇率终于"破7"。2020 年 5 月，人民币对美元汇率开始回升，2022 年 5 月达到 1 美元兑换 6.31 元人民币，但同年 9 月再度"破7"。

如果说 2003—2014 年中国普遍存在升值恐惧症，2015 年以后中国普遍存在的是贬值恐惧症。特别是，每当人民币汇率接近 1 美元兑换 7 元人民币时，就会有声音说一旦让人民币"破7"，人民币汇率就会一泻千里，要求中央银行干预的声音就会高涨。但自 2019 年 8 月到今天，尽管人民币汇率已经多次"破7"，人民币汇率并未出现急剧下跌的状况。事实说明，人民币汇率已经实现了双向波动，公众也已经习惯了人民币汇率的双向波动，因而人民币汇率已经不再是市场和政府关注的中心问题。汇率波动对改善国际收支状况，避免被动增加外汇储备或无谓消耗外汇储备发挥了积极作用。

2014—2015 年，资本和金融项目逆差成为中国国际收支的常态。从理论上说，同维持双顺差、外汇储备不断增加相比，维持经常项目顺差、资本和金融项目逆差、外汇储备稳定应该说是资源跨境配置的一种优化。但是，有两个很奇怪的现象同这种状况并存。

其一，尽管中国的海外投资头寸长期为正，即长期以来中国是海外净债权国，但中国却长期维持投资收入逆差。例如，2009 年中国海外净投资头寸为 1.3 万亿美元，投资收益却为 -156.9 亿美元；2022 年中国的海外净投资头寸为 2.5 万亿美元，投资收益却为 -2000 亿美元。2009—2022 年的 14 年中，中国海外净投资头寸年平均值为 1.9 万亿美元，但同期中国给债务人支付了 1.03 万亿美元净利息，平均每年支付净利息 736 亿美元。造成这种情况的主要原因是收益率极低的美国国债在中国持有的海外资产中所占比重过高。假设国际上海外投资的正常回报率是 5%，中国每年支付给外方 736 亿美元的净利息，就意味着中国实际上相当于是一个背负约 1.5 万亿美元净外债的债务国。令人遗憾的是，我们对此似乎并不以为意。

中国的这种情况同美国形成鲜明对比。2021 年底，美国的海外净负债为 18.1

万亿美元，但美国的投资收入（顺差）却高达 1500 亿美元左右。中国的这种情况同日本的反差也巨大。同中国一样，日本也是净债权国。2019 年，日本的海外净资产为 364.5 万亿日元，投资收入为 21 万亿日元，海外净资产的回报率为 5.7%。事实上，多年来日本的投资收入顺差超过贸易项目逆差，这使得日本始终得以维持经常项目顺差。

中国人口正在迅速老龄化，不可能长期维持大量贸易顺差。如果不改变作为净债权国投资收入为逆差的状况，有朝一日中国的贸易顺差锐减或消失，中国就会陷入债务陷阱，中国经济就会陷入停滞。

其二，除个别季度外，中国一直维持经常项目顺差。按定义，中国的海外净投资头寸，即中国的海外净资产应该等于累积的经常项目顺差。但长期以来中国的海外净资产明显小于累积的经常项目顺差。虽然两者的差额同价值重估有关，但价值重估不足以解释这种差额。[①] 对资本和金融项目逆差贡献最大的项目往往是其他投资项目逆差。庞大的其他投资项目逆差和误差与遗漏项目的巨额"流出"，不得不使人怀疑中国存在严重的资本外流情况。

2018 年，中美贸易战爆发。由于全球化趋势的逆转、地缘政治形势的恶化，以及中国已经成为世界第二大经济体，2020 年 7 月 30 日，中共中央政治局提出加快形成以国内大循环为主体、国内国际双循环相互促进的新发展格局的战略部署。双循环战略是对中国长期执行的出口导向型发展战略的重大调整。贯彻落实双循环战略将能从根本上改善中国的国际收支平衡状态，实现海外投资头寸结构的合理化。

与此同时，中国还不得不关注美国的"外部可持续性"问题。最近几年美国的海外净债务一直在快速增长，到 2021 年底，美国的海外净债务已经超过 18.1 万亿美元，与 GDP 之比达 60% 以上。2020 年以后，由于贸易逆差增加、投资收入顺差减少，美国经常项目逆差明显增加。美国经常项目逆差与 GDP 之比由 2020 年第四季度的 3.7% 上升到 2022 年第一季度的 4.8%。虽然这一比例同美国

[①] 2022 年中国海外净资产同比增加了 16%，显著减少了中国海外净资产同累积的经常项目顺差的差额。但是，2022 年中国海外净资产增速异常提高的原因还需进一步分析。

2006年创下的6.0%的历史最高纪录尚有距离，但美国经济外部可持续问题已足以引起我们的再度关注。美国外部可持续性问题的关键是看美国有没有能力为巨额外债还本付息。如果随着债务的累积，到未来的某一天，美国既无法变贸易逆差为贸易顺差，又不能通过资本项目顺差还本付息，即无论美国金融资产名义收益率有多高，也没人愿意购买新的美元资产，美国政府就只剩下两个选择：直接违约或通过通货膨胀违约。换言之，现在我们再次面临同2002—2008年"全球不平衡"时期相类似的形势。

2022年3月以来，美联储为了抑制通货膨胀持续加息，2023年10月美国10年期国债收益率一度接近5%，高于2007年8月次贷危机爆发前夕和2008年雷曼兄弟公司倒闭时的水平。美国国债收益率的上升，意味着美国维持国际收支平衡的引资成本提高，美联储当前的货币紧缩政策必将对美国国际收支平衡造成严重不利的影响。在这种情况下，中国海外资产的安全将会再次受到严重威胁。不仅如此，美元的"武器化"又使中国海外资产的安全性受到另一个维度的严重威胁。

尽管已经过去30多年了，如何改善中国的国际收支平衡状况、如何优化中国资源跨境配置、如何保证中国海外资产的安全等问题依然挥之不去。遗憾的是，尽管双循环的大战略已定，但到目前为止，经济学界依然没有就如何具体落实这个大战略形成共识。

本书的第一部分主要讨论双顺差的成因与性质。关于双顺差的成因，在《见证失衡：双顺差、人民币汇率和美元陷阱》中，我作过详细讨论，这里不再赘述。同旧文集中的文章相比，尽管我的基本观点没有变化，但叙事方式有了变化。我把双顺差给中国带来的问题概括为四个问题：Dornbusch问题、Williamson问题、Krugman问题和Rogoff问题。

- R.登布什（Rudiger Dornbusch）教授在1970年代指出，经常项目顺差意味着输出资本。发展中国家借钱给发达国家是不合理的，因为国内资源本应该用于那些能带来更高回报的国内投资，从而提升人们的生活水平。

- J.威廉姆斯（John Williamson）博士在1995年的一篇演讲稿里指出，资本输入应该转化成经常项目赤字。双顺差意味着中国没有把借来的钱全部去购买外国的产品和技术。相反，把花费高成本（FDI是成本最高的外资）引入的资金以很低的利率借回给债权国了（美国在中国进行直接投资，中国购买美国国库券）。

- P. 克鲁格曼（Paul Krugman）指出，中国购买了太多的美国国库券，美元的贬值意味着中国的外汇储备面临着严重的资本损失。中国卖也不是、不买也不是，因而落入了美元陷阱。
- K. 罗戈夫（Kenneth Rogoff）认为，美国政府有着强大的、难以抵抗的诱惑——以通货膨胀来赖掉它迅速增长的债务。一旦如此，中国以美国政府债券形式累积的大量储蓄的购买力可能会迅速地蒸发。美国政府债券违约并非不可想象，即便不发生形式上的违约，通货膨胀导致的事实上的违约也将使中国遭受严重损失。

双顺差一般说明 Dornbusch 问题和 Williamson 问题的存在。例如，假设中国获得 1000 亿美元的经常项目顺差[①]（Dornbusch 问题）的同时获得 500 亿美元直接投资，但企业并未实际使用 500 亿美元进口机器设备（Williamson 问题），而是将 500 亿美元卖给中央银行以兑换 4000 亿元人民币用于其他目的，而中央银行用此 500 亿美元购买美国国债。最后的结果是经常项目顺差 1000 亿美元，资本项目顺差 500 亿美元，外汇储备增加 1500 亿美元。这种国际收支结构存在由 Dornbusch 和 Williamson 指出的资源误配问题。

也应该看到，存在双顺差也不一定就是资源误配导致的。例如，中国企业引进 500 亿美元 FDI，FDI 转化为 500 亿美元的进口机器设备。此时，在出现 500 亿美元资本项目顺差的同时，经常项目顺差减少 500 亿美元，新增外汇储备减少 1000 亿美元。如果此时确实需要增加外汇储备 1000 亿美元（在外汇储备不足的时候是需要积累一定外汇储备的），这种国际收支结构就不存在 Dornbusch 问题和 Williamson 问题。需要回答的一个问题是：既然有 1000 亿美元的经常项目顺差，

---

① 为讨论方便，暂时假设经常项目顺差 = 贸易顺差。

为什么中国企业不在国内的外汇市场上购买 500 亿美元外汇，自己购买外国机器设备呢？这应该是由 FDI 的性质所决定的：既然引进了 FDI，中国企业或许只能让海外投资者"带进"作价 500 亿美元的机器设备。

双顺差的产生也可能同 FDI 对国内企业投资的"挤出"有关。如果中国经常项目顺差原为 1000 亿美元，中国企业在外汇市场上购汇 500 亿美元用于进口机器设备。中国的经常项目顺差变为 500 亿美元、外汇储备增加 500 亿美元，但资本项目顺差为零。假设中国经常项目顺差依然为 1000 亿美元，但由于 FDI 优惠政策或其他原因，中国企业不是换汇进口 500 亿美元的机器设备，而是引进 500 亿美元的 FDI。结果是：中国的经常项目顺差 500 亿美元，资本项目顺差 500 亿美元，外汇储备 1000 亿美元。这种情况可能意味着 FDI 优惠政策导致资源误配，因为 500 亿美元 FDI 的利润远高于（新增）500 亿美元美国国债的投资收益。当然，也不能排除这样一种可能性：中国经济总体上所能得到的好处足以补偿从国际收支角度看的资源误配损失。遗憾的是，没有人对这种可能性作定量分析。

随着美国国际收支状况的恶化和全球金融危机的爆发，中国海外资产的安全性问题成为人们关注的焦点。本书的第二部分主要讨论如何通过全球货币体系改革和区域货币合作维护中国的美元资产的安全。

人民币国际化是确保中国外汇储备安全的三个维度之一。但由于人民币国际化问题的特殊重要性，相关文章被归类到专门讨论人民币国际化的第三部分中。在肯定人民币国际化对降低交易成本、加强中国海外资产安全性的积极作用的同时，我的一贯观点是人民币国际化进程应该服从资本项目自由化进程，必须避免人民币国际化导致资本项目自由化时序颠倒，更不应该以人民币国际化为名"倒逼"资本项目自由化。我自 2009 年以来有关人民币国际化的文章大部分已经收录在《最后的屏障》[①]一书中。在本文集收录的文章中，我主要表达了这样的想法：在当前的地缘政治条件下，虽然我们应抓住机会推进人民币国际化，但是也

---

① 余永定. 最后的屏障 [M]. 北京：东方出版社，2016.

应看到人民币国际化并非没有代价，也不能最终确保中国外汇储备资产的安全。当务之急是中国应减少对外需的依赖，实现经常项目平衡，减少中国资产的风险暴露。唯其如此，才能真正确保中国资产的安全。

本书的第四部分延续了我自2003年以来提出的尽可能不干预外汇市场，尽快让人民币汇率实现自由浮动的主张。过去我们需要克服人民币升值恐惧症，现在我们需要克服人民币贬值恐惧症，应该让汇率发挥外汇供求稳定器的作用。我认为2015—2016年中央银行动用外汇储备干预外汇市场是没有必要的。即便不干预，人民币汇率到2016年底也会实现稳定。但这已经是一种无法证明的假设。而2016年底随美元指数的下跌，世界上大多数市场经济发展中国家都实现了汇率稳定则是事实。2017年之后，中央银行对汇率波动采取了"善意忽视"的政策：除非汇率贬值速度过快，对汇率波动不再进行干预。这种政策是成功的。

本书第五部分主要讨论资本项目自由化或人民币在资本项目下的可兑换问题。2012年中央银行决定加速推进资本项目自由化，坊间甚至传出了所谓资本项目自由化时间表。中央银行的这一决定又在学术界引起了一场激烈的辩论。我关于这个问题的大部分文章也已经被收录在《最后的屏障》中。"审慎对待资本项目开放"是我在东亚金融危机之后一直坚持的观点。在《最后的屏障》出版后，我和同事们对资本项目自由化的进程进行了持续跟踪，并进一步阐述了我们的观点。第一，在政治、法律、税收等条件还有待进一步完善之前，作为"最后的屏障"，中国还不能完全放弃对资本的管制。通过资本项目自由化"倒逼"改革，成本过高，结果难以控制。第二，对资本外逃不能采取"鸵鸟政策"，必须正视。不应出于政治考虑而淡化资本外逃的严重性，必须摸清资本外逃的规模和途径。第三，不应妨碍合法的资本跨境流动。

如何抑制资本外逃是一个高度技术性问题。未经官方确认的各种传闻显示：灰色地带的资本外逃十分严重。但由于条件限制（特别是信息的限制），非官方机构和学者难以胜任对资本外逃的研究。尽管如此，我们还是尽可能地对2015年以来中国资本外逃的途径和方法进行了跟踪研究并发表了一些文章。除此之外，在这些文章中，我们把作为流量问题的资本外逃和作为存量问题的海外投资头寸与累积的经常项目顺差之间的缺口联系起来，指出误差与遗漏项的持续逆差，以及经常项目顺差累积额小于海外净资产头寸这一事实并不能完全归结为统计和价值重估问题。总之，我们希望通过这些文章引起有关方面对资本外逃问题的重视，同时找到解决这个问题的具体办法。

本书的第六部分主要讨论美国的国际收支结构、美国海外净负债的动态路径和美国国际收支状况的不可持续性。美国的国际收支平衡长期依赖外国资本源源不断流入，即外国投资者持有美国资产，特别是持有美国国债。2006年，美国的海外净负债为1.8万亿美元，与GDP之比为13%。由于美国经常项目逆差过高和海外净负债过多，大家都担心外国资本可能会突然停止（Sudden Stop，SS）流入美国，从而引发一场全球国际收支危机和美元大幅度贬值。虽然全球金融危机爆发后，美国的国际收支状况有所好转，但2020年以后，由于贸易逆差急剧增加、投资收入顺差减少，美国经常项目逆差明显恶化。2022年，美国的经常项目逆差与GDP之比达到3.7%。虽然这一比例同美国2006年创下的6.0%的历史最高纪录尚有距离，但美国海外净负债急剧恶化，在2022年第四季度为16.12万亿美元，净外债与GDP之比为63.3%，已经远远超过大家极度担心美国会出现国际收支危机和美元危机的13%。奇怪的是，无论美国还是其他国家的经济学家都对此视而不见。自2022年3月以来，美国联邦基金利息率已经上升了525个基点，为5.25%~5.50%。美联储现在已开始实施"量紧"，每月从市场上抽走1000亿美元的流动性。由于美联储持续加息，美国的国债收益率不断上升。国债收益率上升意味着美国国债融资成本上升，这必然导致美国国际收支状况进一步恶化。如果美国政府不能及时调整其国际收支结构，SS的出现将使美国发生国际收支危机和美元危机。作为美国的最大债权人，中国就可能遭受严重损失。

本书的第七部分主要讨论地缘政治冲突对国际金融体系和中国外汇储备安全的影响。早在2013年，英国《金融时报》的副主编马丁·沃尔夫就曾警告：如果中美发生冲突，美国有可能会扣押中国相当一部分的海外资产。2022年，美联储和西方一些国家采取联合行动，冻结俄罗斯中央银行3000亿美元的行动再次给中国敲响了警钟。我们终于意识到，中国外汇储备的安全不仅是一个国际金融问题，还是一个地缘政治问题。面对中美之间的地缘政治冲突，中国必须加快国际收支结构和海外投资头寸结构的调整。我们现在所能做的事情基本上是"亡羊补牢"。"悟已往之不谏，知来者之可追。"凯恩斯告诫我们：你欠银行 1 万英镑，你受银行支配；你欠银行 100 万英镑，银行受你支配。我最基本的想法是：在当前严峻的地缘政治环境中，如果你不能保护自己的债权，你就要尽可能不当债主。

在新的地缘政治条件下，失衡问题的讨论已经超越传统的宏观经济和国际经济理论的研究范围。本书的第八部分对如何平衡中国产业体系的安全与效率、如何应对全球供应链的调整作了初步的探讨。2020 年，中央提出"构建以国内大循环为主体、国内国际双循环相互促进的新发展格局"的思想。这是对中国经济发展战略的重要调整。方向已经明确，只要贯彻落实中央这一发展战略，并且将这种战略转化为相应的宏观经济政策、进出口贸易政策、引资政策、海外投资政策、汇率政策、产业政策、资本跨境管理政策和外汇资产管理政策，中国就一定能够实现国际收支平衡、资源的跨境最优配置和保证外汇储备的安全。

2024 年可能是决定中国经济长期增长前景的关键一年。2024 年，中国政府很可能采取比以往更具扩张性的财政、货币政策，大力加强基础设施投资。在 2009—2010 年"四万亿元刺激计划"期间，"两高"（高铁、高速公路），特别是高铁建设是"四万亿元刺激计划"的主要载体。"四万亿元刺激计划"的正反两方面经验和教训是深刻的。在新的地缘政治条件下，如果我们决定实施扩张性财政货币政策，就必须把完善产业体系和重塑全球供应链放在突出位置，找到既可以刺激经济增长、又可以完善产业体系和重塑全球供应链的载体。只有这样，我们才能避免把财政资金的配置变成各政府部门和各级政府之间的利益分配，在为经济增长注入强劲动力的同时，确保广义基础设施投资的高质、高效。

长期以来，学术界对涉及国际收支失衡的不少问题始终存在分歧。这些分歧的发生或源于经济理念的不同，或涉及对具体经济理论的不同理解，或出于对现实情况的不同判断。普朗克说："一项新的科学真理取得胜利，并不是通过说服它的对手从而使其认识到了这一真理，而是由于它的对手最后都死了，而熟悉这一真理的一代新人成长起来了。"对此，我一直深以为然。学者所能做的不过是坚持思想独立，对属于自己职责范围内的专业问题表明专业的立场。

目录 CONTENTS

第一部分 双顺差的成因与性质

中国经济的失衡与再平衡　2
国际收支失衡与重商议　14
经济发展阶段与国际收支结构演变　26
对失衡与相关政策的辩论　43

第二部分 国际货币体系改革和亚洲区域金融合作

国际货币体系改革、区域金融合作和人民币国际化　64
中国的发展模式和当代国际货币体系　69
中国如何从美元陷阱中自拔　75
人民币加入 SDR 的利与弊　81
全球金融安全网之我见　87
国际货币体系的演变和改革　91
中国为什么要积极参与国际货币体系改革　116
亚洲金融合作的早期进展　127
亚洲金融合作 25 年的回顾与展望　140

第三部分 人民币国际化的进展与问题

人民币国际化与资本项目自由化   146

人民币国际化：过去与未来   152

如何看待人民币跨境收付量的急剧增长   167

第四部分 浮动汇率和外汇储备

人民币汇率应尽快实现市场化   176

通过大量消耗外汇储备来稳定汇率不是好办法   180

保外汇储备还是保汇率   186

如果连"破7"都担心，人民币谈何国际化   195

第五部分 完善跨境资本流动的管理

审慎对待资本项目开放   204

是藏汇于民，还是国民财富流失   209

通过经常项目平衡表和海外投资头寸表追踪资本外逃   222

资本外逃的判别与路径   244

应该更关注什么，明斯基时刻还是资本外逃   257

寻求对资本项目自由化的共识   274

第六部分 美国的外部可持续性

全球不平衡、债务危机与中国面临的挑战	282
美国海外净债务与 GDP 之比的动态路径	290
美国的外部可持续性与投资收入顺差	303
中国视角下的美联储加息	313

第七部分 美元武器化

俄乌冲突对世界经济的影响	320
金融武器化的启示	328
中国外汇储备的前世今生和当前面临的安全性挑战	345

第八部分 调整产业体系，应对全球供应链重塑

准确理解"双循环"背后的发展战略的调整	362
新地缘政治条件下的中美贸易争端	392
产业体系的安全与效率和全球供应链重塑	400

| 第一部分 |

双顺差的成因与性质

中国经济的失衡与再平衡

导读：在近些年中国出现了经常项目和资本项目"双顺差"的现象，并且已经持续了相当长的时间，这是一种不正常的现象，反映了中国经济自身的结构性问题。一方面，中国政府长期鼓励出口并且大力吸引外资；另一方面，由于国内金融市场不完善，贸易顺差和资本项目顺差带来的外汇储备又主要用于购买美国国债。中国必须通过结构调整使经济走向再平衡，否则，经常项目和资本项目双顺差将使中国遭受越来越大的损失。

中国在经历了经济 30 年惊人的高速增长之后，已于 2010 年超过日本，成为世界上第二大经济体。与此同时，中国也成为世界上最大贸易国和外汇储备国。2010 年中国的人均年收入已经超过 4000 美元，进入了中等收入国家的行列。毫无疑问，中国这 30 年取得的成就是巨大的，这是个奇迹。

然而，正如温家宝总理在 2007 年 3 月 17 日答中外记者问时所指出的那样，"中国经济存在着不稳定、不平衡、不协调、不可持续的结构性问题"。纵观历史，有许多中等收入国家几十年来收入水平停滞不前甚至掉回到低收入国家的行列。这样的例子比比皆是。诺贝尔经济学奖得主 Michael Spence 曾经指出，二战后只有少数发展中国家达到了全面工业化的发展水平。

过去 30 年中国经济的增长基本符合东亚经济体的增长模式，只不过初始条件有所不同，即改革开放前，中国的经济是具有一定工业基础的社会主义计划经济。现在"东亚增长模式"几乎耗尽了它的潜力，中国经济已经走到了一个紧要关口，如果没有痛苦的结构性调整，其增长势头可能无法持续。

中国经济的增长是高度不平衡的，它涉及中国经济的方方面面，但在这里我将仅讨论一种不平衡：所谓的中国经济的"双顺差"，即经常项目和资本项目的盈余。

中国经常项目的顺差已经持续了 20 年（1993 年除外）。2008 年中国经常项目的顺差已经激增到了 4261 亿美元，占到当年 GDP 的 9.6%（见图 1）。

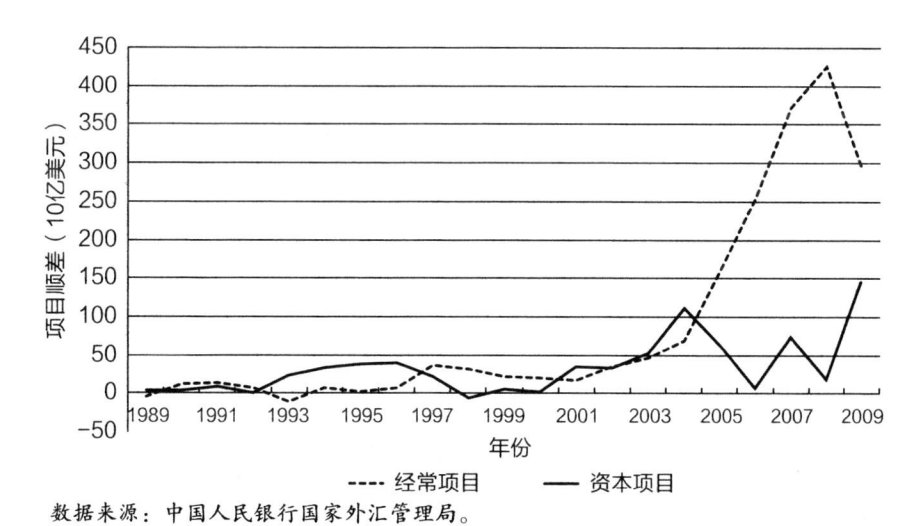

数据来源：中国人民银行国家外汇管理局。

图 1　中国的"双盈余"

持续几十年的经常项目顺差并没有什么新鲜的，也并不一定就是异常现象。比如，美国的贸易顺差自 1874 年开始，几乎不间断地一直持续到 1979 年。自从 1970 年代中期开始，日本经历了长达 40 年贸易项目和经常项目的顺差，直到 2011 年日本才出现贸易逆差，但经常项目状态到目前为止都没有改变的迹象。相似的情况也发生在德国。

根据发展经济学的理论，国家的储蓄－投资缺口会随着不同的发展阶段而变化，因而国家不同时期的外部平衡模式是不一样的。这些不同的外部平衡模式是各个国家寻求跨期效用函数最大化的结果。随着经济的发展，一国通常将首先经历经常项目和贸易项目的逆差，然后是贸易项目的顺差和经常项目的逆差，最后是经常项目和贸易项目的顺差。只有通过经常项目的逆差，发展中国家才能获得资本项目的顺差，以便利用发达国家的资本流入来弥补经济发展所需的国内资本的不足。当发展中国家成长为一个高收入国家时，它的储蓄－投资缺口将变成正的，意味着储蓄多于投资。此时它将经历经常项目的顺差，成为一个资本输出国。

一般来说，由于世界上各个国家处于不同的发展阶段，收入水平和人口年龄结构也不同，一些国家将经历经常项目逆差，而另一些国家将经历经常项目顺差。如果不同国家的合意顺差和逆差能互相抵消，原则上"全球不平衡"将不是什么问题。

然而，当前全球不平衡的状况却与发展经济学的预料相反。一方面，世界上最富有的国家——美国已经持续经历了超过30年的经常项目的逆差；另一方面，穷得多的新兴经济体（作为一个整体来看）则自亚洲金融危机以来一直持续着经常项目顺差。这种全球不平衡的模式意味着严重的资源错配。这种错配迟早将得到纠正，因此当前的全球不平衡是不可持续的。

中国的不平衡则更为扭曲，因为它同时经历着很大规模的经常项目顺差和资本项目顺差。从图1中可以看出，在2005年以前中国的资本项目盈余比经常项目盈余要多。作为这种"双顺差"的后果，中国目前已经积累了超过3.2万亿美元的外汇储备，主要用于购买各种美国政府债券。

中国的这种"双顺差"有什么问题吗？在我看来至少有四个问题，我把它们称为Dornbusch问题、Williamson问题、Krugman问题和Rogoff问题。

Rudiger Dornbusch教授在1970年代指出，经常项目顺差意味着输出资本。发展中国家借钱给富国是不合理的，因为国内资源本应该用于那些能带来更高回报的国内投资，从而提升人们的生活水平。中国是人均GDP意义上最穷的国家之一，美国是世界上最富的国家之一，中国长期借钱给美国绝对是不合理的。

John Williamson博士在1995年的一篇演讲稿里指出，资本输入应该转化成经常项目赤字。"双顺差"意味着中国没能运用借来的钱去购买外国的产品和技术。相反，中国又把钱以更低的利率借回给那些原本的债权国了。

Paul Krugman指出，美元的贬值意味着中国的外汇储备面临着严重的资本损失。

最后，根据 Kenneth Rogoff 教授的观点，美国政府有着太过强大的、难以抵抗的"以通货膨胀来赖掉它迅速增长的财政赤字"的诱惑。一旦如此，中国以美国政府债券的形式累积的大量的储蓄，其购买力可能会迅速地蒸发。2003 年中国的外汇储备总额刚刚超过 4000 亿美元，现在的外汇储备则是 3.2 万亿美元。然而，2003 年的原油价格低于 30 美元一桶，黄金的价格也不到 400 美元一盎司。而如今原油的价格高于 120 美元一桶，黄金的价格则高于 1600 美元一盎司。事实上，从 1929 年到 2009 年，美元的购买力贬值了 94%，将来它还会更大幅度地贬值。美国政府债券违约并非不可想象。即使不发生形式的违约，实质的违约也将使中国受到沉重打击。

很明显，维持"双顺差"和继续累积外汇储备不符合中国的利益。中国已经致力于改善外部平衡，但这一过程开始得过迟且进展缓慢。犹豫不决使中国经济一步步陷入"美元陷阱"。2010 年中国的贸易盈余为 3000 多亿美元，资本账户盈余为 2500 多亿美元，新增储备资产则高达 4700 多亿美元。其形式仍然主要是美国政府债券。

为什么中国的这种看似不符合其利益的状态持续了这么久呢？考察中国经常账户盈余的最常用的分析框架基于如下的等式：

$$S-I=X-M$$

式中，S 代表储蓄，I 代表投资，X 代表出口，M 代表进口。

这个等式表明过剩的储蓄等于经常账户盈余[①]。关于中国经常账户盈余原因的讨论，基本上有两派观点。一派认为中国经常账户盈余的原因在于中国的储蓄－投资缺口为正，这派观点可称为"结构派"；另一派则认为原因在于几十年来旨在促进贸易盈余的那些政策，这派观点可称为"政策派"。值得一提的是，$S-I=X-M$ 只是一个等式，并不能说明储蓄过剩和经常账户盈余两者的因果关系，因果关系只能根据实证分析来判断。结构派认为中国的高储蓄率是引起经常账户

---

① 由于投资收入项目规模较小，为了简化分析，贸易盈余和经常项目盈余这两个概念在这里未加以区分。

盈余最重要的原因。而引起中国高储蓄率的最主要的原因包括[①]：

- 社会安全网缺乏。因此人们需要储蓄以应对未来的退休、医疗和子女教育。
- 企业储蓄很高（Marco and Cardarelli, 2005）[②]。这是因为经济中工业的比重很高，因此国民收入中利息和利润的比重很高，劳动力工资的比重很低。
- 国家作为最大的股东从国有企业那里获得的股息分红过低。
- 盈利增加。这是由于自从1990年代中期开始的快速的工业化进程和国有企业改革（Bert and Kuijs, 2006）导致的[③]。
- 年龄结构有利。过去20年来中国的"抚养比"较低，适龄工作人口占总人口的比重较高。
- 收入差距扩大。近年来储蓄倾向更高的富人的储蓄率在GDP中的占比显著增加。

然而，另一部分经济学家则认为"中国的高储蓄率并不是什么特殊现象。以储蓄占GDP的比重论，中国的企业储蓄率与日本差不多，家庭储蓄率比印度低，政府储蓄率比韩国低"（Ma and Wang, 2010）。因此，那些关于中国总体储蓄率格外高的单一的解释就显得不那么令人信服。

在这里我想强调一下政策因素在形成中国的贸易盈余和经常账户盈余过程中的重要作用。当然，我并不否认结构派观点的可取之处。毫不夸张地说，自1970年代后期和1980年代早期改革开放以来直到最近，获得经常账户盈余和增加外汇储备乃是中国的出口政策、FDI政策和汇率政策的主要目的，甚至是唯一目的。当时我们的官方说法是建立"创汇经济"。为保证经常账户盈余，储蓄和投资将

---

① 根据世界银行的一份研究，储蓄来源于更高的产出增长、财政整顿、私人部门信贷的增长、年龄结构的有利变化、贸易项目的改善等。值得一提的是，对高储蓄的解释并不等于解释了经常项目盈余。这里与结构派之间有一个方法论上的问题。
② 企业储蓄的增加是一个全球的现象。亚洲的储蓄率在2004年达到了最高水平，其中有很大一部分储蓄来自公共部门。
③ 文章基于他们的个人观点，不代表机构的立场。自2006年开始，总储蓄中企业储蓄的比重有所下降，而家庭储蓄开始增加。现在家庭储蓄已经成了总储蓄中最大的部分。

相应地作出调整。从某种程度上说，正的储蓄－投资缺口和经常账户的盈余这两者都是这些政策的结果。

中国在引进了大量外资的情况下是否仍应该继续追求经常账户盈余？当1990年代后期中国的经济学家苦苦争论这一问题时，值得一提的是，鲜有人注意到或提及中国究竟是否存在着正的储蓄－投资缺口。

为什么直到2000年代中期中国都如此地热衷于促进出口和积累外汇储备[①]？主要有五种解释：

- 1980年代外汇储备的短缺。
- 1990年代自我保险的需要。
- 2000年代来自海外的过剩储蓄（一个结构性的因素）。
- FDI对国内投资的挤出。
- 促进总需求（一个周期性的因素）。

2000年代曾经讨论过，中国主要的出口促进政策包括：

- 要求企业用汇创汇自我平衡和设置针对重大外国投资项目的地方性规定。这些政策在中国加入WTO之后就废止了。
- 低估汇率。亚洲金融危机之前，为保持出口竞争力，中国根据出口的生产成本来制定汇率。亚洲金融危机期间，人民币与美元挂钩。2005年人民币与美元脱钩，然而升值的幅度是缓慢的。
- 出口退税，这是非常重要的政策工具。理论上一个合适的税收抵扣率不构成补贴，然而在实践中，这一政策使得企业被过度激励去为外部市场生产，也使得一些没有竞争力的出口企业存活了下来。
- 给予经济开发区内的出口导向型企业全面的优惠待遇。

显而易见，如果中国的经常项目顺差是过度储蓄的自然结果，那中国为什么要自找麻烦，几十年来制定和执行了这么多的出口促进政策呢？这当然是政策作用的结果。因此不言而喻的是，中国要减少经常项目顺差，就必须调整其出口促

[①] 有大量的文献在讨论继续积累中国的外汇储备。

进政策。事实上，中国目前经常项目顺差减少，除外部环境恶化外，政策调整和汇率升值起到了重要作用。

现在我们来讨论中国的资本项目顺差。中国是一个高储蓄的国家，自1990年代以来不再有外汇短缺的情况了。然而为什么中国每年仍然要吸引大约500亿美元的外资呢？在通常情况下，一个国家要么像日本和德国那样经常项目顺差和资本项目逆差，要么像亚洲金融危机之前的大多数东亚国家那样经常项目逆差和资本项目顺差。只有在一些特殊条件下，国家维持经常项目和资本项目双顺差，以积累外汇储备。亚洲金融危机之后的一小段时间里，东亚国家突然出现的双顺差就是这样的例子。然而中国持续了20年的双顺差在世界经济史上则绝对是个异常现象。

值得一提的是，在1980年代早期中国刚刚开放时，一些拉美国家爆发了债务危机。根据拉美国家的教训，中国政府一开始就对借外债实行了很严格的控制，并且由于FDI被认为是最安全的引进外资形式，政府就出台了鼓励FDI的政策。中国成功地吸引了FDI，这是令其他发展中国家羡慕不已的事情。吸引FDI本身并没有错，问题是为什么过去30年中国在经常项目顺差的情况下（这意味着中国并没有储蓄和外汇储备的短缺）仍然想要这么多的FDI？我们归纳了一些原因。

第一，由于金融市场的不发达，即便国内资金不短缺，许多企业仍难以在国内筹到资金。相比之下，由于对FDI有优惠政策，吸引FDI来获得资金就相对更简单。结果，一些企业先吸引FDI，再将通过FDI获得的外汇卖给央行换取人民币来购买国内制造的生产资料。即便在有真实的进口需要和能获得国内资金的情况下，由于存在着资本管制，潜在的进口商很难将人民币转换成外汇以购买外国产品，这时吸引FDI仍然是一个更好的选择。中国的企业需要通过国际资本市场作为中介机构来获得国内资源进行国内投资的事实表明，中国金融市场存在着分割和摩擦，这是FDI大量流入中国的一个重要原因。

第二，在中国引进FDI的努力中，地方政府扮演了关键的角色。地方政府的过度介入，是FDI大量流入中国的一个主要原因。地方政府官员有非常大的动力去吸引 FDI，因为能够吸引到的 FDI 的数量是他们政绩考核的重要指标之一，甚至是唯一重要的指标。中国各级政府的主要官员都被分派到吸引 FDI 的任务，谁吸引的 FDI 最多，谁的政绩就最亮眼。尽管事实上外国投资者所要求的回报很高，但在某些短视的地方政府官员看来，FDI 却是"免费的午餐"。因为在投资初期他们并不需要支付货币回报和承担投资风险。如果投资成功，他们也不会太关心 5 到 10 年内有大量分红需要支付的责任。他们所需要做的只是承诺未来将进行分红，然而不管怎样，分红的任务已不是他们的责任了。

最重要的是，地方政府有责任为外商投资创造有利环境，比如提供便宜的国家所有的或者集体所有的土地、修路、铺设供水管道、建造供电设施等。中国官员完全有能力高效地完成这些任务，并且巨大的成本也在其承受范围之内。此外，中国以增值税为主的财政体系和制度安排使得 FDI 成了地方政府增加税收不可或缺的来源。这也给了地方政府巨大的激励去吸引 FDI。对外国投资者而言，在中国投资除了能享受政治和宏观经济环境的稳定性、廉价的熟练工人、低廉的税率、较长的税收优惠期、耐用生产资料使用初期的隐性补贴、松散的环境保护管制、免费的基础设施、低廉的甚至是负的土地使用租金等，都是难以抗拒的诱惑。这样一来，地方政府吸引 FDI 的利益和外国投资者投资生产的利益就完美地吻合了。

第三，为了给国企改革和商业银行改革以新的推动力，中央政府近年来鼓励外国投资者对中国企业并购和"跨国战略投资者"对商业银行持股，尽管国内资金充裕。仅 2005 年中国就通过向跨国战略投资者出售银行股份引进了 320 亿美元的外资，而此时中国已经积累了超过 8000 亿美元的外汇储备却不知道如何去获得更高的投资收益。2010 年中国的一些商业银行成功地推出海外 IPO，大量美元流入中国，尽管这些银行不需要外汇。由于人民币升值预期，银行一获得这些美元就向央行出售换汇，央行则不得不用这些美元购买更多的美国国债。

第四，从 FDI 的来源地来看，最多的是香港，其次是维京群岛，2005 年后者占中国（不包括港、澳、台）FDI 的比重超过了 19%。有证据表明，中国的 FDI 中有很大一部分是寻租性返程投资，即先将资本或股权转移到境外，再以外资的身份在国内投资。不过这一点比较隐蔽，难以被确证。

可以证明，如果没有 FDI 优惠政策造成的市场扭曲，通过各种市场机制资本流入一定会转化为经常账户逆差。在回答了中国为什么在过度储蓄的同时仍吸引了大量的 FDI 之后，我们必须探讨另一个相关的问题：为什么中国没能成功地将 FDI 这种资本流入转换成经常账户的赤字？两个可能的答案是：

- 中国的 FDI 是出口导向型的。
- FDI 挤出了国内投资。

如前所述，中国的外资企业大多是出口导向型的，而这正是中国政府政策激励的结果。中国的出口促进政策恰与国际生产链的分工相符合，流入中国的 FDI 作为国际生产链上的一环，在很大程度上决定了中国的贸易模式。中国政府担心出现经常账户赤字，为充分发挥本国在劳动密集型产品生产上的比较优势，制定了一系列贸易促进政策，从而促进了出口导向型 FDI 的流入。

结果中国的贸易就由外资企业所主导。自 2000 年以来，外资企业的贸易额占到了中国总贸易额的 50%~60%，外资企业的出口额占到了总出口额的 50%~70%。中国贸易的主要形式是加工贸易，其占中国总贸易的比重甚至在亚洲金融危机爆发之前就超过了 50%，这意味着中国必须处于经常账户盈余的状态。需要指出的是，中国虽然总体上贸易是盈余的，但在 2005 年至今的大多数年份里，一般贸易却处于赤字状态。

中国持续的经常账户盈余也可以由 FDI 的挤出效应来解释（路风和余永定，2012）。中国吸引 FDI 的让步政策挤出了大量的本国投资，结果中国的资本只好退而求其次，去投资美国政府债券。FDI 的挤出效应引起中国经常项目顺差的原因可以由图 2 来说明。

图 2 表明，因为中国的 FDI 政策在国家层面上已然极其优待外资，加之由于一些市场和制度的扭曲，许多地方政府更是不计成本地去吸引外资，外资企业能够获得很多回报率很高的项目（用 $\overline{AB}$ 表示），结果国内资本（用 $\overline{AS}$ 表示）在本国内不能被完全利用，出现了剩余。假设没有 FDI，中国的储蓄 - 投资缺口将会是 0：储蓄 = 投资。现在，由于 FDI 的挤出，正的储蓄 - 投资缺口就出

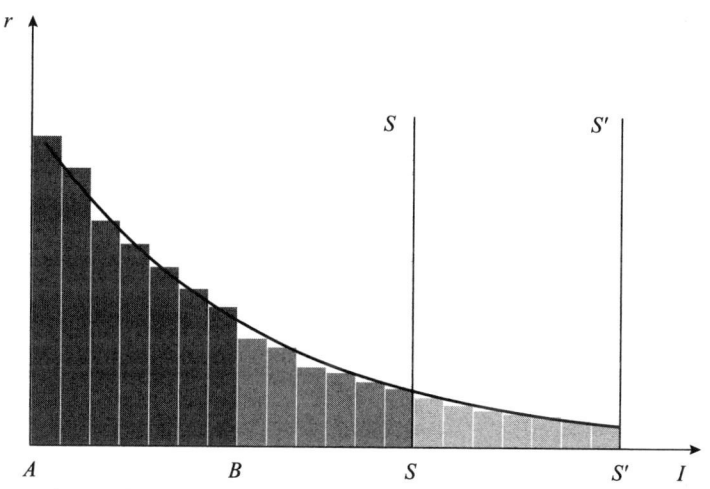

注：纵轴 r 表示投资回报率，横轴 I 表示投资量。每一个矩形表示一个投资项目，它的宽度表示投资规模。垂直线 SS 的横坐标 $\overline{AS}$ 表示储蓄规模，这里假定储蓄是给定的，不受利率的影响。$S'S'$ 的横坐标 $\overline{AS'}$ 表示中国持有的美国政府债券的规模。

图 2　FDI 的挤出效应和经常项目顺差

现了，$\overline{AS}-\overline{BS}=\overline{AB}$。由 $\overline{AB}$ 所代表的过剩资本就会转化成经常项目顺差，后者又会投资于美国政府债券，$\overline{AB}=\overline{SS'}$。而这一经常项目顺差同引入 FDI 导致的经常项目（假设此时的 FDI 是真实的）逆差相抵消。因而，从总体上，FDI 并未导致经常项目逆差的出现。以 2008 年为例，根据美国商务部经济委员会的报告，美国企业在中国投资的平均回报率是 33%；根据世界银行的报告，跨国公司在中国投资的回报率是 22%。作为比较，中国投资于美国政府债券的回报率不到 3%。挤出效应导致的中国福利损失是如此地严重！当然这里也要指出，我们并不否认 FDI 挤出国内企业的投资机会的原因可能是外企有更好的技术和更有效率。

总结一下引起中国双顺差的原因。基于等式 $S-I=X-M$，我们很难判断到底是等式的左边决定着右边还是相反。事实上，在经济发展的早期，1980 年代和 1990 年代中国经常项目顺差主要的影响因素就是中国的出口促进政策，这一阶段的储蓄剩余乃是经常项目顺差的结果。要么增加储蓄，要么减少投资，以便将资源用于产生经常项目顺差和积累外汇储备。然而，在 2000 年代，由于中国在国际生产链上的分工和出口主要由外企主导，出口导向和引资政策的长期实施，导致了产业结构和贸易结构的变化。贸易盈余可以说已经成为结构性的。在2000年代，预防性储蓄增加之类的变化直接导致了等式左边的变化。而中国加工贸易在贸易中主导地位的巩固正好与预防性储蓄的增加相一致。既然中国经常项目顺差日益成为结构性问题，就意味着即便政府放弃贸易促进政策并让人民币显著升值，中国的经常项目顺差仍然可能持续一段时间。然而这并不是说政策的调整不起作用。相反，为了纠正出口偏向的经济结构，包括汇率政策在内的许多政策都需要调整和改变。与此同时，我们当然也需要努力通过减少储蓄－投资缺口以减少经常项目顺差。总之，为了纠正经济的不平衡，必须执行一套全面的政策方案。

中国政府已经尝试通过多种方式来纠正外部经济失衡，如刺激国内需求，允许人民币逐步升值，将投资于美国国债的外汇储备多元化，创立主权财富基金，参与区域金融合作，促进国际货币体制的改革，人民币国际化等。然而，尽管这些措施有用且必要，但仍然没能涉及外汇储备快速增长的直接原因。正如Rogoff所指出的，由于美国财政状况的持续恶化，美国政府通过贬值来逃避债务责任的可能性持续上升。但是，除非金融资产的持有者决定变现，其账面损失并不会实际发生。这样，美国国债持有者就难以产生危机意识。如果美国政府继续偿付其公共债务的本金和利息，并且中国继续用它的储蓄购买美国政府债券，这个游戏的确可能在很长的时期内继续玩下去。然而这种情形终归是不稳定的，调整得越晚，调整进程就越猛烈，破坏性也就越大。

现在阻止外汇储备的继续增加变得比再平衡中国的经常项目更为紧要了。为此，中国人民银行停止对货币市场的干预也许将是最简单的方法，这样能最小化中国的福利和资本损失。但这将意味着中国必须允许人民币汇率自由浮动。由于目前中国的外部失衡程度已经大大缩小，市场甚至出现人民币贬值预期，让人民币汇率浮动并不会造成人们所担心的人民币大幅度升值。

终结央行对货币市场的干预是一个复杂的议题，魔鬼藏在细节之中。但无论如何，中国缓慢调整汇率的经济和福利成本都太高了，并且它们将与日俱增。允许人民币汇率自由浮动但保留适时干预的权利，并且加强和完善对资本跨境流动的管理——中国是时候考虑这一方案了。

中国一些经济学家仍然非常抵触减少经常项目顺差和允许人民币升值。其中的一个原因是对美国强压人民币升值的反感。对于这些人，我推荐他们读一读美国企业研究所的 Phillip L. Swagel 先生写的专栏，他是美国总统经济顾问委员会办公室前主任和美国财政部的前助理秘书。他在专栏里写道："决策者当然懂得人民币升值对美国经济的不利影响。他们肯定也知道，大张旗鼓地公开施压只能使中国人更难于采取行动。但这会不会恰恰是问题的所在？玩世不恭的人会确信，施压中国人民币升值并不是屈服于被误导了的政治压力的结果，而是一种策略。其目的是在牺牲中国利益的基础上，延长美国从中国得到巨大好处的时间。当然，这一切也可能是无意的。但是，不管动机如何，美国行政当局找到了一个十分漂亮的办法，得以使美国的好日子延续下去。"（Swagel，2005）。无论美国施压还是不施压，中国都必须加速经济的再平衡，以保持经济的可持续增长。

参考资料

[1] HOFMAN, BERT, KUIJS. A Note on Saving, Investment, and Profits of China's Enterprises. *Far Eastern Economic Review*, 2006.

[2] MA GUONAN, WANG YI. China's High Saving Rate: Myth and Reality. *BIS Working Papers*, No 312, 2010.

[3] SWAGEL, et al. Yuan Answers?. *Wall Street Journal*, June 10, 2005.

[4] TERRONES, MARCO, CARDARELLI. Global Saving and Investment: The Current State of Play. *World Economic Outlook*, 2005.

[5] 路风，余永定. "双顺差"、能力缺口与自主创新——转变经济发展方式的宏观和微观视野 [J]. 中国社会科学，2012(6):91-114.

本文为作者于 2011 年 7 月在印度储备银行会议上的发言。在此对佚名译者表示感谢。

国际收支失衡与重商议

提要：19世纪以来，人们对于国际收支平衡重要性的认识不断发生变化。从布雷顿森林体系崩溃一直到2009年金融危机爆发之前，国际社会的主流思想是逐渐看淡国际收支平衡的重要性。因为这一时期，控制通货膨胀、促使经济增长的重要性要高于国际收支平衡。进入21世纪以后，全球不平衡问题成为全球经济问题的焦点。2009年金融危机爆发之后，情况又有所变化，但全球不平衡问题依然是各国决策者必须面对的挑战。

国际收支平衡问题既是一个宏观经济问题，也是一个经济发展问题或资源跨境配置问题。在1997年亚洲金融危机爆发之后，发展中国家的国际收支平衡状况发生了畸变，从经常项目逆差变成经常项目顺差。原因之一是，防范危机的宏观政策目标压倒了经济发展的目标。

中国长期存在的"双顺差"说明中国的国际收支结构是高度不合理的。中国必须加快实现国际收支的合理平衡。但是，中国国际收支的不合理状态是一个长期形成的综合问题，而货币政策只能影响某些有关变量的某些方面。实现国际收支平衡的第一步应该停止干预外汇市场，让人民币尽快升值到位，使中国能够首先把资源用于满足国内需求。与此同时，还应该出台一系列配套措施，以便最大限度地减少人民币升值对中国经济增长的不利影响。

在讨论国际收支不平衡时，首先要明确国际收支不平衡到底指的是什么。一般而言，它有三个不同的定义。

一个是贸易平衡，另一个是经常项目平衡，还有一个是经常项目加上资本项目等于零的平衡。在文献中，一般来讲，所谓的国际收支平衡是指经常项目加上狭义的资本项目（长期资本）等于零。它的差额就是外汇储值的变动（这里暂且忽略误差遗漏项目）。如果把短期资本的跨境流动也包括进去，还可以有第四个平衡，即经常项目加资本（长期资本与短期跨境资本）项目等于零。所谓平衡就是指某种既定状态可以长期维持下去。至于多长可以称为"长期"，则只能就事论事了。中国学者讨论国际收支平衡时往往指第三个平衡。但是西方学者在全球金融危机爆发前后所说的"全球不平衡"主要指的是经常项目不平衡，特别是指美国的经常项目逆差和中国的经常项目顺差长期共存这种状况。经常项目主要有两个组成部分：贸易项目和投资收入项目。在过去的10年的大部分时间里，中国的投资收入项目是逆差，而美国则始终是顺差。因而，全球不平衡主要又是指美国和中国之间的长期贸易不平衡。

一、历史视角：国际收支平衡的演进

自19世纪以来，人们对于国际收支平衡重要性的认识在不断发生变化。各国政府在制定政策时，对国际收支平衡的认识和重视程度是不同的。

1820年以前，重商主义占支配地位，其核心思想是尽可能地保持贸易顺差。由于贸易差额是用黄金或其他贵金属支付的，尽可能地保持贸易顺差意味着尽可能多地积累黄金和其他贵金属。当时的统治者执行重商主义的贸易政策既有经济考虑，也有政治考虑。他们认为，本国对其他国家保持大量的贸易顺差意味着本国国力的增强和其他国家国力的衰败。这样，贸易顺差就成了一种政治武器。

当时有一个法国经济学家批评重商主义，他认为重商主义强调的顺差实际上就相当于贸易商把出关后的产品（如法国香水）扔到海里，因而也就无从换回进口品（如美洲的棉花）。但这样一来，海关记录上就显示有出口，无进口，该国贸易顺差增加。但在重商主义者看来，贸易顺差的增加就意味着出口国财富的增加。当然，这是非常荒唐的。所以重商主义是一种看似有理但实际上很荒唐的经济学理论。我过去也曾在一篇文章中提到，如果我国出口的目的就是增加外汇储备，即积攒美元借据，那还不如把出口的产品扔到大海里，然后直接让中央银行发钞票给出口商。现在才知道，这种话人家一百五六十年前就说过了。

1820年以后是自由贸易时代，亚当·斯密的自由贸易思想占据了支配地位。从1820年到1914年第一次世界大战爆发之前，贸易保护主义依然有市场，但出发点不再是重商主义，而是保护"幼稚产业"。李斯特是这种观点的代表人物。自由贸易的核心理论是比较利益说。根据这种理论，自由贸易是实现资源优化配置的重要途径，贸易不应该以贸易顺差为目的。在金本位制度下，黄金和硬币作为支付手段的跨境流动可以自动维持贸易平衡。贸易顺差导致顺差国流通手段的增加，并进而导致物价上涨。物价上涨反过来导致顺差国竞争力的下降，直至该国贸易实现平衡。对于贸易逆差国来说，相反的调节过程将导致该国贸易实现平衡。

1914年至1945年是去全球化（De-globalization）时期，在这个时期，贸易顺差成为应对有效需求不足的重要手段，贸易摩擦非常严重。为了克服经济萧条，绝大部分国家都拼命增加出口、抑制进口，力图把通货收缩、失业率增加的影响转嫁给别的国家。为了实现贸易顺差，各国就搞贸易保护主义和货币竞争性贬值。这种政策犯了合成推理的错误。全球作为一个整体，各国贸易差额之和必然等于零，不可能所有国家都保持贸易顺差。这种"以邻为壑"的政策加重了全球范围内的大萧条，使所有国家都遭受损失。凯恩斯甚至认为，国际收支不平衡和未能找到解决国际收支不平衡的有效办法是导致革命和战争的原因。基于战争的惨痛教训，就有了1945年到1971年的以美元与黄金挂钩，其他各国货币与美元挂钩的固定汇率制度为特征的布雷顿森林体系。

在布雷顿森林体系下，国际收支平衡是在国际货币基金组织主持下，通过国际协调和逆差国的内部经济调整（如实行紧缩性财政政策）来实现的。由于汇率稳定和贸易壁垒逐渐降低，资本主义国家进入经济增长的黄金时期。

布雷顿森林体系崩溃是由大家所熟知的"特里芬两难"导致的。同现在相比，在20世纪五六十年代，国际收支不平衡并不十分严重，美国在大多数年份保持了经常项目平衡。即便如此，由于美国贸易项目顺差减少，资本流出增加，国际收支状况恶化，公众对美元保持对黄金固定的兑换比例的信心迅速丧失。有一种说法，美国国际收支状况恶化同美国海外驻军有关，如果从西德撤出六个陆军师，美国的国际收支状况就可以迅速好转。不管怎么说，由于外国人持有的美元对美国黄金储备的比例过高。投资者不再相信美国可以继续维持35美元兑1盎司黄金的兑换比例，纷纷抛售美元换取黄金。非官方市场上黄金的美元价格飙升，美国黄金储备迅速流失，美国政府不得不宣布美元与黄金脱钩，对黄金进行贬值。此后，多种汇率制度并存、以浮动汇率制度为主的"无制度"代替了以美元－黄金为本位的固定汇率制度。在后布雷顿森林体系下，发达国家相继放弃资本管制。这样，一国出现的狭义的国际收支不平衡（经常项目逆差），就至少有三种手段加以解决：贬值、吸收资本流入和获得在国际货币基金组织主导下的国际救援。

从布雷顿森林体系崩溃直到2009年金融危机爆发之前，特别是在20世纪七八十年代之后，抑制通货膨胀和促进经济增长，特别是抑制通货膨胀，是各国政府的主要宏观经济政策目标。尽管发生过一系列国际收支危机，各国政府对于国际收支平衡的关注度不是很高。在第二次石油危机之后，为了抑制通货膨胀，美国政府实行货币紧缩政策，利息率飙升，创下二战后历史最高纪录。高息导致大量资本流入美国，美元因而升值，而美元升值进而导致美国贸易逆差增加。从1982开始直到今天，美国一直保持经常项目逆差。

2002年，由于经常项目逆差的急剧增加，美元出现所谓"战略性贬值"。美国政府官员和经济学家开始把国际收支不平衡问题提到重要的地位。美国的经常项目为什么会急剧恶化呢？美国主流经济学家和政府官员将其归罪于中国和其他一些国家"储蓄过剩"。他们的"逻辑"是：中国的储蓄过剩，导致中美经常项目的不平衡（储蓄额－投资额＝经常项目顺差）。中国用经常项目顺差所得到的美元购买美国国库券，导致美国利息率下降和资产泡沫膨胀，并进而导致美国居民过度消费——储蓄不足，而美国的储蓄不足则是造成美国经常项目逆差的根本原因。美国经济学家普遍担心：随着经常项目逆差累积所致的外债的积累，外部资金将停止流入美国。而一旦外部资金突然停止流入美国，美元就会大幅度贬值，美国利息率就会大幅度上升，从而造成美国金融危机和经济危机爆发。

2008年，预期已久的美国金融危机终于爆发，但这场危机并不是由国际收支不平衡导致的，而是由美国次贷泡沫破灭引发的。危机爆发后，投资者为了避险，纷纷购买美国国库券，国际资本的流入导致美元不降反升。美联储为应对危机所采取的极度宽松的货币政策则导致利息率下降为零。可以说，危机的实际发展进程同经济学家的事先估计几乎是完全相反的。

由于金融危机引发严重的经济衰退，美国的经常项目逆差和中国的经常项目顺差同时减少。当前全球不平衡问题的受关注度有所减少，但这个问题并未从国际政治经济议题中消失。尽管对造成全球金融危机的责任的认识各不相同，世界上的大部分经济学家依然认为："全球不平衡"是导致全球金融危机的重要原因之一；全球不平衡问题得不到解决，全球经济就无法真正实现稳定。

二、国际收支不平衡和经济发展

对国际收支平衡问题的简单追溯可看出，国际收支（不）平衡状况是由一系列复杂因素造成的。这些因素既涉及宏观经济政策，也涉及贸易政策；既涉及国内制度，也涉及国际体系；既涉及政府政策，也涉及居民和企业行为。

现在的问题是：是否存在一种规范性理论，说明国际收支平衡是一项应该追求的政策目标？这样一种理论在我看来似乎并不存在，但是，这并不意味着在特定条件下的特定国际收支平衡状况并不存在好坏之分。恰恰相反，政府政策应该对不同条件下的不同国际收支平衡状况作出不同反应。

著名的英国经济学家杰弗里·克劳瑟（G.Crowther）从经济增长理论和发展经济学的角度提出了国际收支格局变化的六个阶段假说（克劳瑟模型）。[①] 他把一

---

① 关于克劳瑟模型的详细说明见《见证失衡：双顺差、人民币汇率和美元陷阱》第189页至第194页。

个国家的发展过程分成六个阶段：第一阶段，年轻债务国；第二阶段，成熟债务国；第三阶段，债务偿还国；第四阶段，年轻债权国；第五阶段，成熟债权国；第六阶段，债权处置国。在这六个阶段中的每个不同的阶段，一国的贸易项目、投资收入项目、经常项目是有不同组合的。以第一阶段为例，在此阶段，年轻债务国（或者发展中国家）的贸易项目、投资收入项目和经常项目都是逆差。

发展中国家在相当长的一段时间内主要呈现出经常项目逆差，并且主要由贸易项目逆差导致。这种状况是由有关政府为实现资源的跨期优化配置所推行的一系列政策（如较低利息率—鼓励投资、较坚挺的货币或多重汇率制度—鼓励借贷和资本品进口等）所导致的。在人均收入还很低的时期，发展中国家维持一定的经常项目逆差和资本项目顺差是一种比较合理的国际收支状况。

在亚洲金融危机爆发之前，发展中国家的基本发展战略是在鼓励出口的同时大力吸引外资。值得注意的是，尽管东亚各国执行出口导向政策，但它们并未以贸易顺差为从事国际贸易的目标。事实上，外资的源源流入使这些国家得以长期保持经常项目逆差；或者说，外资的流入通过某种途径使资本项目顺差国成为经常项目逆差国。与此同时，这些国家的宏观经济政策同它们的经济发展战略是一致的。但是，1998年亚洲金融危机爆发之后，东亚国家的宏观经济政策同其发展战略已经无法保持一致。在相当长的一段时间内，东亚发展中国家的宏观经济政策目标是变经常项目逆差为经常项目顺差，而不是利用外资加速经济增长。它们不仅要纠正国际收支不平衡，而且要"矫枉过正"，以便积累足够的外汇储备，防止金融危机再次发生。因而，亚洲金融危机爆发之后，东亚国家基本维持了经常项目顺差的格局。

如果说Crowther所暗示的国际收支不平衡（发展中国家维持经常项目逆差）是有利于发展中国家经济增长的"好的不平衡"，亚洲金融危机爆发后的不平衡就是在现有的国际经济、金融体系下，发展中国家为了维持广义国际收支平衡、国内金融和经济稳定而不得不牺牲发展目标来保持的一种"坏的不平衡"。

Crowther模型讨论的仅仅是一个国家的国际收支状况的演进，这种演进并不受国际环境的影响和制约。问题是，从全球的角度看，Crowther模型的成立必须以顺差集团和逆差集团的对称性为条件。换言之，只有当顺差集团想维持的经常项目顺差恰好等于逆差集团想维持的经常项目逆差时，Crowther 模型才能成立。在相当长的一段时间内，这种情况也确实存在。例如，发达国家作为一个整体所保持的经常项目顺差，恰好为发展中国家利用外资（维持经常项目逆差）、加速经济发展提供了可能性。但是，正如我们已经看到的，这种状况在亚洲金融危机爆发之后已经发生了相反的变化。

1998 年之后，以中国为代表的发展中国家（穷国）经常项目顺差急剧增加，美国的经常项目逆差急剧增加。人均收入很低的国家长期向人均收入比它们高出数十倍的国家输出资本（穷人把钱借给富人），从而形成全球范围内资源的严重错配。无可争议的是，最严重的资源错配发生在中国：1993 年以来，中国一直保持经常项目顺差，不仅如此，除极少数年份外，中国还保持了资本项目顺差。"双顺差"说明，中国不但是净资本输出国（把钱借给富国），而且还以高代价引入外国资本，转手又以低代价把借来的外国资本借回给外国。2000 年代中期，中国成为世界最大经常项目顺差国和世界最大资本净输出国。事实上，在 2008 年，中国资本净输出额占全球资本输出额的 1/4 左右，是居第二位的德国的两倍左右。

尽管穷国经常项目顺差、富国经常项目逆差（穷国向富国输出资本）这种状况反映了全球资源配置的不合理，尽管这种状况对于发展中国家十分不利，但只要"两相情愿"，全球国际收支不平衡依然可以维持。对于中国而言，真正的问题不是"平衡"是否可以维持，而是这种"平衡"应不应该维持。在我看来，这是一种"坏的平衡"，发展中国家应该尽可能打破这种已经持续近 20 年的"坏的平衡"。即便发展中国家不可能恢复到亚洲金融危机爆发前的国际收支状况，它们至少也应该减少经常项目顺差，实现经常项目基本平衡。关于这个问题，我在过去 10 多年来已经说了许多次，实在没有重复的必要了。

中美之间关于全球不平衡之争，很像一幕荒诞剧：一方面，我要把钱借给你，而且情愿不收利息；你不肯借，但我偏要借给你。另一方面，我想借钱，但偏说我不想；而且说你把钱借给我是害了我。我七年前曾多次引用美国总统经济顾问委员会办公室前主任 Phillips Swagel 的文章，说明美国政府打压中国政府、要求人民币升值是美国政府为继续打白条从中国借钱的一种策略。最近，我终于有机会结识这位 Swagel 先生了，他现在是马里兰大学的教授[①]。我发现，我们两人对中美贸易不平衡和人民币升值等问题的看法竟然完全一致。

现在的问题是：美国是否愿意和能够继续维持大量经常项目逆差？中国是否愿意和能够继续维持大量经常项目顺差？虽然自 1982 年以来美国一直保持经常项目逆差，但由于种种原因，国际收支不平衡问题并未成为全球经济问题的焦点。长期以来，凭借美元国际储备货币的地位，美国并不太担心外债的积累。21 世纪初，美国的贸易和经常项目显著恶化，2002 年美元开始所谓"战略性"贬值。2003 年纠正全球不平衡成为美国重要政策目标——至少在口头上如此。2003 年前后，美国似乎已经不太愿意继续借钱了（真是如此吗？），而中国还希望继续借钱给美国，这就造成了中美之间的严重摩擦。

我不敢说美国现在真的不想借钱了。靠打白条从中国获得"真金白银"有什么不好？另外，中国虽然已经对自己所持有的美国"白条"不太放心，但还是在不断增持美国"白条"。中国现在大致有 2 万亿美元净资产，但投资收入在过去的 10 年的大部分年份中是负的。中国的这种国际收支状况相当于 Crowther 模型中的第三阶段——债务偿还国。处于这个阶段的国家的国际收支状况应该是贸易项目顺差、投资收入项目逆差和经常项目顺差。但在 Crowther 模型中，一个国家的国际收支之所以出现这种状况是因为这个国家（发展中国家）在过去积累了大量（净）外债，而中国却一直是债权国！造成这种反常的原因，我们早已做过很多分析，这里不再赘述。问题是：有如此巨量的净海外资产，投资收入项目竟然是逆差！以后会不会出现这种情况：尽管存在大量贸易项目顺差，但因投资收入项目逆差越来越大并最终超过贸易项目顺差，结果经常项目变成逆差？这种情况是很有可能发生的。事实上，在最近几年，这种情况在巴西已经发生。不能排除这样一种可能性：在未来若干年后，中国必须维持贸易项目顺差以弥补投资收入项目逆差。这种情况一旦发生，中国的出口额就将无法换来相应进口额或积累财

[①] 后来他成为美国国会预算办公室（CBO）主任。

富，而只能用来为外国投资付息。如果中国不能及时纠正目前的悖理的国际收支状况，中国就会变成不折不扣的国际"打工仔"！让我们看看中国的外汇储备是否能在 4 万亿美元的水平上打住吧。

中国为什么坚持一定要把钱借给美国？如果说在某个特定时期，中国出现这种国际收支结构是不得已而为之，那么到今天如果还不图变，似乎已经无法解释了。中国真的没有选择吗？否。第一，争取尽快实现经常项目平衡，甚至允许在一定时期内出现经常项目逆差。中国应该有一个降低贸易项目顺差和经常项目顺差与 GDP 之比的经济政策目标。第二，即便在一定时期内还无法实现经常项目平衡，中国也不应再增加美元外汇储备了。为此，中央银行必须尽快停止对外汇市场的干预，让外汇的供求关系来决定人民币汇率。

三、纠偏国际收支不平衡需要综合治理

传统的宏观经济政策有四大目标：经济增长，就业充分，价格稳定，外部平衡。有些国家将经济增长和就业充分作为一个目标来处理。外部平衡在各个国家的含义并不相同，从教科书的角度来讲，应该是指经常项目平衡。经常项目平衡是某些国家在某些时期的重要的政策目标。

但是从 1990 年代以来，情况发生了变化。大部分发达国家实行了有灵活性的通货膨胀钉住制度。虽然在某种情况下央行也要考虑经常项目平衡，但它已经不是国家的政策目标，大多数国家政府在一般情况下追求的是广义的国际收支平衡，即经常项目差额 = 长期资本项目差额（甚至仅仅等于资本项目差额）。一般情况下，央行不会为了追求国际收支平衡而牺牲抑制通货膨胀的目标。

目前关于货币政策目标有很多辩论，辩论焦点集中于央行是只需要钉住通货膨胀，还是需要在钉住通货膨胀的同时注意资产价格。在国际金融危机爆发之前，绝大多数人都认为央行无须关注资产价格，但在危机爆发后，国际经济学界进行了反思，越来越多的人认为，资产价格和通货膨胀都应该是货币政策所关注的目标。

中国目前的货币政策处于多重目标的"多难"状态：实现 7%～7.5% 的经济增长速度，保持 3.5% 左右的通货膨胀率，金融稳定，减少国际收支不平衡。中国目前的突出问题是"产能过剩"，其次是存在严重金融风险（有多严重很难事先判断）。而中国目前的货币政策工具包括公开市场业务、准备金率、信贷政策、存款利息率和常备借贷便利等。经济增长和金融稳定两个目标之间就存在矛盾，如果再加入经常项目平衡这一目标，矛盾和冲突就会进一步复杂化。一方面，为了在产能过剩情况下，保持经济增长势头，央行势必对汇率升值多有顾忌；另一方面，如果继续干预外汇市场，则经常项目顺差恐难减少，而外汇储备必然增加。此外，为了维护金融稳定，央行势必对货币宽松有所顾忌，国内存款利息率还将继续高于国际水平。此时，套利（套戥）资金流入难以避免，而这也将加大人民币升值压力，不利于对国际收支不平衡的纠正。

国际收支和国民收入之间的基本等式是"储蓄－投资＝出口－进口"。这个等式两端的每个变量都会影响国际收支平衡状态，因此我们的政策应该针对所有变量进行调整。而货币政策只能影响某些变量的某些方面，所以仅靠货币政策来纠正国际收支不平衡是远远不够的。

实现经常项目平衡虽然有必要，但在短期内实现这一目标似乎并不现实。在这种情况下，至少应该把停止增加外汇储备作为近期必须实现的目标。在现有国际收支状况下，停止增加外汇储备意味着央行停止干预外汇市场，其结果一定是汇率的升值，而后者必然对经济增长造成不利影响。在汇率升值情况下刺激消费（甚至容忍投资在一定程度上进一步增加）以抵消出口减少对经济增长的抑制作用是当前实现再平衡的主要挑战。

2013 年中国贸易项目顺差大致为 2500 亿美元，投资收入项目假设与过去两年大致相当，为负 800 亿美元，这样中国的经常项目顺差可假设为 1700 亿美元。2012 年中国资本项目逆差为 1173 亿美元，2013 年前三季度为 805 亿美元，可以假设 2013 年中国的资本项目顺差为 1000 亿美元。如果停止对外汇市场的干预，必须考虑的问题是：中国贸易项目顺差必须下降多少，才能实现经常项目差额＋资本项目差额=0 ？如果 2014 年资本项目顺差保持 2013 年的势头，则中国必须使贸易项目出现相当数量的逆差才能实现在外汇储备不增的情况下汇率保持稳定（不升值）。

在确定不干涉外汇市场这一目标后，为了减少为实现这一目标的贸易项目顺差减少量，从而减少国际收支不平衡调整对经济增长的冲击，中国必须减少资本项目顺差。为此，中国必须加强对跨境短期资本流动的监管以抑制热钱的流入，必须防止 2013 年第一季度"假贸易，真套利"现象的重现。当然，更好的办法是让汇率升值一步到位，此时，热钱流入将自动得到抑制。

中国是资本输出国，国内储蓄完全可以满足企业的投资需求。中国政府必须通过政治体制、金融体制和财政体制改革等措施，抑制地方政府的引资热。需要资金的企业应该尽可能在国内筹资，有关当局则应为这种国内融资活动创造便利。中国政府也可以通过鼓励资本流出来减少压缩贸易项目顺差的压力。资本外流可以分为直接投资和非直接投资两种类型。中国企业对海外直接投资的兴趣可能来自比较优势的转移、国内产能过剩和国家出于战略考虑所提供的支持等。对于这类资本外流，政府应该通过简化审批程序等方式予以支持。

对于非直接投资的资本外流，则必须具体问题具体分析。非居民从中国的借贷活动，特别是通过发售人民币债券（熊猫债）筹款的活动应该得到鼓励。中国也可以增加对国际，特别是对区域经济组织（如"金砖发展银行"）的资本贡献。另外，也应该看到，由于中国经济的一系列不确定性，不能排除资本突然大量外逃的可能性。因而，中国政府还不能放弃资本管制，居民的海外投资还应通过QDII（合格境内机构投资者）基金等渠道的疏导有序流出。

人民币升值对中国经济增长的负面影响不应过高估计，实现贸易平衡或变贸易项目顺差为逆差（取决于资本项目顺差减少程度）并不一定意味着出口的大幅度减少，平衡可以主要通过增加进口而不是减少出口来实现。如果能够有效刺激消费需求（甚至容忍投资在一定程度上进一步增加），进口的增加并不会抑制经济增长。例如，国际旅游的增加、同国内生产不存在竞争关系的机器设备进口的增加等，这些在减少贸易项目顺差的同时，都不会对经济增长产生抑制作用。

总之，为了实现经常项目基本平衡和不再进一步增加外汇储备，让市场决定汇率是无法回避的关键一步。我们已经拖延得太久了，不应该继续拖延下去。

本文为作者2013年12月29日在中国金融四十人论坛第91期双周圆桌内部研讨会上的主题演讲，由中国金融四十人论坛秘书处整理，经作者审核。为避免内容重复，对稿件作了部分删减。

经济发展阶段与国际收支结构演变

2014年，中国外汇储备在达到将近4万亿美元峰值后开始下降，现已下降至3万亿美元左右，缩水达25%。中国的外汇储备和汇率政策牵动着成千上万人的心。近日，全国政协委员、中国社会科学院学部委员、中国世界经济学会会长余永定教授针对上述核心问题进行了专题演讲。

一、中国国际收支结构的特点

在不到两年的时间里，中国的外汇储备由2014年的近4万亿美元大幅下降。这样大规模的外汇储备流失，在世界经济史上是从未有过的事情。但是，我们许多学者和政府官员对此都相当淡定。淡定的理由包括：①外汇储备的重要职能之一就是维持汇率稳定，通过使用外汇储备来稳定汇率是中国应该付出的代价；②中国外汇储备过多，本来就应该用掉；③中国外汇储备中有很大一部分是热钱，现在热钱流出有利于中国金融稳定；④外汇储备的减少只不过是"藏汇于民"，是资源跨国配置的改善，而不是国民财富的损失。

1. 国际收支结构演变的一般路径

在当今经济全球化、大国博弈的大背景下，如何形成合理的国际收支结构，并且在此基础上形成合理的海外资产与负债结构，对中国能否在未来几十年继续维持经济繁荣具有至关重要的意义。不仅如此，了解中国国际收支结构和海外资产－负债结构或国际投资头寸（Net International Investment Position，NIIP）的特点、形成原因和未来的发展趋势，可以为回答当前的一系列现实问题（例如，如何推进资本项目自由化和人民币国际化,如何看待近两年外汇储备的急剧减少,如何合理使用外汇储备,为什么我们应该尽可能增加人民币汇率的弹性等)提供一个自洽(self-consistent)的理论框架。因而,在具体讨论当前有关外汇储备的使用、人民币汇率制度改革等问题之前,有必要先引入一个作为分析框架的、有关经济发展阶段和国际收支结构之间关系的简单模型(见图1)。

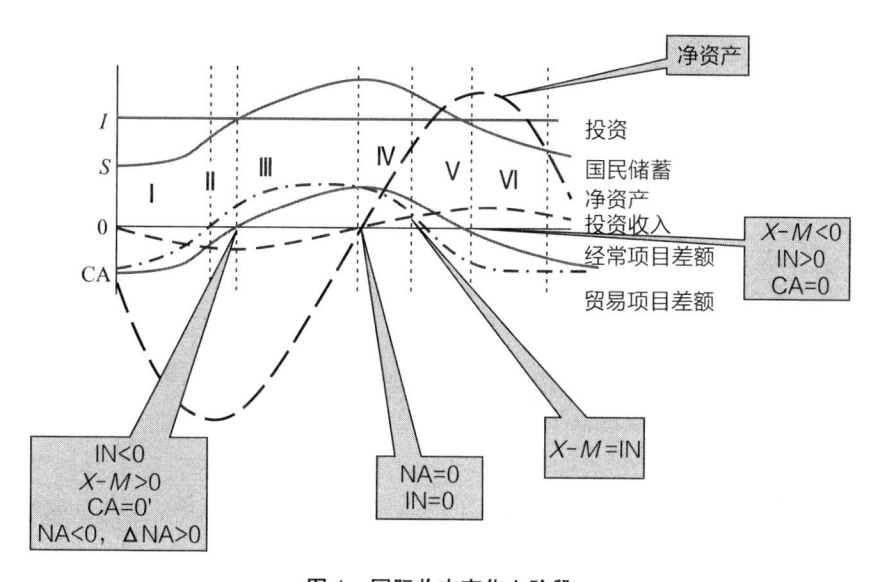

图 1 国际收支变化六阶段

Ⅰ 年轻债务国:$S < I$;$X\text{-}M < 0$,$\text{IN} < 0$,$\text{CA}=X\text{-}M+\text{IN} < 0$;$\text{KA} > 0$,$\text{NA} < 0$,$\triangle\text{NA} < 0$

Ⅱ 成熟债务国:$S < I$;$X\text{-}M > 0$,$\text{IN} < 0$,$X\text{-}M < \text{IN}$,$\text{CA}=X\text{-}M+\text{IN} < 0$;$\text{KA} > 0$;$\text{NA} < 0$,$\triangle\text{NA} < 0$

Ⅲ 债务偿还国:$S > I$;$X\text{-}M > 0$,$\text{IN} < 0$,$X\text{-}M > \text{IN}$,$\text{CA}=X\text{-}M+\text{IN} > 0$;$\text{KA} < 0$;$\text{NA} < 0$,$\triangle\text{NA} > 0$

Ⅳ 年轻债权国:$S > I$;$X\text{-}M > 0$,$\text{IN} > 0$,$\text{CA}=X\text{-}M+\text{IN} > 0$;$\text{KA} < 0$;$\text{NA} > 0$,$\triangle\text{NA} > 0$

Ⅴ 成熟债权国:$S > I$;$X\text{-}M < 0$,$\text{IN} > 0$,$\text{CA}=X\text{-}M+\text{IN} > 0$;$\text{KA} < 0$;$\text{NA} > 0$,$\triangle\text{NA} > 0$

Ⅵ债权处置国：$S < I$；$X-M < 0$，$IN > 0$，$CA=X-M+IN < 0$；$KA > 0$；$NA < 0$，$\Delta NA < 0$

图中，S、I、$X-M$、IN、CA、KA、NA分别代表国民储蓄、投资、出口-进口、投资收入、经常项目差额、资本和金融项目差额、净资产。

一个国家的经济增长情况在很大程度上决定了这个国家国际收支结构的变化，在经济学文献中存在不少这方面的理论和模型。根据英国经济学家杰弗里·克劳瑟的分析（G.Crowther，1957）[1]，伴随着一个国家的经济增长，其国际收支结构可以分为六个阶段：第一个阶段是年轻债务国，第二个阶段是成熟债务国，第三个阶段是债务偿还国，第四个阶段是年轻债权国，第五个阶段是成熟债权国，第六个阶段是债权处置国。

一个发展中国家在处于起飞阶段时，一定是比较贫困的。这个国家一方面希望快速发展本国经济，另一方面又面临储蓄不足的问题，因而其国内经济结构的一个很大的特点是储蓄小于投资。与此相对应，这个国家的贸易项目一定是逆差。由于引入了外资而本身又无海外投资，它的投资项目也一定是逆差。贸易和投资项目的逆差形成这个国家的经常项目逆差。既然是经常项目逆差国，这个国家一定是资本项目顺差国。朝鲜的经常项目大概没有逆差，因为没有人肯借钱给它。它想要使经常项目（贸易项目）逆差也做不到。一个刚刚起步的发展中国家，随着资本的不断输入，国家的国际投资头寸表上的净负债也在不断增加。这就是一个年轻债务国的国际收支结构的基本特点。

图1可以直观、形象地说明这六个阶段。我们用最上面的水平条线来代表这个国家的投资。为简化分析，假定这个国家的投资是确定的，为GDP的30%。在初始阶段，它的储蓄低于投资。以后储蓄逐渐提升，到达某一阶段时，储蓄将会等于投资。而此后的相当长一个时期，它的储蓄将高于投资。但当该国进入老龄化阶段之后，储蓄又开始下降，并最终低于投资。这是这个国家国内的储蓄和

---

[1] CROWTHER G. Balances and Imbalances of Payments. Harvard University, Graduate School of Business Administration. 还可以参考：THIRLWALL A P. Economics of Development, Palgrave Macmillan. 2011.

投资之间的动态关系。

与国内的投资和储蓄之间关系相对应的是它的国际收支状况。图1中最上面的实线波浪线同水平线之差表示的是经常项目差额。这个差额同国民储蓄与投资之间的差额是一致的。这里的经常项目主要由两部分构成：贸易项目差额和投资收入项目。中间两条虚线波浪线与水平线之差，分别代表贸易项目差额和投资收入项目差额。在第一阶段，该国处于贸易项目逆差区。但随着经济增长，贸易项目逆差越来越小。与此同时，投资收入项目也是逆差，但逆差是不断增加的。在这个阶段，贸易项目和投资收入项目两者均为逆差，但是变动方向不一致。两者相加形成的经常项目逆差是逐渐减少的。在其他阶段的贸易项目、投资收入项目和经常项目差额的变动过程不再一一赘述。在这里没有讨论误差与遗漏项以及外汇储备变动，因而资本项目顺差＝经常项目逆差，资本项目[①]并未直接出现在图中。

2. 中国国际收支结构与一般国家的差异

一般国家国际收支结构同克劳瑟模型是一致的。以泰国为例，数十年来，直到1998年亚洲金融危机爆发，它的经常项目一直是逆差。与此相对应，在同一时期，它一直保持着资本项目顺差，外国资金不断流入泰国，为其经常项目逆差融资。1997—1998年，由于金融危机，泰国不得不实施紧缩的财政、货币政策，增加储蓄，减少投资，由贸易顺差转变成贸易逆差。与此同时，由于国际资本突然停止流入，资本外流和外逃情况十分严重，资本项目顺差变成资本项目逆差。由于"双逆差"，泰国外汇储备损失殆尽。金融危机之后不久，泰国国际收支结构又恢复到经常项目逆差和资本项目顺差。泰国的情况同东亚其他国家的国际收支状况大体相同。

日本的情况对当今的中国更具有参考价值。日本可以说已经经历了克劳瑟模型六个阶段中的前五个阶段。早期日本同泰国这样的国家是一样的：经常项目逆差，大量外资流入为贸易逆差融资。2005—2011年，日本国际收支结构进入第四个阶段，成为年轻债权国。这个时期日本的投资收入达到11.4万亿日元，与此同

---

① 这里依然延续资本项目的传统定义。IMF（国际货币基金组织）近年来对资本项目的有关概念做了新的定义。

时，它的贸易顺差为 10.4 万亿日元。贸易和投资收入为顺差，经常项目也就是顺差。我们需要注意的是，此时日本的投资收入顺差已经大于贸易顺差。日本长期的海外投资终于修成正果，从海外净资产中获取的投资收入已经超过贸易顺差。

2011 年之后，日本进入第五个阶段，这个阶段更值得我们关注。日本是一个出口竞争力很强的国家，我们一提到日本贸易，就说它是贸易顺差国。其实日本在 2011 年之后的大部分年份都是贸易逆差，但是它的投资收入顺差大于它的贸易逆差，因而依然是经常项目顺差国（资本项目逆差国）。换言之，尽管日本通过出口赚取外汇的能力已经下降，但是它过去经年累积的海外投资的收入完全可以满足它的进口需求，而且还有剩余。这种状况就是马克思经典著作中所说的"食利"。这种"食利"能力的形成，是其国际收支结构和海外资产 - 负债结构演变的结果，这种能力对于防止老龄化社会国民收入水平显著下降具有重要意义。

一个国家到底是资本输入国还是输出国，只需要看一个指标：这个国家有没有经常项目顺差。中国国际收支结构的第一个特点是，从 1990 年开始（1993 年除外），中国一直都是经常项目顺差。换句话说，当人均年收入只有 400 美元的时候，中国就已经成为资本的净输出国。第二个特点是，尽管中国开始起飞时就成为债权国，几十年来中国积累了近 2 万亿美元的海外净资产，但在最近十多年，中国的投资收入基本是负的。从净资产的意义上来说，我们把钱借给了别的国家，不但不能从它那里收到利息，反而要向它付利息。第三个特点是，中国的海外净资产在最近这几年并没有随着经常项目顺差的积累增长，反而减少了。好比我天天到银行存钱，几年后突然发现我在银行的存款根本没有增加。关于这个问题后面会重点讨论。可见，中国的情况与标准的模式完全不同，中国难以归入国际收支变化标准模式中的任何一个阶段。

3. 中国国际收支结构存在的问题

中国的国际收支结构不合理（见图 2）。这种不合理的存在说明，尽管中国的开放政策取得了巨大成功，但中国资源的跨境、跨时配置存在许多不合理之处。这些不合理之处应该尽快消除，否则中国经济增长将伴随中国社会的老龄化而丧失动力。

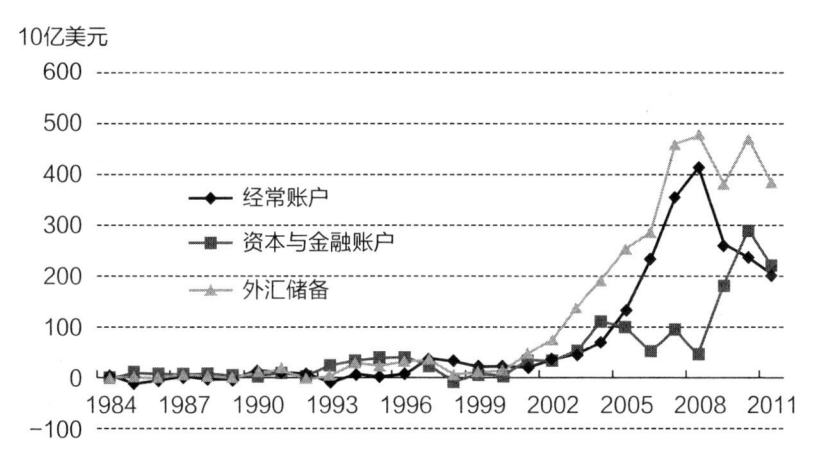

图 2　中国的国际收支结构

中国国际收支结构存在五个方面的问题：

（1）穷国把钱借给富国。正如 R. 登布什所指出的，中国作为一个贫穷国家，不是把资本的流入（主要是外商直接投资）用于国内投资与提高生产效率和生活水平，而是将其用于购买美国国库券，中国所出售的股权（=FDI 流入）被转化为美元债券。当然，在改革开放初期，面对长期以来的外汇短缺和西方国家的不信任，中国确实有必要积累一定的外汇储备。但是，中国在"创汇经济"的道路上已经走得太远了。

（2）高息借来的钱，低息借出去。J. 威廉姆森认为，引资国应该把引入的资金转化为贸易逆差和经常项目逆差。换言之，引入外国资金的目的是在缺乏外汇的情况下，利用外国资金购买外国机器设备和管理技术。而中国作为第三大引资国，从总量上看，引入的外资大部分被用于购买美国国库券了。

（3）穷国在把钱低息借给富国的同时，高息向富国借钱。在上述两个特点的基础上，中国形成了其国际收支结构的特点：维持经常项目和资本项目双顺差[①]。双顺差的含义可以简单理解为，我们通过贸易顺差所获得的外汇被用于购买美国国债的同时，从外国投资者那里取得股权和债券资金用于购买进口商品和劳务。

---

① 根据 IMF 后来的定义，我们习惯上所称的资本项目改称为资本与金融项目，并且包括官方储备资产。本篇文章中的资本项目不包括官方储备资产。

更直白地说，中国一方面以高成本从美国等国家借入钱（引入 FDI 和借外债等），另一方面又把借来的钱以很低的收益借回给它们（如买美国国债）。为什么不能直接将出口挣来的外汇购买资本品、技术和管理能力呢？在某些情况下，资本品、技术和管理能力是买不到的，必须通过合资和独资的形式引入。但在更多的情况下，出现双顺差是政策和制度出现问题的结果。世界上很少有国家长期维持双顺差（新加坡可能是仅有的例外），而像中国这样在长达 20 年时间里维持双顺差的情况则是绝无仅有的。

（4）跌入"美元陷阱"。在全球金融危机爆发后不久，克鲁格曼曾说过："美国从金融危机开始欠下的大约 5 万亿美元的债务，以及之前累积欠的更多债务，不必很快还清，甚至根本还不清。"他说："我们可以做些什么呢？其中一个答案是，想办法减少债务的实际价值。是的，这从某种程度上是对债务人过去过剩借款的奖励，但是经济不是道德剧。"①克鲁格曼还嘲笑中国一不小心掉入了"美元陷阱"。我记得他还说过："没人强迫你买美国国库券啊！"

凯恩斯有一句名言：你欠银行 1 万英镑，你受银行支配；你欠银行 100 万英镑，银行受你支配。中国作为美国的最大债主，难道不担心辛辛苦苦积累的外汇资产有朝一日会化为乌有吗？

（5）名义上的债权国成为实际上的债务国。豪斯曼指出，尽管美国是世界上最大的债务国，但投资收入历年都是顺差。换言之，债务人不但不向债权人付息，还要从债权人那里收取利息。因而，美国是实际的债权国。

中国的情况恰好是美国的镜像。通过 20 余年的双顺差，2011 年中国累积了以美国国债为主的近 5 万亿美元的对外资产和近 3 万亿美元的对外债务。换言之，中国积累了近 2 万亿美元的净对外债权。如果利息率为 3%，中国在 2011 年应该有投资收入近 600 亿美元，但中国的实际净利息支出是 270 亿美元。这种情况直到现在还没有发生根本转变。

图 3 显示，尽管中国年年都在输出资本，并且将其转化为海外资产，但是投

---

① 转引自徐以升的文章《克鲁格曼的自私药方》。

资收入基本上都在零线以下，即投资收入几乎年年都是逆差。2013 年第四季度逆差达到 600 亿美元。

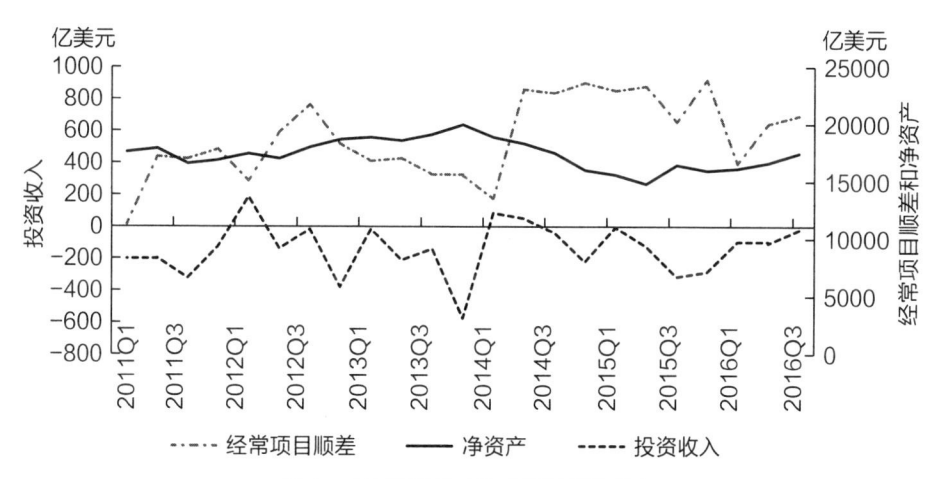

图 3　中国的净资产和中国的投资收入

为什么我们拥有净资产，却无法得到正的收益？这同我们的投资和引资结构有关。FDI 在中国的回报率非常高（这本身不一定是坏事）。2008 年，美国大型企业研究会调查了美国在华跨国公司的投资回报率，结果是平均回报率为 33%。与此同时，世界银行经济学家对在华投资的 2 万多家企业（包括欧洲国家和日本的企业）做了调查，这些企业的平均回报率是 22%。而当年中国的外汇储备收益率仅为 2%～3%，全球金融危机最严重的时候还出现过负值。非居民在华资产（中国海外负债）收益率同中国海外资产收益率相差近十倍。尽管中国是净资产国，中国的投资收入却为逆差。按照一般经济学原理，既然中国国内投资回报率（FDI 回报率）大大高于中国投资于美国国库券的回报率，资源应该向国内投资方向转移。然而，这种转移并未发生。这种情况的长期存在，说明中国存在严重的市场扭曲和政策问题。

（6）中国不但收不到利息，连本金都下落不明。最近，我们注意到，自 2011 年以来，尽管中国积累了近 1.8 万亿美元的经常项目顺差，但中国的海外净资产并没有增加，反而减少了。按照国际收支平衡表和国际投资头寸表，给定时期累积的经常项目顺差应该等于同期海外净资产的增加。这就像我们年年到银行存钱，原来只知道得不到利息，反而要向银行付利息，现在却发现连本金都可能没有了。我们的钱到哪里去了？至今官方没有作出解释。

上述六个方面的问题，不得不引起我们深深的忧虑。一些经济学家认为，美国正处于克劳瑟国际收支演进的第六个阶段（债权处置国），日本处于第五个阶段（成熟债权国）。中国似乎处于第四个阶段（年轻债权国），但又不是，因为处于此阶段的国家应该保持投资收入顺差，而中国却一直是逆差！

4. 造成中国国际收支结构畸形的原因

造成中国国际收支结构畸形的原因非常多①，这里集中讲两个原因：第一，中国的汇率缺乏灵活性；第二，2010年之后，中国的资本项目开放得过急、过快。自2003年以来，中国就出现了人民币的升值压力。消除这种压力有两条基本路径：让人民币升值，或者通过某种政策组合增加消费和投资（本来已经很高了）来吸收储蓄。人民币迅速升值（或完全放弃对汇率的干预），意味着人民币资产价格上升。随着人民币资产价格的上升，市场预期将发生分化（继续升值还是不再升值），热钱将停止流入。与此同时，经常项目顺差也会减少。这样，外汇储备将会稳定在一个比较合理的水平，中国海外资产－负债结构也将得到改善。然而，由于许多政府部门的强烈反对，人民币迟迟不能同美元脱钩，迟迟不能根据市场供求关系实现人民币升值。在高回报率和升值预期驱使下，从2005年起，大量的资金流入中国的资本市场、房地产市场，资产泡沫兴起。在人民币缓慢升值的10年间，有大量旨在套利、套汇的钱流入。为了抑制人民币升值，中央银行大量买入美元。在这种情况下，一方面，中国短期海外负债迅速增长；另一方面，中国以外汇储备为主的海外资产增长更为迅速。面对这种局面，如果人民币迅速升值，甚至一次性升值，并且继而实现汇率浮动，热钱流入就会得到有效抑制。相反，缓慢升值的政策则使升值预期长期化，热钱在毫无风险的情况下，从容流入。事实上，热钱流入中国已经持续了近10年。

抑制热钱流入的另一个办法是加强资本管制。在亚洲金融危机之后，中国没

---

① 参见余永定的《见证失衡：双顺差、人民币汇率和美元陷阱》，由三联书店于2010年出版。

有放弃资本管制。由于资本管制，热钱跨境流入在一定程度上得到了抑制。同时中国还采取措施抑制房地产和金融泡沫，使风险得到相应的控制，但热钱流入问题一直没有从根本上解决。2010年以后，在汇率制度改革尚未取得进展之前，中国开始推行人民币国际化。人民币国际化在一定程度上是服务于资本项目自由化的，许多推进人民币国际化的政策实施是以资本项目自由化为前提条件的。在存在强烈的人民币升值预期的情况下，人民币国际化为热钱流入中国打开了大门。热钱开始以前所未有的规模大量流入、流出中国的金融市场。2012年以后，政府推出进一步加速资本项目下人民币的可兑换政策，遏制热钱跨境流动的最后屏障几乎被打破。[1]

二、热钱流出导致国民财富损失

从2010年起，金融市场流行一句话——"世纪的盛宴"，即套汇、套利交易的投机资本在中国享受了一场盛宴，以前还没有碰到过这样千载难逢的好机会。套利、套汇交易的第一步是把美元换成人民币资产。尽管人民币资产升值了，套息交易参加者为了获得套息交易的利润，还必须把手中的人民币资产卖掉，换成美元汇出中国。

2014年，由于内部和外部原因，资本项目逆差超过经常项目顺差，出现了国际收支逆差。开始时导致国际收支逆差最主要的原因是资本项目中直接投资以外的资本外流。资本项目（严格说是"金融与投资项目"）大致可以分成三大项：直接投资、证券投资和其他投资项目。资本项目之所以为负，主要是因为其他投资项目。其他投资项目又可以细分为其他股权、货币与存款、贷款、保险与养老金、贸易信贷和其他应付款。自2014年以来，其他投资项目逆差是造成资本项目逆差的基本原因。2016年，直接投资逆差成为中国资本项目逆差的重要原因。

货币与存款项目下资本的外流有两个主要方式：一个是中国的居民增持美元存款。增持美元存款意味着资本的流出。另一个是中国香港居民减持人民币存

---

[1] 详细讨论见余永定的《最后的屏障》，由东方出版社于2016年出版。

款。本来他们持有大量的人民币存款（央行发行的借据），现在他们不愿意继续持有人民币存款了。当他们抛售人民币存款、央行为了维持人民币汇率稳定而买回这些人民币时，资本就流出了中国内地。贷款项目下的资本流出也是如此。过去有相当多的企业赌人民币升值，由于海外的融资成本比较低，企业相继借了大量的美元债（它们可能不需要美元进口货物或去投资，而是要用这些美元去套利、套汇），这就意味着资本的流入。现在发现人民币要贬值，这些企业又提前加速偿还它们的美元债务，企业偿还美元贷款在国际收支平衡表上就表现为资本的流出。贸易信贷项目下的情况也类似。

当热钱"饱食远扬"时，如果央行维持人民币汇率稳定，中国国民财富就会遭受损失。从理论上说，这种损失是可以计算的。例如，当人民币兑美元汇率为7∶1时，非居民预期人民币升值，用100美元购买700元人民币。与此相对应，央行外汇储备资产和负债分别增加100美元和700元人民币。两年之后，人民币兑美元汇率变为6∶1，这时非居民预期人民币贬值，开始平仓。他们用700元人民币购买116.67美元后撤离中国。此时，央行外汇储备资产和负债分别减少116.67美元和700元人民币。外资这"一进一出"，在负债不变的情况下，央行的外汇储备就减少了16.67美元。从中国海外资产－负债表上看，中国的海外负债减少了100美元（原本流入的热钱），海外资产却减少了116.7美元。热钱流入再流出，使中国的海外净资产减少了16.67美元，这16.67美元就是中国国民福利的净损失。

1. 不能把外汇储备减少统称为"藏汇于民"

有一种流行的说法：外汇储备减少是"藏汇于民"。这种说法非常具有误导性。如果中国外汇储备的减少等于中国海外民间（非政府）资产的增加和中国海外负债的减少之和，这从等式的角度来讲可以说是"藏汇于民"，但还必须看因果关系。如果外汇储备下降是居民随收入提高而增加外币资产配置的结果，外汇储备的下降确实可称为"藏汇于民"。例如，过去我们建立主权基金，把钱拿给银行注资或者采取某些方式使大家能够更好地使用美元，提高投资收益率，这自然是"藏汇于民"。居民为了旅游、为了子女海外留学换汇，也可算"藏汇于民"。而现实情况更多的则是海外投资者套利平仓或者获利平盘，或者中国居民和企业资本外逃，而央行为了维持汇率稳定动用大量外汇储备，在客观上则是为这些平仓者、平盘者和资本外逃者提供了相对廉价的美元（人民币计价的美元）。在人民币出现贬值趋势下，套利、套汇的投资者和出于种种目的希望转移资产的人，趁人民币还未进一步下跌而迅速把人民币资产转换成美元资产汇出。换成美元、离开中国的那部分资产中的相当大一部分，已经同中国没有关系了。尽管这些资产持有者中有许多人仍然持有中国护照，但他们的资产不会记录在中国海外投资头寸表上，他们的这些美元资产完全谈不上"藏汇于民"。这样的外汇储备下降，不能笼统地称为"藏汇于民"。改变修辞或说法并不能改变问题的实质。

从学理上，在干预外汇市场抑制人民币贬值的过程中，外汇储备的减少是否意味着"藏汇于民"，似乎可以有三个衡量尺度：第一，中国的海外净资产是否减少了；第二，中国的海外资产－负债结构是否恶化了（将导致未来投资收入的减少）；第三，中国的国民收入分配是否恶化了。以这三个尺度衡量，至少外汇储备减少中的相当大一部分不能称为"藏汇于民"。例如，如果外汇储备的减少并未导致中国非官方海外资产的相应增加和（或）中国海外负债的相应减少，外汇储备的减少就不能被说成"藏汇于民"。我们知道，中国的外汇储备减少了8000 亿美元以上，如果是"藏汇于民"，这 8000 亿美元的减少必须转化为非官方储备资产的增加或中国海外负债的减少。我们大致知道近两年来中国居民的美元存款增加多少（非官方储备资产的增加），非居民人民币存款减少了多少（中国海外负债的减少），我们也大致知道中国企业偿还了多少美元贷款（中国海外负债的减少），增加了多少海外投资。但是，从正式渠道获得的统计数据远远不足以说明在最近两年中，中国所消耗的外汇储备已经转化为中国海外非官方储备资产的增加和海外负债的减少。从是否可以称为"藏汇于民"的第三个衡量尺度来看，不可否认，居民换汇的急剧增加在很大程度上出于保值动机，这种动机本身无可非议，但央行提供外汇满足了这种动机，意味着央行承担了人民币汇率贬值的风险。由于央行是公众利益的代表者，央行承担风险意味着与外汇无关的低收入群体也要承担这种风险。

可以说，"藏汇于民"的说法不仅有悖公众的直觉（套息者的胜利大逃亡、企业出于不安的资产转移），而且也得不到理论和统计数据的支持。如果外汇储备资产的减少真的是"藏汇于民"，中国在最近几年经常项目顺差的累积应该等于同期中国海外净资产的增加，但统计资料却不能说明这种情况确实发生了。

以中国的经常项目顺差累计额计算的中国资本净输出额，从2011年第一季度到2016年第三季度约为1.28万亿美元（见表1）。从理论上讲，中国海外净资产的增加量也应大致如此。但这几年中国的国际投资净头寸不但没增加，反而减少了125亿美元。钱到哪儿去了？这是难以用技术性因素解释的。

表1　中国国际投资头寸表中的数据变化（从2011年第一季度至2016年第三季度）

项目	金额（亿美元）	备注（亿美元）
经常账户累计额	12800	
误差与遗漏项目累计额	6200	
国际投资净头寸变化	-125	从17595下降至17470
储备资产变化	1484	从31156上升至32640
私人部门海外资产变化	19989	从12283上升至32272
私人部门海外负债变化	21598	从25844上升至47442

注：按定义，给定时期内累积的经常账户变动应等于该时期净资产（国际投资净头寸）变化。表中数据来源于Wind数据库。

2. 我们应该担心什么

日本自2011年以来连续出现贸易逆差，但是日本的巨额投资收入顺差，使日本保持着经常项目顺差。由于"年轻"时在海外投资，日本积累起大量海外净资产，在"年老"时可以享受"年轻"时的投资所带来的收入，日本民众的生活水平并未因为贸易逆差的出现而下降。中国被归入年轻债权国范畴，虽然中国20多年来一直在大量输出资本，早就积累起近2万亿美元的海外净资产，但中国一直保持着投资收入逆差。更糟糕的是，尽管中国依然在大量输出资本（经常项目顺差），但这些输出的资本并未形成相应的海外净资产。随着国民收入的进一步提高、储蓄率的下降和人口老龄化，中国的贸易顺差将转化为贸易逆差。如果中国不能够实现海外资产的保值、增值，不能从海外净投资中获取相应的利益，中国的收入水平就会下降，民众的生活水平也会下降。那时候，中国出口换来的外汇就不能用于购买商品、知识和技术，只能被动地偿还债务和利息，中国经济增长的主动性就会丧失。

三、人民币汇率弹性亟待加强

我们已经指出，缺乏弹性的汇率制度是造成中国国际收支结构畸形的重要原因。

如果我们不能让汇率自由浮动，就只能进一步加强资本管制。[①] 2016年以来，央行大大加强了对资本跨境流动的管理，这种做法是完全正确的。但是，我们也知道资本管制会产生一系列副作用，对正常的贸易、投资活动造成不利影响。

作为一种价格信号，汇率变动对资本流动具有自动稳定器的作用，增加汇率弹性可以分担资本管制的压力。我们的汇率越灵活，能够越快对市场作出反应，我们对于资本管制的要求可能就越低。

1. 汇率浮动是改善国际收支结构的重要手段

纵观过去十几年中国国际收支结构的变化，可以得出这么一个结论：缺乏弹性的汇率制度是造成中国国际收支结构畸形的重要原因。

当存在升值压力的时候，让人民币升值可以遏制热钱流入，促进贸易结构的改善；当存在贬值压力时，让人民币贬值可以推动出口，抑制热钱流出。汇率和价格是一样的，可以起到市场信号的作用，帮助实现资源自由配置。让汇率在合理的水平双向波动，有助于资源的跨境、跨时分配。如果汇率浮动过大，央行应该干预。但当汇率出现长期贬值趋势或者长期升值趋势，干预无效往往会造成国际收支结构和海外资产-负债结构的严重扭曲。

我们主张让人民币汇率浮动还有一个理由：在目前内需不足且人民币处于贬值压力的情况下，贬值对经济增长有益无害，至少对我国经济增长没有坏处。

---

① 根据一些国际最新的研究成果，即便汇率自由浮动，发展中国家也难以完全放弃资本管制。

中国的汇率制度，按照 IMF 的说法，是"类爬行安排"。事实上，在国际货币基金组织的 189 个成员国中，仅有 17 个国家实行这样的制度，其中没有一个是发达国家或重要的发展中国家。其他国家都采取了浮动汇率制度。浮动汇率并不完全排除对外汇市场的干预，但这种干预应限于熨平汇率波动，而不是持续、单向进行的干预。

2. 克服"贬值恐惧症"

为什么我们要花费巨大的代价来保持汇率稳定？听到的最多的理由是：一旦不干预，贬值就会失去控制。其实，从抗跌性因素来分析，中国是最不应当担心汇率浮动的国家。中国有经常项目顺差，有世界上最高的经济增长速度和最多的外汇储备，当汇率真的出现失控的可能性时，我们还有资本管制作为最后的手段。

从另一个角度看，即便人民币汇率出现较大的贬值又会如何？对于贬值可能造成的问题，罗格夫特别强调四点：第一是银行货币错配。如果贬值，对银行打击很大。但中国银行的资金来源中，外币的比重很低，不存在这个问题。第二是企业如果有大量的外债，会陷入债务危机。中国企业债务极高，但是外汇债务仅占百分之几。我们应该担心企业的债务问题，但不用过于担心人民币贬值对债务的影响。第三是主权债问题。中国的主权债数量有限。第四是通货膨胀。中国现在的通货膨胀还不算严重。

上述四个问题，在中国基本不存在或不严重，因而，第一，人民币不可能大幅度贬值；第二，即便人民币大幅度贬值，对中国的冲击也有限；第三，即便人民币大幅度贬值并威胁到中国金融系统的稳定，我们还有资本管制这个最后的手段。

3. 善用外汇储备

不知道从什么时候开始，大家对于外汇储备的损耗变得无所谓了。有人认为，外汇储备本来就是要用的，减少外汇储备不正是我们求之不得的吗？

外汇储备基本有以下几个功能：①提供必要的流动性；②熨平汇率波动；③以备不时之需；④抵御国际投机资本攻击；⑤"泊车储蓄"。因此，外汇储备应该根据实际需要，合理使用。

对中国来讲，外汇储备的一个特别突出的功能就是充当国民储蓄的载体。澳大利亚著名的经济学家 M. 科登把中国购买的美国国库券称为中国的"泊车储蓄"。长期以来高储蓄和重商主义倾向的结合，使得中国成为世界上第一大外汇储备国。中国的外汇储备确实过多，我们也主张把相当一部分外汇储备用掉，但关键是如何用。外汇储备的使用必须有助于资源合理配置，必须增进中国的国民福利。过去中国政府所做的很多事情实际上就是在减少外汇储备，例如设立主权基金、向商业银行注入资本金。在人民币升值期间，我们曾经建议财政部发售国债或金融债筹集资金，再用这笔钱向中央银行买外汇储备，最后通过财政部预算的渠道使用这笔外汇资金。如何合理使用已有外汇储备是一个复杂的问题，但在这方面国际上已有不少经验可借鉴。

从理论上讲，在人民币处于升值阶段，如果中央银行不干预，外汇储备不会增加；反之，在人民币处于贬值阶段，如果中央银行不干预，外汇储备不会减少。如果我们一方面希望尽量减少对外汇市场的干预，另一方面又希望减少外汇储备，我们就只能绕开外汇市场，设计直接使用外汇储备的途径。

总之，外汇储备的使用应该是改善而不是恶化中国的国际收支结构和海外资产－负债结构。通过动用外汇储备，单边、持续地干预外汇市场以稳定人民币汇率，是一种不明智的政策。

四、结束语

中国 30 余年的改革开放政策业已取得巨大成功，然而，为了获得这种成功，中国也付出了巨大的代价。随着时间的推移，这种代价将越来越清楚地显现出来。中国国际收支结构和在此基础上形成的海外资产－负债结构，存在不少严重的不合理之处，而"汇率变动恐惧症"是造成这种不合理之处的重要原因。

经过两年的震荡，中国资本外流的趋势已明显缓和，人民币贬值压力也随之减轻。但随着国内外形势的变化，贬值压力还可能重新回升，资本外流和外逃的情况还可能重新恶化。无论人民币汇率变化的趋势如何，必要的资本管制还是要坚持的，人民币汇率制度的改革、人民币汇率从缺乏弹性到自由浮动的转变是不可避免的。希望有关方面在充分准备的基础上，尽快实现已经拖延得太久的中国汇率体制改革。

本文是中信大讲堂·中国道路系列讲座之余永定的演讲《中国的汇率政策与海外资产》综述，由季节执笔整理。

对失衡与相关政策的辩论

今年是改革开放 40 周年。1978 年，中国共产党第十一届三中全会决定，实行对外开放政策，把对外开放作为一项基本国策，在自力更生的基础上，积极发展同世界各国的平等互利的经济合作和技术交流，以促进我国的经济发展。40 年来，中国对外开放取得的成就毋庸置疑，但积累的矛盾也不容忽视。为了实现中华民族伟大复兴的目标，除必须不断深化经济体制和政治体制改革之外，对中国的对外开放政策进行调整已刻不容缓。我自 1979 年进入中国社会科学院世界经济研究所（现名世界经济与政治研究所）以来，一直从事西方经济学和世界经济的研究工作（其中有 6 年时间在牛津大学学习）。1994 年 8 月从牛津大学回国之后，开始关注中国的国际收支平衡、汇率、资本管制、宏观调控和全球宏观经济稳定等问题。现在，希望能通过这篇庆祝中国改革开放 40 周年的文章，同读者分享自己在过去 20 多年中逐渐形成的对这些问题的一些看法和研究心得。

一、出口导向型创汇经济与双顺差问题

改革开放之前，由于西方国家对中国实行封锁，中国政府对外经济政策的指导方针是"独立自主，自力更生"。长期执行这一方针的结果是：中国进出口总额与 GDP 之比极低，一般年份略有贸易顺差，外债可以忽略不计。到 1981 年，中国出口为 225 亿美元（占 GDP 的 8.4%），进口为 217 亿美元（占 GDP 的 8.1%），贸易顺差为 8 亿美元（占 GDP 的 0.3%）；经常项目顺差为 12 亿美元（包

括外国的转移支付);净外债为 9 亿美元(未偿还债务减去外汇储备)。[1]

在 1980 年代初,对外经济贸易大学的王林生教授和我的同事——世界经济研究所的袁文琪研究员发表了许多文章,从马克思主义的立场出发,宣传大卫·李嘉图的比较利益说,呼吁大力发展中国的对外贸易。1987 年,国家计委的王建先生发表《关于国际大循环经济发展战略的构想》,提出在沿海地区进一步扩大开放,发展大进大出的加工型经济,参与国际经济大循环的构想。在此时期,政府一方面采取了一些贸易自由化措施,另一方面执行出口导向的产业政策,鼓励出口,根据比较利益调整进出口的产品结构、空间结构。在 1990 年代和 2000 年代,中国的对外贸易突飞猛进,在 2000 年代中期,中国终于变成世界第一大贸易国。

在大力发展对外贸易的同时,大力引入外国资本是中国开放政策的另一个主题。理由一是,弥补国内储蓄不足。在给定国内储蓄水平的条件下,争取经济获得更高的增长速度。理由二是,引进新的技术。技术是物化在资本物品之中的,引进外资还可以引进先进的管理。中国改革开放初期正逢拉美债务危机,许多外国学者也劝告中国要尽可能引入直接投资,而不要从海外借债。为了引进海外直接投资,中国政府为 FDI 提供各种优惠政策,地方政府则更是争相向外资提供优惠。很快,中国成了仅次于美国的世界第二大直接投资引资国。积极发展对外贸易和引入直接投资都是正确的政策,但是,在我们的外贸政策中存在严重的重商主义色彩,而这又主要体现在中国对增加外汇储备,从而实现贸易顺差的过度追求上。当时,中国在推行一系列优惠政策大量引资的同时,限制进口,鼓励出口,力图保持贸易顺差(经常项目顺差)。在一定程度上,中国的增长模式可以称为"出口导向型创汇经济"。考虑到 1980 年代中国特定的内外部条件,采用这种模式有其必然性和合理性。然而,建立在政策扭曲基础上的不平衡发展模式是难以持续的。人为维持这种不可持续的不平衡发展模式必然导致发展成本(资源、环境、人力、社会、安全)急剧上升,并给中国的未来发展留下严重隐患。

---

[1] 世界银行.中国:长期发展的问题和方案主报告[M].北京:中国财政经济出版社,1985.

其实，早在 1983 年，世界经济学界就对中国政府一方面追求贸易顺差，另一方面大力引资的政策提出疑问，认为这种政策组合存在内在矛盾。我在 1996 年开始关注中国国际收支不平衡问题，在报送给当时的党和国家领导人的一份报告（1997 年 6 月 20 日）[①]中，我写道："外汇储备增加的实质是把本来可以由自己使用的实际资源借给外国使用，中国外汇储备增加的最大受益者是美国。由于保持了贸易顺差……中国在这几年并没有从国外引入实际资源，只是把短缺的国内资源输出到国外以换取国外金融资产。人们之所以说中国是世界第二大引资国，是因为中国资本项目下的资本净流入数额很大。但事实是，流入的资金又通过官方外汇储备的增加而流出了，还有相当一部分通过误差与遗漏项外逃了。从国际收支的总体看，中国是资本输出国而不是资本输入国。如果说在特定条件下，发展中国家保持一段时间的贸易顺差是必要的，或者是不得已而为之（要还债），那么，通过资本项目的顺差来支持外汇储备的增长就大有问题了。事实上，中国外汇储备的增加主要是由资本项目的顺差而不是贸易项目的顺差造成的……中国目前的情况是：用 10% 的利息率借入外债，再用 5% 的利息率在国外放债。这种情况可以比喻为穷人以高利息从富人那里借钱，再用低利息把钱借给富人。这是一种非常不合理的引资格局。造成这种格局的原因是复杂的，在正常情况下大致有两种可能：①一国希望增加资本流动性，以备不时之需；②由于操作上的问题，借来的钱还没来得及花掉。但在中国，目前的格局很可能是在不合理的制度安排和经济政策组合下，利益集团追求自身利益的结果。"

事实上，我当时就听说沿海有些省份的企业需要资金，由于信贷规模限制，只好以各种方式引入外国资金（因为引入直接投资较为容易），然后再把外汇卖给政府，换取人民币，以实现信贷规模的突破。我在报告中指出，这种行为从企业追求自身利益的角度来看是可以理解的，政府用企业并不想使用的外汇购买美国国库券也是无可指责的，但结果却是：中国的实际资源由于收益率的差额而白白被外国吃掉了。为了避免双顺差导致的资源错配和中国国民福利因此而受到损

---

① 这份报告其实是当时的《世界经济调研》编辑部根据我 1996 年发表的一篇内部文章做的摘要。

失，我提到增加汇率浮动范围（让汇率有所上升），部分地冲销（对冲）因干预外汇市场导致的货币供应量的增加，通过不同方式放松进口限制。我在报告中呼吁："中国政府必须有一个明确的引资和外贸战略，并在此基础上制定一套首尾一贯的经济政策。变单纯创汇为总体上的资源最优配置，此其时矣！"

我的观点并无新颖之处，只不过是一个受过经济学训练的经济学家对简单经济学现象的常识性见解罢了。没想到的是，我的观点遭到高层某位领导的批评。作为回应，我再次在杂志上发表文章，从一国不同经济发展阶段中储蓄与投资的变化出发，对中国国际收支格局的不合理性进行了探讨，重申了自己的看法。然而，在此后的相当长时间内，对双顺差的讨论不再见诸报纸和杂志。而紧随其后的东亚金融危机似乎也支持了中国必须增加外汇储备的观点。随着亚洲金融危机的恶化，政策辩论的焦点转到资本管制和汇率问题上。

二、亚洲金融危机与资本管制

在亚洲金融危机爆发之前，我对资本管制的关注并不多，也没有很强的倾向性。亚洲金融危机爆发后，为了搞清亚洲金融危机的一般原因，搞清东亚不同国家（地区）金融危机演进的细节，我陪同中国社会科学院副院长王洛林教授到中国香港、泰国、马来西亚、日本等地进行了数周的实地考察，会见了众多当地中央银行（或金管局）、财政部（或财政司）、证交所、重要银行和非银行金融机构负责人，同当地学者和财经媒体记者进行了广泛交流，取得了大量第一手资料。在调研过程中，我深切感受到，在受到国际投机资本冲击的情况下，一国出现金融危机的充要条件是固定汇率制度、资本自由流动和国际收支逆差（或经常项目逆差）。与此同时，我还看到，在发生金融危机的发展中经济体内，几乎没有例外，资本外逃都是"压倒骆驼的最后一根稻草"。对亚洲金融危机的研究深刻影响了我以后在资本项目自由化问题上的立场和观点。

在亚洲金融危机时期，尽管中国金融体系的脆弱程度与危机发生国相比有过之而无不及，为什么中国能成功抗击亚洲金融危机的冲击？大部分中国学者可能直到现在还都认为中国当时之所以能够抗击危机是因为：第一，中国坚持人民币不贬值的政策；第二，中国当时已积累了大量外汇储备，从而使不贬值政策成为可信的政策。尽管上述两个因素功不可没，但我以为，中国之所以能够在亚洲金融危机期间屹立不倒，关键因素是资本管制。虽然这种看法现在无法直接验证，但有一点应该很清楚：在危机期间，没人知道有多少外汇储备才算足够多。1997年，中国的外汇储备是1400亿美元。如果只是履行外汇储备的一般职能，这个数量级的外汇储备是足够的。但是，如果人民币遭到国际投机资本的系统性大规模攻击，或者中国出现严重的资本外逃，为了防止货币危机和国际收支危机的发生，这个数量级的外汇储备不过是杯水车薪。2015—2016年，为了维持人民币汇率稳定，我们一下子用掉1万亿美元外汇储备。即便如此，如果没有资本管制的强化，以及国内外经济、金融形势的变化，人民币汇率是否可以继续"被维稳"还很难说。

三、人民币汇率恢复有管理的浮动

1994年，中国成功地进行了汇改，建立了单一汇率下有管理的浮动汇率制度。亚洲金融危机爆发后，为了稳定国际投资者信心，中国政府执行了事实上钉住美元的汇率政策。通过严厉的资本管制并以充足的外汇储备作为一种应对投机性攻击的威慑力量，在东亚各国货币纷纷贬值的情况下，中国坚持人民币兑美元汇率不变，为稳定东亚经济乃至全球经济作出了重大贡献，得到了全世界的一致称赞。在亚洲金融危机期间，我坚决拥护中国政府人民币钉住美元的"不贬值政策"。在1997年9月1日新加坡《联合早报》的采访中，我非常明确地表示"人民币不会有事"。在亚洲金融危机期间，由于采取人民币不贬值政策，中国出口企业受到极大压力，中国经济增长速度明显下降（真实的增长速度可能比官方统计的更低）。当时的强烈感觉是：一旦条件允许，人民币应该尽快同美元脱钩。

2002年，中国经济强劲回升，GDP增长速度达到9.1%，外汇储备由2001年的2121.6亿美元增加到2864亿美元。2003年，中国继续保持双顺差，外汇储备逐月增加，人民币开始出现升值压力。在这种情况下，中国让人民币与美元脱钩、恢复1994年以来的有管理的浮动汇率制度本来是不应该有什么问题的。2003年春季，时任总理温家宝召集经济学家座谈，讨论中国宏观经济形势，其间谈到汇率问题。吴敬琏老师和我主张让人民币同美元脱钩，小幅升值。吴敬琏老师刚刚在浙江做过调研，他强调，浙江民营企业赞成让人民币升值。因为由于人民币被低估，进入外贸市场的门槛很低，低效率企业进入市场也有盈利。这样，出口产品的竞争会十分激烈，企业会竞相杀价，使得中国的贸易条件大大恶化。反对人民币升值的主要论点是，中国外贸企业的盈利水平都很低，平均利润率大致只有2%，如果让人民币小幅升值，大批外贸企业就会破产。这种说法显然是错误的。平均利润率2%意味着有一部分企业的利润率高于2%，另一部分企业低于2%。如果人民币升值2%，一批低效率企业可能会破产，但高效率企业实力将会因低效率企业的退出而得到加强。其结果是：尽管出口量可能会减少，贸易条件却会明显改善。这样，中国的出口收入不会因人民币升值而减少，相反，由于贸易条件的改善，中国的出口收入可能还会增加。

然而，当时政府担心一旦允许人民币升值，出口增速下降，2002年开始的中国的经济复苏就可能夭折，因而，人民币同美元脱钩、升值问题被暂时搁置。

在亚洲金融危机爆发前，人民币一直在小幅升值，没有人认为不妥，甚至没有人予以关注。在危机中，人民币钉住美元，大家都同意这是不得已而为之。一旦危机过后，应该尽快恢复有管理的浮动，但为什么大家却一下子变得如此害怕升值呢？除前面提到过的害怕升值对中国经济产生负面影响之外，对外国施压的"同仇敌忾"和错误理解"日本广场协议教训"也产生了重要影响。2003年9月美国财政部部长斯诺来华访问，呼吁中国让人民币升值。美国政府的态度却使中国产生"你让我贬值，我偏不贬值"的心理。此外，许多中国学者认为，日本之所以会在1980年代后期出现经济泡沫和泡沫破灭之后的长期萧条，就是因为日本向美国压力低头，根据广场协议让日元大幅度升值。但这只是中国学者自己的解读，日本经济学界的共识是：日本之所以出现经济泡沫，是因为日本银行担心日元升值对日本经济造成严重冲击而采取了过于宽松的货币政策。事实上，1985年日本经济正在走出衰退，本应该是踩刹车的时候，日本政府却狠踩了一脚油门。

自2003年以来，国内经济学界的一个流行口号是"坚决打掉人民币升值的不合理预期"。回想起来，这个口号是多么可笑！当一个国家因双顺差外汇储备以每3年增长1万亿美元的时候，世界上难道还有理性人不预期人民币会升值吗？

由于当时中国政府不愿意让人民币升值，一种"严进、宽出"的主张应运而生，甚至加速资本项目自由化的呼声也再次响起。"严进"自然是完全正确的，但"严进、宽出"政策的要害在于"宽出"。在人民币升值预期强烈的情况下，鼓励资本流出不仅难以成功，而且是不妥当的，因为在这种情况下依然希望流出的资本恐怕是外逃的资本。

在中国，对汇率政策的讨论不仅同贸易平衡问题有关，而且同宏观经济稳定，特别是货币政策的有效性有关。2003年下半年，中国经济过热的征兆越来越明显。2003年10月，中国政府开始实行适度从紧的货币政策。尽管如此，2004年中国经济仍进一步趋热。由于资产价格的急剧上升以及人民币的升值预期，大量热钱开始涌入中国，人民币的升值压力进一步增加。2005年下半年，在经常项目和资本项目顺差继续增加的同时，年初得到一定抑制的经济过热势头再度抬头。当时，有外国经济学家表示，中国可能会因国内经济过热而决定让人民币升值。

2005年7月21日，中央银行宣布实行钉住一篮子货币的汇率制度。与此同时，人民币兑美元小幅升值。在此之前，许多人就担心人民币与美元脱钩及小幅升值，甚至讨论这种可能性都会鼓励"非理性"升值预期，进而引起投机资本的大举流入，从而使人民币的升值失去控制。

在升值预期强烈的情况下，允许人民币小幅升值，确实会导致热钱的持续流入。放弃对人民币汇率的干预，让市场供求关系决定汇率可能是一个更好的选择。但中国政府显然不打算"冒险"。2005年8月，我撰文强调，人民币小幅升值所带来的问题是可以通过资本管制等办法加以解决的。既然人民币大幅升值的风险过大，我们就只能两害相权取其轻，让人民币小幅升值。此后，人民币的渐进式升值并未如有些人担心的那样对中国贸易造成巨大冲击。总的来说，尽管人民币与美元脱钩及升值的时间晚了一些，步伐小了一些，但毕竟是在正确的方向上迈出了具有历史意义的一步。

人民币与美元脱钩后，为了使人民币每年的升值幅度被限制在3%左右，央行并未停止对外汇市场的干预。央行试图在维持汇率基本稳定（但不是不变）的同时保持偏紧的货币政策。在这种情况下，大量热钱通过形形色色非法的渠道和方式流入国内从事套利和套汇活动。面对这种形势，一些人提出，资本管制是无效的，不如干脆开放资本账户。我认同中国资本管制存在极大漏洞这一观点，但认为低估资本管制的有效性也是不对的。至少政府可以做些事情来增加非法跨境资本流动的交易成本。事实也说明，尽管漏洞多多，资本管制（"严进"）在中国基本是有效的。如果没有资本管制，中国的资本流动性过剩和福利损失肯定会严重得多。总的来说，由于中国政府选择了固定汇率制度和资本自由流动（或加速放松资本管制）的某种结合，这种结合在很大程度上已经影响到中国货币政策的独立性。在汇率依然缺乏灵活性的情况下，央行能够维持货币政策的基本独立，除大规模运用对冲政策外，在很大程度上应该归功于没有放弃资本管制。

四、金融危机与国际货币体系改革

2007年8月，随着美国次贷危机的逐步深化，中国外汇储备的安全越来越成为值得我们严重关切的问题。我对于中国经济增长模式的诘问进入新的阶段。一个显而易见的问题便是："由于美元的贬值和次贷危机导致的证券违约，凝结着国人血汗的外汇储备的价值正在或可能迅速挥发。而通过贬值和违约，美国则可以轻松地摆脱它的外债。中国获得越来越大的贸易顺差，难道就是为了换取那些越来越不值钱的绿纸片吗？" 2008年9月15日，美国雷曼兄弟公司突然倒闭，美国金融、经济危机急剧恶化。2009年3月13日，时任国务院总理温家宝在回答美国记者提问时指出："我们把巨额资金借给美国，当然关心我们资产的安全。说句老实话，我确实有些担心。因而我想通过你再次重申，要求美国保持信用，信守承诺，保证中国资产的安全。"

事实上，2002年2月前后，美元出现了所谓的"战略性贬值"，美元指数一路下跌。2009年初，美国经济学家克鲁格曼在《纽约时报》上发表了一篇题为《中国的美元陷阱》的文章。文章指出，中国得到了2万亿美元外汇储备，变成了财政部短期国库券（T-bills）共和国，中国领导人好像一觉醒来突然发现他们有麻烦了。虽然他们现在对财政部短期国库券的低收益似乎仍不太在乎，但他们显然担心美元贬值将给中国带来巨大资本损失，因为中国外汇储备的70%是美元资产。减持美元资产势在必行，但有一个障碍——中国持有的美元太多了，如果中国抛售美元就必然导致美元贬值，进而造成中国领导人所担心的资本损失。这种进退两难的局面，就是克鲁格曼所谓的"中国的美元陷阱"（China's Dollar Trap）。正如凯恩斯所说的，你欠银行1万英镑，你受银行支配；你欠银行100万英镑，银行受你支配。

2008年爆发的全球金融危机也是对美元的一场严峻考验。如果美元像人们最初所担心的那样大幅度贬值，中国将遭受惨重损失。

2009年3月23日，时任中国人民银行行长周小川指出："此次金融危机爆发并在全球范围内迅速蔓延，反映出当前国际货币体系的内在缺陷和系统性风险。"他提出："将成员国以现有储备货币积累的储备集中管理，设定以SDR计值的基金单位，允许各投资者使用现有储备货币自由认购，需要时再赎回所需的储备货币。"事实上，2008年8月在伊兰堡举行的国际经济学年会上，格林沃德和斯蒂格利茨也提出了改革当前国际货币体系的类似设想。

周小川关于"设定以SDR计值的基金单位，允许各投资者使用现有储备货币自由认购，需要时再赎回所需的储备货币"是使中国避免美元陷阱的一个理想办法。事实上，在1980年，美联储就推出过所谓的替代账户（Substitution Account）。外国持有者可将以国别货币（主要是美元）计价的储备资产转化为以SDR计价的储备资产存入替代账户，并在以后根据需要再将以SDR计价的储备资产转换为以国别货币计价的储备资产。美元贬值趋势严重的时候，这种做法可以使美元储备资产持有者避免更大损失，同时可以减轻美元储备资产持有者抛售美元资产的压力，从而使美元避免进一步贬值。不仅如此，周小川的建议还可能会启动对国际货币体系的改革。周小川改革国际货币体系的建议遭到美国的抵制。但是，令人遗憾的是，中国政府对周小川的建议也不热情。当时的中国有关领导人认为，如果法国和俄罗斯要推动国际货币体系改革，中国可以在背后支持，但我们自己不出头。中国外交部发言人称，周小川关于国际货币体系改革的主张是个人观点。由于各国政府的态度，特别是由于美元并未像人们所担心的那样进一步暴跌，国际货币体系改革的倡议遂被束之高阁。

五、人民币国际化和资本项目自由化

可能与用SDR取代美元充当国际储备货币的主张受到冷遇有关，从2009年起，中央银行开始推动人民币国际化进程。我最初的理解是，如果我们无法用SDR取代美元，那么我们可以走自己的路，让人民币成为国际储备货币。然而，要实现这一目标就必须首先实现人民币国际化。本币国际化对任何国家来说都是一把双刃剑，世界上很少有国家把本币国际化作为一项政策加以推进。德国始终回避马克国际化。日本一度想推进日元国际化，但很快搁置了这一政策。美国大部分学者认为，美国根本不曾有过美元国际化政策。我和世界经济与政治研究所的同事对人民币国际化一直还是抱着积极态度的，但我们首先要搞清楚人民币国际化的目的到底是什么。在2009年3月提交BIS（国际清算银行）和韩国中央银行的一份论文中，我们对货币国际化的定义、理论、人民币国际化的目的、条件和途径作了比较全面的阐述，其目的包括降低中国企业汇率风险、提高中国金融机构国际竞争力、降低交易成本、收取铸币税（充当储备货币）和使外汇储备保值增值。

在支持人民币国际化的同时，我们十分强调人民币国际化和资本项目自由化之间的联系。尽管一种货币的国际化并不等于资本项目自由化和本币可完全自由兑换，但是资本项目自由化和本币一定程度的可自由兑换是本币国际化的前提条件。我们认为，一方面，鉴于中国政府还不能放弃资本管制，人民币大规模的国际化是不太可能的；另一方面，推进人民币国际化的渠道和手段还是有很多的。虽然当时央行并没有公开宣示人民币国际化路线图，但根据我们看到的材料，人民币国际化的第一步似乎是推动人民币用于贸易（主要是进口）结算，使人民币流到境外，为非居民所持有。第二步是建立人民币的回流机制，否则非居民不会有意愿用人民币结算、持有人民币。至于第三步及以后的各步是什么，我们没有看到官方的更为详尽的表述。

2009年7月，跨境贸易人民币结算试点正式启动。此后人民币进口结算额和香港人民币存款额迅速增长。学界对人民币国际化进程普遍十分乐观。不少人预测，在今后两年香港人民币存款将超过3万亿元人民币。

为了推动人民币国际化，使人民币成为国际储备货币，中国必须解决如何为人民币资产的潜在持有者提供人民币的问题。美国是通过维持经常项目逆差为世界提供美元的。中国是个经常项目顺差国，如果希望通过进口结算为非居民提供人民币，中国就不得不增加自己持有的美元资产。在这种情况下，美元作为国际储备货币的地位，不但不会因人民币国际化而被削弱，反而会得到加强。例如，假设中国出口2000亿美元，进口1000亿美元，贸易顺差1000亿美元。在用美元做结算货币的情况下，中国外汇储备增加1000亿美元；在用人民币做进口结算货币的情况下，虽然中国的海外债务增加了7000亿元人民币（设汇率为1:7），由于不再需要用1000亿美元支付进口，中国外汇储备增加2000亿美元。

不仅如此，非居民之所以愿意持有7000亿元的人民币资产（中国的负债），是因为人民币处于升值通道。一旦人民币升值预期消失，非居民很可能就会抛售其人民币资产。人民币国际化进程的演进也证实了我们的推断。尽管香港的人民币存款一度超过1万亿元人民币，但2014年以后，由于人民币升值预期消失，香港人民币存款总额开始下跌，到目前为止也就有6000亿元人民币左右。

当然，人民币国际化还可以通过其他渠道推进，如同其他国家中央银行进行货币互换，为国际性或区域性金融机构提供人民币等。但是，事实告诉我们，人民币国际化是个长期过程，应该由市场推动。揠苗助长地人为推动，不但成本巨大，而且欲速则不达。

推动人民币国际化的可持续的路线似乎应该是通过资本项目逆差向世界提供人民币流动性（海外人民币直接投资、海外人民币贷款和购买海外机构发行的人民币债券——熊猫债券等）。例如，作为经常项目顺差国，中国可以向海外输出7000亿元人民币的FDI，如果海外东道国将此7000亿元人民币完全用于购买中国的出口产品，此7000亿元人民币只是充当了一回流通手段，并未成为非居民持有的海外资产。但在正常情况下，通过资本项目获得7000亿元人民币的东道国，不会将此7000亿元人民币完全用于从中国购买机器设备，而会将其中的一部分资金，如1400亿元人民币，转换为中国银行存款或短期债券等人民币资产。交易完成后，中国国际收支平衡表相应变动为：经常项目中出口5600亿元人民币（+），资本项目中短期资本流入1400亿元人民币（+），长期资本流出7000亿元人民币（−）。在这个过程中，人民币不仅充当了计价手段和计算手段，还有1400亿元人民币为非居民所持有，从而真正实现了国际化。不仅如此，在这个过程中，人民币的国际化与人民币汇率升值预期无关。

进一步的分析显示，人民币国际化的路线图实际上暗含了资本项目自由化的时序。可以越来越清楚地看出，人民币国际化的每一步都需要以资本项目自由化的某个特定步骤作为先决条件。例如，人民币国际化的起点是人民币进口结算。这一步的先决条件是跨境资本一定程度的自由流动。然而，在现有人民币国际化路线图中，对利率和汇率市场化并无任何明确规定，但人民币国际化的路线所隐含的资本项目自由化时序是：在实现利息率和汇率市场化之前，部分开放短期跨境资本流动。从人民币国际化路线图的角度来看，这并没有什么不对的地方。但从资本项目自由化时序的角度来看，在实现利率和汇率市场化之前，就开放（尽管是部分开放）短期跨境资本流动肯定是错误的。因而，与其讨论人民币国际化路线图，不如先讨论资本项目自由化的路线图。人民币国际化路线图应该服从资本项目自由化路线图。

事实上，央行肯定是明白人民币国际化和资本项目自由化之间的关系的。2011年8月，吴晓灵在一次讲话中指出："比较理想的人民币国际化的顺序是，加大汇率形成机制改革力度，推进资本项下可兑换，使得人民币成为结算货币，广泛使用后，变成国际化货币，最后再变成储备货币。但是在汇率改革问题上，各方难以形成共识，因此人民银行剑走偏锋——搞国际贸易人民币结算。原来在周边国家是有人民币结算的，主要是边贸，现在则是国际贸易都可以用人民币结算。这样可以倒逼我们必须加快资本项下可兑换进程，因为那么多货币出去以后必须有回流渠道。如果没有回来投资的渠道，没人愿意用人民币结算，就会倒逼资本项下开放。"

从 2009 年到 2012 年，我们感到货币当局有一种为了推动人民币国际化而加速资本项目自由化的倾向。我们认为，不应该根据人民币国际化的需要来决定资本项目自由化的进程。相反，人民币国际化进程应该受到资本项目自由化进程的制约。随着中国经济的继续增长、中国金融开放程度的提高，人民币国际化的程度自然会进一步水涨船高。国际经济形势的变化也会不断为人民币国际化提供机会与空间。例如，中国方兴未艾的海外投资就为人民币国际化提供了极好的机会，企业自己是会抓住这些机会的。我们没有必要根据坐在房间里设计出来的路线图，以刻舟求剑的方式推动人民币国际化。

六、资本项目自由化之辩

进入 2012 年，中国人民银行似乎对人民币国际化进展不太满意，特别是因资本项目自由化进展缓慢而失去了耐心。我的感觉是，央行始终把资本项目自由化放在十分重要的位置，但是由于有其他更为需要关注的紧迫问题，资本项目自由化并未被摆在更为突出的位置。从 2009 年至 2012 年，有一个局外人难以判断的问题是：人民币国际化是促进资本项目自由化的手段，还是为了打破美元霸权地位所做的努力？但不管怎么说，资本项目自由化终于被提上了央行的议事日程。2012 年 2 月和 4 月，中国人民银行调查统计司课题组先后发布了两份关于资本账户开放的报告，提出目前我国的资本兑换管制难以为继，而资本账户开放的条件已经成熟，应与利率、汇率改革协调推进。央行的观点得到经济学界主流的支持。少数派则坚持认为，资本账户开放应该遵循国际上公认的时序，即先完成汇率制度改革，然后再谈资本账户开放（这里实际上是指全面开放）。

实际上，中国的资本项目自由化过程始于 1993—1994 年。1993 年 11 月，党的十四届三中全会提出"逐步使人民币成为可兑换的货币"。2005 年 10 月，党的十六届五中全会通过的《中共中央关于制定国民经济和社会发展第十一个五年规划的建议》指出，要"逐步实现人民币资本项目可兑换"，这是我国首次将人民币资本项目可兑换问题纳入五年规划之中。2011 年 3 月，"十二五"规划明确提出要逐步实现人民币资本项目基本可兑换。事实上，中国资本账户开放一直在逐步推进之中，到 2011 年中国资本账户中的大部分子项目已经开放。我认为，在当时具有实际意义的问题并不是应否实现资本项目自由化，真正的问题是，应否有一个实现资本项目自由化（资本账户下人民币可兑换）的时间表，如在 2015 年基本实现资本账户下人民币的可兑换，在 2020 年完全实现资本账户下人民币的可兑换。我当时（2012 年）对于"当前中国正处于资本账户开放战略机遇期"这种提法，始终不敢苟同。我和同事们认为：我国经济发展中不平衡、不协调、不可持续的问题突出，地方债务问题、地下金融问题、银行不良债券问题严重。中国股市长期低迷，股民怨声载道。中国房地产市场或许处于大幅度下跌的边缘。经过长期的货币扩张，中国的 M2（广义货币供应量）与 GDP 之比超过 180%，为世界之最，其后果如何还难以预断。无论从国内还是国际来看，当时并不存在加速资本账户开放的"战略机遇"。实现资本项目自由化并不是中国的当务之急，完全没有必要"加速"。急于开放一些本不应该开放的资本账户，是自乱阵脚，自找麻烦。

2012 年 11 月，党的十八大将"逐步实现人民币资本项目可兑换"明确为我国金融改革任务之一。此时，围绕资本账户开放是否应该"加快"，以及是否应该设定路线图与时间表问题展开了关于资本账户开放改革的新一波争论。许多官员提出，资本项目自由化要有时间表。我以为，如果要有什么时间表的话，我们倒是应该为国内的一系列改革制定时间表。我们没有汇率和利率市场化的时间表，没有扩大国债市场的时间表，没有建立健全无风险收益率曲线的时间表……为什么偏偏要制定资本项目自由化的时间表？我认为，如果中国经济会出现什么

"颠覆性错误"，过早完全放弃资本管制就是一种颠覆性错误。同时，我也不相信资本项目自由化可以"倒逼"中国的经济改革。中国加入WTO的经验不能套用于资本项目自由化，这是一种风险极高的策略。这种"倒逼"的结果很可能是改革进程失控。

一些官员和经济学家希望资本项目自由化实现大爆炸式的发展，以迫使亟待出现的内部变化尽快发生。我不怀疑持这种主张的人的善意和改革热情，但是，我从来没有听到过任何关于这种大爆炸式的自由化会通过什么途径、以什么方式推动中国市场化改革的论证。

总的来讲，在市场建设还没有成熟的时候，市场就不能轻易开放。当大量市场都没有成熟时，就不能够完全开放资本项目。一直十分强调资本项目自由化的IMF在亚洲金融危机之后，调整了自己的立场。现在IMF也开始强调时序和渐进。IMF认为，金融市场的发展时序首先是货币市场，特别是银行间拆借市场，然后是短期政府债券市场和外汇市场，接下来是政府长期债券市场、公司债券市场和股票市场，最后是以资产为基础的各种各样的衍生金融产品市场。IMF特别强调，如果没有一个发达的货币市场，特别是银行间的拆借市场，就没有一个反应灵敏的外汇市场和一个有相应深度的流动性充足的国债市场，那么这个国家的风险管理能力就相对较弱。在这种情况下，部分开放资本市场或全面开放资本市场都是比较危险的。

一段时间以来，中国金融市场始终存在大量有待化解的风险，包括间接金融比重依然过高、资本市场依然有待进一步整顿、影子银行急剧扩张导致期限错配和收益率错配、企业负债率居高不下、房地产调控处于微妙阶段、地方融资平台贷款不良债权率有可能迅速上升、非正规金融体系高利贷流行、利息率结构扭曲严重、汇率形成机制改革尚未完成、CNH（离岸人民币）和CNY（在岸人民币）双重汇率并存导致的在某些特定时期汇差明显、与腐败相关的洗钱活动和资产转移活动盛行。在上述问题尚未解决之前，放弃资本管制，中国的金融体系将难以抵挡国际投机资本的冲击。即便没有重大冲击，跨界资本的套利、套汇活动也将给中国造成严重福利损失。资本项目自由化的顺序不是一维的，许多措施的实施可以齐头并进。但是，无论如何，资本项目自由化要以汇率形成机制改革为前提。如果中国既要保持汇率稳定，又要开放资本管制，就难以保持货币政策的独立性。

七、"8·11汇改"和资本外逃

2014年是人民币汇率走势的转折点。2014年之前，由于中国经济的持续高速增长、经常项目和资本项目的长期双顺差，人民币汇率在绝大多数时间内处于巨大的升值压力之下。2014年第三季度之后，由于国内外基本面的变化，中国出现国际收支逆差和人民币贬值压力。为了增强人民币汇率形成机制中市场供求的作用，2015年8月11日，中国人民银行公布对人民币中间价报价机制进行改革。做市商在每日银行间外汇市场开盘前，参考上日银行间外汇市场收盘汇率，综合考虑外汇供求情况及国际主要货币汇率变化，向中国外汇交易中心提供中间价报价。汇改以前，人民币汇率变化很有规律，每年大约保持2%的升值或贬值幅度，"8·11汇改"颠覆了这种简单的适应性预期框架。

2015年"8·11汇改"之前，多数人预期年内人民币汇率可能贬值2%～3%。但出乎预料的是，汇改本身刺激了贬值预期，市场对人民币贬值预期普遍飙升至7%～8%，个别的贬值预期甚至高达10%、20%。贬值预期导致资本外流急剧增加，资本外流本身反过来又加剧贬值压力。8月11日，人民币汇率开盘后迅速贬值，很快逼近2%的日下限。8月12日开盘再度大跌，但临近收盘时，人民币忽然大幅度升值。显然，这是因为央行担心收盘价太低，所以入市干预抬高人民币汇率。此后连续出现的外汇市场干预意味着从8月11日开始的汇改仅三天就已经名存实亡。

8月13日以后，央行基本上执行了"爬行钉住"的汇率政策，通过大力干预外汇市场，力图把汇率贬值预期按回"潘多拉的盒子"内。央行并不想无休止地干预外汇市场，但一旦央行停止或减少干预，汇率就马上迅速下跌。为了扭转这种局面，2015年12月央行公布了确定汇率中间价时所参考的三个货币篮子——

CFETS（中国外汇交易中心）指数、BIS 和 SDR。2016 年 2 月，央行进一步明确，做市商的报价要参考前日的收盘价加上 24 小时篮子货币的变化。央行的"收盘价＋篮子货币"定价机制，得到了市场的较好评价，人民币汇率预期相对稳定，人民币贬值压力降低、外汇储备急剧下降的势头得到遏制。但在不到两年的时间里，为维持人民币汇率稳定，中国消耗的外汇储备超过 8000 亿美元。随着美元指数上升、资本外流加剧，外汇储备损耗再次加速，旷日持久的干预导致外汇储备持续损耗。一旦外汇储备跌破某个心理门槛，资本外流和外逃就会急剧增加。在消耗了巨额外汇储备之后，人民币仍然难逃大幅度贬值的命运。

流行观点把人民币贬值归结为贬值预期，但预期不是无源之水、无本之木。是国际收支平衡恶化在先（这种恶化在开始时不一定是水平的恶化），人民币预期发生在后，而不是相反。如果说控制预期不应该成为汇率政策的中心目标，试图通过控制人民币贬值的幅度和节奏来打消贬值预期的做法则更是错误的。

八、保汇率还是保外汇储备

外汇储备不就是拿来用的吗？即便由于某些变化，人民币稳定下来了，但花掉了 1 万亿美元，代价是不是太高了？有人会说，1 万亿美元并没有损失掉，而是"藏汇于民"了。可惜的是，中国的国际收支平衡表和海外投资头寸表并不支持这种说法。例如，从 2014 年第二季度到 2016 年末，中国累积的经常项目顺差为 0.75 万亿美元，但在外汇储备下降 1 万亿美元的同时，中国国际投资头寸表上居民对外净资产仅增加了 0.9 万亿美元。如果真是"藏汇于民"了，按定义，在此期间中国居民海外净资产应该增加 1.75 万亿美元而不是 0.9 万亿美元。高达 0.85 万亿美元的海外资产哪里去了？[①] 现在中国的外汇储备多了，大家对于外汇储备的下落似乎也不太在意。事实上，在整个亚洲金融危机期间，国际货币基金组织和其他机构承诺提供给泰国、韩国和印度尼西亚的所有救援资金为 850 亿美

---

① 应该承认，这里存在统计的误差。但无论如何，如此巨大的缺口是无法用统计误差解释的。

元。换言之，在2014—2016年执行汇率维稳政策期间，中国所用掉的外汇储备超过10个亚洲金融危机所用的外汇。亚洲金融危机的经验使我坚信，资本管制是中国金融稳定的最后一道防线。这道防线守住了，中国不会出事；这道防线守不住，就有可能出现不可挽回的大事。同时，我也深信，在本币承受巨大贬值压力（不是一般的波动压力）的情况下，用外汇储备保卫汇率是非常愚蠢的。

2016年可能是中国资本外逃最为严重的一年，尽管尚没有关于资本外逃的官方统计数据，但通过对国际收支平衡表上的"经常账户与金融账户之间的缺口"（误差与遗漏Ⅰ）以及国际投资头寸表上"对外净资产累计与金融账户上资本净流出之间缺口"（误差与遗漏Ⅱ）的分析，可以发现，与其他发达国家相比，中国误差与遗漏账户不仅规模庞大，而且与汇率预期密切相关，很大程度上反映了资本外逃的规模和方向。此外，尽管一些跨境资本是通过正规渠道合法流出的，但是在海外的资金可能以各种形式逃避监管，没有形成海外资产累积。应该说，这几年中国资本外逃的情况是相当严重的。自2016年以来，中国政府采取了一系列措施抑制资本外逃，这些措施完全正确并取得了良好的效果，但是，我们绝不能就此对资本外逃现象掉以轻心。资本外逃问题的解决还有赖于中国经济体制、金融体系和汇率体制改革的进一步深化。

针对当时的人民币贬值压力，我们主张尽快停止对外汇市场的干预，让人民币汇率自由浮动。在浮动汇率制度下，国际收支平衡的恶化会立即导致汇率降低，而汇率降低又会在短时间内导致国际收支的改善，从而能够防止人民币贬值压力的积累。这才是"双向波动"的真正意义。越是拖延对贬值压力的释放，贬值压力释放的冲击力和破坏力就越大。除非在堰塞湖溃坝之前，出现某种变化使湖水消失，否则溃坝难以避免。当然，由于汇率的特殊性，不能排除汇率持续下降和超调的可能性。正因为如此，我们多年来一直强调资本管制的重要性，强烈支持央行加强资本管制的政策调整。

其实，人民币贬值并不像许多人想象的那么可怕。中国经济的一个重要特点是广义货币与GDP之比过高。不少人担心，一旦听任人民币贬值，大量人民币被换成美元，人民币就会一贬到底。广义货币与GDP之比过高确实值得担心，这是反对过早开放资本项目的重要论据,但不能用于反对汇率市场化。中国经济的基本面并不支持人民币大幅贬值,即便汇率出现暂时超调,最终还是会回到由基本面决定的水平上的。更何况中国还有资本管制这一道最后的防线。毋庸赘言,资本管制的副作用是明显的,加强资本管制是不得已而为之。汇率的波动将在很大程度上抵消资本流动对经济和金融体系的冲击,如果我们在前几年实现了人民币汇率的浮动,今天我们对资本跨境流动的抗冲击力就会大大提高,严厉的资本管制也就不必要了。

我们实在没有必要对短期的、波动性的贬值过于担心。长期以来中国患上了严重的汇率浮动恐惧症。在世界上中国是最不应该害怕汇率浮动的国家。按照国际货币基金组织的分类,中国目前的汇率制度是"软钉住"类中的"类爬行钉住"。2015年实行这种汇率制度的国家,除中国外,还有牙买加、克罗地亚、伊朗、利比亚、俄罗斯、埃塞俄比亚、乌兹别克斯坦、卢旺达、塔吉克斯坦、亚美尼亚、多米尼哥、危地马拉、安哥拉、海地、老挝、巴布亚新几内亚和突尼斯。而几乎所有OECD(经济合作与发展组织)成员和重要发展中经济体实行的都是浮动或自由浮动的汇率制度。我们实在看不出有什么理由,中国不能和世界上绝大多数国家一样采取浮动汇率制度。中国的许多政策,包括资本项目自由化进程都被汇率政策绑架了。

最近两年,由于央行逐渐停止了对外汇市场的常态化干预,中国的汇率制度已经具有越来越明显的浮动汇率的特征。当然,真正的考验大概还未到来。希望央行能沿着"8·11汇改"的思路,在做好预案的基础上,早日完成中国汇率制度改革。

本文为本书作者于2018年6月为中国金融四十人论坛所撰的稿节选。

| 第二部分 |

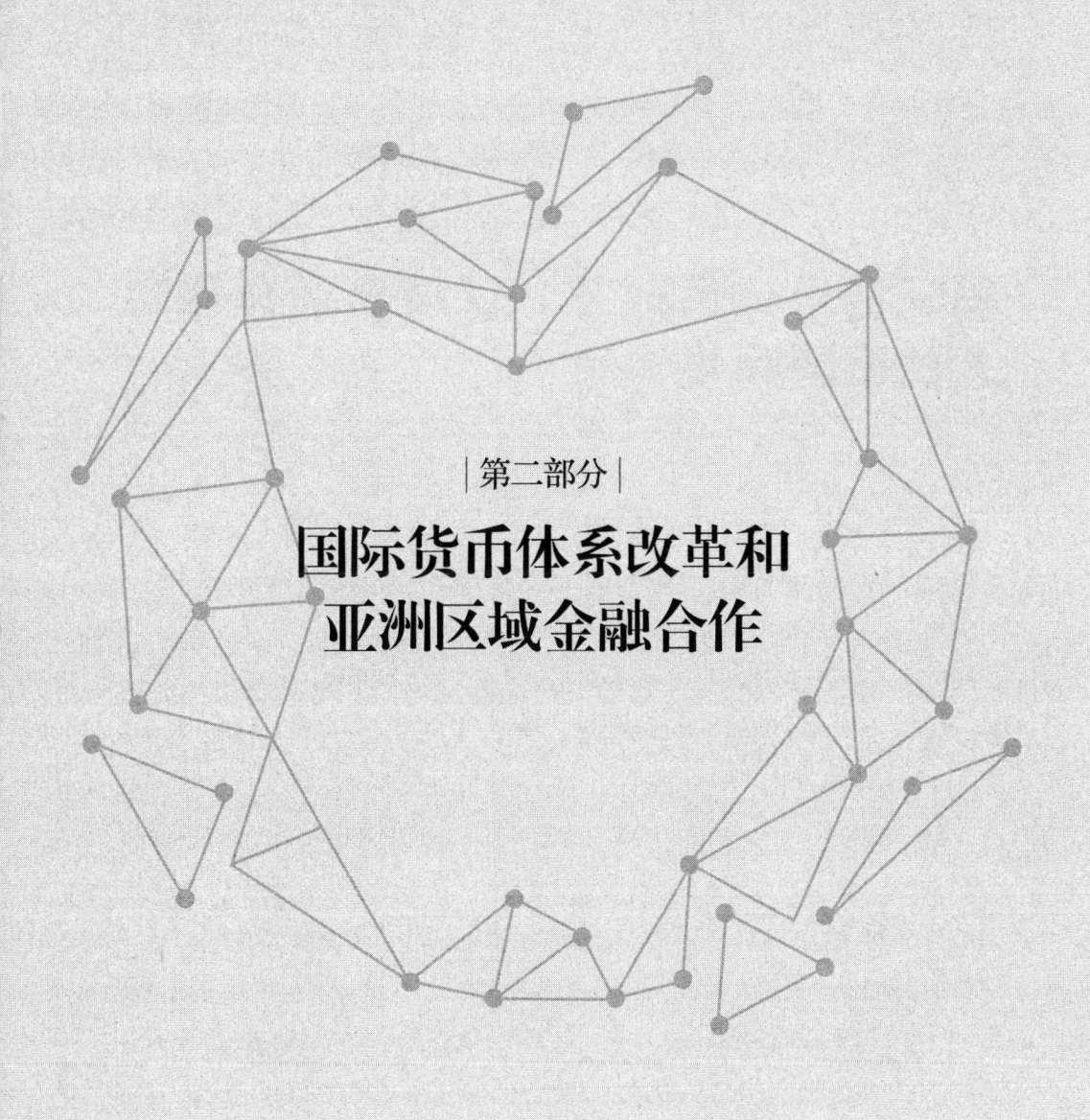

国际货币体系改革和亚洲区域金融合作

国际货币体系改革、区域金融合作和人民币国际化

在过去的 30 年中，由于坚持改革与开发、实施投资驱动和出口导向的发展战略，中国经济快速增长，与世界经济一体化的程度迅速上升。现在，中国已成为全球第三大经济体、第二大贸易国、第一大外汇储备国。

当前，面对纷繁复杂的国内外经济形势，在国际金融领域，中国面临三大任务：第一，参与国际货币金融体系改革；第二，促进亚洲区域货币与金融合作；第三，实现人民币国际化。

在过去的 10 年中，中国学术界讨论最多的是亚洲金融合作。这又主要包括两方面内容：如何打造区域金融框架和建立亚洲汇率协调机制。亚洲金融危机暴露了东亚增长模式的脆弱性。资本项目的自由化和事实上钉住美元的政策组合，使东亚国家在国际投机资本的冲击下，毫无招架之力。1997—1999 年的亚洲金融危机使东亚国家的经济发展大大倒退，甚至在一些国家引起政治动乱。从亚洲金融危机可以得出什么教训呢？对此，经济学家之间存在根本性分歧。一派经济学家认为，东亚国家之所以受到冲击是因为没有彻底接受盎格鲁-萨克逊市场经济模型。另一派经济学家则强调东亚国家的不幸主要是国际投机者不受约束的投机行为所致。尽管经济学家之间存在明显的意识形态分歧，但他们的政策主张并不一定是其意识形态的逻辑产物。因而，即便意识形态相近，不同经济学家从亚洲金融危机中所得出的教训并不一定相同；反之亦然。关于亚洲金融危机的原因，国际经济学界普遍接受的观点包括：东亚国家的资本市场，特别是债券市场不发

达，银行在金融体系中的比重过高；东亚国家金融机构资产负债表存在严重的货币错配和期限错配；国际货币基金组织在金融危机期间为亚洲国家开出的应对药方导致了危机的进一步恶化……在应对危机方面，大多数亚洲经济学家的主要共识是：

第一，当因国际收支失衡而遭到国际投机者的攻击时，亚洲国家不能等待国际货币基金组织的救援，而应该主要依赖自己的力量实行集体自救。更具体地说，亚洲国家应该以某种形式把各自的一部分外汇储备拿出来，集中使用。一旦某个亚洲国家遭到投机性攻击，就可以动用这笔基金以维持受攻击国的货币稳定。尽管由于缺乏互信，在建立某种区域性金融稳定组织方面进展缓慢，但东亚国家毕竟取得了一定进展，其标志性的成果是《清迈协议》。最近，东亚国家通过把双边货币互换协议多边化并进而建立稳定的基金库，在建立区域性货币基金的方向上取得了一定进展。

第二，亚洲国家应该避免货币竞争性贬值，通过协调各国的宏观经济政策和汇率政策，使亚洲各国间的汇率能够维持稳定。遗憾的是，在这一领域，东亚国家并未取得任何实质性进展。尽管欧元区的建立为亚洲汇率协调提供了范例，但由于亚洲国家间，特别是日中两国间存在政治分歧和缺乏互信，区域汇率协调基本不存在，而建立亚洲共同货币的前景则更是遥不可及。

2008年国际金融危机的爆发凸显了以国别货币——美元为国际储备货币的后布雷顿森林体系的严重缺陷，而中国则有可能成为这一体系的最大牺牲者。在这一体系下，中国积累了2.3万亿美元以上的外汇储备。中国拥有的巨额外汇储备（债权）主要是美元资产，特别是以美元计名的美国国债。一旦美元贬值、美国国债价格下跌或美国出现通货膨胀，中国外汇储备资产的本金就会缩水，更遑论得到合理的收益。如何避免或减少中国储备资产可能遭到的损失，成为中国政府必须面对的挑战，而国际货币体系改革和人民币国际化问题及亚洲区域金融合作问题成为中国国际金融学界关注的焦点。

众所周知，布雷顿森林体系因特里芬两难而崩溃，但中国学界对特里芬两难的流行理解却并不十分准确。特里芬两难是指：如果美国没有国际收支逆差，世界储备（主要是黄金和美元）的供应就会出现不足；如果美国的国际收支逆差持续增加，美国债务（美元）与美国黄金储备之比上升，将会导致美元与黄金比价不稳，从而动摇布雷顿森林体系。一般认为，布雷顿森林体系解体主要是因为美国经常项目逆差过大，但实际情况并非如此。自1950年到1970年的20年，除1950年、1953年和1959年这三年外，美国一直维持经常项目顺差。"美元荒"变成"美元过剩"是由于美国经常项目顺差减少，资本项目逆差超过经常项目顺差，从而出现了所谓"流动性逆差"（Liquidity Deficit），即国际收支逆差。而欧洲国家，特别是法国不愿意持有美元作为储备资产，将美元兑换成黄金，结果导致美国的黄金储备不断下降。美国国际收支逆差与美国黄金储备之比不断上升，使各国中央银行和投资者确信美元将无法按1盎司黄金兑换35美元的官方汇率兑换成黄金（黄金的美元价格将会大涨），于是出现抛售美元、抢购黄金的狂潮。美国黄金储备的急剧流失，迫使尼克松政府关闭"黄金窗口"，从而宣告了布雷顿森林体系解体。

戴高乐认为布雷顿森林体系为美国提供了"过分特权"（Exorbitant Privilege，此术语是当年法国财长吉斯卡·德斯坦所创）。这到底是一种什么样的特权呢？由于美元是一种国际储备货币，美国可以用美元支付美国的国际收支逆差，因而国际收支逆差并不一定会导致美国丧失黄金储备。而这又使得美国不一定需要像其他国家那样，当出现国际收支逆差时，被迫采取紧缩性财政和货币政策，以恢复国际收支平衡。但是，同现在的美元的国际地位相比，当年戴高乐所谓的特权还真算不上什么了不起的特权。首先，当时美元同黄金挂钩，国际收支顺差国完全可以（虽然存在种种不便之处）抛售美元购买黄金，迫使美国进行调整。肯尼迪就曾经抱怨：国际收支像戴高乐和其他人在我头上举着的一根棍子，他们可以把所持有的所有美元统统卖掉。到时候我们怎么办呢？而现在的美元则是不折不扣的信用货币。其次，当年的美国是经常项目顺差国，也就是说是债权国，而现在美国则是不折不扣的世界第一大债务国。可以说，当时的美国只不过是资金一时周转不过来罢了。只要美国抽回海外投资或把驻扎在德国的六个步兵师调回本土，一切问题就解决了。欧洲国家为什么要这么神经过敏呢？最后，当年美国每年的"官方结算赤字"与 GDP 之比仅有百分之零点几，同现在的美国经常项目逆差与 GDP 之比高达 4%～5% 相比，连小巫见大巫都谈不上。为什么布雷顿森林体系竟然就解体了呢？布雷顿森林体系解体是一个历史事实。更有意义的问题应该是：为什么一个以债务国（持续近 30 年的债务国）的借据为基础的国际货币体系竟然能够存在近 40 年？这个问题恐怕不是经济学家所能回答的了。

中国无意挑战美元的地位，也没有戴高乐式的人物，因而，中国不会充当当前国际货币体系改革的领头羊。但是，如果国际货币体系能够得到某种改革，例如，如果特别提款权的作用能够得到增强，如果中国能够把部分美元储备资产转换为特别提款权资产，中国外汇储备资产缩水的风险就可能会减少一些。中国作为美国的最大债权国，有权利、有资格同美国进行有力的谈判，要求美国为中国美元储备资产的安全作出具体保证。如果美国不能作出保证，我们就应该要求美国作出其他利益交换。事实上，美国对此是早有思想准备的。美国国会对此问题已经开过专门的听证会。泱泱大国并不意味在经济利益上不锱铢必较，温良恭俭让并不一定能够换回对手的尊重。

如果我们既对区域金融合作不抱过高期望，又对国际货币体系改革不抱过多幻想，可以考虑的选择就是人民币国际化。一时间国内掀起了研究人民币国际化的热潮。尽管人民币国际化是人民币地位的一个重要选项，也可能是最重要的选项，但人民币国际化是一条风险很大的道路。日本在相当长的时间里都在回避日元的国际化，时至今日，日元仍然是一种国际化程度不高的货币。我们必须对人民币国际化问题进行十分具体的研究：什么是货币的国际化？国际化的标准是什么？国际化的前提条件是什么？国际化的利与弊是什么？国际化的步骤应该是什么样的？国际化与区域货币合作和国际货币体系改革的关系是什么？世界各国货币国际化都有何可借鉴的经验教训？所有这些都是我们必须回答的问题。理愈明而用愈广，从理论上探讨如何辨识人民币国际化的实质，如何使人民币国际化在风险可控的条件下进行,对在新的国际金融环境下保证中国开放的金融安全有重要意义。①

本文摘自本书作者为李婧教授所著的《人民币区域化对中国经济的影响与对策》(中国金融出版社,2009年8月)所撰的序言。

---

① 本书作者自2009年以来就人民币国际化问题发表的文章大部分已被收录在作者的另一部文集《最后的屏障》,由东方出版社于2016年出版。

中国的发展模式和当代国际货币体系

改革开放初期,在特定的历史条件下,中国选择了出口导向发展战略和增长模式。在一定程度上,中国的增长模式可以称为"出口导向型创汇经济"。这种选择在一定意义上是自主选择,但又是受国际环境影响而作出的选择。中国的发展模式恰好与美国走向负债经济的增长模式转变相适应。而1971年后建立的后布雷顿森林体系,为中国、美国发展某种特定共生关系提供了金融条件。由于中国的发展模式存在内在不合理性,中国经济狂飙突进的过程也是这种模式的自否定过程。此外,国际环境也在发生重要变化。中国经济增长的可持续性正面临空前严峻的挑战,转变中国的发展模式已经刻不容缓。

中国的出口导向发展战略的最初样板是东亚所谓的"四小龙"。我们可以先来看一下东亚经济增长模式,它的主要特点有两个:第一个是出口导向,第二个是投资驱动。抛开政治、制度和意识形态等方面的因素,从经济发展战略、发展经济学和经济增长理论等狭义的角度来看,中国的经济发展模式与东亚模式并无根本不同,当然中国的发展模式也有自己的一些特点。首先,初始条件不同。中国经过了20多年的社会主义建设,实行计划经济,国有制占主导地位,长期以来坚持自力更生、独立自主的政策,已经建立了完整的工业体系,储蓄和投资水平都比较高等。其次,在实施外向型发展战略的过程中,中国从1991年开始就形成了"双顺差"的局面(所谓"双顺差",即经常项目顺差和金融与资本项目顺差,或简说为贸易顺差与资本项目顺差)。简单来说就是:第一,出口大于进口;第二,从国外引入了大量资金。而东亚国家在起飞阶段,或者说直到亚洲金融危机爆发之前,基本上是经常项目逆差和资本项目顺差并存。

这种双顺差，概括来说有两大问题：一个是"登布什问题"。登布什在很早的时候就指出，一个穷国不应该有经常项目顺差，经常项目顺差是衡量一国是否是资本输出国的尺度。但是中国从 1991 年开始就是一个资本输出国，输出资本的唯一途径就是购买美国国库券，而美国国库券的收益是很低的。也就是说，我们本来在国内有很好的投资机会，但是我们把资源用于购买美国国库券了，获得的是 2%～3%，甚至是 1% 的收益率。另一个是"威廉姆森问题"。中国每年引入大量的直接投资，现在在每年也都有六七百亿美元的直接投资。一个国家应该有能力把引入的资金转化为商品进口，但是我们引入的外资却没有用于购买外国商品，而是再把钱借回去了，去购买美国国库券。总而言之，根据登布什和威廉姆森的观点，双顺差是一种资源配置的不合理，或者说是一种资源的浪费。那么，为什么中国长期以来追求这种双顺差呢？

原因非常复杂，我在这里先讲一点，就是引入外资和维持贸易顺差对中国有什么好处。简单来说，第一，通过引入外资能够得到先进的技术、管理技能，进入国际生产和流通网络；第二，能够吸收过剩产能，维持经济增长。但是，它的负面作用正在逐渐显现，而且越来越明显。随着中国经济规模的扩大，通过出口刺激经济增长越来越困难，贸易摩擦不可避免，贸易条件日益苛刻。另外，中国的外汇储备安全正受到威胁。现在中国的外汇储备是 2.5 万亿美元，购买的美国国库券是 1 万多亿美元。我们不能不考虑美元贬值导致的资本损失、美国通货膨胀或违约造成的购买力损失等一系列严重威胁。

值得注意的是，中国的创汇经济恰好与美国的负债经济相契合。中国的经常项目顺差，在一定意义上是美国经常项目逆差的镜像反映。没有美国持续的经常项目逆差，就没有中国和其他国家的经常项目顺差。现在中国是美国最大的债主，这主要表现为中国购买了美国大约 27% 的国债。

法国经济学家 Jacques Rueff 在 1962 年曾经讲过一个裁缝的故事。他把当时的国际货币体系的安排比作一个裁缝和他的顾客的关系：裁缝为顾客做西装，做好西装卖给顾客后，再把顾客付的钱作为贷款返还给顾客，后者则用这笔钱再向裁缝买新西装。如此循环往复，顾客不断地享受西装，裁缝不断地积累借条。等到有一天，裁缝想把这些借条换成现钱了，顾客到底有没有能力还钱呢？这是一个非常大的问题。

那么，为什么美国可以持续借债，而世界其他国家会持续向美国提供融资呢？关键在于，在当前的国际货币体系中，美元具有国际储备货币的地位，再加上资本的自由流动，就使得美国拥有了几乎无限进口、无限积累债务的能力。中国现在已经开始意识到这个问题，周小川行长提出建立"超国家主权货币"，也正反映了我们国家对这个问题的强烈意识。

国际货币体系是保证国际交易正常进行的某种世界各国共同遵守的制度安排。其主要功能有二：第一，提供流动性，方便商品、资产跨境交易；第二，提供调整贸易不平衡的某种机制。为了实现这两个功能，国际货币体系必须包含三个方面：第一，本位货币；第二，汇率制度安排；第三，对于货币可兑换性的规定。

从1870年代开始，国际货币体系是"金本位"。其特点是：第一，黄金是唯一的储备货币；第二，每个国家的货币与黄金挂钩，各国货币的汇率由各国货币与黄金的兑换比例决定；第三，货币兑换成黄金不受限制。金本位这样一种国际货币体系是有其缺陷的。首先，它有通货收缩的倾向，因为黄金的产量是有限的，而世界经济正以极高的速度在增长，这就会导致交易手段不足的问题。其次，金本位具有很强的调节功能，这是它的优点，但一旦这种调节过于迅速和强烈，国家经济就会发生巨大的动乱，从而引发战争和革命。后来，为了克服黄金产量不足导致黄金储备不足的问题，就采取了黄金汇兑本位这样一种货币体系，就是说，美元（英镑）同黄金一起成为储备货币。

二战后的布雷顿森林体系基本上就是一种黄金汇兑本位。一方面，黄金依然成为储备货币；另一方面，美元可按固定比率自由兑换成黄金。也就是说，美元和黄金共同成为储备货币，美元在一定程度上就等同于黄金。但毕竟美元不是黄金，所以在这样一种黄金汇兑本位的国际货币体系下，就存在一个信心问题。

布雷顿森林体系一直存在到1971年，它的主要问题就是"特里芬难题"，即非储备货币国持有的美元与美国持有的黄金之比上升。1971年前后，外国人所持有的美国资产达到 500 亿美元，而美国的黄金储备是 150 亿美元。在这种情况下，大家就对 35 美元兑换 1 盎司黄金的承诺产生了怀疑，戴高乐派军舰从美国运回黄金。一旦产生恐惧心理，大家都要把手中的美元兑换为黄金，于是美元遭抛售，美国黄金储备急剧减少，最终导致布雷顿森林体系崩溃。

1971 年之后，后布雷顿森林体系逐渐建立起来，其特征是：美元本位代替双本位，美元同黄金脱钩，成为唯一（或核心）的国际储备货币；汇率制度由固定汇率变为以自由浮动为主的多种形式；资本可自由流动。在这样的后布雷顿森林体系下，我一开始所讲的那种国际收支格局就形成了。也就是说，美国通过经常项目逆差提供流动性，其他国家通过经常项目顺差来取得美元。后布雷顿森林体系的这样一种格局，使得其他国家不断为美国生产商品、提供劳务换取美元，而所获得的美元又被用于购买美国国库券（把美元借给美国）。一边是资源流入美国，另一边是美国的借条源源不断地流入中国等国。

当初美国是债权国，而且经常项目是顺差，美元还可以兑换成黄金，仅仅因为外国人所持美国资产达到 500 亿美元，美国黄金储备是 150 亿美元，外国的美元持有者就开始抛售美元。而现在，美国是世界上最大的债务国，负债 3 万多亿美元，却迟迟没有发生抛售美元的情况，而且，美元在最近一段时期还在升值。这是为什么？

原因有很多，比如没有替代物，美元币值比较稳定，美国国债市场的流动性较强，美元资产的回报较高等。但更重要的原因可能是非经济的：美国具有强大的军事力量，美国在意识形态上具有主导地位，其他国家对美国信用无保留地接受等。

但是，由于美国长期入不敷出，债务积累过多，现在已经到了"裁缝"必须考虑自己手中所积累的借条是否能够兑现的时候了。中国积累了 2.4 万亿美元外汇储备，其中 1 万多亿美元是美国政府债务。中国继续保持双顺差，就意味着中国还将进一步积累外汇储备。如果中国还希望保持经常项目顺差，甚至双顺差，中国就必须问：当中国需要动用外汇储备的时候，美国还能够还债吗？

美国内外债总额与 GDP 之比已达到 36%，美国政府的债务与 GDP 之比已达到 90%，到 2015 年将达到 100%，利息支出与政府收入之比已接近 30%。这些都意味着美国还债的可能性越来越小。根据美国政府问责局的数据，2007 年美国的债务（包括显性的和隐性的）一共是 52.7 万亿美元，而 GDP 只有 14 万亿美元。平均一个美国家庭的负债是 45.5 万美元，而收入是 4.8 万美元。美国债务累累。

为什么美国的债务增长如此迅速？2010 年 7 月 1 日的《经济学人》上有一篇文章提到：在美国，自 1970 年占人口 1/5 的美国高收入阶层收入增长了 60%；而占人口 4/5 的阶层收入下降了 10%。沃尔玛一家的收入比占人口 1/3 的美国低收入阶层（1 亿人口）收入的总和还要高。为了避免动荡的发生，美国政府采取的办法就是让老百姓借债，使穷人保持比较像样的生活水平。但是钱从哪儿来呢？一方面，来自它自己制造的资产泡沫；另一方面，就是向穷国借，特别是向中国借。

一旦美国陷入债务危机，可能发生什么呢？第一，违约；第二，通货膨胀；第三，美元贬值。通过上述任意一种手段，美国都可以使其债务归零，而中国的美元资产则打了水漂。另外，美国还有其他无数金融手段来减轻其债务负担。而对于中国来说，基本上没有什么应对办法。但是，无论如何，中国还是应该做些什么。首先，中国要解决的问题是改变发展模式，其中特别是要减少双顺差；在仍存在双顺差的情况下，减少外汇储备增加；在仍有经常项目顺差的情况下，把顺差变为资本项目逆差。其次，就是推动国际货币体系改革。

最后，作为这次报告的结束，也作为一种警示吧，摘一段美国著名的金融家皮特·希夫的演讲，皮特·希夫因准确预言美国的次贷危机而闻名遐迩。他在一次演讲中说：

你们知道吗，昨天中国领导人公开表示对借给我们的钱"有些"担忧，（台下大笑）说"有可能"我们还不了？我想他们不只是"有些"担忧，这只是公开说法，想象一下他们私下会怎么看？他们一定知道我们不会还这笔钱，不可能给中国人还这笔钱，这是绝对不可能的。想象一下，某天总统奥巴马对着数亿美国民众发表一次公开的电视演说。他这样说道：亲爱的美国同胞们，今天非常不幸，我给你们带来了一个坏消息。政府决定对美国普通民众大幅加税；那些仍然没有失业的人，将为此支付更高的个人所得税；政府将全面削减社会福利，仍然没有实施的各种福利措施将彻底取消；我原先制订的所有计划，包括全民教育、医疗保障、自主能源，所有这些计划将被无限期搁置。因为中国人要我们还钱！（台下长时间狂笑）我们借得实在是太多了，全世界妇孺皆知。（台下笑）欠债还钱，天经地义。所以我们必须勒紧裤腰带给中国人还钱！（台下大笑）大家认为这样的事可能发生吗？别开玩笑了，我们更应该对中国人说：你们是食利者！放高利贷者！我们需要修改游戏规则，我们要打破债务枷锁！（笑）你们明知我们还不了，还借给我们那么多钱！（台下大笑）这不是我们的错！

本文是本书作者 2010 年 8 月提交给在京举行的第六届中国文化论坛的发言稿，并被收录于本书作者主编的《中国的可持续发展：挑战与未来》一书，由三联书店于 2011 年 8 月出版。

中国如何从美元陷阱中自拔

美国等发达国家市场大规模无限制的财政和货币扩张,将最终给中国带来什么影响?中国接近 2 万亿美元的外汇储备,在这一场跌宕的市场起伏中会面临什么风险?中国是应该"以不变应万变",还是"前瞻未来,积极主动"?

社会科学院世界经济与政治研究所余永定教授认为,美国巨量的扩张政策,将带来通货膨胀和美元无序贬值的风险,中国要认清目前所处的"美元陷阱"。

一、美元长期走软无可避免

记者:最近几个月以来,为了避免金融危机进一步恶化,以及遏制经济的进一步下滑,美国政府采取了极度的扩张性货币政策和财政政策。您对这种定量宽松货币政策,以及财政赤字货币化的影响怎么看?

余永定:美联储当前政策的实质就是印钞票,其资产负债平衡表已经变得很难看,被投资者讥讽为很像垃圾债券发行者的资产负债平衡表。与此同时,2009年美国政府的财政赤字或将高达 GDP 的 12%,创二战后历史最高水平。

目前,由于信用危机严重,美国金融机构正在囤积货币。由于几乎没有安全的金融资产,对美国国债的需求依然强劲。由于流动性短缺、信用危机、注资需要以及美国国债成为避险天堂,美元不但没有贬值反而一路走强。但是,几乎所有有影响的美国经济学家都认为,美元的目前走势是暂时的。本国货币因金融危机而走强的情况在日本同样发生过。日本金融危机最为严重的 1995 年恰恰是日元最为强劲的一年。美元走软的长期趋势是难以避免的,而一旦这种趋势被市场所确认，缓慢有序地调整大概是不可能的。对此我们必须有所准备。

记者： 缓慢有序地调整不可能，那就是说美元面临无序大幅贬值的风险，这对中国外汇储备的管理将是一个大的考验。

余永定： 是的。美联储已经开动印钞机大印钞票。除非美国金融机构能从信用危机中自拔，或者美联储有本事在将来迅速抽干过剩的流动性，否则美国的通货膨胀就难以避免。美国政府在今年将以前所未有的规模出售国债，除非对美国国债的需求前所未有地强劲（这种需求从何而来，避险的需要吗？），美国国债价格的下跌就无法避免。如果投资者对美元和美元资产丧失信心，美元的贬值就将难以避免。

退一步说，即便美元依然走强、美国国债价格并未明显下降、通货膨胀率也很低，但由于美元供应的急剧增加，中国所持有美元资产实际已经贬值。商品，包括货币的价值在于它的稀缺性。对应于给定的财富、给定的货币需求，如果货币的供给是无限的，这种货币就没有价值。这正如股票价值，即便由于某种原因股票价格指数未下跌，但由于股票供给量已经大量增加，股票持有者手中股票的价值实际上已经贬值。当前中国储备资产的价格主要依赖于一系列不确定、不稳定和不正常的因素。中国储备资产所面对的美元贬值、通货膨胀和资产价格下降的风险是十分严重的。

二、解套"美元陷阱"

记者： 对于美元储备资产的担忧，在"两会"的新闻发布会上，温家宝总理曾直言担忧美元资产的安全。中国央行行长周小川在对国际货币体系思考的文章中，也潜在地表达对储备货币安全性的担忧。

余永定： 周小川构想的主要目的是使储备货币同储备货币国的国内政策相脱离。这是温家宝总理对中国储备资产安全性表示担忧之后，中国对美国发出的又一个强烈信息：美国政府的失职造成了当前美国的金融危机和经济危机。

美国政府在出台一系列克服危机的政策时必须关注这些政策的外部性，不能以损害其他国家利益为代价。由于美元的国际储备货币地位和美国国债国际储备资产的特殊地位，美国政府是可以通过美元贬值和通货膨胀的办法摆脱自己的债务负担的。即便美国政府希望保持美元的强势，美国政府为克服金融危机和经济危机所采取的扩张性财政和货币政策也可能会最终导致美元贬值和通货膨胀。事实上，美国政府在这方面的历史记录并非完美无缺。美国这次是否能够谨慎行事，不受私利的诱惑，全世界都在拭目以待。

记者：基于这些判断，您的意思是，中国外汇储备资产管理的方向是摆脱美元？

余永定：是的。最近克鲁格曼撰文指出，中国一不留神，积攒了 2 万亿美元的外汇储备。即便不考虑美国国债收益过低（零收益甚至负收益）的问题，由于所持的这些资产都是以美元标价的，一旦美元贬值，中国的外汇储备就会遭受巨大的损失。

克鲁格曼没有提到美国未来出现严重通货膨胀的可能性。美国的经常项目持续逆差、美国的巨额外债、美国货币供给的急剧增加、美国的巨额赤字，所有这些长期因素都指向一个结果：美元贬值和通货膨胀。面对这种前景，我们能够不担心吗？

中国之所以持有美元资产，是因为我们相信美元拥有可靠的价值贮存功能。我们之所以购买美国国债，是因为我们相信美国国债可以带来比国内投资更高的回报。但结果却是——用克鲁格曼的话来说——陷入了"美元陷阱"。

美国次贷危机的发生完全破坏了外国投资者对美国资本市场的信心。因而，对外国投资者来说，问题已经不是应该等到美国的外债与 GDP 之比上升到什么水平时才停止为美国经常项目逆差融资，而是如何尽快摆脱美元陷阱，减少损失。但现在的问题是，美国资本市场的外国投资者已经陷得太深、被套得太牢，竟一时找不到出路，找不到解套的方法。

三、如何摆脱陷阱

记者：从操作和管理上来说，中国应该怎么做？

余永定：对于中国来说，当务之急是避免进一步落入美元陷阱，其次是尽量减少已有外汇储备可能发生的损失。

从近期来看，中国面临着两个突出问题：其一是出口增长速度下降导致的经济增长速度下降和失业增加；其二是外汇储备的安全受到威胁。

应该承认，尽管同现行国际货币体系有关，但中国目前所出现的问题并不是现行国际货币体系所使然。例如，现行国际货币体系并不必然导致中国选择出口导向的发展战略，更不必然导致中国的外汇储备由十年前的1000多亿美元，猛增到现在的2万亿美元。如果我们认真执行"十一五"规划的战略目标，在五年前就推行增长战略的转变，刺激内需，采取比较灵活的汇率制度，及早废除对于出口和吸引外资的各种优惠政策，积极发展中国国内的商业营销网络，而不是过多地依靠出口加工贸易，中国就不会深陷美元陷阱。

因此，对于中国来说，关键还是要调整经济增长方式和经济结构。对于第一个问题，中央已经出台了一系列有力的政策，只要我们放弃不切实际的幻想，认认真真地把经济工作的重心转到振兴内需上，当前的暂时困难是可以克服的。

记者：调整经济增长方式和经济结构，这是中国在根本上摆脱美元陷阱的办法。但目前近2万亿美元外汇储备的管理方向是什么？

余永定：必须承认，中国的外汇储备无论从什么标准来看都是太多了。在过去，我们主要强调中国不应有双顺差，双顺差意味着中国在两方面出现资源错配。经常项目顺差意味着把国内消费和投资急需的资金借给外国（富裕的国家）。资本项目顺差加上经常项目顺差意味着我们一方面以高成本从外国借钱（其成本是利息或利润，外国企业在中国的平均利润率在2006年是22%），另一方面又以低成本把钱借回给外国（购买美国国债，短期国债收益率为零）。但现在的问题已经不仅仅是收益率过低，而是本金是否会遭受严重损失。因此，中国首先要解决的问题是不要再增加外汇储备。

停止增加外汇储备并不难，停止中央银行对外汇市场的干预就解决了。但是，这样做可能会对中国的出口造成过大冲击。折中的办法是减少干预。在仍有贸易顺差的情况下，我们可把顺差变为资本项目逆差，特别是对外投资。事实上，中国完全可以扩大对亚洲、非洲和拉丁美洲的直接投资。在广大发展中国家，中国在基础设施投资方面是大有可为的。如果直接投资无法抵销经常项目顺差，中国企业对海外企业进行并购，中国金融机构对海外企业进行股权、债券投资，对外发放贷款，增加对外援助，为国际金融组织和区域金融组织提供资金，都是可以考虑的选项。再不然，我们还可以增加政府采购。如果我们不能减少新增外汇储备流量，在存量上再做文章也无济于事。

我们应该看到，中国增加每一美元的顺差，可能意味着中国国民财富几角钱的损失。如果还要通过退税来取得这种顺差，我们的国民财富损失就更大了。说得极端点，为何不干脆用出口退税的5000亿元人民币直接从出口商那儿购买无法在海外销售的产品，分给中国老百姓呢？这样一来，我们不仅可以保证出口商的利益，还可以减少外管局出错的机会。

对于已有的1万多亿美元的外汇储备，我们所能想出的办法已经不多了。否则，为什么说我们已经陷入了美元陷阱呢？但是，虽然已晚，亡羊还需补牢。在不改变存量的条件下，我们可以改善期限结构。例如，可以增加短期国债的比重，减少长期国债的比重（我们不知道实际情况，这项工作可能早已在进行）。从资产种类来看，减少政府机构债的比重可能是必要的，同时，我们也可以考虑购买TIPS（通货膨胀保值债券）之类的债券。此外，如果美国不愿意或不能为我们所持国债的安全提供必要的保证，我们应该减少已有的存量。虽然这样做，有一定风险，但我始终认为，当美国国债需求比较旺盛的时候，恰恰是我们适当退出美国国债市场的时机。此时的退出将不会对美国国债价格造成过大的冲击。可惜的是，我们可能又错过了机会。

记者：很多人问的一个问题是：卖了美元资产，我们可以买什么？由于糟糕的基本面经济，欧元、日元的前景现在也不被大家看好。

余永定：尽管欧元资产和日元资产也不一定是理想的替代物，但分散化应该是一个基本原则。尽管在短期内我们会遭受一些损失，但如果未来美元急剧贬值，我们将能避免较大的损失。

从理论上说，中国应该把部分储备资产变为实物储备、对外直接投资（FDI）和金融投资。向 IMF 和其他国际金融机构或地区国际金融机构提供以 SDR（特别提款权）计价的贷款或购买其发售的以 SDR 计价的债券是一种较好的选择。中国的对外债权应该尽量避免用美元计价，这样可以使我们在一定程度上规避汇率风险。我们提出鼓励外国机构发放熊猫债券正是出于这种考虑。周小川提出的用现有储备货币置换 SDR 和伯格斯滕提出的在 IMF 建立替代账户的主张都有助于中国减少外汇储备价值下降的风险，并避免因中国减持美元储备资产而导致美元汇率下跌。但是，IMF 其他成员国是否会接受这种安排则很难说。

我不是专业人士，对于应该如何分散风险没有发言权，只是希望有关方面在实现中国储备资产的保值方面能够有更大作为。过去外汇储备的过度积累已经给中国国民财富带来了不必要的损失，但愿这次中国不会因为美元贬值和其他问题进一步遭受本金的损失。

本文为《第一财经》记者徐以升于 2009 年 4 月 13 日对本书作者的专访稿。

人民币加入 SDR 的利与弊

提要：人民币加入 SDR（特别提款权）肯定要付出代价，但是有些代价可能某些部门不愿意付出，所以央行要有明确的态度。而 SDR 是一个倒逼机制，可以让央行在一定程度上满足独立性要求。事物都具有两面性，有好的一面，也有坏的一面，我们必须权衡利弊。所以，我希望人民币加入 SDR 是央行讨价还价之后的结果，我们必须争取最好的条件，把握住底线。

2009 年至 2012 年期间，作为联合国"斯蒂格利茨委员会"成员，我参加了有关国际货币体系改革的讨论。委员会的中心话题就是 SDR。可以说，我对 SDR 情有独钟。我赞成易纲富有哲理性的一系列观点，但对他所说的"中国缺乏创新"这点，有点保留意见。周小川行长 2009 年提出的以 SDR 为基础发行超主权货币在一定意义上可以算是一种"创新"。周小川的建议在国际上所引起的关注度是前所未有的。中国官员或者学者从来没有因为某一观点在国际金融舞台上引起过这么大反响。除学术界外，法国总统萨科齐、英国首相布朗都希望对此有所作为。可惜我们内部意见不统一，最后没有把握住机会，没有在这个问题上多做文章以获取更大的利益。

一、SDR 的发展历程

SDR 的作用与地位在历史上经历了三次变化。SDR 推出之初是为了解决国际储备货币不足的问题。SDR 是从 IMF 原来建议的保留提款权（Reserve Drawing

Rights）演化而来的。在布雷顿森林体系下，黄金和与黄金挂钩的美元是国际储备货币。为了满足国际贸易发展的需要，作为国际交易媒介的国际储备货币必须相应增加，但黄金供给有限，美元的供给也受到多方面的制约。首先是特里芬悖论制约，其次是美国政府出于其经济理念，不愿意过多增加美元供给。1963 年美国与英、德、法、意、日本等国组成"十国集团"，开始讨论增补资金国际流动性问题。SDR 是 IMF 根据成员国的注资份额，分配给成员国的一种储备资产。

当一个国家加入 IMF 时必须向 IMF 缴纳一定数量的资金，这些资金便构成了 IMF 的资本金。成员国向 IMF 缴纳的这笔资金可以看作成员国的"会费"，这一会费即为该国在 IMF 的"份额"。会员国份额的大小决定了会员国在 IMF 发言权的大小。IMF 成员国的份额是根据一定计算公式由 IMF 董事会决定的，在公式中影响成员国份额大小的最主要因素是成员国的 GDP 和贸易额等变量，各成员国并不能根据自己的意愿缴纳本国份额。在某些情况下，IMF 董事会也会根据情况调整某些成员国的份额。

SDR 是 IMF 于 1969 年推出的一种人为的储备货币。当时 1 单位 SDR 被规定为 0.888671 克黄金（同当时 1 美元的含金量相等）。美元与黄金脱钩之后[①]，SDR 的价格由美元、欧元、英镑和日元四种货币的加权平均数决定。构成 SDR 货币篮子的四种货币的权重每五年调整一次。由于汇率的变动，SDR 的美元价格每天都可能会发生变化，IMF 每天中午通过伦敦金融市场公布 SDR 当日的美元价格。IMF 成员国最初所持有的 SDR 是由 IMF 董事会根据各成员国的份额，按一定比例分配给各成员国的。各国在 IMF 的份额中，25% 必须由 SDR 或其他硬通货（如美元、日元、英镑等）构成，其他则是本国货币。到目前为止，IMF 只给成员国分配过三次 SDR。事实上，由于美国国会的阻挠，后加入 IMF 的部分成员国至今还未分到应得的 SDR。目前，SDR 的总额只有区区 214 亿美元。与此同时，全球外汇储备总额已经达到 7 万亿美元。

SDR 作为 IMF 董事会分配给成员国的储备资产，被成员国计入中央银行资

---

① 《国际货币基金组织协定条款第二修正案》于 1978 年 4 月生效，不再将黄金作为票面价值体系的价值基准和特别提款权（SDR）价值的基础。

产负债表中的资产方。作为中央银行的储备资产，SDR 的地位与黄金相当。[1] 中央银行得到一笔 SDR，如同平白得到一笔黄金。但 SDR 并不像黄金那样自身具有内在价值，它的价值完全取决于 IMF 成员国是否愿意持有和接受它，并兑现使之能正常发挥储备资产作用的各种承诺，因而 SDR 被称为"纸黄金"。

SDR 具有结算货币、贮存价值的功能，也正因为如此，SDR 才能成为储备货币。但是，与普通储备货币（硬通货）不同，SDR 不能用于国家间贸易和金融交易的支付。私人部门债务的发放和偿还以及贸易的结算仍须使用硬通货。SDR 的最主要用途在于，出现储备货币短缺的 IMF 成员国可以用自己的 SDR 换取其他成员国的美元或其他可以自由使用的货币。SDR 还可以用于 IMF 和巴黎俱乐部债务的发放和偿还。IMF 贷款（不管贷款的实际币种是美元还是其他货币）一般也是以 SDR 为单位计算的。

IMF 成员国在储备货币出现短缺的时候，可以用自己的 SDR 份额换取其他成员国的美元或其他可以自由使用的货币。换取的方式有两种：成员国之间自愿交换；IMF 根据经常项目平衡状况指定成员国接受交换。1981 年以前，成员国如果使用了自己的 SDR 份额，就必须在给定时间内补上这一份额。在这个意义上，SDR 可以看作一种债券。在 IMF 监督下，凭借手中的 SDR，一国可以向另一国借美元。在一定时间内，该国必须偿还这些美元，以赎回原有的 SDR。最初 SDR 被规定为与美元等值：1SDR=1 美元。1973 年以后，SDR 才改为由一篮子货币定值，其主要作用才变成一种计价单位。

SDR 出现后不到两年，布雷顿森林体系崩溃。此后的国际货币体系发生了两个重人变化。一个是，由于浮动汇率取代了固定汇率，中央银行干预外汇市场的需要减少，对储备货币的需求也随之减少。另一个是，由于资本跨境流动的自由化，经常项目逆差国不难从资本市场获得美元。借来的外汇储备在一定程度上可以取代赚来的外汇储备。在相当长的一段时间内，储备货币的可获得性不再是人

---

[1] 在资产负债表中，任何一种金融资产都应该有相应的负债。例如，中央银行资产方的外汇储备（硬通货）的增加一定对应于负债方基础货币的增加。但 SDR 同黄金一样，在 IMF 和中央银行的资产负债表中并没有与之相对应的金融负债。

们所关心的重要问题，只要借贷国的资信（Credit Rating）好，就可以从资本市场上获得美元和其他储备货币，SDR 存在的必要性大大下降。事实上，布雷顿森林体系崩溃后，除了继续充当 IMF 的计价单位，SDR 在国际贸易和金融交易中并未发挥重要作用。

1970 年代的一段时间内，美元贬值一度成为各国的主要忧虑。美元贬值导致美元资产损失，大家不愿意继续持有美元，又导致美元进一步贬值。为了防止各国因担心美元贬值而抛售美元，从而导致美元进一步贬值，SDR 又重新被提到议事日程上。1970 年代后期，经济学家如伯格斯滕等提出"替代账户"的建议，其实质是 IMF 成员国可以把其部分或全部美元外汇储备存入以 SDR 计价的账户上，从而减少其外汇储备因美元贬值而遭受的损失。美国政府拒绝这一建议，因为这一建议无异于要求美国为其他国家的美元外汇资产做担保。当美元贬值 50% 的时候，由于以 SDR 计价的外汇资产价格不变，美国的以 SDR 计价的美元债务就要相应增加。后来，由于沃尔克的货币紧缩政策，美元大幅度升值，关于建立以 SDR 计价的替代账户的讨论也就无疾而终了。此后的相当长的时间内，SDR 被人们淡忘了。

2008 年金融危机爆发后，周小川行长在《关于改革国际货币体系的思考》一文中指出，要创造一种与主权国家脱钩并能保持币值长期稳定的国际储备货币，即超主权货币。周小川的建议是在全球对美国次贷危机和美元前景深感不安的时候提出的，因而"一石激起千层浪"，在全球引起强烈反响。超主权货币的最现成基础就是 SDR。周小川的建议使 SDR 再次成为国际舆论关注的焦点。与前两次不同，此次对 SDR 的讨论不但同各国储备资产保值有关，而且同国际货币体系改革有关。但是美联储通过与各国央行达成互换协议，化解了美元流动性不足的危机，而量化宽松政策稳定了美国金融市场，美元没有贬值，并且逆转了自 2002 年以来的贬值趋势。在这种情况下，国际社会对 SDR 的热情渐渐消散，现在国际论坛的议事日程上，对于 SDR 的讨论已经不特别突出了。

二、人民币进入 SDR 的利弊权衡

健雄的报告对一种货币加入 SDR 的条件和标准的讨论是比较清楚的，对人

民币是否已经满足了这些条件和标准的讨论也是比较清楚的。我对健雄报告的主要结论也无异议，但感觉报告对人民币加入 SDR 的利和弊还可作进一步的分析。健雄提出人民币加入 SDR 有四个好处：第一个是有利于提高人民币在国际上的使用（度）。难道提高人民币在国际上的使用本身就是利？第二个是有利于加速推进人民币成为国际储备货币。难道有利于加速推进人民币成为国际储备货币本身就是利？此外，通过哪些具体机制、在什么程度上可以加速人民币国际化，我们也不得其详。好处的第三、第四个分别是人民币跻身全球主要货币是一个标志性事件，对全球治理结构有潜在影响。人民币加入 SDR 如何能提高人民币的实际使用、推进人民币国际化？其具体机制是什么？日元早已加入 SDR，日元国际化进程又为何连连遭遇挫败？第三、第四个好处除与前两个有重复外，其本质谈不上是好处。

天下没有免费的午餐，人民币加入 SDR 要付出什么代价（或有何弊），报告也缺乏翔实的分析。回答人民币是否应该加入 SDR，在何种条件下加入（有无底线）等问题，应该有个清楚的损益表，最好能够有个量化的标准。例如，SDR 对于非储备货币发行国，特别是中国来说，外汇储备的保值、增值是十分重要的。中国外汇储备面对的最主要危险是美元贬值、美国因通货膨胀通过印钞票稀释储备资产价值（虽然此时不见得有通货膨胀）和违约。如果中国的外汇储备都能够用 SDR 计价，都能转入替代账户，中国外汇储备面临的缩水风险就会大大减少。不管人民币是否是 SDR 一篮子货币中的一分子，中国都能享受到用 SDR 计价的好处。

从外汇储备保值的角度看，不难想象，人民币在 SDR 篮子中的权重越大，中国在国际货币体系中的影响力就越大。从这个意义上来说，人民币加入 SDR 肯定是有好处的，但好处的大小同未来各种汇率的相对走势有关，同人民币在 SDR 篮子中的权重有关，所有这些都是可以计算的。同样，人民币加入 SDR 也会给中国带来一系列问题，特别是美国和其他西方国家一定会提出相应的要价。作为一种谈判策略，它们一定会夸大人民币加入 SDR 对中国的好处，从而提高它们的相应要价。我们必须准备好相应预案，否则我们在谈判中就会吃亏。老实说，我对扩大 SDR 的使用、增加 SDR 份额、建立替代账户之类的问题比人民币加入 SDR 更感兴趣。我没有对人民币加入 SDR 问题做过深入研究，不便妄评，但感觉上，人民币加入 SDR 是有好处的，不过好处有限。加入不加入看对方开出的条件。例如，如果对方要求必须实现人民币完全可兑换，人民币才能加入 SDR，那我们就不妨等五年再说。

对于其他几个问题，央行肯定是需要拿出方案的。

央行需要有独立性，如果没有独立性就不可能行使央行的权力。金融问题有很强的专业性，需要很快作出决定。如果层层上报等到批准之后再执行，那么就会坐失良机，不但不能对金融市场作出前瞻性引导，反而可能误导市场。比如，2003 年中国经济开始发热，各界都很关注央行会否升息。我记得周小川行长在 9 月回答记者提问时说不会，结果 10 月央行却升息了。我相信周小川行长很早就提出了升息的建议，但是要等到国务院开会批准之后才能执行。这样，不但贻误战机，而且在央行和公众间产生不信任感。再比如，2004 年货币政策委员会的绝大多数委员都同意人民币与美元脱钩，但是外部表态不脱钩。这样，就耽误了调整时间。"将在外，君命有所不受。"央行享有更大的独立性，实际上是把更大的责任压到央行肩上，对于央行可以更多实行事后问责。中国关于人民币加入 SDR 的谈判或许是一种倒逼机制，因为央行的独立性可能成为人民币是否能够加入 SDR 的一个谈判点。

一些国家对人民币是否满足加入 SDR 条件提出的质疑不无道理。例如，日本提出，如果人民币钉住美元，就会增加美元的权重。这种说法是有道理的。作为专业人士必须从专业的角度看问题，政治问题由政治家解决。

总之，事物都具有两面性，有好的一面，也有坏的一面，我们必须权衡利弊。所以，如果人民币 2015 年加入 SDR，希望这是央行同美国等国艰苦讨价还价之后的结果。我们必须防止被人忽悠，必须把握住底线。

本文为本书作者 2014 年 12 月 28 日在 CF40（中国金融四十人论坛）双周圆桌第 111 期内部研讨会上就何建雄、鲁政委主题演讲所作的点评，由 CF40 秘书处整理，作者后来对 SDR 的某些细节作了补充。

全球金融安全网之我见

拉加德女士最近在北京经济发展论坛上发表讲话时指出，现阶段国际货币体系的改革应该集中在两个方面：第一，确保全球金融安全网（GFSN）足够大、自洽，而且能帮助所有经济体；第二，加强在影响全球稳定和政策方面的全球合作。

全球金融安全网包括自我保险（储备）、中央银行之间的双边互换额度、区域安排及以国际货币基金组织为中心的多边安排。问题是，这个安全网到底要多大才能算得上足够大？

所谓的全球金融安全网，主要是由所有国家的外汇储备和外部公共资金构成的。

全球金融安全网的资金来源包括

- 国际货币基金组织配额：6600亿美元（4770亿SDR）。
- 特别提款权分配：2500亿美元。
- 国际货币基金组织借款安排[①]：
  — 新借贷安排（NAB）3700亿SDR（5200亿美元）。
  — 一般借贷安排（GAB）170亿SDR（233亿美元）。
- 区域金融框架：
  — 多边化清迈货币互换协议（CMIM）2400亿美元，从未动用过。

[①] 成员国缴纳的份额是国际货币基金组织资金的主要来源，基金还可以向成员国借款，作为份额的补充。通过新借贷安排，基金可以从一些随时准备提供资金的成员国或机构借到额外的资金。

— 欧洲稳定机制（ESM）4400 亿欧元。
- 央行间永久性货币互换额度：3330 亿美元。
- 各国的外汇储备：11 万亿美元。

2015 年，全球 GDP 为 75.22 万亿美元。如果全球金融安全网需要的资金是 11 万亿美元，那么这个数字将占到全球 GDP 的 15%。这是一笔巨大的资金，对全球经济，尤其是对新兴经济体必然造成沉重负担。

问题是：来自国际货币基金组织配额、区域金融框架和各个国家的外汇储备等渠道的超 13 万亿美元的资金是否足以满足全球金融安全网的需要（见表 1）？

表 1　对新兴市场经济发展中国家（不包括中国和化学燃料输出国的）未来 5~10 年需要增加的（外汇）储备量的估算

储备覆盖范围	以 2007 年的覆盖率为基准	未来 5 年的额外储备	未来 10 年的额外储备
进口	6.1 月 5.5 月	7090 亿美元 4820 亿美元	1.76 万亿美元 1.42 万亿美元
短期外债	200% 165%	8000 亿美元 3960 亿美元	1.88 万亿美元 1.28 万亿美元
广义货币	28.3% 26.6%	8920 亿美元 7450 亿美元	2.05 万亿美元 1.83 万亿美元
总计		7000 亿~9000 亿美元 4000 亿~7500 亿美元	1.8 万亿~2 万亿美元 1.3 万亿~1.8 万亿美元

注：1. 表中第二列对短期外债和广义货币的覆盖率作了不同假设。
　　2. 额外储备是指从现在开始（2015 年）到未来 5 年（2021 年）或 10 年（2026 年）需要增加的储备与现有（2015 年）储备之间的差额。

资料来源：The Case for a General Allocation of SDRs during the Eleventh Basic Period. IMF, May 28, 2016

中国拥有世界上最多的外汇储备，最多时约为 4 万亿美元。中国的金融安全似乎是坚不可摧的。然而，自 2014 年 4 月以来，在不到两年的时间里，中国已经损耗了 8000 亿美元的外汇储备。目前，中国的外汇储备仍在减少，尽管速度有所放缓。我的猜测是，如果没有发生什么根本性的改变，中国的外汇储备将继续下降。外汇储备的持续消耗将进一步造成市场的不安并导致更快的消耗。教训是：无论外汇储备有多么多，都是不够多的。即便是 1 万亿美元的外汇储备，也会很快消耗殆尽。

国际货币基金组织很脆弱，其资金总量还不及中国在 2015 年用于干预汇率市场的外汇储备量。不仅如此，它的资金总量的 3/4 还是需要偿还的临时贷款。在我看来，对于国际货币基金组织来说，它所面临的一个重要的挑战是如何减少动用不同形式的储备资产。

对于各个国家而言，制定和执行正确的经济政策是减少自我保险所需外汇储备量的前提条件。例如，如果一个国家能够建立灵活的汇率制度，该国对外汇储备的需求就会大大减少。相比之下，如果一个国家拒绝采用灵活的汇率制度，同时放弃资本管制，该国一旦受到持续的攻击，再多的外汇储备也不足以使其避免金融危机。国际货币基金组织除了向各个国家提供保障金融安全的技术性建议之外，还能做些什么？

资本的顺周期跨境流动是触发大多数金融危机的必要条件，对发展中国家尤其如此。如果能够更好地监督和管理跨境资本流动，发生金融危机的可能性将大大减少，各国为自我保险而积累外汇储备和国际货币基金组织为它们提供更多资金支持的必要性也将大大减少。应该制定一套规则来减缓资本跨境流动的速度。一些高频交易可能需要被禁止。对某些类型的跨境资本流动征收某些形式的税收应该合法化。或许，更现实的方法是，国际货币基金组织应在收集和分析金融数据及提供关于跨境资本流动的完整和准确信息方面发挥更重要的作用。

还有一个更根本的问题，就是美元在国际货币体系中的主导地位。美元是最终的结算货币和贮存价值手段，筹集更多的资金意味着其他国家要持有更多的美元储备资产，这反过来又要求美国保持经常账户赤字。全球失衡是全球金融危机的根本原因。多元储备货币体系应该是解决方案。遗憾的是，欧元的作用被欧元区主权债务危机所削弱，人民币国际化正遭遇强劲的逆风，特别提款权取代美元作为主要国际储备货币的条件仍然不成熟。

全球金融安全网已变得越来越支离破碎。在现有资金来源条件下，对全球金融安全网的各构成部分应加以整合，使之更加协调一致，更加有效。在全球金融危机期间，尽管拥有 2400 亿美元的可用资金，但资金的动用要同国际货币基金组织规定的严格的条件相挂钩。清迈货币互换协议在全球金融危机期间未能发挥应有作用，但欧洲金融稳定基金却似乎能够与国际货币基金组织协调一致、密切合作。

2008年全球金融危机之际，美联储、英格兰银行、加拿大中央银行、日本银行、欧洲中央银行和瑞士中央银行的货币互换协议在降低利率和避免流动性冻结方面发挥了非常有效的作用，但是货币互换是在没有与国际货币基金组织合作的情况下进行的。尽管应该承认六行集团货币互换的积极作用，不可否认的事实是，六行集团使全球金融安全网更加碎片化。也许，国际货币基金组织可以在提高全球金融安全网一致性方面多做一些事情。

为了促进全球金融安全网的一致性，中国肯定会积极参与关于加强全球金融安全网各层次一致性和协调性问题的讨论，包括国际货币基金组织与区域金融安排的合作。中国希望区域金融安排，如CMIM和ESM，以及双边货币互换额度在全球金融安全网中发挥重要作用。

2016年，中国还将担任东盟10+3联合主席国。中国很愿意致力于加强国际货币基金组织和地区金融安全网之间的合作。2016年，中国将对CMIM的激活进行模拟，以捍卫地区金融安全。与过去的做法不同（当时模拟的是激活CMIM基金中与国际货币基金组织条件无关的部分），今年将对受国际货币基金组织条件限制的CMIM基金部分进行模拟，模拟的重点将是如何在与国际货币基金组织协调的情况下激活CMIM基金。

长期以来，新兴经济体一直在抱怨国际货币基金组织的不公平。1997—1998年的不愉快经历是不容易忘记的，然而，也应该承认国际货币基金组织的改革现在已经取得了一些进展。

国际货币基金组织通过建立灵活信贷额度（FCL）和新预防性信贷额度（PCL）改革其贷款实践，危机预防工具得到加强，更多的成员国将能得到国际货币基金组织提供的信贷。中国欢迎这些进展，中国也已经通过签署有利于对方的货币互换协议对加强全球金融安全网作出了自己的贡献。

本文为2016年4月30日本书作者随央行代表团参加IMF巴黎研讨会上的发言。

国际货币体系的演变和改革

所谓国际货币体系是指处理国家间国际收支的约定、规则、程序和机构的集合。任何一种国际货币体系都必须解决三大问题：提供足够的国际流动性（liquidity），调整国际收支差额（adjustment）和维持对国际储备货币的信心（confidence）。从功能的角度来看，国际货币体系同一国的国内货币体系是类似的。国内货币体系必须：①提供足够的支付手段；②提供稳定的价值尺度。例如，一国某公司做成一笔交易，该国货币体系必须保证这家公司能够得到一笔货币（现金或支票）以进行支付。

另外，度量这笔货币的尺度必须是稳定的，债权人不会因尺度的变化而遭受损失。为了确保国际贸易往来、债务清算和资本转移等活动的正常进行，国际货币体系包括两个主要职能：①提供充足的流动性（供应国际货币）和有相应的国际汇兑制度；②有国际收支的调整机制。持续的国际收支不平衡是导致贫困、社会不满甚至战争和革命的原因。在过去500年中，所有国际货币安排的最主要缺陷是把调整的主要负担压在国际收支平衡中的债务国身上。债务国（贸易逆差国）的调整＝减少开支＝全球通缩。

在历史上，国际货币体系经历了金本位制、金汇兑本位制、布雷顿森林体系和后布雷顿森林体系。不同的体系下对流动性、调节机制和信心问题的解决方法各不相同（见表1）。

表 1 各种货币体系的基本特点

体　系	国际收支调节机制	汇率制度	国际货币
金本位制	硬币－价格调节机制	不存在汇率问题	黄金
金汇兑本位制		固定汇率	黄金、英镑等
布雷顿森林体系	(1) 暂时性不平衡时基金组织提供融资来调节 (2) 基本不平衡时通过调整汇率来调节	可调整固定汇率	黄金、美元及其他少量可兑换货币、特别提款权（从1970年始）、在基金组织里的头寸
后布雷顿森林体系	(1) 通过汇率浮动来调节 (2) 通过国际资本流动来调节	管理浮动汇率（允许有多种汇率制）	以美元为主的外汇、特别提款权、黄金、在基金组织里的头寸

一、现代国际货币体系的演进

国际货币体系始终是围绕着上述两个基本职能而演化的。

（一）金本位制

在第一次世界大战之前 40 多年中，国际货币体系是以英国霸权为基础的金本位制。金本位制有两大特点：①一种货币具有法定含金量；②各国允许黄金自由进出口。为了维持货币的价值，一个国家可以做三件事情：①按法定含金量铸造新币；②按固定价格买卖黄金；③根据货币的含金量按固定价格买卖外汇（金汇兑本位制）。在金本位制下，各国的货币通过各自对黄金的比价而保持着固定的比例，可以认为各个国家使用的是同一种货币。当一国出现持续贸易逆差、黄金储备受到压力时，该国就会采取紧缩性经济政策使贸易恢复平衡。因为采取紧缩性政策，将减少该国的进口需求而迫使该国增加出口；反之，该国就采取扩张性经济政策。英国是世界的主要制成品出口国和原材料进口国，同时又是世界的主要投资者。一方面，利用帝国特惠制度的保护，英国在其殖民地大量投资，可以用投资收益支付进口；另一方面，英国政府也有能力通过自己的货币政策吸引大量短期资本。因而，英国黄金储备充足，英镑对黄金的比价稳定，英镑成为世界各国主要的国际支付货币，英格兰银行成为世界的银行。由于当时英国是世界货币市场的储备中心，各国货币都同英镑保持着稳定的比价，金本位制实际上也是英镑本位制。

第一次世界大战结束之后，金本位制出现了一系列问题。例如，①各国经历着程度不同的通货膨胀，这就使适当的汇率结构的确定成为问题；②美联储取代英格兰银行成为世界银行，但由于缺乏经验，美国的许多贷款成为坏账；③大萧条导致了世界贸易和投资的收缩；④为解决本国的经济困难，主要工业国竞相使本国货币贬值，贬值战反过来又导致世界贸易和投资的进一步收缩。至此，以金本位制为特征的国际货币体系已不再能够有效运转。

（二）布雷顿森林体系

1944 年，44 个国家参加了在美国新罕布什尔州的布雷顿森林举行的"联合国货币与金融会议"。会议的主要议题是第二次世界大战结束后的国际支付问题。与会国就维持汇率稳定的方法和措施达成协议。根据布雷顿森林会议协议，国际复兴与开发银行（世界银行）于 1945 年成立，国际货币基金组织于 1947 年正式开始运作。布雷顿森林体系成为战后国际货币体系的代名词。

布雷顿森林体系的最基本特征是建立了以美元为中心的可调整的固定汇率制度。根据国际货币基金组织协议条款，各国货币应与美元保持固定汇率，其波动幅度上下不得超过 1%，而美元同黄金的兑换比率则固定为 35 美元兑换 1 盎司黄金。固定的美元兑换黄金价格意味着美元的购买力将同黄金一样好，这就保证了人们对布雷顿森林体系的信心。美国之所以能作出这一承诺，是因为它在战后掌握了世界 70% 以上的黄金储备。国际货币基金组织成员国只有在当其国际收支出现"根本性失衡"时才能对货币进行贬值，但贬值幅度不得超过 10%，否则必须得到国际货币基金组织的批准。而对什么是"根本性失衡"，并没有明确定义。一般的理解是，如果国际收支不平衡已无法通过调整国内政策加以纠正，国际收支不平衡就是根本性的，就只能通过贬值加以纠正。国际货币基金组织的任务是监督和推动国际金融合作和世界贸易增长。为了保证布雷顿森林体系平稳运行，国际货币基金组织将对国际收支暂时失衡的当事国提供信贷便利，以尽量减少贬值的必要性。各成员国必须根据自己的经济实力把一定数量的黄金和本国货币存放在国际货币基金组织，以帮助出现国际收支困难的国家。当成员国从基金借款（通常是借美元）时必须以本国货币交换，然后在三五年之后用美元将其买回。

各国间贸易的不平衡经常发生。如果出现不平衡，顺差国货币就会升值，逆差国货币就会贬值。为了维持固定汇率，顺差国就需抛售本币购买外币。逆差国就需抛售外币购买本币。逆差国的外汇储备是有限的，持续抛售外币会导致外汇储备枯竭。换言之，逆差国靠自身力量是无法维持固定汇率的。国际货币基金组织的信贷便利帮助国际收支逆差国维持了汇率稳定。

从 20 世纪 40 年代末到 70 年代初，布雷顿森林体系相对平稳地运行了 20 多年。在 20 世纪 60 年代末、70 年代初，由于世界政治经济形势的变化，布雷顿森林体系出现了严重危机。

首先是流动性问题。美国经济学家特里芬早在 1960 年就指出，布雷顿森林体系的存在取决于人们对美元的信心（对用 35 美元能换 1 盎司黄金的信心）。美元是国际储备货币，对国际储备货币的需求必将随国际贸易的增长而增加，而各国要增加美元外汇储备就必须保持对美国保持贸易顺差。反过来说，美国必须保持贸易逆差，即只有不断增加对世界其他国家的负债才能源源不断地为世界贸易增长提供所需的美元储备。然而，在世界美元储备不断迅速增长的情况下，黄金产量的增长是有限的。这样，美元负债（外国所持有的美元储备即为美国对外国的债务）对黄金的比例将越来越高，美元的持有者终将对美国政府兑换黄金的能力丧失信心，布雷顿森林体系将因美元危机而崩溃。事实上，正如特里芬所预料的，美国黄金储备与其流动负债之比由 1950 年的 2.73 下降到 1970 年的 0.31。投机者相信美元必将贬值，于是开始抛售美元购买黄金。另外，由于西方其他国家已从战后的破败中恢复过来，美国同这些国家的对外贸易越来越处于不利地位，它们对美元的需求大大减少，第二次世界大战结束后的"美元荒"到 20 世纪 60 年代末、70 年代初已变成了美元过剩。

其次是缺乏调整机制问题。布雷顿森林体系允许成员国在国际收支出现"根本性失衡"时，作为最后手段，可以对汇率进行调整，以恢复本国的国际收支平衡。然而事实上，很少有国家愿意通过这种方法恢复国际收支平衡。第一，作为贸易逆差国的美国不能使美元贬值，否则将使人们丧失对国际货币体系的信任。即便美元贬值，如果其他国家货币维持对美元的汇率，美元贬值也不会对美国的国际收支产生任何影响。为了改善国际收支平衡，美国所能采取的唯一选择就是紧缩经济。但这是美国所不愿意或不能做到的。由于越南战争等因素，美国的贸易逆差一直在增加。第二，其他贸易逆差国也很不愿意本币贬值，因为贬值往往被看作政府软弱的象征。同时，由于有悖于充分就业政策，这些国家也不愿意紧缩经济。第三，贸易顺差国不愿意使本国货币升值，因为这种政策不利于它们的出口产业和经济增长，同时它们也不愿意采取扩张性政策以增加进口，唯恐导致国内通货膨胀。为了逃避汇率调整，国际收支失衡的纠正采取了顺差国中央银行把外汇储备借贷给逆差国的办法。显然，这只是一种治标不治本的权宜之计。

最后是铸币税问题。20 世纪 60 年代中期以后，由于越南战争、约翰逊的"伟大社会计划"，美国财政赤字急剧增加。财政赤字可以用发行国债的方法，也可以通过增发货币的方法弥补。美国政府选择了后者，这就造成严重的通货膨胀。美国物价水平在 1959 年至 1969 年 10 年间上涨了 40%，美元实际购买力下降意味着美元对黄金的官方兑换率高估了美元的价值。长期以来，美国用贬值了的美元支付其国际贸易逆差，无异于向全世界征收铸币税，即通过其独有的货币发行权占有其他国家的资源。对此，当时的法国总统戴高乐曾尖锐地指责美国所拥有的是一种"过分的特权"。

基于这些原因，布雷顿森林体系崩溃之后，实力日益增强的西方国家并不希望重振以美元为中心的布雷顿森林体系。

20 世纪 60 年代末、70 年代初，在非官方市场上黄金的美元价格持续出现上涨趋势。根据"贱买贵卖"的原则，投机者在官方市场出售美元购买黄金，在非官方市场出售黄金购买美元，以牟取价差。美国的黄金储备急剧下降，这反过来又使人们进一步丧失了对美元的信任，抛售美元、抢购黄金的风潮一浪高过一浪。1971 年美国总统尼克松宣布停止美元对黄金的自由兑换。布雷顿森林体系开始崩溃。各主要发达国家相继实行浮动汇率制度。在经过几年的苟延残喘之后，布雷顿森林体系终于被以浮动汇率为特征的后布雷顿森林体系所取代。

众所周知，布雷顿森林体系因特里芬两难而崩溃，但中国学界对特里芬两难的流行理解却并不十分准确。特里芬两难是指：如果美国没有国际收支逆差，世界储备（主要是黄金和美元）的供应就会出现不足；如果美国的国际收支逆差持续增加，美国债务（美元）与美国黄金储备之比上升，将会导致（美元与黄金比价）不稳，从而动摇布雷顿森林体系。一般认为，布雷顿森林体系解体主要是因为美国经常项目逆差过大，但实际情况并非如此。自1950年到1970年的20年，除1950年、1953年和1959年这三年外，美国一直维持经常项目顺差。"美元荒"变成"美元过剩"是由于美国经常项目顺差减少，资本项目逆差超过经常项目顺差，从而出现了所谓的"流动性逆差"，即国际收支逆差。而欧洲国家，特别是法国不愿意持有美元作为储备资产，将美元兑换成黄金，结果导致美国的黄金储备不断下降。美国国际收支逆差对美国黄金储备的比例不断上升，则使各国中央银行和投资者确信美元将无法按1盎司黄金兑换35美元的官方汇率兑换成黄金（黄金的美元价格将会大涨），于是出现抛售美元、抢购黄金的狂潮。美国黄金储备的急剧流失，迫使尼克松政府关闭"黄金窗口"，从而宣告了布雷顿森林体系的解体。

戴高乐认为布雷顿森林体系为美国提供了"过分特权"，这到底是一种什么样的特权呢？由于美元是一种国际储备货币，美国可以用美元支付美国的国际收支逆差，因而国际收支逆差并不一定会导致美国丧失黄金储备。而这又使得美国不一定需要像其他国家那样，当出现国际收支逆差时，被迫采取紧缩性财政和货币政策，以恢复国际收支平衡。但是，同现在的美元的国际地位相比，戴高乐所谓的特权又算是什么特权呢？首先，当时美元同黄金挂钩，国际收支顺差国完全可以（虽然存在种种不便之处）抛售美元购买黄金，迫使美国进行调整。肯尼迪就曾经抱怨：国际收支像戴高乐和其他人在我头上举着的一根棍子，他们可以把所持有的所有美元统统卖掉。到时候我们怎么办呢？而现在的美元则是不折不扣的信用货币。其次，当年的美国是经常项目顺差国，也就是说是债权国，现在的美国则是不折不扣的世界第一大债务国。可以说，当时的美国只不过是资金一时周转不过来罢了，只要美国抽回海外投资或把驻扎在德国的六个步兵师调回本土，一切问题就解决了。欧洲国家为什么要这么神经过敏呢？最后，当年美国每年的官方结算赤字与 GDP 之比仅有百分之零点几，同现在的美国经常项目逆差与 GDP 之比高达 4%~5% 相比，连小巫见大巫都谈不上。

为什么布雷顿森林体系竟然就解体了呢？布雷顿森林体系解体是一个历史事实。更有意义的问题应该是：为什么一个以债务国（持续近 30 年的债务国）的借据为基础的国际货币体系竟然能够存在近 40 年？这个问题恐怕不是经济学家所能回答的了。

（三）后布雷顿森林体系

1973 年，布雷顿森林体系崩溃，取而代之的是延续至今的有管理的浮动汇率制度。这一转变，是国际货币体系的一次深刻的变革。由于允许成员国对汇率制度安排有广泛的选择，国际货币关系具有了较大的弹性。然而，这种弹性，在弱化了国际货币体系内部约束的同时，也削弱了国际货币体系在世界经济运转中的功能。这主要体现在两个方面：一方面，对曾经作为国际货币体系核心的汇率的决定和变动，在浮动汇率制度下已经由国际金融市场来完成了，尽管各国官方仍有干预的义务，但是官方干预的成败最终要通过金融市场来实现；另一方面，为成员国调节国际收支，是国际货币基金组织的主要职责之一，但这一功能，也越来越多地由国际金融市场来完成。有更多的国家，尤其是工业国家，在为本国国际收支逆差融资时，凭良好的资信，进入国际债券市场，直接求助于私人资本。发展中国家在经历了 20 世纪 80 年代初期的债务危机之后，也更多地利用国际市场对收支调节进行融资。在调节国际收支方面，国际金融市场已经成为国际货币体系的重要补充，甚至可以说是对国际货币体系这一功能部分的替代。

二、后布雷顿森林体系的特点

自1973年布雷顿森林体系崩溃以来,经过20多年的演变,后布雷顿森林体系已形成了一系列特点。这些特点主要有:美元国际货币的地位下降,以浮动汇率制度为主、多种汇率制度并存的汇率制度形成,发达国家间国际协调加强,汇率不稳大大加剧,区域性货币安排重新兴起等。

(一)以浮动汇率制度为主、多种汇率制度并存的汇率制度

1973年,布雷顿森林体系彻底崩溃。随后,有更多的国家转向了浮动汇率制度。1976年4月,国际货币基金组织通过了《国际货币基金协定第二次修正案》,正式承认成员国在汇率制度选择方面的自由,使浮动汇率制度合法化,从而形成这种持续至今的国际货币体系。[①] 由于国际货币基金组织成员国能根据本国特殊情况自由选择汇率安排,国际货币体系多种汇率制度得以并存。按汇率变动弹性由小到大,现行汇率安排如图1所示。

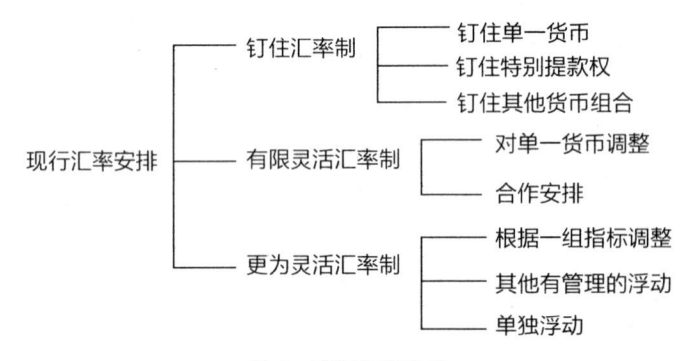

```
                  ┌─ 钉住汇率制 ─┬─ 钉住单一货币
                  │              ├─ 钉住特别提款权
                  │              └─ 钉住其他货币组合
现行汇率安排 ─────┤
                  ├─ 有限灵活汇率制 ─┬─ 对单一货币调整
                  │                  └─ 合作安排
                  │
                  └─ 更为灵活汇率制 ─┬─ 根据一组指标调整
                                     ├─ 其他有管理的浮动
                                     └─ 单独浮动
```

图1 现行汇率安排

从浮动汇率20多年的实践看,各国汇率安排总的特点是:从各种程度钉住汇率制度到最灵活的单独浮动制,汇率安排呈现出多样性。除此之外,汇率体系

---

① 在《国际货币基金组织协议条款》第四条"关于外汇安排的义务"中第二款"总的外汇安排"的(b)项规定:根据1976年1月1日当时通行的国际货币制度,外汇安排可以包括:(Ⅰ)一个会员国以特别提款权或选定的黄金之外的另一种共同标准,来确定本国货币的价值,或者(Ⅱ)会员国通过使本国货币同其他会员国货币保持比价关系,进行合作安排,或者(Ⅲ)会员国选择其他外汇安排。详见《国际货币基金组织协议条款》,IMF,1992年。

的总体特征还体现为：

（1）美元、欧元和日元三种全球最主要的货币间汇率自由浮动，它们是体系的中心。从浮动汇率开始到欧元启动之前，美元、马克和日元是全球最主要的货币，三种货币间的汇率波动剧烈。为了维持汇率的稳定，三大工业国必须对其宏观经济政策进行协调，而宏观经济政策的协调意味着三大工业国必须牺牲自己的某些国内目标。然而，三大工业国往往把自己的国内目标放在最优先的地位，并没有强烈的意愿稳定其双边汇率。这三个大国更没有作出任何一致而坚决的努力，以便把它们的汇率稳定在较小的波动幅度之内。[①] 欧元启动后，美元、欧元和日元成为全球最主要的货币，这同样要求美国、欧元区和日本对其宏观经济政策进行协调。同样，到目前为止，它们并没有任何意愿为保持三种货币汇率的稳定而牺牲自己的某些目标。

（2）在三种主要货币的外围，一些较小的工业国普遍采取浮动汇率制，如澳大利亚、加拿大、新西兰以及瑞典等国。在1992—1993年欧洲货币危机之后，英国、芬兰、挪威以及瑞士等国也采取浮动汇率制。

（3）1999年1月1日正式启用欧元的有欧洲11个国家，成为全球最重要的、合作层次最高的区域性货币安排。

（4）发展中国家汇率制度选择各异，它们在选择汇率制度时，考虑本国贸易条件可能受到的冲击以及国内不发达的金融市场等因素，或者为本国货币寻找名义锚，钉住单一或组合式货币，或者实行有较强干预的管理浮动制，也有部分国家实行单独浮动。

（二）各种货币制度及体系的优缺点

1. 金本位制

- 不存在汇率调整问题，国际收支不平衡会自动调整，但调整的结果是逆差国通货收缩、经济衰退（顺差国通货膨胀）。

[①] 参见 Michael Mussa, Morris Goldstein, Peter B. Clark. Improving the International Monetary System. IMF "Ocassional Paper", December, 1994, p.5.

- 由于黄金产量有限，国际支付体系中往往会出现流动性（世界储备）不足的问题。

2. 金汇兑本位制

- 由于黄金供应不足，除黄金之外，作为黄金的补充，某一种信用极高的国别货币充当储备货币，流动性不足和用黄金做交易媒介的不便等问题得到解决。
- 储备货币发行国承诺，该货币同黄金保持固定汇率，且可以不受限制地同黄金自由兑换。其他国家货币同该储备货币保持固定汇率。
- 出现了国际储备货币对黄金的比价是否能够维持的信心问题。

3. 浮动汇率制度

- 理论上，国际收支不平衡通过汇率变动自动调整，但竞争性贬值导致国际贸易形势恶化。
- 汇率的变动也不一定能够导致国际收支自动平衡，不需要大量外汇储备。

4. 布雷顿森林体系

- 除非小幅调整，汇率变动要获得 IMF 同意。
- 国际收支不平衡会自动调整。
- 国际收支逆差国可以从 IMF 稳定基金中取得贷款（有条件），以避免在短期内作过于痛苦的调整。稳定基金资金来自成员国认购的股本——配额。
- 由于汇率不是随时可以调整的，国际收支不平衡就表现为顺差国国际储备（国际流动性）增加，反之则相反。
- 国际储备货币由美元与黄金构成（金本位制是由黄金构成的）。逆差国可以借入美元维持国际收支平衡，不一定需要输出黄金（金本位制则必须如此）。顺差国可以持有美元，也可以把美元换成黄金。顺差国之所以愿意持有美元，是因为美国保证允许各中央银行按 35 美元兑换 1 盎司黄金的比价，把美元兑换成黄金。
- 如果顺差国坚持把美元兑换成黄金，美国的黄金储备就会流失，美国国际收支逆差与美国黄金储备之比上升，美国就无法维持 35 美元兑换 1 盎司黄金的比价。金价上升，美元就会贬值。
- 一定要把美元换成黄金的原因：
  — 美国用美元支付逆差，而无须像其他国家那样，对国内经济进行调整，入不敷出，不公平。
  — 国际收支逆差与黄金外汇储备之比上升，导致对美元产生不信任。
  — 抛售美元对美国形成政治压力，美国则用政治手段对抗这种压力。肯尼迪在1962—1963年威胁撤军，除非德国用其顺差购买美国装备，以平衡逆差，遏制黄金的流失。
- 存在特里芬两难，布雷顿森林体系解体。

5. 后布雷顿森林体系
- 一个国家的信用货币成为国际储备货币。
- 汇率制度多种形式并存。

SDR货币篮中包含的每种货币的数量是由IMF规定的权重决定的。例如，自2006年1月2日起，SDR货币篮子中欧元、日元、英镑和美元的权重分别为44%、34%、11%和11%。根据2006年1月2日的汇率可知，1SDR包含0.41欧元、18.4日元、0.0903英镑和0.632美元。从2006年1月2日到目前，SDR货币篮子中的这些货币量保持不变。但由于汇率变动，SDR货币篮子中货币的权重和SDR货币篮子用现实货币表示的价格却会变化。例如，2009年10月15日，欧元、日元和英镑兑美元的汇率分别为1.4922、90.08、1.627。因而，以美元计，构成1SDR的欧元、日元、英镑和美元分别为0.611802美元、0.204263美元、0.146918美元和0.632美元，1SDR的价格为1.59498美元。2009年11月15日，由于汇率变动，1SDR的价格为1.60158美元，升值了0.4138%。不难验证，以美元计（或以篮子中其他货币计），SDR的升值幅度小于其他货币。以欧元为例，在此期间，欧元兑美元的汇率升值0.27476%。对非篮子货币国家而言，用SDR而不是美元充当商品和资产的价值尺度（计价单位），可以减少因为美元汇率变动而造成的损失。

三、国际货币体系改革

随着美国金融危机和全球金融危机的步步恶化，改革国际货币（金融）体系的呼声日渐高涨。最近中国人民银行行长周小川提出了创造世界货币的建议。周小川指出："此次金融危机的爆发并在全球范围内迅速蔓延，反映出当前国际货币体系的内在缺陷和系统性风险。"那么，这种内在缺陷是什么呢？周小川的回答是：储备货币发行国的国内政策与储备货币本身所应该具有的性质（如稳定的价值贮存）相矛盾。鉴于"重建具有稳定的定值基准并为各国所接受的新储备货币可能是个长期内才能实现的目标"，周小川特别考虑了如何充分发挥 SDR 的作用的问题。作为改革的第一步，周小川建议扩大 SDR 的发行。

周小川的建议一经提出便在世界范围内引起广泛反响，并得到积极的评价。"幸福家庭大抵相同，不幸的家庭各有各的不幸。"在此 60 年未遇的金融海啸中，各国正在面对不同的困难。从近期来看，中国面临着两个突出问题：其一是出口增长速度下降导致经济增长速度下降和失业率增加，其二是外汇储备的安全受到威胁。在此形势下，高调提出改革国际货币体系的主张意义何在？中国应该如何解决自己所面临的问题？这些是每个中国经济学家不得不提出并试图给以回答的问题。

（一）国际货币基金组织成员国的份额与 SDR

当一个国家加入国际货币基金组织（IMF）时必须向 IMF 缴纳一定数量的资金，这笔资金可以看作成员国的"会费"，这一会费即为该国在 IMF 的份额。SDR 是 IMF 于 1969 年推出的一种"人工"的储备货币，当时 1SDR 等于 0.888671 克黄金（同当时 1 美元的含金量相等）。美元与黄金脱钩之后，SDR 的价格由美元、欧元、英镑和日元四种货币的加权平均数决定。SDR 具有结算货币、价值贮存的功能。也正是因为如此，SDR 才能成为储备货币。SDR 作为一种储备货币，其地位近年来没有明显上升的原因是多方面的。首先，国际货币基金组织——SDR 的初始发行者，认为当前国际金融体系的发展还没有提出对 SDR

增大其作为储备货币作用的新要求，在创立 SDR 之初就确认的其作为一种补充性的国际储备货币的观点尚无修改的必要。这样，有关 SDR 发行总规模的限制和 SDR 的利率计算方法均维持基本不变。相应地，国际货币基金组织强调改善 SDR 在成员国（地区）之间的份额分配和使用的具体办法，以及探讨让非政府金融机构参与使用 SDR 的具体途径。

其次，对拥有 SDR 份额的国家来说，主要的一个限制性因素是利息收入问题。一个显而易见的情况是，在现行体制下，以 SDR 作为储备货币可得的利息收入通常会低于以某一流行币种作为储备货币可得的利息收入，因为 SDR 的混合利率首先要取决于前述 4 种货币（2016 年增加了人民币。——编辑注）的平均利率，而且给予贷方的利率必为这一平均利率的一个折扣数。各货币当局自然会根据自身的操作能力和市场行情等来决定持有 SDR 作为储备货币的比重，即将安全性、流动性和盈利性结合起来考虑，不会只从前两个因素出发作出决策。

最后，如我们在前文中所指出的那样，自 1980 年代初以来，较多的国际货币基金组织成员国选择了各种形式的浮动汇率制。我们知道，浮动汇率制的一个特点是该国对外汇储备（包括像 SDR 这样的国际资产）的需求因而减少了。一般来说，随着对国际储备资产的总需求的相对减少，对 SDR 作为储备资产的需求可能也相应减少了。具体地说，一些货币当局或许不认为短期内有爆发汇率危机的危险，或者不认为它会严重到足以使货币当局更多地储备 SDR。

展望 SDR 的未来，我们还应当看到，虽然它目前还有这样或那样的局限性，它的一个主要优点还是有着值得进一步发挥的余地，这个优点就是它所具有的价值相对稳定的特点。就目前而言，因为 SDR 为四人权数货币汇率的反映，这四人货币之间的任何局部汇率变动都不会引起 SDR 币值的同等程度的变动（因为加权关系，反应系数总是小于 1）。由于这个特性，使用 SDR 作为结算单位，自然就降低了汇率波动的影响。换言之，SDR 具有"汇率的内在稳定器"的作用，各国货币当局以及普通金融机构都会因此而偏爱 SDR 的结算作用。

(二)特里芬两难和 SDR

在布雷顿森林体系下，美元是唯一的储备货币。所谓储备货币就是各国中央银行愿意持有、积累，当本国出现贸易逆差时可用于购买本国货币，以避免本币贬值的货币（也就是贸易顺差国愿意接受的货币）。由于美元是唯一的储备货币，且资本流动受到限制，各国中央银行要想积累储备货币，就必须对美国保持贸易顺差。反过来说，美元成为储备货币的必要条件是美国保持贸易逆差。随着国际贸易的扩大、对储备货币的需求增加，美国的贸易逆差必须相应增加。但是，如果美国持续保持贸易逆差，从而保证美元储备货币的供给不断增加，美元持有者对美国的35美元兑换1盎司黄金的保证迟早会发生动摇（黄金供应是有限的）。简言之，美元储备货币以美国保持贸易逆差为条件，而美国保持贸易逆差必然导致美元持有者对美元-黄金本位的信心崩溃。这就是所谓的特里芬两难。

为了避免特里芬两难导致布雷顿森林体系的崩溃，SDR应运而生。一方面，由于IMF协议的保证，SDR可以充当储备货币；另一方面，SDR的供应同美国有无贸易逆差无关。这样，特里芬难题似乎就迎刃而解了。需要指出，在实际贸易过程中，IMF成员国并非直接用SDR进行结算。成员国必须用自己的SDR换取美元，然后用美元支付贸易逆差。SDR持有国可以通过两个途径得到美元：第一个途径是成员国之间自愿作出互换安排。贸易逆差国中央银行用分配给本国的SDR从其他国家中央银行换取美元；第二个途径是IMF指定对外状况良好（如有贸易顺差）的成员国从对外状况欠佳（如有贸易逆差）的成员国购买SDR。这样，即便没有贸易顺差，需要储备货币的国家也可以得到美元。从资产负债表的角度看，贸易逆差国中央银行资产方SDR减少，美元增加；贸易顺差国中央银行资产方则发生方向变化。如果一个成员国从美国得到美元，美联储资产方的SDR（凭证）增加——相当于黄金（凭证）增加，在负债方则是美元供给增加。美联储的资产和负债同时增加，净资产不变。SDR的发放会产生导致通货膨胀的压力，因而当时一些人对SDR的发放持反对态度。但由于SDR的数量同美元的流通量相比微不足道，SDR发放导致通货胀的可能性并未成为一个现实问题。

SDR 出现后不到两年，布雷顿森林体系崩溃。此后的国际货币体系发生了两个重大变化：首先，由于浮动汇率取代了固定汇率，中央银行干预外汇市场的需要减少，对储备货币的需求也随之减少；其次，由于资本跨境流动的自由化，贸易逆差国不难从资本市场获得美元，借来的外汇储备在一定程度上可以取代赚来的外汇储备。在相当长的一段时间内，储备货币的可获得性不再是人们所关心的重要问题，只要借贷国的资信（creditrating）好，就可以从资本市场上获得美元和其他储备货币。由于储备资产的获得不再以美国的贸易逆差为条件，SDR 存在的必要性大大下降。事实上，此后，除了继续充当 IMF 的计价单位，SDR 在国际贸易和金融交易中并未发挥重要作用。

（三）布雷顿森林体系 2（BW2）

布雷顿森林体系建立的初衷在于通过固定汇率体系，保证国际贸易的顺利进行。布雷顿森林体系崩溃后，美元、马克、日元、英镑等货币之间的汇率变动成为常态。世界经济经受了石油危机、石油与美元回流、拉美债务危机、广场会议协定、日本金融危机、墨西哥金融危机、东亚金融危机、美国 IT 泡沫破裂等一系列危机与事件的考验。以浮动汇率和资本自由流动为特征的后布雷顿森林体，即"没有体系的体系"，似乎并未影响世界经济和国际贸易的迅速发展。布雷顿森林体系崩溃后，尽管各主要货币之间汇率波动频繁，且 1981 年以后美国出现持续的经常项目逆差，但美元并未出现明显贬值趋势。相反，在 1980 年代前期，美元一直处于升值状态。在许多时候，由于美元汇率居高不下，美国政府其至不惜施加政治压力逼迫日元和马克升值。按照特里芬的分析，美国的贸易逆差必然导致市场对作为储备货币美元的信心崩溃，但在这一时期，尽管美国保持贸易逆差，美元不但没有贬值，反倒经常处于升值状态。

美元的坚挺来自世界各国对美元资产的需求。这种需求来自两个方面：私人部门对美元金融资产（美国股票、债券、股权）的需求，以及政府部门对美元储备资产（美国国债）的需求。当年美国总统里根曾得意地宣称，美元的坚挺来自美国的高利息率，而美国的高利息率来自美国投资的高回报率。直到 1990 年代，特别是亚洲金融危机之前，美元的坚挺主要是靠私人资本流入支持的。1990年代中期之后，特别是东亚金融危机之后，国际资本流动的格局发生重大变化，变化的最重要特征是东亚国家官方外汇储备急剧增加。在浮动汇率下，政府对外汇市场的干预大大减少，对储备货币的需求也大大减少。事实上，直到东亚金融危机发生之前，全球外汇储备的增长速度确实相当缓慢。1990年代初期，全球官方外汇储备的数量仅仅为1000亿美元左右。

1990年代中期，为了摆脱通货收缩，世界最大的贸易顺差国日本对外汇市场进行了大规模的干预。但直至1999年5月，日本拥有的外汇储备也仅仅是2240亿美元。由于经济形势的持续恶化，日本政府不得不对外汇市场持续进行大规模干预。2004年3月，日本政府终于停止对外汇市场的大规模干预。此时，日本的官方外汇储备达到8000亿美元左右。

1990年代下半期之后，更引人注目的发展是中国的双顺差和外汇储备的相应增加。在2004年5月之前，中国外汇储备的增加主要是资本项目顺差所致。此后，经常项目顺差则成为中国外汇储备增加的主要原因。目前中国外汇储备已经达到20 000亿美元，其中大部分是美元资产。中国是个低收入的发展中国家，为什么竟然会成为世界上拥有外汇储备最多的国家？在东亚金融危机之后，尽管不能同中国同日而语，东亚国家的外汇储备也有明显增加，这又是为了什么呢？

在试图提供答案的各种理论中，最具有代表性的是由三位美国经济学家杜里、弗斯特兰道和嘉保提出的所谓"BW2理论"（布雷顿森林体系2理论）。根据这一理论，中国为了解决本国的失业问题，必须依靠出口市场，必须维持大量贸易顺差。为此，中国必须保证人民币对美元的汇率稳定（钉住美元）。在这三位美国经济学家看来，中国（和其他发展中国家）解决就业问题的需要（其引理是中国对外国市场，特别是美国市场的依赖）使得以固定汇率为特征的布雷顿森林体系在事实上得到恢复。BW2理论也因此而得名。

在存在顺差的情况下，为了维持人民币汇率稳定，中国政府不断干预外汇市场。其结果当然是中国外汇储备不断增加。BW2是否可以持续呢？他们的回答是肯定的：中国有贸易顺差，美国有贸易逆差；中国出口商品，美国出口借据（或作为储备货币的美元）；中国积累债权，美国积累债务。中美双方互利互惠、各得其所。这三位经济学家断言，BW2至少可以再维持10年。

另一种比较流行的理论是斯蒂格利茨提出的自我保险（self-insurance）理论。在提出这一理论的时候，斯蒂格利茨是把中国和其他发展中国家放在一起讨论的。斯蒂格利茨认为，为了抵御国际资本的投机性攻击，发展中国家不得不保持相当数量的储备货币。斯蒂格利茨的分析强调了发展中国家持有大量外汇储备对世界经济的通货收缩作用。积累外汇储备是以贸易顺差为前提的，一国的贸易顺差又是以另一国的贸易逆差为前提的。贸易逆差国为了恢复国际收支平衡必须实行经济紧缩政策，而贸易顺差国又不肯把所积累的储备货币用出去，这就会对世界经济产生通货收缩作用。因而，斯蒂格利茨建议建立类似凯恩斯所主张的国际清算机构，强制贸易顺差国把储备货币用掉。上述两种理论都有一定道理，但并不完全符合中国的实际情况。

关于中国的双顺差及外汇储备积累的原因和利弊在过去的10年中我有很多探讨，这里不再赘述。我想强调的是，无论我们作出何种规范的理论解释，BW2确实在一定程度上是存在的。关键问题是，BW2是否真的像其提出者所断言的那样，至少在未来10年内还将继续维持下去？

（四）国际（收支）不平衡

在美国次贷危机爆发之前，国际经济学界讨论的热点问题是国际收支不平衡的原因及其可持续性。这个问题同BW2问题是密切相连的，两者之间的不同主要是分析的角度不同。从国际收支不平衡角度提出问题的经济学家，一般是不赞成BW2理论的。

国际上对国际（收支）不平衡的讨论一般是从美国国际收支不平衡的角度出发的。在特里芬时代，经济学家对美国的贸易逆差将导致公众对美元信心的丧失是深信不疑的。但是，布雷顿森林体系崩溃后的历史经验似乎说明，美元并不一定会随美国外债的积累（历年经常项目逆差之和）而贬值。特别是，如果BW2确实存在，或者发展中国家确实需要持有越来越多的储备货币作为自我保险，美元就会在未来相当长的时间内保持坚挺。但是，2002年5月之后，美元开始了所谓战略性贬值。也许因为这个原因，美国经济学家开始越来越多地关注国际收支不平衡问题。持续的经常项目逆差导致美国外债余额/GDP不断上升。问题是：当美国外债余额/GDP达到什么数值时，外国投资者将停止购买美国资产或要求更高的风险贴水，从而导致美元崩溃？这个问题非常难以回答。

从国际经验来看，在一段时间里，澳大利亚外债余额/GDP是60%，爱尔兰是70%，新西兰是90%。这些国家当时不但没出事，而且都过得很好。2006年，美国外债余额/GDP只有30%左右，加之美国作为超级大国的特殊地位，美国外债余额/GDP的增长余地似乎还是相当大的。许多经济学家认为，美国离因经常项目逆差的积累而发生国际收支危机、货币危机和金融危机，还有相当长的距离。这一认识同BW2理论是一致的。但大多数经济学家没有想到的是，在出现国际收支危机之前，美国竟先爆发了金融危机。更出乎一些人意料的是，在美国金融危机爆发之后，由于流动性短缺、信用危机、注资需要以及美国国债成为避险天堂，美元不但没有贬值，反而一路走强。应该说，美元近期的这种走势并不难预料，本国货币因金融危机而走强的情况在日本同样发生过。日本金融危机最为严重的1995年恰恰是日元最为强劲的一年。但美元走软的长期趋势应该说是无法避免的，而一旦这种趋势被市场所确认，缓慢有序地调整大概是不可能的。对此我们必须有所准备。

在讨论美国经常项目逆差将会持续多久的问题时，经济学家们通常假设美国资本市场能够为外国投资者提供稳定的回报率。外国投资者之所以要求逐渐提高风险贴水，并非担心美国资本市场会发生什么问题，而仅是基于外债余额/GDP提高必然导致美国偿债能力下降这一简单假设。但是，问题恰恰发生在经济学家们认为不会出现问题的美国资本市场风险这一环节上，美国次贷危机的发生完全破坏了外国投资者对美国资本市场的信心。因而，对外国投资者来说，问题已经不是应该等到美国的外债余额/GDP上升到什么水平时才停止为美国经常项目逆差融资，而是如何尽快摆脱美元资产陷阱，减少损失。现在的问题是，美国资本市场的外国投资者已经陷得太深、被套得太牢，竟一时找不到出路，找不到解套的方法。

国际收支不平衡同美国当前的金融危机肯定是有关系的，但是，两者的关系并非简单的因果关系。一方面，大量外资（通过私人资本流入和官方外汇储备流入）进入美国资本市场，使美国得以保持低利息率，从而助长了美国的房地产泡沫和其他形形色色的资产泡沫的生成；另一方面，把美国金融危机归结于亚洲国家，特别是中国的高储蓄率也是荒唐的。对于中国经济学家来说，真正重要的问题是中国如何从美元陷阱中自拔，而不是同美国政客争论谁应该负什么责任。

（五）美国超扩张性货币和财政政策与中国储备资产所面临的威胁

最近几个月的情况是，为了避免美国金融危机进一步恶化，遏制美国经济的进一步下滑，美国政府采取了超扩张性货币政策和财政政策。美联储当前政策的实质就是印钞票。其资产负债平衡表已经变得很难看，被投资者讥讽为很像垃圾债券发行者的资产负债平衡表。与此同时，2009 年美国政府的财政赤字或将高达 GDP 的 12%，创二战后历史最高水平。

商品（包括货币）的价值在于它的稀缺性。对应于给定的财富、给定的货币需求，如果货币的供给是无限的，这种货币就没有价值。美国政府以前所未有的规模出售国债，除非对美国国债的需求前所未有地强劲，美国国债价格的下跌就无法避免。目前，由于信用危机严重，美国金融机构正在囤积货币。由于几乎没有安全的金融资产，对美国国债的需求依然强劲。尽管美元依然走强、美国国债价格并未明显下降、通货膨胀率也很低，但由于美元供应的急剧增加，中国所持有的美元资产实际已经贬值（可看作"浮亏"）。

中国之所以持有美元资产，是因为我们相信美元拥有可靠的价值贮存功能；中国之所以购买美国债，是因为我们相信美国国债可以带来比国内投资更高的回报。但结果却是——用克鲁格曼的话来说——陷入了"美元陷阱"。[①] 对于中国来说，当务之急是避免进一步落入美元陷阱，其次是尽量减少已有外汇储备可能发生的损失。

---

① KRUGMANP. China's Dollar Trap. New York Times, April 3. 2009.

（六）国际货币体系改革和全球货币

二战后国际货币体系的根本特征无疑是美元作为储备货币的支配地位。美元之所以能够成为储备货币，是因为美元是世界普遍接受的计价单位、结算手段，拥有价值贮存功能。美元之所以具有上述功能，又是因为美国是世界头号政治、经济和军事强国。美元成为储备货币、美国国债成为储备资产，使美国得以用最低的成本支配和使用全球资源，反过来又强化了它的超级大国地位。由于非储备货币国必须积累美元储备资产，美国得以向全世界征收铸币税。当然，美国政府并不能任意利用美元特权，无限制地谋求自身利益。在特里芬时代，美元的泛滥动摇了债权人（美元储备货币持有者）对美元价值贮存功能的信任，并最终导致了布雷顿森林体系的崩溃。现在，由于美国滥用美元国际储备货币的地位，国际货币体系再次陷入了危机。

现在的国际货币体系是后布雷顿森林体系和 BW2 的某种混合。当前的国际货币体系有如下几个特点：

（1）美元是最主要的储备货币，但欧元和日元（特别是欧元）也成为重要的储备货币。

（2）大多数发达国家和新兴市场经济国家实行浮动汇率或有管理的浮动汇率，但也有许多国家中央银行积极干预外汇市场，以避免汇率的过分波动。

（3）绝大多数国家实现了资本项目的自由化，资本的跨境流动基本不受限制。

（4）跨境资本流动（以及国际投机资本）方向变动和汇率变动的互动，导致两者剧烈波动的可能性。为了保持汇率和资本流动的稳定，许多新兴市场经济国家不得不持有大量储备资产，以便随时干预外汇市场。这种储备资产的主要形式是美国国债。

（5）尽管依然保持资本管制，某些国家因特定的增长模式和经济结构仍主动或被动地积累了大量储备资产。

（6）IMF 对因储备资产不足而遭受国际收支危机的国家提供附有严格条件的贷款，这些贷款条件往往是顺周期的。

（7）现存的国际金融机构（IMF 和 BIS 等）对发达国家金融市场既不能实行国别监督，也不能实行跨国监督。

美国金融危机的爆发，以及这一危机对全球经济的冲击充分暴露了现行国际货币体系的严重缺陷。现行国际货币体系对当前的国际金融危机难辞其咎，因而对国际货币体系进行改革的呼声再次高涨。

国际经济学界以往对国际货币体系的批评主要集中在 IMF 援救贷款条件的苛刻上。例如，在东亚金融危机期间，IMF 的援救贷款条件恶化了受援国的经济，延缓了整个东亚经济的复苏进程。而对于 IMF 援救贷款条件的批评又集中在这些条件的顺周期性上。例如，在金融危机发生期间，IMF 往往要求受援国紧缩货币和财政政策，从而使这些国家陷入严重的经济衰退。在 IMF 提出的条件中，往往可以看到美国利益的影子。例如，在东亚金融危机期间，IMF 援救东亚国家的积极性就比不上它援助同美国有更密切的战略关系的国家和地区。又如，IMF 对新兴市场经济国家的援救无一例外是以受援国进一步开放其金融市场为条件的。这些条件对谁有利不言自明。

美国的次贷危机通过各种渠道给世界其他国家经济造成了严重后果。当前的国际货币体系对美国次贷危机和全球经济危机又应该负何种责任呢？

首先，作为国际货币体系监护人的 IMF 对美国资本市场监管缺失，对美国有毒资产的泛滥负有重大责任；其次，美元作为储备货币具有特殊地位，美国对跨境资本流动，特别是投机资本的跨境流动放任，迫使许多国家不得不持有大量美元储备资产，而这些美元资产的价值正受到美元贬值和美国通货膨胀的严重威胁；再次，许多国家目前之所以受到美国金融危机的严重冲击，恰恰是因为这些国家当初听从了 IMF 关于资本项目自由化、开发金融市场等一系列主张；最后，由于发达国家资金的大量撤回，世界上许多国家，特别是最贫困国家正处在爆发严重债务危机的前夜。

鉴于现行国际货币体系在本次全球金融危机中所暴露出的一系列问题，国际经济学界对当前以美元为中心的国际货币体系提出了越来越多的批评。2008 年

8月，斯蒂格利茨提出了改革当前国际货币体系的一些初步设想。[①]他首先对作为二战后国际货币体系核心的储备货币制度提出批评，认为这种制度对世界经济增长存在收缩作用。他的逻辑是：为取得必要的储备资产，非储备货币国必须获得相应的贸易顺差（陷于国际收支困难的国家往往借不到外汇）。如果储备货币国不希望出现等量贸易逆差，世界经济的总需求就会减少。斯蒂格利茨认为，美国是储备货币的最后提供者，当前国际货币体系的稳定依赖于美国维持经常项目逆差，美元的泛滥必将导致公众对美元价值信心的丧失[②]。斯蒂格利茨接着指出，当前国际货币体系是不平等的。非储备货币国外汇资产的积累意味着世界上最富有的国家——美国可以得到廉价的资金（中国以零收益率购买美国财政部券即是明显的例证），而穷国则不但得不到廉价资金，而且还要承担在储备货币国投资的风险。在斯蒂格利茨看来，中国是这种不平等的最重要受害者。由于美元储备资产越来越不具备价值贮存的功能，中国试图利用主权财富基金来分散投资风险，而这又招致了美国保护主义的升温。

斯蒂格利茨认为，货币体系改革应该解决三个问题：第一，储备资产的积累必须和储备货币国的经常项目逆差相分离；第二，对经常项目顺差国必须有所约束（这也是凯恩斯提议建立国际清算机构的初衷）；第三，应该提供一个比美元更为稳定的国际价值贮存载体。为了解决上述三个问题，一个最为现实的方法是大量增加 SDR 的发放。我们已经知道，SDR 的发放同任何国家的经常项目逆差无关。同时，由于 SDR 的价值由篮子货币决定，当篮子中各货币的汇率发生相

[①] GREENWALD B, JOSEPHS. A Modest Proposal for International Monetary Reform. August 2009, Istanbul, unpublished.

[②] 在这里，我们又回到了特里芬两难。但是，正如我在前面已经指出的，外国投资者对美元资产的追逐在很大程度上抵消了美国贸易逆差所导致的美元贬值压力。而这种压力又被中国和一些发展中国家对美元储备资产的需求进一步抵消。因而，美元作为储备货币以美国维持贸易逆差为条件，而美国外债的积累必将导致美元储备资产持有者对美元信心的动摇。这一特里芬难题在后布雷顿森林体系（含 BW2）下得到缓解。在当前形势下，尽管特里芬问题依然存在，导致美元信心动摇的直接原因不是特里芬两难，而是美国次贷危机所暴露出的美国金融资产的高风险性。在这种情况下，给定美国经常项目逆差和外债余额/GDP，投资者对美元的信心将会比危机爆发前下降很多。美元作为储备货币、美国国债作为储备资产的资格本身已经受到挑战。这是美国次贷危机发生后，我们所面临的新形势。

对变化（如美元兑其他货币的汇率降低）时，其价格肯定比美元（对其他货币的相对价格）更为稳定。斯蒂格利茨认为，每年增发 2000 亿 SDR，无须美国维持经常项目逆差，应该能够满足全球经济对储备货币积累的需求。

在操作的层面上，斯蒂格利茨建议成立一个俱乐部，俱乐部成员国按规定每年向共同设立的"全球储备基金"（GRF）提供给定数量的本国货币（这些货币应该是可以自由兑换的）。而 GRF 则向各成员国发放等值的全球货币（Global Greenback），作为各成员国的储备货币。此时，各成员国中央银行同时增加了一笔等值的资产（全球货币）和负债（本国货币），但净资产并未发生变化。当以美元为储备货币的时候，遭到国际投机资本攻击的国家可以使用美元外汇储备买进本币以稳定汇率，直至外汇储备告罄。现在，由于有了全球货币，该国可以用全球货币从 GRF 换取传统硬通货继续打本币保卫战。由于有了全球货币，非储备货币国无须持有美元或其他硬通货。非储备货币国通过贸易顺差所得到的外汇可以立即用于进口，而不再需要把"购买力"挪到"床垫"下面。储备货币积累额对全球所造成的通货收缩压力将得以避免。

周小川提出的世界货币概念同斯蒂格利茨等经济学家提出的全球货币概念有很多相同之处。周小川构想（在扩大 SDR 货币篮子的基础上创造世界货币）的主要目的也是使储备货币同储备货币国的国内政策相脱离。周小川的建议具有重大的理论和实践意义，因而在国际上得到极大关注和积极评价。但是，我更倾向于把周小川的建议看作一种长期诉求。欧洲统一货币的创造花费了 50 年，世界货币的出现恐怕在我们有生之年无法看到。

（七）国际货币体系改革和中国的政策选择

从近期来看，中国面临着两个突出问题：其一是出口增长速度下降导致经济增长速度下降和失业增加，其二是外汇储备的安全受到威胁。应该承认，尽管同现行国际货币体系有关，但中国目前所出现的问题并不是现行国际货币体系所使然。对于中国来说，关键还是要调整经济增长方式和经济结构。对于第一个问题，中央已经出台了一系列有力的政策，只要我们放弃不切实际的幻想，认认真真地把经济工作的重心转到振兴内需上,当前的暂时困难是可以克服的。对于第二个问题,我们则可以从流量和存量两个方面来讨论。

从流量的角度看,最重要的问题是减少贸易顺差,使资源尽可能用于国内的消费与投资。如果外贸顺差在短时间内无法压缩或压缩的代价过高,我们就应考虑让这部分顺差转化为对外投资而不是增加美元储备。事实上,中国完全可以而且应该扩大对亚洲、非洲和拉丁美洲的直接投资。在广大发展中国家,中国在基础设施投资方面是大有可为的。此外,中国企业对海外企业进行并购也不失为一种可行的选择。

从存量的角度看,中国应该积极寻找多样化避险的方法。从期限结构看,可以增加短期国债的比重,减少长期国债的比重(我们不知道实际情况,这项工作可能早已进行)。从资产种类来看,减少政府机构债的比重可能是必要的。同时,我们也可以考虑购买 TIPS 之类的债券。我始终认为,当美国国债需求比较旺盛的时候,恰恰是我们适当退出美国国债市场的时机。此时退出将不会对美国国债价格造成过大的冲击。尽管欧元资产和日元资产也不一定是理想的替代物,但分散化应该是一个基本原则。尽管在短期内我们会遭受一些损失,但如果未来美元急剧贬值,我们将能避免更大的损失。

无论从什么角度看,中国的储备资产都大大超过了需要。从理论上说,中国应该把部分储备资产变为实物储备、FDI 和金融投资。向 IMF 和其他国际金融机构提供贷款或购买其发售的债券也不失为一种选择。当然中国的对外借贷应该尽量避免用美元计价,这样可以使我们在一定程度上规避汇率风险。央行准备购买 IMF 发行的以 SDR 计价的债券也不失为一种好的选择。

"悟已往之不谏,知来者之可追。"尽管改善国际货币体系是个长期而艰巨的任务,而且国际货币体系的改革对于解决中国当前所面临的一系列紧迫问题并不一定有直接的帮助,但中国仍应该积极参与在全球层面的以 IMF 为主要平台的国际货币金融体系改革和 G20 旨在克服全球经济危机的努力。除参与在全球层面的活动外,中国还应继续推进区域金融合作,不放弃对建立区域货币联盟和区域货币的尝试。中国还应适当加快人民币国际化进程。国际货币体系改革、区域金融合作和人民币国际化是中国在国际金融领域改革的三个方面。这三个方面的工作应该协调推进，不可有所偏废。

本文节选自由余永定的《全球化与中国：理论与发展趋势》，由经济管理出版社于 2010 年出版。

中国为什么要积极参与国际货币体系改革

中国的开放过程在很大程度上是加入国际贸易和国际货币体系的过程。长期以来，中国基本上是现有国际秩序的接受者而不是建立者或改革者。但自全球金融危机爆发以来，形势已经发生根本性变化。

一方面，经过40多年的艰苦奋斗，中国已经成为世界第一大经济贸易国、世界第二大经济体、世界第一大美元外汇储备国（有时被日本超过）、世界最大债权国之一（2019年拥有2.3万亿美元海外净资产）、国际货币基金组织（IMF）的第三大股东。人民币国际化也取得长足进步，人民币成为IMF的特别提款权（SDR）篮子的第三大构成货币。中国有权要求国际货币体系能够更多倾听包括中国在内的发展中国家的声音。

另一方面，长期以来，特别是2008年以来，尽管美元始终是国际货币体系（包括后布雷顿森林体系）的本位货币，美国政府却越来越不愿意承担相应的国际责任。特朗普执政时期所实施的政策更是公然打出"美国第一"的旗帜。在这种情况下，美国的财政、货币政策必然会动摇美元的本位货币地位。如果以往的经济理论还有存在价值，我们就不能不对美国的极度扩张性财政政策和无限量货币宽松政策对国际货币体系可能产生的冲击深感忧虑。现在，拜登政府上台了，在"尼克松冲击"之后，我们是否还会面对"拜登冲击"？

改革开放之前，无论国际货币体系发生何种动荡，中国基本上不会受到严重冲击。现在，作为国际货币体系的最重要参与者之一，国际货币体系的任何动荡和变革都可能会对中国经济的可持续增长造成难以估量的重要影响。中国不仅需要在现有体系中趋利避害，而且必须积极参与国际货币体系改革。

长期以来，中国的国际金融学者对国际货币体系的沿革、现有国际货币体系的弊端、可供选择的改革路径已经进行过相当深入的研究。在当前的复杂形势下，我们有必要对这些问题进行更为深入细致的研究，并尽快在此基础上形成中国的国际货币体系危机应对预案和中国自己的国际货币体系改革方案和路线图。

任何国际货币体系都必须能够行使两大功能：提供足够的国际流动性和调整国际收支平衡。而为了能够行使这两大功能，任何国际货币体系都必须首先回答三个基本问题：选择什么货币作为本位（standard）？如何决定汇率？如何管理资本的跨境流动？对这三个问题的不同解决方案，定义了不同的国际货币体系。

从 1870 年代到第一次世界大战，国际货币体系以黄金为本位。在金本位制下，一国货币和黄金按货币的法定含金量自由兑换，黄金在国家之间自由流动。一国黄金产量和贸易盈亏决定黄金储备量（存量），而后者则决定该国货币发行量。换言之，在金本位制下，货币发行量存在由黄金储备量决定的上限和下限。在金本位制时期，英国在绝大多数年份保持贸易逆差。但由于投资收入始终是顺差，直到 1930 年代之前，英国一直都是经常项目顺差国。由于黄金储备充足，英镑成为金本位制下的主要国际支付手段，英格兰银行成为世界的银行。当时的金本位制实际上也是英镑本位制。

1914 年第一次世界大战爆发，英国暂时中止实行金本位制。按英镑和美元的法定含金量，战前英镑对美元的汇率是 1 英镑兑换 4.86 美元。由于战争期间英国通货膨胀严重，而美国的通货膨胀较轻，战争接近尾声时，英国政府让英镑贬值到 1 英镑兑换 4.7 美元。1920 年外汇管制解除之后，英镑贬值到 1 英镑兑换 3.44 美元。战后，一心希望恢复金本位制的英国政府实行了货币紧缩政策。在战后的两年间，英国信贷增速下降了 20%，物价下降了 34%。1922 年，在付出失业率高达 14% 的代价后，英镑对美元的汇率回升到 1 英镑兑换 4.61 美元。1925 年，丘吉尔宣布恢复金本位制，同时让英镑对美元汇率保持在战前的 1 英镑兑换 4.86 美元的水平上。

理论上，金本位制具有恢复国际收支平衡、遏制通货膨胀或通缩的自动调节机制。例如，国家 A 的财政赤字货币化政策导致物价上涨，相对于物价稳定的国家 B，A 对 B 出现经常项目逆差，黄金由 A 流入 B。为保证金本位制要求的货币兑换黄金的比率不变，A 必须紧缩货币供应，而 B 则可以增加货币供应。其结果是：A 物价下降，出口增加；B 物价上涨，进口增加。这个调整过程要一直持续到国际收支恢复平衡。在此过程中，A 的通货膨胀被输出到 B。金本位制得以实行的前提条件是各国都遵守金本位制的游戏规则。如果 B 担心本国物价上升，在黄金流入的同时，阻止本国银行扩大货币供应量，则金本位制的自动调节机制就会失效。以英美两国为例。一战后，当英国采取货币紧缩政策以恢复金本位制的时候，美国拒绝执行更为扩张性的货币政策。一方面，英国黄金储备不断减少；另一方面，美国黄金储备不断增加。除非采取进一步的货币紧缩政策，英国将无法维持 1 英镑兑换 4.86 美元的汇率（同时也意味着英国政府无法维持原定的黄金－英镑平价）。其实，英国在恢复金本位制的时候，把英镑的含金量定得低一些（英镑对美元的汇率定得低一些），情况会有所不同。但教条主义的英国却认定：维持英镑原有含金量不变是金本位制应有之义，不肯改变英镑的含金量。黄金储备的减少最终迫使英国在 1931 年宣布放弃金本位制。随后其他国家也纷纷退出金本位制，世界进入了无序的货币竞争性贬值时代。大国之间的"以邻为壑"的贸易和汇率政策大大加剧了 1929—1939 年的"经济大萧条"。

二战后的布雷顿森林体系的最基本特征是以美元为中心的金汇兑本位制和固定汇率制度。根据国际货币基金组织协议条款，各国货币与美元保持固定汇率，其波动幅度上下不得超过 1%。而美元对黄金的汇率则固定为 35 美元兑换 1 盎司黄金。其他国家货币同美元而不是同黄金直接挂钩，可以用美元储备代替黄金储备，从而缓解了这些国家黄金储备不足的问题。

国际货币基金组织成员国只有在其国际收支出现"根本性失衡"，并得到国际货币基金组织的批准之后，才能对本国货币进行贬值。对什么是"根本性失衡"，并没有明确定义。一般的理解是，如果国际收支不平衡已无法通过调整国内政策加以纠正，国际收支不平衡就是根本性的。国际货币基金组织会对国际收支暂时失衡的当事国提供信贷便利，以尽量减少贬值的必要性。各成员国必须根据自己的经济实力把一定数量的黄金和本国货币存放在国际货币基金组织里，以帮助出现国际收支失衡的国家。成员国从基金借款（通常是借美元）时必须以本国货币交换，然后在三五年之后用美元将其买回。一般认为，布雷顿森林体系存在三大问题。

第一是特里芬问题。

在布雷顿森林体系下，美元是国际贸易中唯一的交易媒介、结算工具。为了满足国际贸易的需要，美国必须为国际货币体系提供足够的"美元流动性"。1960年，比利时经济学家特里芬指出：布雷顿森林体系能否维持取决于海外美元持有者对美元的信心，更确切地说，取决于他们对美国政府能否遵守35美元兑换1盎司黄金的承诺的信心。但是，对美元流动性的需求将随国际贸易量的增长而增加，而黄金产量的增长却是有限的。这样，海外美元持有量与美国黄金储备之比将越来越高。这种趋势最终将动摇美元持有者对美国政府遵守35美元兑换1盎司黄金的承诺的信心，进而导致布雷顿森林体系崩溃。

特里芬关于黄金储备不足导致布雷顿森林体系崩溃的预言从根本上是正确的，但布雷顿森林体系走向崩溃的实际路径与特里芬的预期不尽相同。事实上，随着欧洲和日本经济的复苏、出口竞争力的提高，美国货物品贸易顺差减少，而服务贸易逆差（包括海外军事开支）则持续增加。在经常项目顺差逐渐减少的同时，美国的资本项目（政府海外贷款、海外援助和私人资本流出）始终维持逆差，而且大于经常项目顺差。国际收支状况的不断恶化，迫使美国不得不越来越多地依靠输出美元来平衡国际收支，二战后的"美元荒"变成20世纪五六十年代的"美元过剩"。可见，最终动摇布雷顿森林体系的原因并非特里芬所预言的贸易增长导致的美元供给相对黄金供给增长过快，而是美国持续的国际收支逆差导致的美元泛滥。

美国持续的国际收支逆差说明美元被高估。从1960年代末到1970年代初，在非官方市场上黄金的美元价格持续出现上涨趋势。投机者在官方市场出售美元购买黄金，在非官方市场出售黄金购买美元，以牟取价差。1949年底，美国黄金储备超过对外国短期负债（包括债券和证券）的数额为182亿美元；而到1958年底，上述数额不足50亿美元。从1950年至1957年，美国黄金储备平均每年减少 13 亿美元，仅 1958 年就减少了近 30 亿美元。随着对美元贬值预期的加强，投机者抛售美元、抢购黄金的风潮一浪高过一浪。1948 年，美国拥有全球货币储备的 2/3。到 1960 年底，美国黄金储备额下降至 194 亿美元，而包括短期和长期在内的对外流动负债为 189 亿美元，美国的黄金储备尚能弥补外国机构和私人对美元兑换黄金的需求，两者之间的差额只有 5 亿美元。1970 年，美国黄金储备进一步降至 145 亿美元，同期美国对外流动负债高达 402 亿美元，其中仅短期流动负债就已超过了黄金储备，达 234 亿美元。1971 年，外国机构和私人分别持有 400 多亿美元和 300 多亿美元，而美国持有的黄金储备只有 100 多亿美元。1971 年 8 月，法国已经把 92% 的外汇储备换成黄金。同年 8 月，英国政府要求美国财政部把价值 30 亿美元的黄金从诺克斯堡转移到美联储在纽约的金库。面对黄金储备的急剧流失，1971 年 8 月 15 日，尼克松总统宣布关闭"黄金窗口"，撕毁 35 美元兑换 1 盎司黄金的承诺，布雷顿森林体系轰然倒塌。

第二是国际收支失衡纠正机制失灵问题。

布雷顿森林体系允许成员国在国际收支出现"根本性失衡"时，作为最后手段，可以对汇率进行调整，以恢复本国的国际收支平衡，但调整的幅度仅为 ±1%。在金本位制下，国际收支失衡可以通过黄金的跨境流动得以调整。但在布雷顿森林体系的固定汇率制度下，国际收支失衡只能由当事国采取紧缩或扩张货币政策加以纠正。而维持国际收支平衡的政策目标往往同国际收支失衡国的其他宏观经济政策目标相矛盾。例如，1962 年，英国首相麦克米伦曾建议美国把美元贬值到 70 美元兑换 1 盎司黄金，遭到肯尼迪总统拒绝。肯尼迪认为这将释放美国经济状况不佳的信号，但他同时也不想采取紧缩政策。1960 年后期，国际收支状况恶化，与此同时，美国的就业和通货膨胀形势也在恶化。为了减少国际收支逆差，美国本应采取货币紧缩政策（如升息），而其他国家则应采取货币扩张政策。但美国各界已形成充分就业（失业率不超过 4%）是最重要的政策目标的共识，美联储难以实行紧缩政策。美国也尝试通过资本管制抑制资本外流。例如，1963 年，美国开始征收利息均等税（IET）以阻止美国居民在海外购买金融资产。在尝试过各种办法都无济于事或代价太大的情况下，尼克松政府选择了让美元贬值。先是美元兑换黄金贬值 7%，而后各国汇率波动的允许范围扩大到 ±2.5%。1973 年 3 月，各国汇率开始自由浮动，布雷顿森林体系彻底终结。

第三是戴高乐问题。

法国总统戴高乐指出，建立在任何单个国家货币基础之上的货币体系都是危险的。在布雷顿森林体系中，美元被自动视为等同于黄金。戴高乐认为，事实上美元本位使美国可以过上入不敷出的生活，并强迫欧洲国家为美国承担建立海外军事帝国的费用。

在布雷顿森林体系下，由于美元几乎是唯一的可以在跨境贸易和投资中充当交易媒介、结算手段和价值贮存的货币，其他国家都不得不持有一部分美元外汇储备。这样，美国就可以用印刷的"借据"换取外国资源。而其他国家持有美元外汇储备意味着它们不会立即"兑现"这些"借据"，向美国索取相应的产品和劳务。换言之，作为向全球提供流动性的交换条件，布雷顿森林体系允许美国向全球征收"铸币税"。

如果各国增持的美元储备同国际贸易增长相对应，应该不会出现通货膨胀，美元的国际购买力不会下降。1960 年代初期，美国物价水平相对稳定。1960—1965 年，美国消费者价格指数上涨了 6.54%。但是在 1960 年代中期以后，由于越南战争、约翰逊的"伟大社会计划"，美国财政赤字急剧增加，物价开始加速上涨。1965—1970 年，美国消费者价格指数增加了 23.07%，年均上涨 4.25%。美元国内实际购买力下降意味着美元对黄金和其他国家货币的汇率被高估，海外居民持有注水的美元意味着他们还要向美国缴纳通货膨胀税。

在布雷顿森林体系建成的初期，美国是通过资本项目逆差（马歇尔计划等），即增加海外资产为国际货币体系提供流动性的。但随着经常项目由顺差转变为逆差，美国开始通过增加负债来提供流动性。法国著名经济学家鲁夫（Rueff）借用裁缝和客户之间的关系解释了这种变化的实质："如果我的裁缝（顺差国）希望和我（美国）达成协议——只要我把买衣服的钱付给他，他在当天就会以贷款形式把钱返还给我，我是不会反对从他那里订制更多衣服的。"这样，裁缝（顺差国）不断为客户量体裁衣，积攒下越来越多的借条；客户（美国）为了得到新衣服，唯一要做的事情是开借条。这些借条最终能够兑现什么、兑现多少，没人知道。

自1973年布雷顿森林体系崩溃以来，一个"没有体系的体系"，即后布雷顿森林体系成为当今世界的国际货币体系。后布雷顿森林体系有三大特点：第一，多种国际储备货币并存，但美元依然是主要的国际储备货币；第二，多种汇率制度并存，但绝大多数国家实行浮动汇率制度；第三，资本自由流动，但不禁止实行不同程度的资本管制。

后布雷顿森林体系的最根本特征是美元本位（不是金本位）。在后布雷顿森林体系下，美元不再有黄金支持。对外国持有者来说，美元仅仅是由美国政府开出的、以国家信用担保的借条。在布雷顿森林体系下，美元有黄金支持尚且崩溃，同黄金脱钩后，没有任何内在价值的美元为何依然能够充当本位货币呢？对这一问题的回答是：布雷顿森林体系的崩溃并非是市场对美元的不信任，而是对美国政府35美元兑换1盎司黄金的承诺的不信任。美元与黄金脱钩后，原来意义上的特里芬问题消失。布雷顿森林体系崩溃后，尽管美元对黄金的汇率剧烈贬值，但美元对其他货币的汇率贬值则相对温和，且有双向波动。这说明，美元的本位货币地位本身并没有发生根本的动摇。尽管美元不再有黄金的支持，但由于有强大的政治、经济、金融和军事力量为后盾，美元信用并未丧失。

在后布雷顿森林体系下，跨境资本狼奔豕突，各国之间的双边汇率变动频繁且剧烈，货币危机、债务危机、国际收支危机以及金融危机的发生频率大大超过布雷顿森林体系时期。但是，不可否认的是，在后布雷顿森林体系下，全球贸易得到迅猛发展，全球金融一体化大大加强，世界经济平均增速虽然明显低于布雷顿森林体系下的增速，但全球经济毕竟并未发生金本位下的长期衰退。因而，尽管有种种不满，但直到2008年全球金融危机爆发之前，后布雷顿森林体系的合理性并未遭到过根本性挑战。

2008年全球金融危机的爆发，结束了这种状况。2009年，联合国授权建立的"斯蒂格利茨委员会"指出，后布雷顿森林体系存在三大缺陷：通货紧缩倾向、不平等性和不稳定性。而这些缺陷的根源则是作为一种国别货币的美元充当了国际储备货币。

所谓通货紧缩倾向，是指为了避免经常项目逆差导致货币危机、金融危机和经济危机，非储备货币国往往要积累相当大量的外汇储备，而外汇储备的积累，意味着购买力的"冷藏"。如果经常项目顺差国不相应增加支出（这意味着经常项目顺差的减少甚至经常项目逆差的出现），全球的总需求就会因经常项目逆差国的单方面调整而减少，全球经济就会陷于衰退中。

所谓不稳定性，是指在后布雷顿体系中，由于调节国际收支不平衡的机制缺失，资本的自由流动实际上抵消了汇率调节机制的作用。特别是短期投机资本的跨境流动更是给国际收支平衡带来很大不确定性。以美国为例，自1980年以来，美国几乎每年都是经常项目逆差，但是，美元汇率在很大程度上却是由资本流动的方向决定的。当美国国内利息率较高之时，尽管美国的经常项目是逆差，但由于资本的流入，美元往往不但不会贬值，反而会升值。汇率错位（misalignment）可以长期存在。

所谓不平等性，是指在后布雷顿森林体系的浮动汇率制度下，非储备货币国必须积累大量外汇，而持有外汇资产仅仅能得到很低的回报。非储备货币国，特别是发展中国家大量积累外汇储备，造成了全球资源配置的极大不平等。持有大量外汇储备对发展中国家来说就是在向美国支付铸币税。

后布雷顿森林体系的支持者在早期声称，实行浮动汇率制之后，各国对外汇储备的需求会降低到最低限度。当充当交易媒介和结算手段的美元的"国际流动性"不足的时候，一国可以从国际货币市场借到足够的美元，只要借款国有足够的资信。但亚洲金融危机彻底证伪了这种观点。由于短期资本流动的顺周期性，发展中国家越是需要美元流动性，就越难以得到美元流动性。在后布雷顿森林体系时期，全球外汇储备不断增加。在布雷顿森林体系崩溃之前的1970年，全球外汇储备仅为450亿美元，1979年上升到3000亿美元。从1973年到1979年，全球外汇储备的增速为17%，明显高于1960年代的9%。

亚洲金融危机爆发之后，为了预防投机资本的攻击，作为一种保险，发展中国家中央银行不得不大大增加美元外汇储备的积累，这些美元储备已经同满足"国际流动性"需求毫不相干。1990年，发展中国家外汇储备与GDP之比为5%，2018年这一数字上升到30%。2020年底，全球外汇储备总额高达12.7万亿美元。在外汇储备中，美元外汇储备的比例在1999年高达71%，2020年是过去20多年来最低值的一年，但依然高达59%。无论积累外汇储备的目的是什么，其结果都是发展中国家浪费了大量本应该用于消费和投资的实际资源。而硬币的另一面则是，美国消耗了大量发展中国家提供的实际资源，却不用担心还本付息。

当前国际货币体系的最根本问题是：一方面，没有任何内在价值、完全靠信用支撑的美元是本位货币，或者如一些经济学家所说的是"锚"；另一方面，根据美国国会预算办公室预测，2023年美国国债与GDP之比将达到103%，超过二战以来的峰值；到2050年，这个比例将达到250%。国债的持续增加将使美联储难以改变低利息率政策，而低利息率政策又使美国难以改变已经持续近50年的经常项目逆差状态。经常项目逆差的长期累积使美国的海外净负债超过14.1万亿美元，与美国GDP之比达67%左右，这一比例在可以预见的将来还将继续增长。与此相对照，在1960年代末期布雷顿森林体系崩溃的时候，美国是净债权国。在1973年布雷顿森林体系崩溃之后的近50年中，鲁夫比喻中的"裁缝"并不在乎日复一日地给顾客缝制衣服，尽管所得到的仅仅是客户开出的借条，裁缝对客户是否能够最终还钱似乎并不在意。而客户则乐得享受不断得到新衣服而无须操心把借条变成"真金白银"——偿还债务的好日子。裁缝还要等到什么时候才会要求客户把借条"变现"为实际资源？裁缝的超强耐心可以说是当代金融的最大难解之谜。

应该看到，中国在后布雷顿森林体系中扮演着关键的角色。中国其实就是鲁夫比喻中的那位超级耐心的裁缝。中美之间关于贸易不平衡之争，很像一幕荒诞剧：一方面，我要把钱借给你，而且情愿不收（或少收）利息。你不肯借，但我偏要借给你。另一方面，我想借钱，但偏说我不想，而且说你把钱借给我是害了我。美国政客表面上抱怨中国对美国的贸易顺差，私下却乐得看见中国购买美国国库券以积累外汇储备。

十几年来我曾不厌其烦地引用美国前总统办公室主任,现任美国国会预算办公室主任 Phillips Swagel 先生对这种奇怪现象的解释。他的解释虽然是针对人民币升值问题的,却点破了美国政府对中国维持对美国的贸易顺差、积累美元外汇储备的真实思想。Swagel 先生说:

"如果真的像某些人所说的那样,人民币被低估了 27%,美国消费者就是一直在以 27% 的折扣得到中国所生产的一切,中国就是在购买美国国库券时多付了 27% 的钱。对此,美国人为什么要抱怨呢?升值将使中国停止大甩卖,美国人将要为他们所购买的一切东西——从鞋到电子产品付更多的钱。其他国家固然会买下中国不再愿意购买的国库券,美国人也可能会多储蓄一些,但财政部和公众必须支付较高的利息。人民币升值不但意味着美国政府的融资成本将会上升,还意味着美国的房屋购买者必须为只付息式按揭花费更多的钱。不要指望人民币升值会给美国带来更多的就业机会。人民币被低估确实造成了一部分人失业,但那是马来西亚、洪都拉斯和其他低成本国家的人的失业。如果中国的出口减速,美国就要从那些国家进口成衣和玩具。"

Swagel 先生接着说:

"既然人民币升值会给美国造成短期痛苦,为什么还要逼中国升值呢?决策者当然懂得人民币升值对美国经济的不利影响。他们肯定也知道,大张旗鼓地施压只能使中国人更难以采取行动。但这会不会恰恰是问题的所在?一个有心计的人可能会希望(实际情况是):压中国升值不是(美国政府)对不明智政治压力的回应,而是一种狡猾的图谋(devious attempt)。其目的是在牺牲中国利益的基础上,延长美国从中国得到巨大好处的时间。当然,这一切也可能是无意的。但是,不管动机如何,美国行政当局找到了一个十分聪明的办法,使美国的好日子得以延续下去。"

顺便说明一下,我本人认识 Phillips Swagel 先生,我认为他是一个诚实的人。

客观地说,当前的国际货币体系早已是千疮百孔,但没人知道一辆年久失修的破车可以继续走多远。对于大多数国家来说,它们没有选择,只能一直留在车上,直到车辆倾覆。中国不是这些大多数国家中的一员,中国有自己的选择。在过去数十年中，特别是在1998年亚洲金融危机爆发之后，中国和周边邻国就开始了种种尝试，但这些尝试都无果而终。2009年后，中国开始走自己的路，很快就发现没有道路是平坦的。但是，面对畏途巉岩，只要中国坚持尝试下去，就一定能够走出一条坦途。

本文摘自本书作者为高海红教授2021年出版的《变化中的国际货币体系：理论与中国实践》一书所作的序言。

亚洲金融合作的早期进展

亚洲金融危机已经平息,但留给各国的教训是深刻的。亚洲金融危机的迅速扩散以及亚洲各国货币的竞争性贬值,唤起了亚洲各国对区域金融合作的关注。事实上,近年来亚洲金融合作的步伐正在加快。作为本区域内的一个大国,中国应积极参与亚洲金融合作,并在这一合作的发展过程中发挥相应的作用。为了正确制定有关亚洲金融合作的方针、政策,我们有必要首先系统了解亚洲金融合作的背景、理论基础、发展进程并对可能的发展前景作出具体的判断。

一、亚洲金融合作的背景

(一)东亚金融危机的教训

1997年亚洲金融危机反映出"传染效应"在区域性金融危机中的重要作用。金融危机的传染效应包括收入效应、替代效应、倾销、投资者信心和通货膨胀预期等。例如,秦朵(2000a,2000b)通过计量分析发现,1997年韩国金融危机发生的关键原因并不是人们普遍相信的企业过度负债,而是来自其他国家和地区的传染效应。

金融危机的传染性使得金融危机日益成为一种区域性的现象,对它的防范和解决已日益成为一个超越国界的区域性问题。传统上当一国发生金融危机时往往只能求助于国际货币基金组织(IMF)。但是,在这次金融危机中,IMF的表现使东亚国家大失所望。首先,由于对东亚金融危机的严重程度和可能产生的后果估计错误，来自 IMF 的救援来得太晚，而且救援力度太小。其次，由于 IMF 的救援贷款条件主要是维护贷款人（西方发达国家）利益的，同时由于贷款条件具有浓重的意识形态色彩而忽视了危机国的具体国情，许多 IMF 强加的改革措施不仅没有缓解危机，反而使危机进一步恶化。

（二）全球货币体系的变化

尽管区域金融合作的主张在亚洲是对亚洲金融危机的一种反应，但在世界的其他地区，区域金融合作的主张已有很长的历史。发展区域金融合作，特别是发展区域货币合作的思想源远流长。欧洲的货币合作在很大程度上是对美元的霸权地位的挑战。长期以来，美国用贬值了的美元支付其国际贸易逆差，向全世界征收铸币税，即通过其独有的货币发行权占有其他国家的资源。在流通中的美元大致有 4000 亿美元，其中在美国境内流通的大致只有 400 亿到 600 亿美元。由于美元是世界上最重要的储备货币，美国得以用美元支付巨额贸易逆差并累积起 1.5 万亿美元的外债。与此相对应，其他国家不得不以牺牲自身的实际资源为代价而持有大量美元外汇储备。

欧元的启动在一定程度上挑战了美元的霸权。欧元区现有 12 个国家，其他欧洲国家也正在积极谋求加入欧盟，预计在未来 10 年内，欧元区可能会扩展到 28 个国家。此外，中非和西非的 13 个非洲金融共同体法郎区国家通过钉住法郎，实际上间接地钉住了欧元。如果北非和中东的部分国家也选择钉住欧元，那么欧元区可能扩展到 50 个国家，总人口超过 5 亿人，GDP 的总规模将大于美国。

蒙代尔（Mundell，2000）预言，在未来 10 年内将出现三大货币区，即欧元区、美元区和亚洲货币区。欧元区和美元区的发展紧锣密鼓，与此相比，亚洲的货币合作却仍然在讨论和交换观点的阶段。如果在未来 10 年或更长的时间内，亚洲货币区可以脱颖而出，那么亚洲国家将因一个更为平等的国际货币体系的出现而受益。

二、亚洲金融合作的内容及其理论基础

亚洲的金融合作实际上有四个不同的层次：国际的经济政策协调、区域性防

范和化解金融危机的机制、固定汇率区及单一货币区。

（一）经济政策协调

之所以需要宏观经济政策的协调是由于国家之间存在政策的外部性，一国实施的政策会影响其他国家。由于东亚地区经济一体化程度的不断加深，目前区内贸易和投资比例已分别占到其贸易和投资总额的一半以上。由于亚洲经济的高度相互依赖，经济政策的有效性和可信性与其他国家的可能反应密切相关，一国政府的政策制定必须充分考虑其他国家的战略选择。在经济高度相互依赖的情况下，不合作的成本会越来越高，而货币合作会给各方带来共同利益。

亚洲国家需要增加本国经济政策的透明度并且定期协调彼此的宏观经济政策。在贸易政策方面，亚洲国家应该协调各自的发展战略和产业政策，建立区域内的国际分工体系，这样可以防止过度竞争和资源浪费，保证各国出口的可持续性和经常账户的平衡。在宏观经济政策方面，亚洲各国应定期研究和交流贸易伙伴国的宏观经济状况并根据这些研究和交流协调彼此的宏观经济政策，同时，各国还应该在金融监管和建立早期预警体系等方面加强合作。

（二）区域性防范和化解金融危机的机制

对于东亚经济来讲，当前面临的最重要的问题是如何防范新危机的发生。从全球范围来看，这意味着对国际货币体系的改革，即建立某种机制限制资本的过度流入和波动，减少危机的传染性。从区域范围来看，最重要的工作是，作为IMF的补充，在亚洲建立某种区域性防范和化解金融危机的机制。

这种区域性机制应该承担区域最后贷款人的作用。亚洲的货币危机实质上是一种流动性不足引起的危机。由于缺乏最后贷款人及时有效地注入流动性，从而引发了连锁性的东亚货币危机。如果在亚洲设立这一区域的最后贷款人，则可以有效及时地提供援助，因为周边国家在诊断本地的特殊经济问题和制定适当的解决方案上具有比较优势。

另外，东道国和投资国应彼此合作，互相提供有关资本流动的完全信息，同时，引入资本的东道国要帮助投资国真正了解本国借款者资信和相应的宏观经济条件。亚洲国家的政府应阻止国际投机者利用本地的货币市场对第三国发动攻击，阻止短期资本的流动。亚洲的资本输出国应对本国资本流出进行监督，抑制本国资本向外国过度流出。亚洲国家要联合建立一些基础设施，比如建立清算系统，以减少结算风险。有经验的政府应对风险管理和各国的中央银行如何使用金融工具的组合应对投机冲击提供技术上的支持。

（三）固定汇率区

汇率稳定对发展中国家有着极为重要的意义，但是亚洲发展中国家长期经受着汇率不稳定的困扰，尤其是日元对美元汇率的不稳定给亚洲国家带来很大的损害。

由于日元对美元汇率的大幅度波动，以及亚洲国家长期实行的钉住美元的汇率制度，在世界经济形势恶化的情况下，在亚洲地区很容易诱发连锁性的货币贬值。这种竞争性的货币贬值将进一步加剧亚洲经济和全球经济的动荡。为了防止上述现象的发生，东亚国家和经济体之间不同汇率安排的管理问题便被提上了议事日程。

亚洲的经验表明，固定汇率易受投机冲击，如果措施失当，会比浮动汇率带来更大的汇率不稳定。然而，由于经济结构缺乏灵活性，欠发达国家又需要稳定的货币，为实现货币的稳定性，亚洲国家是否应该和可以建立起一个类似欧洲货币体系（EMS）的固定汇率区？目前在东亚有不同的汇率安排，如何使不同的汇率安排相容，并使之有助于各国的经济发展和地区的繁荣？这些都是值得研究的问题。

（四）单一货币区

单一货币区是区域金融合作的最高层次，这也将是亚洲金融合作努力的最终目标。单一货币区可以极大地减少交易成本，改善生产要素的配置效率。根据最优货币区理论，建立最优货币区的前提条件包括生产要素的高度流动性、相近的工业结构、较好的开放度、相近的经济政策偏好、有利于区域联盟的历史文化等。

蒙代尔（Mundell，1961）提出，如果通过适当的方式将世界划分为若干货币区，各区域内实行共同的货币或固定汇率制，不同区域之间实行浮动汇率制，那么就可以兼顾两种汇率制度的优点，克服两种汇率制度的弱点。蒙代尔提出用生产要素的高度流动性作为最优货币区域的标准，他定义的"最优货币区域"是：相互之间的移民倾向很高，足以保证其中一个地区面临不对称冲击时仍能实现充分就业的几个地区形成的区域。

一般认为，一国参与最优货币区最显著的好处是货币使用效率得到了提高，其中包括最优货币区域内汇兑、储备和支付成本的降低（Mundell，1961）。建立最优货币区的其他收益还包括：地区间的收支不平衡可以通过金融资本的流动而迅速得到融通；长期存在通货膨胀的国家可将区域内固定汇率安排当作内部名义锚（Internal Nominal Anchor），从而减轻本国的通货膨胀压力；可以降低官方储备以及消除投机性资本流动等。而参与最优货币区的主要成本就是该国会丧失货币政策的独立性，从而导致经济稳定性上的损失。

建立单一货币区的收益不仅可以减少交易成本，促进生产要素的自由流动，还可以给各国带来潜在的政治收益：地区间经济依赖的加深有利于维护该地区的安全，地区间合作的加深还有利于增加亚洲各国在国际事务中的发言权。

三、亚洲金融合作的最新进展

亚洲金融危机改变了亚洲各国政府对区域金融合作的消极态度。亚洲国家开始积极地讨论亚洲货币合作的形式，提出了很多有意义的构想，讨论的焦点是紧急救援机制的建立。经过几年的努力，亚洲的金融合作获得了实质性进展，《清迈协议》的签订及其实施和拓展具有里程碑意义。

（一）促进亚洲金融合作的构想

1. 亚洲货币基金（Asian Monetary Fund，AMF）

关于亚洲货币合作最重要、最早的构想是日本提出的。1997年9月，日本政府在 IMF 和亚洲开发银行会议上提出了建立"亚洲货币基金"的构想，倡议组成一个由日本、中国、韩国和其他东盟国家参加的组织，筹集 1000 亿美元的资金，为遭受货币危机的国家提供援助。AMF 主要以三种方式筹集资金：一是从成员国借款。其机制类似于 IMF 的总借款协议（General Agreements to Borrow，GAB）。成员国要从外汇储备中划出一部分随时准备提供给亚洲货币基金支配。成员国依然对这笔资金拥有所有权，并将其视为外汇储备的一种形式。二是从国际资本市场借入。由于资金是从国际资本市场筹集的，提供这种资金的利息率会相当高，成员国应把自己未使用的外汇储备拿出来作为亚洲货币基金从国际资本市场筹资的担保。三是扩展对成员国借款的担保。由于有亚洲货币基金的担保，受危机影响的国家可以凭借较高的资信等级和较好的条件筹集到资金。日本的亚洲货币基金构想在一定的程度上反映了亚洲国家对 IMF 在亚洲金融危机处理方式上的强烈不满。亚洲货币基金的构想提出后很快因遭到美国政府和 IMF 的反对而搁浅。

2. 新宫泽构想（New Miyazawa Initiative）

1998 年 10 月，日本又以大藏大臣宫泽喜一的名义提出"新宫泽构想"，倡议建立总额为 300 亿美元的亚洲基金，其中 150 亿美元用于满足遭受危机的国家中长期资金需求，150 亿美元用于满足其短期资金需求。遭受危机的国家对此非常欢迎，美国政府和 IMF 也表示支持。2000 年 2 月 2 日，新宫泽构想为印度尼西亚、韩国、马来西亚和菲律宾提供了 210 亿美元资金，其中 135 亿美元为中长期贷款，75 亿美元为短期贷款。新宫泽构想还为马来西亚、菲律宾和泰国提供了 22.6 亿美元的贷款担保（Arai，2000）。

3. 东亚货币基金（East Asian Monetary Fund）

1999 年 10 月 18 日，马来西亚总理马哈蒂尔在"东亚经济峰会"上提出建立"东亚货币基金"的倡议。他主张从东亚各国开始进行多边协议，然后逐渐扩大到其他亚洲国家或地区。他倡议建立的"东亚货币基金"规模比国际货币基金小，是一个完全属于东亚地区的基金。

4. 东盟 10+3 监督进程

东盟 10+3 集团于 1999 年 11 月正式成立，东盟 10+3 监督进程的第一次同行意见会议是在 2000 年 5 月亚行年会之后召开的。会议的主题是加强东亚的金融合作。为了促进经济持续增长，与会者一致同意加强政策对话和区域合作，还包括资本流动的监管、自助和支持机制以及国际金融改革。东盟 10+3 监督进程与东盟监督进程相似，在监督进程的框架协议下，13 个国家的财长和秘书长将一年集会两次，讨论政策协调问题。

5. 亚洲借款安排（Asian Arrangements to Borrow，AAB）

韩国经济学家（Tae-Jun Kim, Jai-Won Ryon and Yunjong Wang, 2000）提出了"亚洲借款安排"的建议。根据此建议，每个成员国可以根据其贷款协议的上限获得贷款。AAB 的运行机制类似于 IMF 的 GAB。AAB 是一个区域性的多边借款协议，它不需要建立一个正式的机构，而是以参与方的信贷安排为基础。为防止道德风险问题，AAB 把借款的上限与各方签订的信贷协议相联系。

6. 东盟 10+3 的早期预警系统

2001 年 5 月，在夏威夷举行的东盟 10+3 国财长会议公告中提到了"建立东盟 10+3 的早期预警系统"。亚洲开发银行正在实行一种技术上的援助，以便支持东盟 10+3 集团的合作力量，从而促进早期预警系统的发展，并有助于及时发现新兴工业化国家宏观经济、金融和公共部门的脆弱性，以防范未来的金融危机。这种援助将支持以目前 IMF、学术团体和各国现有的方法为基础的早期预警系统的发展，确定并建立与早期预警系统相关的宏观、谨慎的指标的"核心"，确立和召开东盟 10+3 标准模型的研讨会。

（二）从构想到现实：亚洲金融合作的里程碑——《清迈协议》

亚洲货币基金由于未能得到国际社会普遍的有力支持而被搁置。但是，随着亚洲金融危机的爆发，由于东亚各国政府特别是中、日、韩政府之间加强了彼此的交流和协商，东亚各国政府之间的货币合作逐渐取得了一定的进展。

1999 年 11 月，东盟 10+3（东盟 10 国加上中国、日本和韩国）峰会在马尼拉通过了《东亚合作的共同声明》，同意加强金融、货币和财政政策的对话、协调和合作。根据这一精神，2000 年 5 月，东盟 10+3 国财长在泰国清迈达成了

《清迈协议》（Chiang Mai Initiative）。涉及金融合作的协议有：一是充分利用东盟10+3的组织框架，加强有关资本流动的数据及信息的交换。二是扩大东盟各国的货币互换协议，同时，在东盟与其他三国（中国、日本和韩国）之间构筑两国间的货币互换交易网和债券交易网。三是截至1999年底，东盟10+3国的外汇储备合计超过7000亿美元，如果能够将各国外汇储备的一部分用于相互之间的金融合作，对于稳定亚洲区域内的货币金融市场将具有极其深刻的意义；四是通过完善亚洲各国货币间的直接外汇市场并建立资金结算体系，扩大亚洲货币间的交易。

2000年8月，东盟10+3的中央银行又将多边货币互换计划的规模由2亿美元扩展到10亿美元。货币互换协定的诞生唤起了人们对于参与亚洲区域货币合作的热情，一年以后，这一构想已经获得了实质的进展：扩展了《东盟互换协议》（Asian Swap Arrangement，ASA）和《双边互换网络和回购协议》（Network of Bilateral Swaps and Repurchase Agreements，BSA）。

1.《东盟互换协议》（ASA）

1997年，5个东盟国家，即印度尼西亚、马来西亚、菲律宾、新加坡和泰国同意签订互换协议，对国际收支困难的成员国提供流动性支持。2000年11月，互换协议参与国已扩展到所有的东盟成员，并且总额从2亿美元增加到10亿美元。互换协议下的货币除了美元，还包括日元和欧元，其适用的基准利率分别是欧洲日元和欧元的LIBOR（伦敦银行同业拆借利率）。参与国提供的资金按照支付能力可以分为两组。互换协议的基本机制是每个参与成员最大的借款额限于在ASA下其承诺金额的两倍。互换交易的到期期限不超过6个月，展期期限也不超过6个月。

2.《双边互换网络和回购协议》（BSA）

BSA是以美元和参与国货币互换的形式提供短期的流动性援助的一种措施。参与国可以动用90天期限的BSA。首次提款可以展期7次，对于首次提款和第一次展期的适用利率是LIBOR加150个基点。其后，每两次展期的附加利率要另加50个基点，但是不超过300个基点。BSA是对IMF有条件贷款援助的补充。然而，BSA 允许占最大提款金额的 10% 部分自动支付，与 IMF 的计划和条件无关。2000 年 11 月，东盟 10+3 国财长会晤后，中国、日本、韩国开始与东盟国家商讨 BSA 事宜。到目前为止，包括日本和各个东盟国家的 3 个 BSA 已经发布，其他的包括中国、日本和韩国的 4 个 BSA 已经进入谈判的高级阶段。BSA 的基本机制是：第一，互换协议是对目前 IMF 提供的国际融资的补充。第二，原则上，BSA 金融援助与 IMF 提供的援助是相互联系的。最大提款金额的 10% 与 IMF 提供的便利是无关的。第三，每次安排提款的最大金额由双方磋商决定。第四，支付额将根据提供互换的国家之间的磋商以一致的方式实行，各国要协调磋商进程。

清迈构想的实现及其拓展表明了亚洲国家在货币和金融合作方面的信心，极大地鼓舞了各方参与货币和金融合作的热情。《清迈协议》推出之后，亚洲的货币和金融合作引起了国际社会的广泛重视，各方对这一合作的立场和态度发生了重大变化。

四、亚洲金融合作面临的困难和需要解决的问题

与欧洲联盟相比，亚洲金融合作仍然举步维艰。欧洲货币合作不仅已经有数十年的历史，而且欧洲联盟的根源可以追溯到欧洲的文化、宗教和政治传统。这种类似的传统在亚洲仍未出现。除了政治因素外，目前亚洲金融合作面临的难题主要来自以下几个方面。

（一）各国间缺乏相互信任

历史、文化、政治经济制度以及国际政治经济关系方面的差异、分歧和利益冲突所导致的相互缺乏信任，是亚洲金融合作难以取得实质性进展的根本原因。亚洲区域合作的历史可以追溯到 1967 年 ASEAN（东南亚国家联盟，简称东盟）成立。ASEAN 最初是出于政治和地区安全的目的而建立的。20 世纪 80 年代之后，由于东亚经济相互依赖程度的加深，亚洲区域合作朝着经济合作的方面发

展，1992年ASEAN倡议建立区域内自由贸易协定。1989年出现了APEC（亚太经合组织）。在亚洲区域合作的过程中逐渐形成了一种独特的"亚洲传统"，这种传统有两个典型特征：一是强调非正式性，二是强调达成共识（Lewis，1999）。西方国家的多边协议和国际合作所遵循的原则与此恰恰相反，谈判者强调的是彼此立场的分歧，并通过正式的制度确保利益的妥协和合作的实现。这种强调非正式性和达成共识的"亚洲传统"并不适合区域货币合作。区域货币合作意味着各国需要部分让渡制定货币政策和其他国内经济政策的自主权。尽管东亚各国经济目前面临的最重要的问题是如何从危机中复苏并防范下一次危机，但ASEAN和APEC至今在这一领域毫无建树。曼谷报纸《民族》曾经失望地谈道，"过去12个月中的经济和金融动荡正在使已有的区域组织摇摇欲坠"。

（二）各国在经济制度、经济发展水平和经济结构方面存在差距

按照最优货币区理论，区域货币合作的基础是相近的经济制度、经济发展水平和经济结构，以及要素的自由流动。只有经济制度、经济发展水平和经济结构相近，区域货币合作才可能使各方在应对外部冲击的时候获益。否则，在区域内部货币对外联合浮动的时候就可能在贸易政策、宏观经济政策和汇率政策方面出现种种矛盾，很可能使合作流产。目前亚洲各国和地区的现状阻碍了在亚洲建立最优货币区的可能性。首先，亚洲各国和地区的经济发展水平参差不齐。这一区域的经济发展水平［以人均GNP（国民生产总值）计］除日本外都是发展中国家水平，日本为第一层次，亚洲四小龙为第二层次，中国与亚洲的四小虎为第三层次，其他国家如越南、柬埔寨、老挝为第四层次，各个层次之间有较大的差异；其次，亚洲各国和地区之间生产要素的流动性较差，对要素流动的限制很多，其中对人员流动的限制更严格，流动性最强的资本也受到一定的限制，在金融危机后这种限制进一步得到加强。再次，各国和地区经济开放度差异很大。除中国与日本有比较健全的产业体系外，其他国家和地区的产业结构出现较大的相似性。最后，东亚的金融市场一体化程度较低。东亚的金融市场中除中国香港的国际化程度较高之外，其余的都限于本国和本地区范围内。亚洲美元市场不发达，金融

一体化的程度较低，其中最为典型的是长期债券市场的发展滞后。

（三）亚洲金融合作缺乏"领头人"

欧洲货币一体化之所以能够成功是因为有强大稳定的德国和强劲稳定的马克。伴随着日本贸易、金融实力的不断增强和东亚区域经济一体化的不断发展，日本在对外贸易和金融交易中的地位急剧提高，正逐步取代美国成为东亚经济贸易和金融活动的核心和主导者。然而，日元的国际化程度并不高，不仅无法和美元匹敌，而且与欧元出现之前的马克也存在较大的差距。目前，日元在国际贸易和金融交易中的比重较低，尤其是日本经济的软弱状态和日元的不稳定状态并无好转的迹象，因此亚洲的金融合作缺乏"领头人"。

五、亚洲金融合作的发展前景

目前，对于亚洲国家来讲，最重要的问题是如何防范新的危机的发生，因此建立紧急的救援安排和防止以邻为壑的货币竞争性贬值对东亚国家尤其重要。在21世纪前十几年，东亚地区的金融合作很可能将主要在以下两个方面展开。

（一）建立东亚国家之间的紧急救援安排

当某个东亚国家由于国际收支困难，将会或已经出现货币危机时，其他国家将对该国提供紧急救援，以减轻该国的流动性困难，防止危机的发生，或防止危机的发展和扩散。

《清边协议》是在这个方面所迈出的重要一步。根据《清迈协议》，东盟10+3国将在现有的东盟货币互换协议基础上建立一个双边货币互换和回购的安排体系。目前，在一些东亚国家之间，一些双边协议已经签订或正在谈判之中。亚洲金融危机已充分显示，在巨额国际投机资本的冲击面前，任何一个单独的东亚国家都难以维持本国货币的稳定。目前，东亚各国共持有上万亿美元的外汇储备，如果携起手来，则对抗国际投机者的力量将会大大加强。通过更多的磋商和相互间信任程度的提高，东亚国家在紧急救援方面的合作可以得到进一步加强。

（二）区域汇率安排的管理

东亚的汇率安排在东亚金融危机爆发前后发生了很大的变化，危机的爆发和危机之后的经济重建使区域的汇率管理成为讨论的热点。

在亚洲金融危机爆发前东亚国家的货币是钉住美元的，这是为了给国内的价格水平提供一个名义锚。亚洲金融危机的爆发在一定程度上证明钉住美元的汇率制度是失败的。

为了维护东亚地区的汇率稳定，促进东亚地区的经济合作与发展，东亚国家的汇率制度可能有两个发展方向：恢复美元本位制和实行钉住一篮子货币的有管理浮动并提高其中日元的权重。麦金农等（1999）认为，在亚洲金融危机爆发之后，亚洲各国又回到了正式的和非正式的钉住美元制。这是因为，它们像其他发展中国家一样，存在"浮动恐惧"。它们害怕本币升值，因为这样不利于资本流入和出口；同时它们也害怕贬值，因为这会增加其美元债务。麦金农认为，亲密贸易伙伴间的共同货币本位优于无约束的浮动汇率，因为这种制度比浮动汇率能够更好地缓解不对称冲击，以美元作为名义锚可以比自由浮动的汇率制度更好地维持贸易伙伴之间汇率的稳定性。关志雄（2000）反对麦金农的建议。他认为，钉住美元有许多内在缺陷，这种安排对美元对日元汇率波动来说是极为脆弱的。钉住美元的汇率政策将导致东亚国家宏观经济的不稳定。特别是当美元对日元汇率贬值之后，东亚国家的出口和经济增长都会受到消极影响。因而他主张实行钉住日元占有相当高权重的一篮子货币的有管理浮动汇率政策。从短期来看，采取钉住美元的汇率政策是一种更为实际和有效的政策。但是，从长期来看，采取钉住美元的汇率政策不利于东亚国家的经济合作和经济一体化进程。为了推动东亚地区经济一体化进程，在东亚建立一种类似西欧国家所建立过的汇率机制（ERM）是一种比较理想的选择。

东亚金融危机爆发改变了东亚国家在区域货币合作中的支付结构，亚洲金融合作的收益凸显出来，已经为越来越多的东亚国家所认识，并积极地参与亚洲金融合作的讨论。亚洲金融合作提供了亚洲合作的"焦点"，有助于打破长期以来亚洲合作的僵局。从区域经济合作的历史来看，自由贸易区的建立要早于货币合作，而在亚洲，在亚洲金融危机爆发之后，亚洲金融与货币合作的步伐一度加速。但是，在最近一两年，亚洲金融合作的步伐出现放缓的趋势，而自由贸易区的建设进展似乎又有所加快。由于种种原因，特别是日本经济的长期衰退，亚洲金融合作大有丧失发展势头的危险。但是，只要亚洲领袖具有足够的政治远见、足够的耐心，通过长期的接触、开诚布公的谈判，亚洲各国是可以逐步加深理解、加深信任、使亚洲金融合作取得实质性进展的。一个更加安定、繁荣的亚洲也将在 21 世纪出现。

参考资料

[1] 关志雄. 亚洲告别钉住美元的汇率制度. 国际经济评论, 2000（2）.

[2] 麦金农, 大也健一. 美元与日元. 上海: 上海远东出版社, 1999.

[3] 秦朵. 过度负债在多大程度上导致了韩国 1997 年的货币危机？. 世界经济, 2000（5）: 9-18.

[4] 秦朵. 外贸与金融传染效应在多大程度上导致了韩国 1997 年的货币危机？. 世界经济, 2000（8）: 8-18.

[5] KOICIRO A. Framework for Regional Monetary Stabilization in East Asia. International Conference on Future Prospects for Regional Cooperation in East Asia. Institute for International Monetary Afairs, 2000.

[6] JEFFREY L. Asian vs. International: Structuring an Asian Monetary Fund. Harvard Asia Quaterly, 1999, 3（4）.

[7] ROBERT M. The Theory of Optimum Cureney Area. American Economic Review, 1961, 51（9）: 657~665.

本文为余永定、何帆、李婧发表于《国际金融研究》2002 年第 2 期的文章。文章标题有改动。

亚洲金融合作 25 年的回顾与展望

首先谈一下亚洲金融合作的背景。20世纪末发生了亚洲金融危机，而亚洲金融危机又是由泰国的货币危机和国际收支危机触发的。为什么泰国会发生危机呢？有三个直接原因：第一，经常项目长期逆差。1990—1996年，泰国经常项目逆差与GDP之比，年均是7%。第二，泰国过早实行了资本项目自由化。为了建设"曼谷国际银行业务中心"（类似我国的国际金融中心），泰国政府鼓励资本跨境流动，特别是资本流入。第三，实行固定汇率制度。泰国名义上是钉住一篮子货币，但在货币篮子中美元的权重极高，所以事实上是钉住美元。

泰国和美国的利率差非常大，有时候高达10%，大量的短期外资流入泰国，泰国政府形成了外汇储备充裕、国际收支不会有问题的错觉。而且由于统计数字滞后，政府对短期债务在1995年已经超过了外汇储备的状况茫然无知。但像索罗斯这样的外国投机者却非常清楚地知道泰国的外汇储备不足以支持泰铢不贬值，于是在1996年就开始做空泰铢，抛售泰国金融资产。在这一过程中，泰国政府所犯的一个非常严重的错误是动用外汇储备保卫泰铢，而不是让泰铢贬值。由于外汇储备损耗严重，到1997年6月，可以动用的外汇储备是28亿美元，而短期外债是480亿美元。实在撑不下去了，泰国中央银行于1997年7月2日宣布泰铢汇率浮动。泰铢价值随即暴跌，大批泰国金融和非金融机构因美元债台高筑，无法还本付息而纷纷倒闭。泰国金融危机爆发。

那么泰国金融危机跟亚洲金融合作有什么关系呢？亚洲各国的经济结构、国际收支结构、贸易结构、金融结构、财政货币政策都非常相似，于是就有了所谓的"羊群效应""传染效应"。在东亚，尽管有些国家经济情况并不是那么糟糕，但一损俱损，也相继陷落，甚至日本和中国也受到了冲击。在这样的情况下，东亚国家首次产生了前所未有的强烈的命运共同体意识。东亚金融合作的意愿就是在这样一种命运共同体意识的基础上产生的。

在过去25年中，亚洲国家在区域金融合作方面到底做了些什么事？

第一，1997年9月，日本政府提出了建立"亚洲货币基金"（Asian Monetary Fund）的主张。这个名字有点吓人，已经有一个国际货币基金了，你还要建立一个亚洲货币基金，是什么意思？日本的解释是基金可以把分散在东亚各国的外汇储备集中起来，用以救援因缺乏外汇储备而陷入危机的国家。为什么这样做呢？按道理，一个国家发生了金融危机，国际货币基金组织（IMF）应该负责提供救助。但是危机爆发后，国际货币基金组织的救助资金来得太晚、太少，而且条件非常苛刻。日本的建议遭到美国和IMF的强烈反对，有两个原因：一是这是重复。二是会产生道德风险。由于美国和IMF的反对，亚洲货币基金胎死腹中，这是第一件事。

第二，2000年5月，东盟10+3国（中、日、韩）在泰国清迈签订了《清迈协议》，亚洲货币基金建不成，退而求其次，建立了一个双边货币互换网络。你需要外汇，你可以用你的本国货币和我交换；在规定时间内，你需要归还从我这里拿走的外汇，而我则会把你押在我这里的本国货币交还给你。注意：这是一个双边货币互换网络，而不是一个金融机构。而且，在进行货币互换时还要遵守IMF的一系列要求。美国和国际货币基金组织大概会容忍这样一种倡议吧？确实容忍了。于是，《清迈协议》就诞生了。我认为《清迈协议》的诞生有非常重大的意义，它标志着亚洲货币合作一个新时代的开始。2009年，《清迈协议》实现了多边化，把双边货币互换网络扩充成一个外汇储备的资金池。这个资金池中的外汇储备总量是1200亿美元，后来又增加到2400亿美元。

第三，2002年12月，东盟10+3国签署了《亚洲债券市场倡议》，这是一个便利东盟10+3国在本地区用本地货币发行债券的一种安排。例如，日本国际协力银行发行用泰铢计价的公司债，融到泰铢之后，在泰国的日本公司可将泰铢用于在泰国的生产活动。《亚洲债券市场倡议》主要目的是解决货币错配问题，不要一方面借来的是美元（当然也要还美元），另一方面收入的是泰铢，到时候由于货币错配没法还债。发展亚洲债券市场还能够在一定程度上解决大家所熟悉的所谓银行过多（overbanking）问题，减少对短期银行贷款的依赖。通过发当地货币债的方法来筹集资金，意味着本地的钱用于本地，可以减少由于外部资金突然流出对本地所造成的金融冲击。

根据亚洲开发银行的统计数字，2022年3月，东亚新兴经济体本地货币债券市场的总量已经达到23.5万亿美元。中国的人民币债券市场规模居亚洲债券市场之首，发行总量占地区债券总量的79.9%。

第四，2005年，亚洲开发银行提出亚洲货币单位（Asian Currency Unit，ACU）倡议。所谓的ACU，是由东盟10+3国货币构成的一个货币篮子。东盟10+3国货币要钉住ACU。通过钉住ACU，东盟10+3国中央银行可以稳定同其他成员国之间的汇率，以避免货币竞争性贬值。同时，由于这个货币篮子对于美元、欧元和其他域外的货币汇率是浮动的，在一定程度上就可以使东亚国家避免固定汇率所造成的难以根据国际收支状况调整汇率的问题。

为了推动ACU的落实，许多日本经济学家做了大量工作。他们提出的AMU（Asian Monetary Unit，中文也是亚洲货币单位）是具体落实ACU的一种尝试。他们具体计算了构成AMU的东盟10+3国的各种货币的权重，同时还提出了一个AMU偏离指数，以测量各个国家现实中的汇率对"处于均衡状态"的基准汇率到底存在多大的偏离度。[①] 例如，根据AMU计算出人民币对美元的汇率应该是7∶1，如果现实中人民币对美元的汇率是8∶1，就表明人民币价值被低估，应该升值。坦率来说，AMU的设定一定程度上是希望给中国施加一点压力，让人民币升值的幅度大一些。当然这是一个纯粹的学术问题，没有更多政治含义。

ACU的提出在理论上具有重大意义。如果东亚国家之间的货币可以形成稳

---

① AMU是东亚13国（东盟10国＋中、日、韩）货币对美元和欧元（权重分别为65%和35%）货币篮子汇率的加权平均数。其中，每种货币的权重由发行国的GDP（按购买力平价）、贸易量和该货币在某选定基期对"美元－欧元"的汇率决定。AMU偏离指数（AMU Dis）被用于测量东亚各国汇率对基期"均衡汇率"的偏离度。

定的汇率，并且最终把汇率永久固定下来，ACU 就成为创建区域共同货币的第一步。这实际上是在学习欧洲。欧洲先建立欧洲货币单位（ECU）汇率体系，最后形成单一货币——欧元。当时大家怀抱的希望是通过货币合作，最终形成亚洲共同货币——亚元。

最后谈一下亚洲货币合作的进展和趋势。总体来讲，在初期取得了比较大的进展，但是在后来，特别是 2007—2008 年全球金融危机爆发之后，亚洲金融合作逐渐失去了动力。在相当长的一段时间内，东亚金融、货币合作似乎已经是一个被人遗忘的议题。造成这种状况的原因是多方面的，由于时间关系我就不展开了。从根本上来说，在过去的 25 年时间里，全球的经济和地缘政治格局已经发生了重大变化。东亚金融合作的初衷和发展路径已经不能适应迅速变化的世界经济与政治格局。

例如，在亚洲金融危机爆发的时候，日本是亚洲最大的经济体。2012 年中国的经济体量赶上了日本，现在中国的经济体量几乎是日本的 3 倍。当年日本在亚洲金融合作中的主导地位已经不复存在。由于在过去的 25 年中，特别是最近 5 年中，全球和东亚出现了各种地缘政治上的分化和重组，人们有理由问：东盟 10+3 国是否依然像 25 年前那样构成一个区域性利益共同体。

从操作层面上看，东亚地区所面临的问题同 25 年前相比已经有很大变化。亚洲金融合作的初衷是充分利用本地有限的外汇储备，对陷入危机的国家实施救援，但东亚地区已经成为"储蓄过剩"、外汇储备十分充裕的地区。

东亚地区本地货币债券市场发展迅速，但本地货币债券市场的发展更多是适应本国经济、金融发展的结果，同区域金融合作并无密切关系。中国的人民币债券市场已经成为世界第二大债券市场，但东亚国家发行的人民币债券（如熊猫债券）或中国发行的东盟国家货币债券数量有限。

东亚国家的汇率目前大部分是自由浮动的。中国在 2015 年汇改后，实行钉住 CFETS（中国外汇交易中心）一篮子货币的浮动汇率制度。CFETS 货币篮子同 ACU 基本并不相干。

总之，当前东亚的域内和域外经济关系，以及东亚地区需要解决的经济、金融问题同当年相比，已经不可同日而语了。肇始于25年前的亚洲区域金融合作已经不是东盟10+3国政府议程上的重要话题。

作为小结，我想强调：应该通过加强东亚地区的区域经济、金融合作，最终建立一个东亚经济共同体抑或应放弃这一意愿，从根本上说是一个政治决定，而不是经济决定。东盟10+3国在地理上是近邻，在经济上是全球产业链上的重要节点，尽管斗转星移、沧海桑田，但实现区域经济一体化的经济基础依然存在。面对新的地缘政治现实，为了东亚地区的繁荣，东亚各国应该看得更加长远，应该努力深化——而不是放弃——始于25年前的区域金融合作。

本文根据本书作者于2022年8月在上海发展研究基金研讨会上的发言记录整理而成。

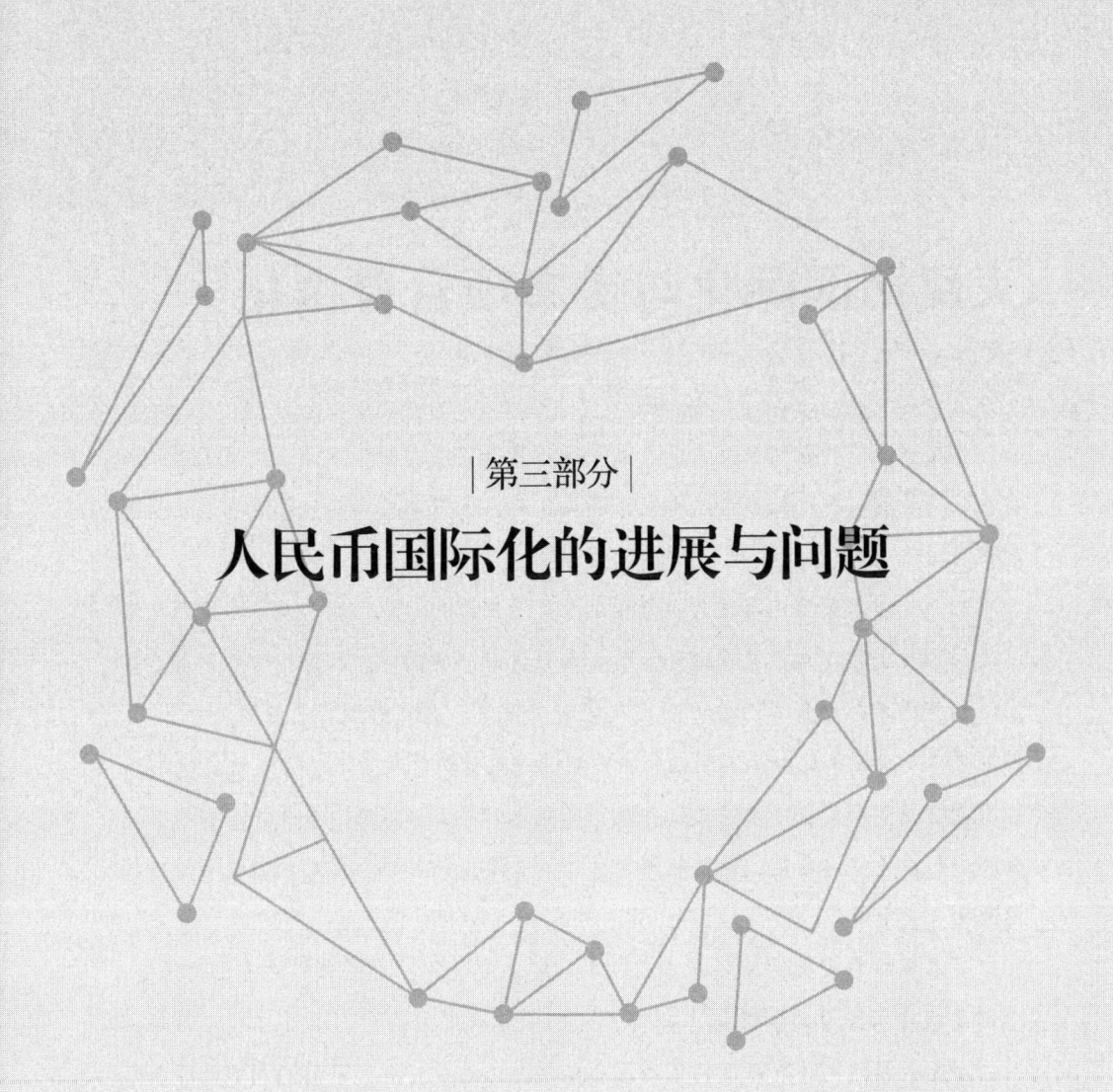

| 第三部分 |
人民币国际化的进展与问题

人民币国际化与资本项目自由化

提要： 人民币国际化的每一个主要（不是全部）步骤，本质上就是资本项目自由化的步骤。当我们在讨论人民币国际化时，千万不要忘记我们也在谈论资本项目自由化。

当我们以人民币国际化为目标绘制人民币国际化路线图时，是以人民币进口结算作为起点的，这可能导致资本项目自由化时序的错误。人民币进口结算和回流机制意味着短期资本跨境流动大大提前实现了。在当前的国内外经济形势下，部分资本项目自由化加上有问题的自由化时序就必然导致套汇、套利的盛行。

对金融市场的普遍看法是：人民币套利是世界上最容易、最安全、回报最丰厚的套利，关键问题是，是否能够想办法从香港借一笔钱，然后把钱投资于中国内地的人民币资产。

资本项目自由化的问题是比人民币国际化更现实、更根本、更重要的问题。中国要推行人民币的国际化，必须首先充分考虑中国的资本项目自由化时序问题。人民币国际化进程应该服从资本项目自由化进程。鉴于目前的国内外经济形势，我们必须避免人民币国际化导致资本项目自由化时序颠倒，从而破坏中国金融稳定，并最终危及人民币国际化进程。

一、中国央行的人民币国际化路线图

人民币国际化就是使人民币在境外能够行使货币的职能。这是一个使人民币跨境使用规模逐渐扩大的过程。如何做到这一点呢？央行有个人民币国际化的路线图。按照我的理解，这个路线图大致可以分为以下四步。

第一步，通过进口结算，使人民币流出境外。如果非居民得不到人民币，那么其他的都谈不上。通过进口结算，我买你的东西，我付你人民币，这样就实现了人民币的流出。

第二步，允许非居民，中国香港的、中国台湾的，还有外国的居民，用他们得到的人民币投资于人民币资产。这就是所谓的"人民币回流机制"。人民币债券、RQFII（人民币合格境外机构投资者）和我们现在在谈的"沪港通"，实际上都是允许香港居民和其他境外居民通过某种渠道，用他们持有的人民币来购买人民币资产，比如股票、债券等。这是决定非居民是否愿意持有人民币、人民币是否可以流到境外的非常重要的一步。

第三步，在进口人民币结算和回流机制基础上，央行希望人民币源源不断流到境外，而境外居民对人民币的需求也不断增加。随着时间的推移，境外的人民币市场逐渐扩大。随着境外人民币存量的增长，人民币进口和出口结算将变得越来越平衡。

第四步，人民币结算和投资的规模越来越大，各种与人民币相关的金融产品不断涌现，人民币资产的流动性也越来越好。有了人民币，就可以方便地买到中国的人民币资产，把中国的人民币资产换成人民币再换回美元也非常容易。当然，还需要有其他种种条件（特别是人民币信用）。一旦满足了这些条件，则无论中国经济在短期内会发生何种波动，无论是否能够获取汇差和利差，境外居民都将愿意持有人民币和低收益人民币资产，即把人民币作为价值贮存手段，这是国际货币的最高阶段。一旦达到这样的地位，这个国家的货币就可以充当"国际白条"，可以在国际上征收"铸币税"了。美元就处在这个地位。如果经过我们的长期努力之后，人民币最终能在大范围内行使刚才我说的三种职能，特别是最终会成为储备货币，人民币国际化的目标也就达到了。

二、现行人民币国际化路线图存在的问题

我想说一个重要的观点：人民币国际化路线图，本质上是中国货币当局的资

本项目自由化的路线图。这是我多年来一直强调的一点。人民币国际化的实质是资本项目自由化，尽管这两者不能画等号。

人民币国际化的每一个主要（不是全部）步骤，本质上就是资本项目自由化的步骤。进口人民币结算使得非居民得到人民币，这是人民币国际化的一个重要步骤，但这其实是资本项目自由化的一个重要步骤，以前是不可以这样做的。我——一个上海进口商，想从香港买产品，我要做的第一步是要在上海把我的人民币变成美元或者港币，拿了外汇到香港去进口产品。我不能直接用人民币去购买外国的产品，即便外国人愿意接受人民币，愿意把产品卖给我也不行，因为一个国家的货币如果没有资本项目自由化的政策，是不能到海外流通的，即便用于支付进口也不行。所以，进口人民币结算是资本项目自由化的重要步骤。

再看"回流机制"，它能使非居民可以投资于中国的金融资产。尽管有用人民币投资的限制，但这也是资本项目自由化的一个重要举措。在香港发行点心债券，RQFII 使境外居民可以购买人民币债券、股票等，这些都与资本项目自由化有关。当我们在讨论人民币国际化时，千万不要忘记我们也在谈论资本项目自由化。

这里面就有问题了。问题在什么地方？资本项目自由化是要遵守一定时序的。在国际上有三大模式：第一种是渐进主义；第二种是大爆炸，就是一下就放开了，这种情况是有的，但不是特别多；第三种是现在比较普遍的模式，是一体化推进模式，就是强调资本自由化，是同时推进的、一体化全方位结构改革的一部分。但是我要强调一点，无论是渐进主义，还是一体化推进模式，都存在一个先做什么、后做什么的问题。除了大爆炸，我们可以不管时序问题，其他模式都有一个时序问题，要有一个路线图，确定先做什么，后做什么。

人民币国际化的路线图与资本项目自由化的路线图，可能会发生矛盾。人民币国际化的路线图必然隐含资本项目自由化的路线图，但这两者的目标是不一样的。人民币国际化的目标是让人民币在境外成为价值贮存手段和交易媒介，而资本项目自由化的目标同人民币国际化的目标不一样。当你以人民币国际化为目标制定人民币国际化路线图时，你可能不会太多考虑资本项目自由化的时序问题，但实际上你是在推进以人民币国际化为目标的资本项目自由化。这样的话可能导致资本项目自由化时序的错误。按照资本项目自由化的路线图，你本来在解决三难问题、使汇率能够充分浮动之后（还包括宏观经济稳定、市场建设、低杠杆率等因素），才能实现资本项目的自由化。但是如果我们考虑的是人民币国际化，我们是以人民币进口结算作为起点的。人民币进口结算和回流机制意味着短期跨境资本流动的自由化，我刚才讲了，这些自由化应该发生在资本项目自由化非常晚的阶段。我们推人民币国际化的时候把短期跨境资本流动的自由化大大提前了。以这个作为我们推进人民币国际化的第一步，就产生了问题：在许多条件还没有满足之前，如汇率自由化和合理的无风险收益率曲线形成之前，短期资本跨境流动就实现了。当然，人民币国际化的起点不一定必须是人民币进口结算，我们在这里不讨论这个问题。

另外，我们要强调，央行注意到了人民币国际化对资本项目所带来的影响，所以中国货币当局并没有放弃管制，特别是最近一段时间，央行特别强调要重视对短期跨境资本的管理。到目前为止，短期跨境资本流动自由化只是部分的，其流动数量和流动渠道是有限制的。但是，在当前的国内外经济形势下，部分资本项目自由化加上成问题的自由化时序必然导致套汇、套利的盛行。从理论上说，资本的自由流动将消除汇差和套利获利的机会，但显然中国目前不能完全开放资本项目。

三、一种货币两种汇率肯定会产生套汇现象

时序错误的一个明显例证是：一方面，短期资本跨境流动已经部分自由化；另一方面，人民币在内地的汇率还是受到相当严格的控制。"升值恐惧症"多少年来都有。这种情况造成了一个结果：一种货币出现两种汇率。现在在国际上，除了拉丁国家，没有哪种货币有两种汇率。同一种货币有两种汇率，肯定会产生套汇现象。

怎样套汇呢？方法五花八门，这里仅举一例。有个内地出口企业，有一批价

值 1 亿美元的产品。第一步，该企业把产品卖给其在香港注册的一个关联公司，这个关联公司支付给内地母公司 1 亿美元；第二步，该内地出口企业将这 1 亿美元到上海换成 6.2 亿元人民币，内地人民币汇率是 1∶6.2；第三步，该内地出口企业用 6.18 亿元人民币，把出口给香港关联公司的产品给买回来；第四步，香港关联公司用此 6.18 亿元人民币在香港外汇市场兑换成 1 亿美元，香港人民币汇率是 1∶6.18。这就是所谓的"保税区一日游"。"一日游"结束后，该内地出口企业依然保有价值 1 亿美元的货物，关联公司依然持有 1 亿美元。唯一的不同是，该内地出口企业得到了 200 万元人民币的套汇利润。

四、人民币稳定升值预期，鼓励大规模无风险套利活动

除了套汇，还存在套利。套利的基础是利差，到底怎么做的？套利的方法更是五花八门，在此也仅举一例。第一步，内地一个进口商在中国银行存一笔款作为抵押，多少视情况而定，中国银行给该进口商开一个贸易信用证。凭借贸易信用证，该进口商从其香港关联公司购买 6.18 亿元人民币的货物。第二步，香港关联公司以贸易信用证为抵押，从汇丰银行取得为期 1 年的 1 亿美元贷款，香港人民币汇率是 1∶6.18。第三步，关联公司用 1 亿美元把出口给内地母公司的货物买回来。第四步，内地母公司把 1 亿美元卖给央行，得到 6.2 亿元人民币（这里人民币汇率是 1∶6.2 还是 1∶6.18 并不重要），然后将 6.2 亿元人民币存入中国银行，为期 1 年。1 年后，中国银行同汇丰银行按 1 年前就已经锁定的汇率结算。由于人民币存款的利息率远高于香港美元贷款的利息率，这样，内地套利公司就取得了丰厚利差。对金融市场的普遍看法是：人民币套利是世界上最容易、最安全、获利最丰厚的方法，关键问题是你是否能够想办法从香港借一笔钱，然后把钱投资于内地的人民币资产。

从 2010 年到 2011 年第四季度，套汇盛行。在这个时期，香港人民币比内地人民币便宜，企业主要通过进口结算套汇。从 2011 年底到 2012 年底，也盛行套汇，但内地人民币比香港人民币贵，套汇的方向与此前相反。2013 年大家已经摸

熟门路，也了解行情了，再加上人民币的升值预期又起来了，出现了大规模的套利活动，套汇套利都在做，但在这段时间以套利为主。套利的结果就是你借钱，热钱就流入中国。尽管贸易顺差不大，外汇储备却大量增加。人民币国际化本来想减少外汇储备增加，但实际结果正好相反。

央行前一段时间引导人民币汇率贬值。如果央行能够形成一种让汇率形成双向波动的格局，你想锁定汇率就非常困难，套利的风险就会大大提高。让人民币汇率浮动并呈现贬值趋势可以在一定程度上抑制套利活动。这是一种聪明的做法，但有局限性，无法从根本上解决套利问题。从理论上说，只有当人民币充分升值，以致出现贬值预期且预期贬值量等于人民币对美元的利差之时，套利活动才能最终得以抑制。

五、资本项目自由化时序不能颠倒

资本项目自由化的问题是比人民币国际化更现实、更根本、更重要的问题。中国要推行人民币国际化，必须充分考虑中国的资本项目自由化时序问题。人民币国际化进程应该服从资本项目自由化进程。鉴于目前的国内外经济形势，我们必须避免人民币国际化导致资本项目自由化时序颠倒，从而破坏中国金融稳定，并最终危及人民币国际化进程。

本文为本书作者于 2014 年 4 月 18 日在《上海证券报》上发表的文章，原标题为《人民币国际化应服从资本项目自由化。》

人民币国际化：过去与未来

提要：我国推动人民币国际化以来取得了较快进展，但依然任重而道远。特别是在当下中美关系遭遇越来越多挑战的环境下，地缘政治越来越成为塑造国际金融货币体系的重要因素，地缘政治的新变化为人民币在国际舞台上发挥更大作用提供了机会。我们要充分认识到人民币国际化的重要意义及取得的成绩，但同时也要意识到人民币国际化不是终极目标，只是服务于国家金融安全和提高跨境资源配置效率的工具。在当前的地缘政治条件下，中国的当务之急是尽快实现"双循环，以国内大循环为主体"的发展战略的转变。在推进人民币国际化的过程中必须权衡利弊，谋定而后动。

自央行 2009 年启动人民币国际化，14 年已经过去了。在这 14 年中，世界经济与地缘政治形势发生了重大变化。2022 年 2 月 28 日，美国及其盟国冻结了俄罗斯中央银行 3000 亿美元的外汇储备，把俄罗斯金融机构踢出国际报文系统——环球银行金融电讯协会（SWIFT）。近年来，中美关系急剧恶化，伴随着对中国美元资产安全日益加重的担忧，人民币国际化进程出现加速迹象。由于人民币国际化是中国政府的重要经济政策目标，在新形势下对人民币国际化的目标和进程重新加以审视是应有之义。本文回顾了人民币国际化进程的启动和路线图，讨论了人民币国际化的进展，分析了影响人民币国际化的诸多因素，展望了人民币国际化的前景。

一、人民币国际化的缘起

2008—2009年全球金融危机爆发，作为美元外汇储备的最大持有国——中国十分担心美债违约，或者美元贬值和美国通货膨胀导致的实际违约。2009年3月13日，时任国务院总理温家宝公开表示对中国所持美元资产安全的担忧。时任央行行长周小川提出的用超主权的SDR逐渐取代美元作为主要国际储备货币的建议遭冷遇。1997年建立的清迈多边货币互换协议在此期间也未能发挥作用。2009年7月，中国政府决定启动人民币国际化。

一国货币国际化的好处包括：减少汇率风险，降低贸易交易成本，加强金融竞争力，无须积累大量外汇储备。由于中国的国情特殊，中国央行还希望通过推动人民币国际化"倒逼"汇率制度改革和资本项目开放。

中国央行推进人民币国际化的路线图大致可以概括为：第一步，开放和鼓励人民币用于贸易结算，首先是进口结算；第二步，鼓励和便利境外居民，特别是中国香港特别行政区居民持有人民币存款；第三步，通过在境外出售人民币资产，如以人民币计价的国债，建立和扩大境外人民币回流机制；第四步，伴随着人民币在贸易和金融交易中广泛使用，境外居民会持有越来越多的人民币和人民币资产，外国中央银行会持有越来越多的人民币外汇储备或通过货币互换保持必要的人民币流动性；第五步，人民币在中国境外成为得到广泛使用的计价货币、开票货币、载体货币、投资货币、储备货币，最终成为可以同美元、欧元比肩的国际货币。

理论上，人民币国际化可以从进口贸易结算起步，也可以从海外投资起步。根据实际情况，中国选择了进口贸易以人民币结算作为起点。值得注意的是，虽然很多企业在贸易中使用人民币结算，但仍然使用外币（主要是美元）计价。在这种情况下，企业虽然可以降低交易成本，却难以规避汇率风险。这很大程度上是因为中国企业缺乏讨价还价的能力，无法使对方同意使用人民币计价和开票。

除了通过进口贸易以人民币结算输出人民币外，中国还通过资本和金融项目输出人民币。具体通道包括：直接投资（特别是"一带一路"共建国家的投资）、

（南向）债券通、离岸（跨境）资金池、境外机构境内发债（以熊猫债为主体）、RQDII、跨境人民币投贷基金（类 QDII）、跨境（南向）理财通（多币种）、（南向）沪港通和（南向）深港通等。

为了使境外居民愿意持有人民币，中国必须使境外人民币持有者除购买中国商品和服务外，还能够投资于中国的人民币资产并获得相应的投资回报。这样，在资本项目尚未实现自由化的情况下，中国政府还需要提供一定的通道使跨境流出的人民币得以回流。

人民币回流的通道包括 QFII（合格境外投资者）、RQFII（人民币合格境外投资者）、直接进入内地银行间债券市场（CIBM）及（北向）债券通、（北向）沪港通和（北向）深港通等。

虽然在跨境支付中大量使用人民币标志着人民币国际化取得重要进展，但更高层次的人民币国际化则是使人民币成为全球广泛使用的计价货币、载体货币，使非居民长期持有人民币或人民币资产，在中国之外的金融市场买卖人民币资产，非居民借贷者发放人民币债券（熊猫债）等。

二、人民币国际化的进展

2009 年 7 月，人民币国际化正式启动。由于当时人民币处于升值阶段，境外出口商愿意接受将人民币作为结算手段。跨境贸易人民币业务自 2009 年 7 月推出以来取得了较快发展，结算量由 2009 年的不到 36 亿元，猛增到 2011 年的 2.08 万亿元。2012 年和 2013 年，我国跨境贸易人民币结算量分别为 2.94 万亿元和 4.6 万亿元，其中货物贸易人民币结算总额分别为 2.06 万亿元和 3 万亿元。

2014 年是人民币国际化进展最为迅速的一年。2015 年，IMF 把人民币纳入 SDR 货币篮子是人民币国际化的重大进展。但 2015—2016 年由于国内经济形势恶化，人民币对美元汇率贬值。此后，人民币贸易结算量增速持续下降。2021 年，中国人民币跨境货物贸易收付金额仅为 5.77 万亿元，低于 2014 年的水平。值得注意的是，当 2014 年中国人民币跨境货物贸易收付金额达到 5.9 万亿元时，中国跨境贸易总额为 24.6 万亿元，人民币货物贸易收付金额在跨境贸易总额中的比重为 24%。而 2021 年中国跨境贸易总额已经达到 39 万亿元，人民币货物贸易收付金额在跨境贸易总额中的比重为 13%，仅为 2014 年的 1/2。

尽管中国人民币跨境货物贸易收付金额增长缓慢，但通过资本和金融项目实现的人民币跨境收付金额增长迅速。2021 年和 2022 年，人民币跨境收付金额分别达到 36.61 万亿元和 42 万亿元。另据报道，人民币在中国跨境收付金额中所占份额从 2010 年的接近零上升至 2023 年 3 月底创纪录的 48%。

美国及其盟国冻结俄罗斯外汇储备之后，俄罗斯银行把大量外汇储备转为人民币资产，用中国的人民币跨境支付系统（Cross-border Interbank Payment System，CIPS）代替纽约的清算所银行同业支付系统（Clearing House Interbank Payment System，CHIPS）。不少国家同中国人民银行签订了建立人民币离岸清算银行、货币互换和使用当地货币结算的协议。另据报道，中国和海湾国家已经达成协议，中国将增加油气进口，并把人民币作为结算货币。可以说，地缘政治的变化给中国带来严峻挑战的同时，也给人民币国际化带来了新机遇。

中国人民银行与众多国家签订货币互换协议，无疑提高了人民币的国际地位，推进了人民币国际化。但也应该看到，货币互换协议更多反映了发展中国家摆脱对美元流动性依赖的努力。在双边贸易和投资中，互换协议签署国可以用对方国家的货币满足本国企业资金的流动性需求，避免由于政治原因导致无法得到美元的窘境。值得注意的是，尽管中国央行同其他许多国家中央银行签署了货币互换协定，①但实际发生的货币互换还不多。尽管临时性的货币互换协议对人民币国际化有一定推动作用，但也并非没有风险。中国与其他国家签订货币互换协议的意义应予以实事求是的评估。此外，出于分散化和其他一些考虑，越来越多的外国中央银行开始持有一定数量的人民币国债作为外汇储备。

人民币成为举足轻重的国际货币离不开相应的基础设施。中国人民银行建立的 CIPS 对便利跨境人民币业务处理，支持跨境货物贸易和服务贸易结算、跨境

---

① 截至 2021 年，中国与 40 个国家（地区）的中央银行签署了超 4 万亿元人民币的货币互换协议。

直接投资、跨境融资和跨境个人汇款等业务发挥了重要作用。在美国动辄实行金融制裁、把被制裁国踢出 SWIFT 和结算系统的情况下，中国 CIPS 的发展与完善就愈加显得重要。相信未来将会有越来越多的金融机构使用 CIPS。

总之，从跨境人民币收付的角度来看，人民币国际化取得了重要进展。但作为在国际上广泛使用的货币，人民币同美元和欧元还不可同日而语。事实上，作为计价货币、开票货币和载体货币，人民币的使用广度不得而知。根据日本学者的研究，在日中贸易中，人民币作为计价和开票货币的比重有一定上升。作为结算货币，尽管中国是世界第一贸易大国和第三债券大国，但 2023 年 6 月，人民币在全球支付货币中占比仅为 2.77%。中国海外直接投资的增长速度很快，全球占比从 2011 年的 4.4% 上升到 2020 年的 20.2%，但中国的海外直接投资中人民币投资的占比是多少还有待进一步查证。截至 2021 年第一季度末，人民币储备规模为 2874.64 亿美元，占标明币种构成的外汇储备总额的 2.5%。根据国际货币基金组织公布的"官方外汇储备货币构成（COFER）"，2023 年第一季度末，人民币在官方外汇储备中的占比为 2.58%。2023 年上半年，外国借贷者发行的熊猫债达 723 亿元，创下历史最高纪录，但熊猫债在国际债券市场上的占比仍然非常低。

三、影响人民币国际化的主要因素

在人民币国际化启动初期，人民币国际化进程在国内主要受两个因素影响：人民币汇率的变化趋势和资本项目下人民币自由兑换的进度。今后可能还会越来越多地受到国际收支平衡和地缘政治的影响和制约。

（一）人民币汇率的影响

2014 年是持续 10 年之久的人民币升值即将结束的一年，也是人民币国际化进展最为迅速的一年。是年，经常项目人民币结算金额达 6.55 万亿元，其中货物贸易人民币结算金额为 5.9 万亿元。

2015—2016 年由于国内经济形势恶化，人民币对美元汇率贬值，人民币贸易结算量增速下降。2016年，跨境贸易人民币结算量同比减少超过三成。这种情况进一步说明了人民币结算数量变化同人民币汇率变化之间的密切关系。2021年，跨境经常项目人民币结算量为7.95万亿元，其中跨境货物贸易收付金额为5.77万亿元。换言之，七年之后，中国跨境货物贸易收付金额才恢复到2014年的水平。

作为人民币国际化过程的另一个重要步骤，中国政府为香港居民持有人民币存款提供了更多方便。2010年，香港居民的人民币存款为3150亿元（人民币贷款为20亿元）。当时一些投行分析师预测：2012年底，香港居民持有的人民币存款将超过1万亿元，2013年将达到2万亿。2014年香港人民币存款首次突破万亿元大关，但2015年由于人民币贬值，人民币资金池收缩。在此后的一段时间，香港居民人民币存款不增反减。2019年，离岸人民币存款为1.85万亿元，其中香港人民币存款降至6322亿元，比2014年的峰值减少1/3以上。[①] 直到2022年1月，香港人民币存款才恢复到2014年水平，达到1.1万亿元。

2015年人民币汇改后，人民币贬值预期抬升，离岸人民币贬值幅度大于在岸人民币，导致离岸人民币市场资金回流，点心债券年度发行规模连续下行，2017年发行规模下降至1677亿元。2018年，在政府的支持下，点心债券发行规模突破2500亿元，2021年达到5251亿元，2022年前十个月发行规模已经突破8000亿元。[②]

除汇率外，中国金融资产的价格变动趋势及中美利差对人民币资产的供求也产生了重要影响。2019年2月，外资开始增持人民币债券。截至2019年11月底，外资持仓量达到2.26万亿元，为2016年的3倍多。[③] 这种情况应该同中国债券收益率高于美国和其他发达国家有关。2022年3月，美联储升息后，中美利差持续倒挂，人民币贬值，中国债券市场外资转为净流出，累计流出860亿美元。2023年，外资仍呈流出的趋势，但9月开始企稳。而此时恰逢美债收益率趋于

---

① 新范式基金会. 国家民族复兴与金融发展及香港的角色.2020.
② 根据中金固收的数据。
③ 新范式基金会. 国家民族复兴与金融发展及香港的角色.2020.

见顶，人民币贬值趋势也开始反转。可见，当某个时期以人民币计价的资产（或债务）增加的时候，驱动力可能并非某种长期因素，而仅是套利、套汇使然。这种套利、套汇活动固然难以避免，但人民币国际化具体举措的得失利弊需要全面衡量。

（二）资本项目下人民币自由兑换度的影响

中国人民大学国际货币研究所在其研究报告中指出：尽管贸易仍然是人民币跨境使用的基础项目，但其份额呈现持续下滑态势。在资本和金融项目下，非直接投资的资本金融项目快速攀升，占比超过六成，成为跨境人民币结算的主体部分。人民币跨境收付金额增长迅速在很大程度上是政府"放宽限制，提供便利"的结果。

事实上，根据人民银行《2022年人民币国际化报告》，2021年，资本和金融项目下的人民币跨境收付金额合计为28.7万亿元，占当年人民币跨境收付金额的78.4%。其中，直接投资、证券投资、跨境融资人民币收付金额分别为5.8万亿元、21.2万亿元和1.6万亿元，分别占资本项目人民币跨境收付金额的20.2%、74.1%和5.6%。在证券投资中，股票投资人民币跨境收付金额为1.93万亿元，债券投资人民币跨境收付金额数字阙如。考虑到证券投资人民币跨境收付总金额为21.2万亿元，债券投资的人民币跨境收付金额应该大大超过股票人民币跨境收付金额，占证券投资人民币跨境收付金额的绝大多数。在2022年的42万亿元人民币跨境收付金额中，资本和金融项目下的人民币跨境收付金额更是高达36万亿元，在人民币跨境收付中的占比上升到85.7%。

面对2021年和2022年分别高达37万亿元和42万亿元的人民币跨境收付金额，人们难免会问：这些数字是否准确？这些数字反映的是人民币国际化的进展，还是资本项目自由化的结果？我有几点不成熟的猜想。

第一，在资本项目自由化条件下，一方面，中国投资者可以先不受限制地把人民币兑换为外汇，然后在境外投资于美元或其他外币资产（如果境外有可供投资的人民币资产，中国投资者也可以直接投资于中国境外人民币资产）；另一方面，境外投资者可以先不受限制地在中国外汇市场把外币兑换成人民币，然后投资于中国境内的人民币资产（如果境外投资者持有人民币，他们也可以直接投资于中国境内人民币资产）。但在人民币国际化下，人民币的跨境流动无论是由境内流到境外，还是由境外流入境内，都不存在换汇环节。中国投资者可以直接用人民币投资于境外人民币资产，境外投资者可以直接用人民币投资于中国境内人民币资产。不难看出，如果不是首先允许一定程度上的资本跨境流动，人民币国际化是无从谈起的。

第二，某些情况表面上看是人民币国际化的结果，但实际上可能是资本项目自由化的结果。例如，在资本项目自由化下，香港投资者可先在内地外汇市场将港币兑换成人民币，然后用人民币购买内地债券。此时，对香港投资者而言，港币资产减少，人民币资产等量增加；对内地而言，人民币债务增加，港币资产等量增加。根据央行2017年制定的《内地与香港债券市场互联互通合作管理暂行办法》第十条，境外投资者若投资内地债券，可在债券持有人的香港结算行换汇。香港结算行由此所产生的头寸可到境内银行间外汇市场平盘。在这种情况下，虽然通过CIPS跨境流入内地的货币是人民币，因而这一操作涉及的人民币数量会被人民币跨境收付信息管理系统（RCPMIS）记录为人民币跨境收付，但香港结算行最终可能会到境内外汇市场把收到的人民币兑换成港币。这样，在香港投资者成为人民币债券持有者的同时，内地（不一定是人民币债券出售者）增持的是等值的港币。表面上是香港投资者直接用人民币购买人民币债券，实际上是港币从香港结算行流入境内外汇市场，完成了港币对人民币的兑换。这一操作的实际结果同香港投资者先在境内外汇市场把港币兑换成人民币，然后再购买内地债券并无实质不同。

内地投资者在内地外汇市场购买港币，再用港币在香港购买港股，是资本项目自由化，不涉及人民币跨境收付。如果内地投资者在香港外汇市场用人民币购买港币后再购买港股，是人民币国际化。但如果投资者是从香港中资银行购买港币，再买港股就不一定是人民币国际化，因为从中资银行购买港币，只不过是改变了换汇的地点而已。当然，也要看中资银行的港币是从哪里来的。如果是从当地吸收的，就要考虑这些中资银行在其他国家是否可以吸收当地本币存款。如果不能，就只能说是香港作为中国特区的特别安排，谈不上人民币国际化。

当然，也应该看到由于在香港存在一个相当规模的人民币离岸市场，香港投资者可以在香港取得人民币，而无须借助香港结算银行的平盘。这种类型的人民币回流应该是真正的人民币跨境收付。在人民币的回流过程中，人民币充当了跨境金融的交易媒介。

第三，由此，我们可以推测，被RCPMIS记录为跨境人民币收付的金额中有些可能只是资本项目有控制开放下的资本跨境流动，并非真正意义上的人民币国际化。因而，RCPMIS记录的人民币跨境收付金额的数量并不一定能准确反映人民币国际化的程度。

第四，还应看到，2021年和2022年，中国国际收支平衡表中误差与遗漏项下资金流分别为1万亿元（1700亿美元）和6000亿元（900亿美元），还有一些人所共知的现象，如新加坡房价和汽车牌照号价格暴涨、香港出现大量内地居民购买香港保险等，说明在这个时期中国的资本外逃是比较严重的。离岸人民币的资金存量中应该有相当数量是通过非官方认可的渠道流入香港的外流或外逃资金。

回顾历史不难看出，开放境外机构和个人在中国股市和债市投资、开展资金池业务及中央银行货币互换都会导致人民币跨境收付金额的增加，都会在一定程度上提高人民币的国际地位。中国是世界第二大经济体、第一大贸易国，伴随着资本项目的逐渐开放，人民币国际化程度不断提升是必然结果。在充分肯定人民币国际化取得一定进展的同时，也应该看到人民币国际化和资本项目自由化相互交织所产生的复杂性及与此相关的资本跨境流动所产生的后果。唯其如此，才能对人民币国际化的进展作出实事求是的评价。

需要注意的是，在看到货币国际化可能带来各种好处的同时，也应看到货币国际化本身也可能会加大金融风险。例如，香港是国际金融中心，跨境资本可以不受任何妨碍地流入、流出香港。但与此同时，由于某些特殊原因，港币并非国际货币，在全球各地的金融市场上买到港币并不容易。在亚洲金融危机期间，由于难以在香港以外得到港币，香港货币当局通过提高银行间拆借利息率的方法挫败了国际投机者对港币和股市的双重沽空（卖空）。但泰铢的国际化程度高于港币，国际投机者可以在泰国以外的地方得到泰铢，因而得以在泰国外汇市场上做空泰铢，并最终大获全胜。

世界上几乎没有哪个国家把本国货币的国际化作为政策目标。日本一度在美国的压力下试图推动日元国际化，但最终放弃不是没有缘由的。中国"十四五"规划提出人民币国际化要"坚持市场驱动和企业自主选择"是完全正确的。中国不能完全放弃资本管制，但这并不意味着中国不应该根据实际情况，渐进地实现人民币在资本项目下的可兑换。与此同时，中国也完全没有必要以人民币国际化为名行资本项目自由化之实。"倒逼"很容易造成政策混乱，是一种成本很高的策略。

说到底，人民币国际化只不过是中国改善跨境资源配置，维护中国海外资产安全的手段之一。资本项目自由化、汇率制度改革等都有其自身目标和进程，虽然和人民币国际化进程相互影响，但不从属于人民币国际化的目标和进程。人民币国际化本身也是有条件、有代价的。人民币国际化的重要性毋庸置疑，但其重要性也不能过分夸大。人民币国际化的推进必须权衡利弊，谋定而后动。

（三）国际收支平衡的影响

几十年来，中国一直维持经常项目顺差。经常项目顺差国意味着资本净输出国和净债权国。如果完全实现进口以人民币结算，由于是贸易顺差，外国进口商所能使用的人民币必然少于外国出口商所得到的人民币。外国进口商最多只能用等值于中国进口量的人民币购买中国商品和服务。等值于中国贸易顺差的那部分中国商品和服务（这里暂不考虑投资收入）则必须用美元或其他外币支付。这样，中国的经常项目顺差必然会转化为美元和不同形式的美元（或其他硬通货）债权（美国国债、公司债、银行存款和贸易信贷等）。

在启动贸易进口以人民币结算之后不久，我们面临的尴尬是，本来通过进口我们可以把出口挣得的大部分美元用掉，但由于进口以人民币结算，在其他条件不变的情况下（包括外国进口商并未大量使用人民币购买中国商品和服务），等值于以人民币结算的进口的那部分美元外汇收入无法消耗掉，中国持有的美元外汇不减反增。2014年，中国的外汇储备达到近4万亿美元的历史最高峰值。在这种情况下，人民币国际化实际上是加强而不是削弱了美元的国际储备货币的地位。

如果中国企业用多余的外汇购买其他美元资产，而不是卖给央行，中国的海外资产收益率可能会提高，但风险也会相应增加。再有一种选择是把多余的美元用于对其他国家（如"一带一路"共建国家）的贷款和直接投资，但这样做的风险也很高，虽然风险的性质同持有美元外汇储备不同。

总之，由于中国一直维持经常项目顺差，按定义，无论如何推进人民币国际化，理论上中国都无法停止积累海外债权。由于美国是中国最大的贸易顺差接受国，如果希望把美元债权转化为其他币种的债权，中国就必须付出交易成本上升和面对另类风险（如某些发展中国家毁约或无法偿还债务等）的代价。

按定义，资本和金融项目逆差等于经常项目顺差。除非美国（为简单计，可以假设中国的经常项目顺差完全是从美国获得的）同意把它对中国的负债转换为熊猫债，中国从资本和金融项目下流出的资金，即中国取得的海外债权不可能表现为以人民币计价的债权。美国当然是不会以发售熊猫债的形式向中国借钱的，这样，中国就必须持有一笔等值于中国经常项目顺差的以美元计（或其他硬通货）的美国国债、机构债或其他形式的证券。

简言之，人民币国际化的起因是对中国所持美元资产安全的担忧。为了减少这种担忧，中国需要减少自己持有的美国国债和机构债。但是在维持经常项目顺差的情况下，人民币国际化难以实现这一目标。

（四）地缘政治的影响

当前，国际货币体系中更引人注目的特点就是地缘政治因素的介入。2022年2月28日，美国及其盟国冻结俄罗斯中央银行3000亿美元外汇储备是数十年来国际货币体系的最重要标志性事件。美元武器化彻底破坏了国际货币体系的信用。

美国经济学家艾肯格林（Barry Eichengreen）指出，即便是那些想不出在什么问题上会撞上美国地缘政治枪口的国家也担心美元武器化和美国银行体系，因而，它们也在寻找美元储备和支付的替代品或至少是补充品。印度前中央银行行长拉詹（Raghuram Rajan）指出，在冻结了俄罗斯中央银行的外汇储备之后，中国、印度和许多其他国家会为它们的外汇储备感到担忧，如果某个国家决定冻结它们的资产，它们的外汇储备就可能变得无法使用。由于具有像欧元和美元这样具有流动性的储备货币屈指可数，政府将不得不对诸如公司跨境借贷之类的活动加以限制，一些国家将不得不考虑一起建设新的报文系统以替代 SWIFT。

由于网络效应，人民币国际地位的上升不仅取决于中国自身的努力，还取决于美元的信用和美元的地位。美元的武器化为人民币国际地位的上升提供了机会，中国应该抓住这个新机遇，但同时也要充分考虑这个新机遇可能带来的新挑战。

四、小结：新地缘政治环境下人民币国际化的作用、地位和前景

在正常情况下，人民币国际化可以减少汇率风险（如果人民币成为计价和开票货币）、降低贸易交易成本和加强金融市场竞争力。随着中国经济体量和贸易量的增长、海外直接投资和证券投资的增加及汇率灵活性和资本项目自由化的加大，人民币国际地位肯定会不断上升。这也是"坚持市场驱动和企业自主选择"的结果。

在正常情况下，在跨境资源配置方面中国需要解决三个问题。第一，由于美国国际收支严重失衡（2021 年美国的净外债为 18 万亿美元，为 GDP 的 80% 左右，而且还会进一步恶化），作为美国的最大债权国之一，中国的外汇储备和其他美元资产在未来的某一天可能会因为美元贬值、美国通货膨胀甚至美债违约而遭受损失。第二，中国的净海外债权显著小于累积的经常项目顺差，两者在理论上应该相等。价值重估作用是导致两者背离的重要原因，但不足以解释这种巨大缺口的存在。第三，尽管中国是海外净资产持有国，但中国十几年来一直维持投资收入逆差。中国的这种情况同日本和其他国家维持贸易顺差的情况完全不同，例如，日本始终维持投资收入顺差。长此以往，随着老龄化的加剧，中国可能会

因为贸易顺差小于投资收入逆差而变成经常项目逆差国，从而跌入外债陷阱。

随着中美摩擦不断加剧，地缘政治因素越来越成为塑造国际金融货币体系的重要因素，甚至是最重要因素。艾肯格林设想了未来国际货币体系的两种发展情景。

1. 第一种情景是维持现状

在这种情景下，美国继续对中国实行"小院高墙"政策，但中美依然是对方的第一或主要贸易伙伴。中国将加强支付、清算系统基础设施建设，扩大与外国中央银行的货币互换，鼓励它们授权地方银行和企业使用人民币。随着时间的推移，人民币、中国银行体系和CIPS在全球支付和结算中的作用将会逐渐增加。希望摆脱对美元依赖的国家可能会利用人民币离岸中心进行支付，更多非传统货币将成为储备货币。但是，在相当长的时期内，人民币仍将难以与美元争锋。

2. 第二种情景是中美双方彻底决裂

美国将立即冻结中国政府持有的美国国债和其他美元资产（具体来说，就是禁止负责中国美元资产托管的美国托管机构同中国政府发生业务往来）。美国财政部将命令美国银行停止同中国的一切业务往来。中国银行、交通银行、中国工商银行等将不再能够使用CHIPS。如果其他国家不追随美国，美国将对它们实行二级制裁。

中国对等反制，冻结美国银行和企业的在华资产。美国和中国之间的直接和间接金融联系都将被完全切断。在这种情况下，国际货币体系面临的问题就已经不是去美元化，而是拉詹所说的国际货币体系碎片化或彻底分裂。

人民币国际化可以降低中国企业的汇率风险和交易成本，但如果美国决定冻结或扣押中国的资产，拒绝偿还对中国的债务，即便中国对美国的债权是美国发行的熊猫债，中国也没有办法阻止美国冻结或扣押中国的资产。在这种极端情况下，中国对美国的债权是人民币债权还是美元债权并不重要。

解决中国海外资产安全性问题的出路不在于人民币国际化，而在于加快构建以国内大循环为主体、国内国际双循环相互促进的新发展格局。具体来说，中国必须加快对经济结构的调整，依靠内需而不是外需驱动经济增长。从短期看，中国应该通过刺激投资需求和消费需求，提高经济增长速度，从而扩大进口需求。

从长期看，中国要通过结构改革，改变对企业的激励机制，扩大进口需求，稳定出口，实现对外贸易的平衡，甚至不排除在一定时期容忍贸易逆差，把长期积累的美元"借条"换成国内经济增长所需要的实际资源。与此同时，中国还应该尽快对中国的国际收支结构和海外投资头寸结构进行调整，以提高海外净资产的收益率，尽快扭转长达十几年的投资收入逆差的局面。

需要指出的是，2016—2017 年似乎出现过大量资本外逃，2020 年以后似乎又出现了这样的态势。虽然大家对资本外逃问题的严重性和原因心知肚明，却讳莫如深，这是完全没有必要的。只有正视和客观地评估资本外逃问题，我们才能找出相应的办法，减少资本外逃对中国经济造成的福利损失和对经济的冲击。

我国"十四五"规划提出，人民币国际化要坚持市场驱动和企业自主选择。前不久卸任的央行行长易纲过去在多个场合反复强调"人民币国际化应由市场驱动，央行不会主动去推动""要深刻认识到中国经济稳定发展的态势没有变，人民币国际化的市场驱动力没有变，这是人民币国际化最重要的基础和支柱""人民币国际化要坚持市场主导，要减少对人民币跨境使用的限制"。这些思想无疑是正确的。人民币国际化并非国际金融领域中统领一切的某种国家战略。例如，如果中国需要推进债券市场的国际化，就应该根据债券市场发展的客观规律制定相应的政策，而不应以实现人民币国际化为目标。在推动汇率浮动和资本项目自由化的过程中也应该充分考虑到采取相应措施的得失利弊，而不应以这些措施是否有利于人民币国际化为出发点。

总之，在充分肯定人民币国际化的意义和成绩的同时，应该看到人民币国际化不是终极目标，而只是服务于国家金融安全和提高跨境资源配置效率的工具。在当前的地缘政治条件下，中国的当务之急是尽快实现"双循环，以国内大循环为主体"的发展战略的转变。

参考资料

[1] 霍颖励. 人民币国际化是一个放松管制的进程 [J]. 第一财经，2019（11）.

[2] 吴艳霞. 跨境贸易人民币结算存在的问题及对策 [J]. 当代金融家，2020（11）：2.

[3] 本刊编辑部. 《2020 年人民币国际化报告》发布 [J]. 金融科技时代，2020（9）.

[4] 清水顺子，伊藤隆敏，等．日本企業の貿易建値通貨選択．PRI Discussion Paper Series (No.22A-04)，2022-12，2023-01 更新．

[5] 香港立法会．香港在人民币离岸业务方面的竞争力，ISE08/15-16．

[6] 中国人民大学国际货币研究所．高质量发展与高水平金融开放——《人民币国际化报告2019》发布 [J]．2019．DOI:10.3969/j.issn.1673-4882.2019.15.017．

[7] YU YONGDING. How far can renminbi internationalization go?ADBI Working Paper Series，2014，No. 461 February.

如何看待人民币跨境收付量的急剧增长

由于坚持改革开放、实施出口导向的发展战略和积极的宏观经济政策，中国经济快速增长，成为全球第二大经济体、第一大贸易国、第二大外汇储备国。面对纷繁复杂的国内外经济形势，在国际金融领域，中国始终面临着三大任务：第一，参与国际货币金融体系改革；第二，促进亚洲区域货币与金融合作；第三，实现人民币国际化。

1997—1999年的亚洲金融危机使东亚各国的经济大大倒退，甚至在一些国家引起政治动乱。基于亚洲金融危机的经验，亚洲国家认识到：应该以某种形式把各自的一部分外汇储备拿出来，集中使用。一旦某个亚洲国家遭到投机性攻击，就可以动用这笔基金以维持受攻击国的货币稳定。1998年，东盟10+3国签订了货币互换清迈协议。后来东亚国家把双边货币互换协议多边化，进而建立了一个稳定基金。遗憾的是，由于亚洲国家间，特别是日中两国间存在政治分歧和缺乏互信，清迈协议止步于多边货币互换协议。

2008年全球金融危机的爆发充分暴露了以一种国别货币 美元为国际储备货币的后布雷顿森林体系的严重缺陷。在美国次贷危机爆发并转化为全球金融危机之际，中国已积累了2.3万亿美元以上的外汇储备。中国拥有的巨额外汇储备（债权）主要是美元资产，特别是以美元计价的美国国债和美国政府机构债。一旦美元贬值、美国国债价格下跌或美国出现通货膨胀，中国外汇储备资产的价值就会缩水。当时更为直接的危险是中国持有数千亿美元的"两房"债券（美国政府机构债），而"两房"已濒临倒闭。2009年3月13日，温家宝总理公开表示"我们把巨额资金借给美国，当然关心我们资产的安全。说句老实话，我确实有些担心",要求美国"保持信用,信守承诺,保证中国资产的安全"。把中国资产的安全寄托在美国的善意之上确实有些尴尬。幸好美国政府遵守了承诺,中国的美元资产终于化险为夷。

避免或减少中国储备资产可能遭到的损失,成为中国政府必须面对的挑战,而国际货币体系改革和人民币国际化及亚洲区域金融合作成为中国国际金融学界关注的焦点。1960年代,时任法国财政部部长吉斯卡·德斯坦抱怨美国利用美元国际储备货币的地位享受了"过分的特权"。首先,美国可以获得铸币收入,非居民持有美国发行的现钞(纸币和硬币)实际上是他们向美国提供的无息贷款。其次,美国可以筹集低成本的外国资金,因为外国政府、机构等对美国国库券有大量需求。最后,由于美元是国际储备货币,美国可以用美元支付美国的国际收支逆差。当出现国际收支逆差时,其他国家将被迫采取紧缩性财政和货币政策,以恢复国际收支平衡,而美国却可以通过美元贬值或通货膨胀造成事实上的违约而摆脱还债义务,或干脆直接违约(这种情况不大可能发生,但也不能排除发生这种情况的可能性)。如果国际货币体系能够得到某种改革,例如,如果特别提款权(SDR)的作用能够得到增强,如果中国能够把部分美元储备资产转换为SDR资产,中国外汇储备资产缩水的风险就可能会减少一些。2009年3月23日,中国人民银行行长周小川撰文指出,美国次贷危机的爆发导致全球金融危机的爆发,反映出当前国际货币体系存在内在缺陷。他提出,应该让具有超主权储备货币特征的SDR充分发挥其作用,逐渐取代美元成为国际储备货币。周小川的建议遭到美国坚决反对。

既然区域金融合作止步不前,用SDR取代美元成为国际储备货币(改革以美元为本位的国际货币体系)的呼声得不到响应,对中国来说可以考虑的选择就是人民币国际化。①

2009年7月,中国政府决定启动人民币国际化。货币具有价值尺度、结算手段、交易媒介、投资工具、价值贮存等功能。所谓国际化货币是指能够在境外非

---

① 作者自2009年以来就人民币国际化问题发表的文章大部分已收入作者的另一部文集《最后的屏障》,由东方出版社于2016年出版。

居民之间行使上述功能的货币。例如，国家 A 和国家 B 进行贸易，它们不用自己或对方的货币计价和结算，却用美元进行计价和结算，美元（作为载体货币）在这时就发挥了国际化货币的功能。美元是国际化货币，欧元和少数欧洲国家的货币也是国际化货币，在一定程度上日元也是国际化货币。而国际化货币的最高境界是成为国际储备货币，成为国际储备货币的最重要好处之一是不再向美国支付铸币税。

央行推进人民币国际化的路线图大致可以概括为：第一步，开放和鼓励人民币用于贸易结算，首先是进口结算，通过进口结算输出人民币。第二步，鼓励和便利境外居民，特别是中国香港居民持有人民币存款。第三步，通过在境外出售人民币资产，如以人民币计价的国债，建立和扩大境外人民币回流机制。第四步，伴随着人民币在贸易和金融交易中得到广泛使用，境外居民持有越来越多的人民币和人民币资产，外国中央银行持有越来越多的人民币外汇储备，或者通过货币互换保持必要的人民币流动性。第五步，人民币在中国境外成为得到广泛使用的计价货币、开票货币、载体货币、投资货币、储备货币，从而成为可以同美元、欧元比肩的国际货币。

在人民币国际化启动初期，人民币国际化进程在国内主要受两个因素影响：人民币汇率的变化趋势和资本项目下人民币自由兑换的进度。例如，2014 年是持续 10 年之久的人民币升值即将结束的一年，但当时大多数人认为人民币还会继续升值。货物贸易人民币结算金额为 5.9 万亿元，是人民币国际化在贸易结算领域进展最为迅速的一年。2015—2016 年，由于人民币对美元汇率开始贬值，人民币贸易结算量增速下降，2016 年跨境贸易人民币结算量同比减少超过三成。[①]

2021 年跨境货物贸易收付金额为 5.77 万亿元。换言之，七年之后，中国跨境货物贸易收付金额才恢复到 2014 年的水平。不仅如此，2014 年，当中国的人民币跨境货物贸易收付金额达到 5.9 万亿元时，人民币货物贸易收付金额在跨境贸易总额中的比重为 24%。但在 2021 年，人民币货物贸易收付金额在跨境贸易

---

① 环球银行金融电讯协会（SWIFT）于 7 月 20 日发布的数据。

总额中的比重仅为15%。①

根据中国人民银行《2022年人民币国际化报告》，2021年资本和金融项目下人民币跨境收付金额合计为28.7万亿元，占当年人民币跨境收付金额的78.4%。②

一方面，2021年人民币跨境货物贸易收付金额只有5.77万亿元，仅恢复到2014年的水平。另一方面，同年资本和金融项目下人民币跨境收付金额竟高达37万亿元。

在人民币国际化的早期，经常项目下的人民币国际化主要表现为人民币成为进口结算货币（海外出口商接受人民币支付）。在资本和金融项目下则是海外投资者用流入香港的人民币购买中国内地的人民币债券（如中国内地在香港发行的国债）和企业在香港发行的以人民币计价的债券（点心债券）。由于对资本跨境流动的限制，在资本和金融项目下，人民币跨境收付的金额十分有限。

最近几年，在资本和金融项目下人民币跨境收付金额急剧增加主要是因为中国政府开辟了人民币"南下"和"北上"的通道。以"南下"港股通和债券通为例，内地投资者购买港股，用港币计价、人民币结算。如果用港币结算，这一操作就同人民币国际化无关，而纯属资本项目自由化范畴（有控自由化）；如果用人民币结算，就包含了人民币有限国际化的成分，这种情况与人民币贸易结算类似。就"北上"通道而言，如果香港投资者要在内地外汇市场将港币兑换为人民币，然后再购买人民币资产，就纯属资本项目自由化，同人民币国际化无关。

值得注意的是，资本和金融项目下的人民币国际化意味着境内主体在境外直接出售人民币金融资产（如在中国香港出售人民币国债），境外居民直接用人民币购买内地人民币金融资产。换言之，在人民币国际化下，资本和金融项目下的金融交易直接使用人民币，不存在从人民币到外币和从外币到人民币的外汇兑换

---

① 2020年和2021年，中国跨境贸易总额分别为24.6万亿元和39万亿元。

② 根据香港中银发布的数据，至2022年11月30日，北向沪股通和深股通累计成交89.4万亿元人民币，南向港股通累计成交30.4万亿港元。2022年前10个月，债券通（北向）成交6.62万亿元人民币。2022年沪深股通累计超过1.7万亿元资金净流入内地股市。在2022年的42万亿元人民币跨境收付金额中，资本和金融项目下的人民币跨境收付金额达36万亿元，在人民币跨境收付金额中的占比为85.7%。

环节，相应地，资本和金融项目下的金融交易将导致资本和金融项目下人民币跨境收付金额增加。

与此相对比，在资本项目自由化而无人民币国际化的情况下，中国投资者需要先把人民币兑换为外币，然后再在境外投资于美元或其他外币资产。境外投资者则须先在中国外汇市场把外币兑换成人民币，然后再投资于中国境内的人民币资产。由于跨境进入内地的是港币而不是人民币，相应地，资本和金融项目下的金融交易不会导致资本和金融项目下人民币跨境收付金额增加。

由于存在各种"北上"通道，香港投资者在内地购买人民币资产的过程就是人民币直接[①]由香港流入内地的过程。在这个过程中，似乎并不存在换汇的环节，相应的金融交易则被记入资本和金融项目下的人民币跨境收付。但仔细分析会发现，虽然香港投资者的跨境投资不涉及换汇，但在有些情况下，香港投资者实际上是要在事后通过香港结算银行在内地外汇市场换汇的。

根据央行2017年《内地与香港债券市场互联互通合作管理暂行办法》第十条规定，境外投资者若投资内地债券，可在债券持有人的香港结算行（内地人民币债券出售者在香港有结算银行）换汇，香港结算行由此所产生的头寸可到境内银行间外汇市场平盘。换句话说，如果香港结算行由于为香港投资者提供人民币（买入港币、卖出人民币），人民币头寸就减少了，港币头寸就增加了，该行可以在内地外汇市场出售港币，恢复原来的人民币头寸。在这种情况下，虽然通过CIPS跨境流入内地的货币是人民币，但被RCPMIS记录为人民币跨境收付金额。尽管香港投资者并未在内地外汇市场上换汇，香港结算行会为香港投资者在内地外汇市场上换汇。这一操作的实际结果同在资本项目自由化下，香港投资者先在境内外汇市场把港币兑换成人民币，然后再购买内地债券并无实质不同。需要由香港结算行平盘的资本和金融项目下的人民币跨境收付金额，并非真正的人民币跨境收付金额，因而不应该计入资本和金融项目下的人民币跨境收付金额。

资本和金融项目下的金融交易产生的跨境收付可以分为三种不同情况：第一

---

① 有些通道也可以使用外汇。

种是资本项目自由化下的跨境收付，其特点是存在换汇环节；第二种是在资本项目自由化基础上人民币国际化下的跨境收付，其特点是不存在换汇环节；第三种是需要平盘的人民币跨境收付，其实质上是资本项目自由化下的跨境收付，而非真正的人民币国际化。上述三种不同情况可以用图1解释。

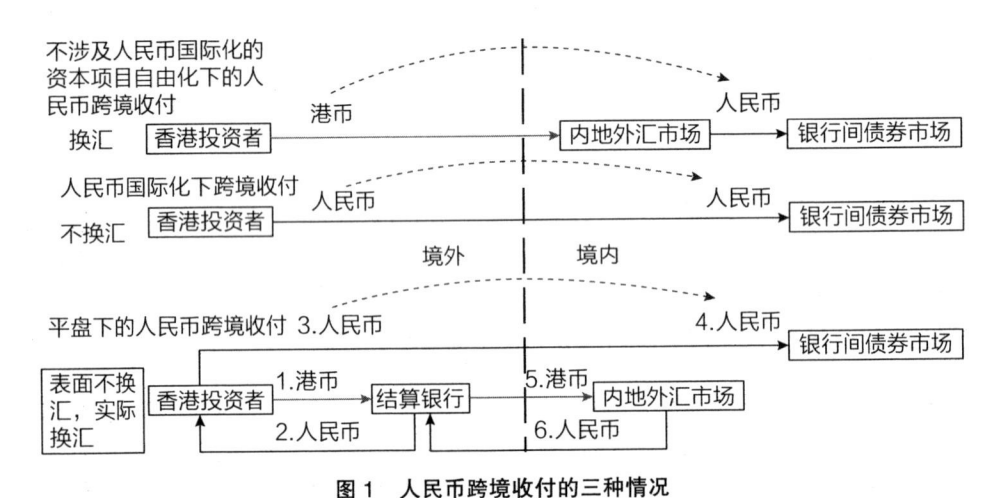

```
不涉及人民币国际化的
资本项目自由化下的人              港币                       人民币
民币跨境收付
换汇      [香港投资者] ──────→ [内地外汇市场] ──→ [银行间债券市场]

人民币国际化下跨境收付  人民币                              人民币
不换汇    [香港投资者] ─────────────────────→ [银行间债券市场]
                               境外 │ 境内

平盘下的人民币跨境收付 3.人民币              4.人民币
                                    ───────────────→ [银行间债券市场]
表面不换
汇，实际  [香港投资者] 1.港币 [结算银行] 5.港币 [内地外汇市场]
换汇                 2.人民币       6.人民币
```

图 1　人民币跨境收付的三种情况

其中，第三种情况也可利用香港结算银行头寸的变化加以说明（见表1）。

表 1　香港的结算银行头寸变化

结算银行头寸变化	说　明
100CNH	结算银行原有的人民币头寸
+100HKD；-100CNH	香港投资者卖港币、买人民币后
香港投资者取得人民币后直接用人民币在内地购买人民币资产	
-100HKD；+100CNY	结算银行在内地外汇市场用港币兑换人民币
100CNY	结算银行平盘（恢复原有的人民币头寸）

注：假设港币与人民币的汇率是1∶1；CNH（离岸人民币）和CNY（在岸人民币）没有区别。

在资本项目自由化条件下，境外投资者投资于境内人民币资产除受汇率等因素影响之外，不会受到人民币可获得性的限制。在资本项目未完全自由化时，推进资本和金融项目下人民币国际化的主要困难之一是使海外投资者从海外获得人民币。平盘的安排在很大程度上解决了人民币的可获得性问题。在存在平盘安排的情况下，即便香港银行间货币市场上人民币存量不多，少量人民币完全可以通过平盘操作增加由港币到人民币的周转次数，从而实现资本和金融项目下人民币跨境支付金额的大规模增加。

同时也应该看到，香港投资者为了在内地购买人民币资产所需要的人民币，并不一定需要香港结算银行在内地外汇市场平盘。设某境内"南向通"投资者购买了 100 万元的境外金融资产，结算日汇出 100 万元人民币，某香港银行将该笔人民币资金兑换为港币或美元完成结算交易，并产生了 100 万元的人民币多头敞口。虽然银行可以考虑通过 CNY 渠道在境内外汇市场进行平盘，但在实务中，该银行可能主要通过离岸市场或 CNH 渠道平盘。例如，境外某位客户有意通过"北向通"渠道投资境内人民币金融资产，假设同样是 100 万元人民币，这时如香港银行卖出 100 万元人民币，就完全平掉了人民币多头敞口。

根据不完全统计，目前离岸市场的人民币外汇交易主要以 CNH 进行，CNY 是重要补充，特别是当市场出现异常波动、对人民币的需求量迅速增加时，CNY 会发挥补充作用。但根据过去几年的统计，CNH 交易的占比达 60%～80%，所产生的净头寸更是 CNY 交易的 10～240 倍。[①]

在离岸市场获得人民币的渠道有三个：第一个是人民币进口结算、对外人民币直接投资，第二个是通过中国政府推出的各种南下通道流入香港的人民币，第三个是资本外逃。通过人民币贸易结算、港股通和债券通等的"南下"通道和资本外逃，不仅香港结算银行可以提供通过平盘获得的人民币，香港离岸市场本身也已经积累了大量可以提供给投资者北上购买人民币资产的人民币。

种种迹象表明，自 2022 年以来，内地的资本外逃和外流现象十分严重。在充分肯定人民币国际化取得的成绩的同时，我们必须关注以人民币国际化为名的资本外逃，并采取相应对策，以维护中国的金融稳定。

应该看到，资本和金融项目下人民币跨境收付金额的增加反映了人民币国际

---

① 这些说明是中国银行（香港）有限公司的同事提供的，在此表示感谢。

化的进展，但其意义不应夸大。人民币跨境收付金额的增加意味着人民币作为金融交易结算手段作用的增强，但重要的问题是如何使外国投资者长期持有人民币资产。如果外国投资者长期持有的人民币资产没有明显增加，就难以说明人民币国际化真正取得了重大进展。跨境交易金额的增加，也可能是套利、套汇活动增加的结果。一些国内投资者抱怨当年"南下"买入港股现在浮亏严重，同样，香港投资者"北上"买入内地证券，是否也心存不安？总而言之，人民币国际化的成功归根结底要依靠中国经济的持续稳定增长，依靠经济体制的不断完善和法治建设的不断深化。不仅如此，人民币国际化的进展还会受制于地缘政治因素的变化。因而，人民币国际化必须坚持市场推动和循序渐进的原则。人民币国际化的进展应该取决于资本项目自由化的进展，而不应该成为倒逼资本项目自由化的手段。

本文 2023 年 9 月发表于《中国新闻周刊》，原标题为《人民币能挑战美元吗？》。为了方便读者阅读，作者对原文作了一些删节和补充。

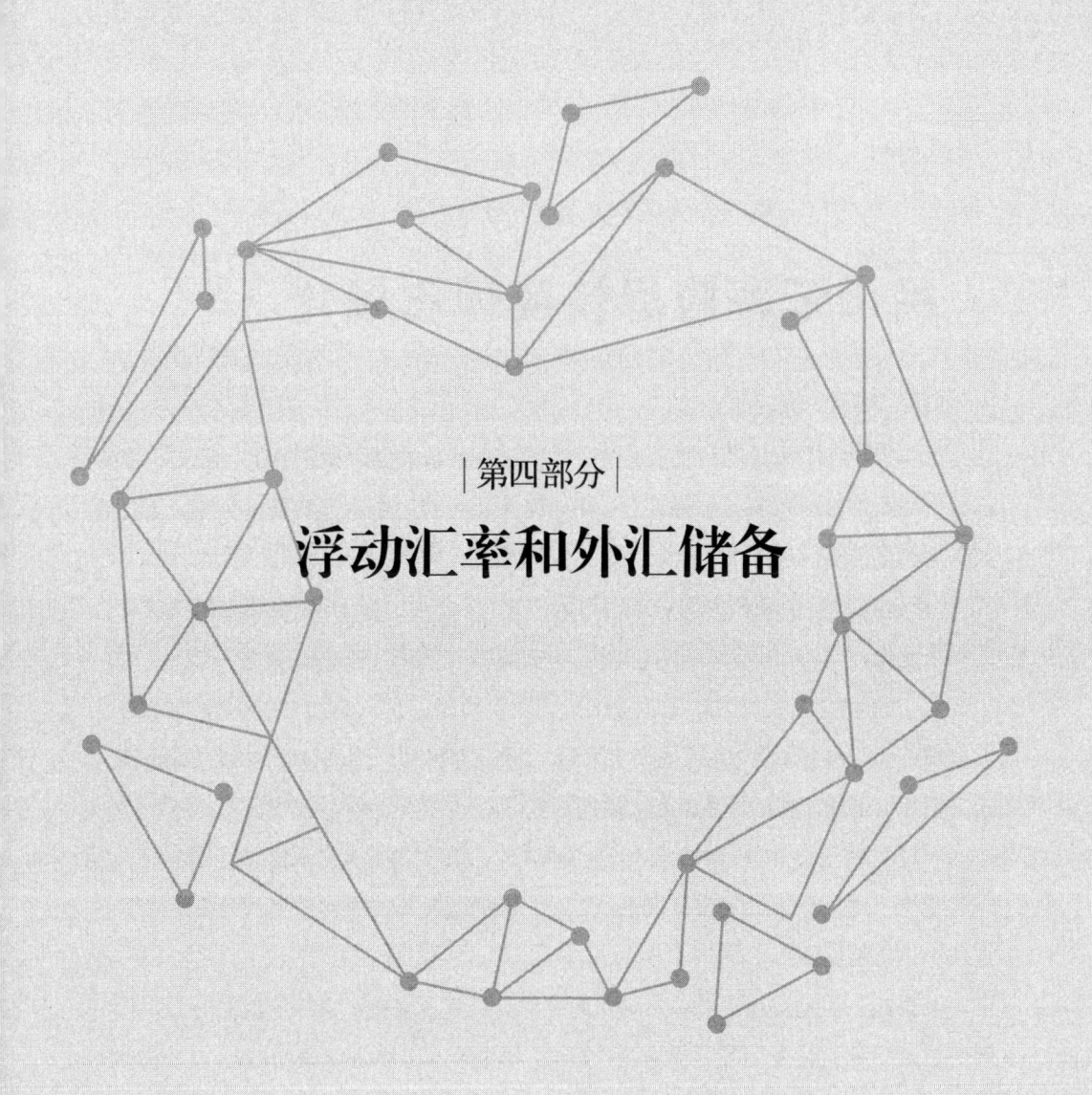

| 第四部分 |

浮动汇率和外汇储备

人民币汇率应尽快实现市场化

2014年4月19日，在北京大学"中国宏观经济与金融论坛"上，经济学家们就人民币汇率问题展开了讨论。经济学家余永定认为金融改革要讲时序，要先放开人民币汇率。

"中国在汇率市场化方面步子迈得太小了，"余永定表示，"中国应尽快实现汇率市场化。"

4月23日，在接受《中国企业报》记者采访时，余永定强调："中国不能再大量增持外汇储备了。"他还进一步表示："在'双顺差'条件下，只要央行不停止干预外汇市场，外汇储备就必然增加。"

记者：您为什么说央行"太小心"了？放开人民币汇率对于当前的金融改革有什么样的紧迫性？

余永定：我觉得现在汇率市场化的条件已经基本成熟，央行应该发出更为明确的信号。我们过去准备工作做了10年，如果不发出更为明确的信号，人们会认为实现汇率市场化将继续延期，就不会积极做相应的准备工作。例如，为了减少汇率变动对进出口的冲击，有许多金融工具可以帮助我们锁定汇率，避免汇率风险。这些金融工具市场上都有，但我们很多企业都不用。用这些工具是要花钱的，企业认为没必要，因为反正人民币会继续升值。但如果企业不用，这些工具的市场就不能得到发展。

大家都认为人民币汇率基本已达到了均衡水平。既然如此，为什么不能进一步扩大人民币汇率浮动区间，同时尽量减少乃至停止对汇率中间价的干预？一方面说汇率没有严重偏离均衡水平——这意味着汇率不会大幅度升值，另一方面又说不能由市场决定汇率，否则汇率会大幅度升值。这是自相矛盾的。

人民币汇率的变动对中国经济会产生冲击，但它对经济冲击的不确定性远远小于利率自由化。利率自由化实际上是个更复杂的问题，它会严重挤压银行盈利。为了维持利率水平，银行就可能冒险投资于一些高风险项目。而那些愿意付高息的人，可能是根本不想还钱的人。所有这些都会导致金融风险的增加。为什么我们不害怕利率市场化，却对汇率市场化那么害怕呢？我认为汇率市场化应该先于利率市场化。汇率市场化的实施已经拖得太久了，这个问题不解决，套汇、套利的问题就没法解决，热钱的流入问题就没法解决，央行货币政策的独立性也就没法解决。汇率市场化是理顺各种宏观经济问题的关键，否则，我们的政策就会顾此失彼，叠床架屋。

记者：有外媒评价中国的汇率市场化已经向"积极"方向迈进，您如何看？

余永定：央行确实已经作出了巨大努力。这种努力从2003年就开始了。最近央行又扩大了汇率的浮动区间。这当然是在向"积极"方向迈进。我了解央行的难处，但希望央行在汇率问题上更加积极，步伐迈得更大。

这就是我为什么在北大的讨论会上说要去当鲁迅说的"傻子"。许多人都想当聪明人，办事喜欢折中。但必须有傻子去"掀屋顶"，"开个窗户"才有可能。如果大家都想当聪明人不想当傻子，就不会有人"开窗户"了。

记者：汇率市场化，中国准备好了吗？

余永定：今年一季度中国外汇储备增加了1300亿美元，以这样的速度，2014年中国的外汇储备就会增加5000亿美元，两年增加1万亿美元外汇储备。美国大印钞票，中国照单全收，什么时候是个头？我们的脑袋进水了吗？中国持有全球1/3的外汇储备，是仅次于美联储的美国国债的最大持有者，已经被美国债市深度套牢。对外汇储存量进行调整已十分困难，新增外汇储备（流量）更令人头痛。即便我们能卖掉一些美国国债，用于其他资产的投资，我们马上又要买进更多的美国国债。因而，首先应该解决的问题是停止进一步增加外汇储备。而解决这个问题的最简单办法是央行停止对外汇市场的干预。央行一旦停止干预，市场将自动作出调整，中国的贸易项目顺差和资本项目顺差都将会减少，直至两者都为零或一正一负。这种调整对经济会有较大冲击，政府和企业必须做好相应准备。但这种准备我们已经做了10年，还没准备好吗？

央行不干预，在"双顺差"情况下，外汇市场上美元肯定供大于求，那么人民币就会升值，升值后汇差就会缩小并最终消失。在资本项目完全自由化和存在正利差的情况下，外资会持续流入，直至人民币升值到一定水平，并产生预期贬值。如果这个贬值预期等于中美之间的利差，套利资本就会停止流入。在存在资本管制的情况下，人民币升值压力可以大大减少。除非国内和外部环境发生重要变化，大家都认为中国经济马上要出事了，资本外逃，国际收支出现逆差，外汇储备就不增加了。如果央行不希望人民币贬值，就需抛售美元，外汇储备还会减少。没人希望出现这个局面吧？但是，应该看到，出现这种局面的可能性正在增加。

有人认为央行的干预是一种市场化干预，因而中国的汇率已经是市场化的。我们改变定义也可以，但这种理解同国际的通常理解不同。比如，韩国汇率一下子涨了20%，又一下子跌了30%，但韩国政府根本不管，这就叫不干预。日本政府从2003年以后基本上不干预外汇市场。当然，通过变动宏观经济政策，可以影响汇率，但这种干预是间接干预。汇率的市场化不排除紧急情况下加以干预，更不排除通过改变宏观经济政策间接影响汇率。

汇率市场化会给中国造成多大危险呢？我认为不会有很大危险，一批企业可能会倒闭，但对中国整个国家来讲，是福利改善。

记者：为什么汇率市场化看来依然困难重重，支持汇率市场化的声音微弱？

余永定：为什么汇率市场化这么难呢？这里涉及企业利益和部门利益。例如，出口商不希望人民币升值。在美国卖1美元的货物，换回8元人民币自然比换回6元人民币好。但从作为一个整体的国家的角度看，出口商品不是越便宜越好。这里有个"最优值"问题，太低太高都不好，放开了汇率厂商自然会找到一个均衡点，找到一个合适的生产规模。不让人民币升值实际上是国家在补贴出口商，而补贴出口商，实际上是补贴美国人。尽管人民币升值可能对出口商不利，但对进口商有利，对整个国家有利。

人民币升值，某些企业有得，某些企业有失，肯定不会对所有人都有好处。过去的改革措施一出，对大家都有好处，没有人反对。但现在是有得有失，企业应该看清楚大势，提前做好准备。比如对出口企业而言，人民币升值肯定对其有影响，那么它就应该学会利用各种金融工具锁定汇率，防范风险。如果汇率由市场决定，汇率风险增加，企业要付出成本是肯定的。

升值后，资源配置改善了，国家得利了，得利后应该反哺企业。比如，可以减税。尽管如此，汇率市场化依然可能会反对者众，支持者寡。损失是个人的，受损的人对损失很清楚。但得利的是国家（不一定是政府），谁得到利益就不那么清楚了。所有企业都减税，不会只对你一个企业减税，你就会觉得这个减税跟我的牺牲不相匹配。

对于好企业，人民币升值并不可怕。人民币升值可能导致某些企业破产，好企业就可以兼并破产企业，增加市场份额。但差企业会害怕，怕也没有办法，该淘汰就得淘汰。否则，经济怎么发展？劳动生产率怎么提高？升值对企业有冲击，但从长期来讲，对整个国家有好处，特别是对好企业有好处。对于汇率市场化，政府应该早做决断，企业应该早做准备。

本文为《中国企业报》记者 2014 年 4 月对本书作者的采访稿。

通过大量消耗外汇储备来稳定汇率不是好办法

"人民币此轮急跌是 2015 年 8 月 13 日以来积累的贬值压力的突然释放。如果贬值压力无法随时释放，人民币的此轮下跌不是第一次，也不会是最后一次。"中国社会科学院学部委员、央行货币政策委员会原委员余永定近日接受了《21 世纪经济报道》记者的专访。

他认为，当前需要讨论的不是人民币贬值的利弊，而是如何避免人民币贬值导致市场恐慌、出现超调，尽量减少人民币贬值的负面影响。

对此，余永定表示，目前央行对汇率管理实行的"爬行钉住"策略缺陷很多，应该放弃。除调整汇率政策、汇率制度外，另一个非常重要的措施就是加强资本管制。此外，应尽可能增加汇率的灵活性，让人民币钉住宽幅波动的货币篮子。

一、人民币急跌是贬值压力的突然释放

记者：2015 年央行"8·11 汇改"以来，人民币对美元汇率出现了急跌。请问您如何分析人民币此轮急跌的原因？

余永定：人民币汇率走势变化始于 2014 年第一季度，当时中国经常项目、资本项目（含净误差与遗漏）都是顺差，但人民币对美元汇率却贬值 3% 左右。在此期间，外汇储备增加了约 1260 亿美元，这说明 2014 年第一季度人民币贬值是央行为了打击套利交易干预外汇市场的结果。但 2014 年第二季度之后，中国

出现资本项目逆差。如果考虑到"误差与遗漏"项下资本的流出，除 2015 年第二季度外，2014 年第三季度以来中国一直处于国际收支逆差状态。换言之，此后的人民币贬值压力来自市场。

由于中国央行持有大量外汇储备，市场相信央行对汇率的控制力，因而，尽管国际收支状况造成人民币贬值压力，但人民币并未出现大的贬值。

贬值压力既可以来自基本面，也可以来自贬值预期。2015 年 8 月 11 日，央行让汇率贬值了 1.9%，市场对央行维稳政策预期发生动摇，人民币贬值预期飙升。贬值预期飙升存在市场过度反应成分。人民币贬值预期本身会加速资本外流，从而增加贬值压力，所以央行一直在和市场斗，要打破市场贬值预期。

自 2015 年 8 月以来，央行对汇率的管理被许多外国投行称为"爬行钉住"。央行希望通过这种方式打破贬值预期，但它只能打破近期的贬值预期，无法打破中期、长期的贬值预期。因为中长期的贬值预期是由经济基本面决定的，即便这些预期是对基本面的错误解释而形成的。

汇率稳定能抑制受贬值预期影响的一部分资本外流（有些外流躲在经常项目里），但也可能加速受贬值预期影响的另一部分资本外流。例如，汇率稳定可以打击卖空人民币活动，但稳定的汇率却降低了资本外逃成本，甚至鼓励资本外逃。因而，汇率维稳的结果很可能是增加而不是减少贬值压力。

如果经济基本面没有得到改善，趁人民币还没贬值之前转移资金的人越来越多，资本外流就会越来越严重，人民币贬值的压力也就会越来越大。

自 2015 年 11 月以来，央行开始让人民币小幅贬值，12 月中旬之后，贬值速度又有所加快。市场开始猜测央行可能会让汇率有较大贬值，蛰伏了五个月左右的贬值预期重新活跃起来。离岸市场卖空，其他形式的资本外流也随着活跃起来，贬值压力陡增。

央行如果不想放水，就必须强力入市干预。事实上央行这样做了，人民币也稳定下来了，但这次恐怕又要花费不少外汇储备。2015 年 12 月中国外汇储备减少 1000 亿美元以上。

到目前为止，中国还有 3 万多亿美元外汇储备，央行对汇率依然有很强的控制能力。但央行如果不对 2015 年 8 月 13 日以来的汇率政策进行调整，如果经济基本面没有得到重大改善、市场听不到更多的"好故事"，随着外汇储备的减少，央行维稳的可信性也将随着下降，资本外流的势头就会更加猛烈。长此以往，后果严重。

简言之，人民币此轮急跌是 2015 年 8 月 13 日以来积累的贬值压力的突然释放。如果贬值压力无法随时释放，人民币的此轮下跌不是第一次，也不会是最后一次。

二、资本管制是稳定金融市场的有效办法

记者：在人民币存在贬值预期下，货币当局可采取哪些措施？

余永定：通过大量消耗外汇储备来稳定汇率不是好办法。首先，十多年来，我们一直在强调加强汇率的灵活性，中国金融改革的重要内容之一就是让市场发挥资源配置的决定性作用。其次，为了保持货币政策的独立性，必须在资本管制和汇率浮动之间作出选择（当然这里有度的问题）。最后，汇率维稳大量消耗外汇储备，成本太高，在可持续性上也存在问题。

面对目前的形势，在汇率政策和制度方面，理论上有三种选择：一是让人民币完全自由浮动（一般国家的做法）；二是钉住美元，宣布人民币不贬值（1998 年中国在亚洲金融危机时期的做法）；三是有管理地浮动（其中包括"爬行钉住"、钉住一篮子货币等，而钉住一篮子货币又有许多不同的具体做法）。

除调整汇率政策、汇率制度外，另一个非常重要的措施就是加强资本管制。"爬行钉住"缺陷很多，应该放弃。央行研究部门提出参考一篮子货币，这可能是一种较好的办法，但不知道细节，难以评论。我和几位同事提出了自己的一些想法，基本思想是尽可能增加汇率的灵活性，具体做法是让人民币钉住宽幅波动的货币篮子。我们在 2016 年 1 月 18 日已经发表了文章，对此作了比较详细的讨论。

鉴于目前有许多制度性缺陷，资本管制是稳定金融市场的有效办法。在大力

宣传和推进资本项目自由化多年之后，重新加强资本管制是令人遗憾的，但我们可能没有更好的选择。央行目前采取的一系列管制措施，细节不便评论。央行审时度势、加强资本管制的大方向是正确的，但对于已有的规则不能轻易改变，重要的是严格执行现有的管制措施。

三、离岸市场如何避免沦为投机者的乐园？

记者：央行已经采取多种措施干预汇市，特别是离岸市场人民币做空的行为。您对此如何评价？

余永定：离岸市场上对人民币的卖空活动活跃。在央行大量干预、维持汇率稳定的情况下，卖空者的获利就是国民的损失，卖空活动本身还会加大人民币贬值的压力。

亚洲金融危机期间发生过的一些事情现在正在香港重演。当年投机者"沽空"港币，香港货币当局就通过让香港银行间拆借利息率飙升来惩罚投机者，保卫港币。央行应该是借鉴了香港当年的成功经验。如果把维持汇率稳定作为前提，央行这样做是完全合乎逻辑的。事情会如何发展，查查香港当年的历史就大致清楚了。中国本来就拥有大量外汇储备，现在再加上一些实质上是强化资本管制的措施，央行取得本次反击的胜利是没有问题的。但是，如果中国经济基本面没有根本性改变，央行依然执行汇率维稳政策，投机者即便暂时铩羽而归，以后还会卷土重来。

同在离岸市场通过中国驻外金融机构买进人民币一样，减少对离岸市场人民币的供给、提高人民币的借贷成本都是抑制离岸人民币贬值的有效办法。

但不要忘记，2009年以来，央行一直在努力推进离岸市场的发展。如果真如市场所传，"中国央行已对部分外资银行发通知，暂停其境外人民币业务参加行的跨境人民币购售业务，直至明年3月底"，未来离岸市场的发展会受到什么影响是不难想象的。此外，这些做法有何副作用、是否可以持续，是否会出现"按下葫芦浮起瓢"的现象值得进一步研究。

离岸市场的动荡再次说明，中国必须解决经济体制改革、金融市场改革、汇率制度改革等一系列问题，人民币国际化才能持续、健康地发展，离岸市场才能真正有助于中国金融资产配置的优化而不是沦为投机者的乐园。现在离岸市场上的许多问题其实是我们自己急于推动人民币国际化和资本项目自由化造成的，所以本次动荡很可能是人民币国际化进程必将进入低潮期的标志。

目前，关于香港离岸市场的报道较多，其他地方，如中国台湾、新加坡的形势如何我们也应该予以关注。此外，离岸市场人民币利率的上升会通过什么机制对在岸货币市场和其他市场利率造成影响，以及两个市场会如何相互影响等问题，都需要进一步研究。本人不在第一线，不便对操作细节作过多评论。我们应该高度关注央行抑制离岸人民币卖空活动的各项措施会对港币和香港金融稳定产生何种影响。

四、克服"贬值恐惧症"

记者：有人提出人民币贬值会促进出口增加，请问您怎么看待当前人民币贬值的利弊？

余永定：任何国家汇率的较大贬值都会带来四个问题：通货膨胀，企业外债负担（用人民币计）加重，银行货币（人民币资产、美元负债）错配，以及主权债违约。

市场一般比较关注企业外债问题。过去一年，中资企业积极去杠杆，企业外债压力应该已经减轻。除此之外，其他问题目前都不算严重，有的根本不存在。

大家似乎对贬值有一种莫名的恐惧，其实在其他国家，汇率大起大落是家常便饭。汇率大幅度贬值肯定会对中国股市和其他资本市场造成不利影响，开始时会造成恐慌和超调，但是随着货币贬值，资产价格便宜了，流走的资金会重新流回。

只要经济基本面没有大问题，汇率贬值，甚至大幅度贬值都不会造成金融危机和经济危机。相反，许多国家之所以出现危机，很大程度上是迟迟不肯让汇率贬值造成的。危机发生，货币不得不贬值。

中国是个制造业大国和出口大国，人民币贬值对出口的好处是不言自明的。当然，我们也不应该夸大这种好处。2016年中国的货币政策会进一步宽松，如果维持汇率稳定，资本外流就不可避免，中央银行就难以实行宽松的货币政策，即便央行可以对冲，也依然难以解决经典的蒙代尔三难问题。

当年我们需要克服"升值恐惧症"，现在我们需要克服"贬值恐惧症"。鉴于中国经济基本面还比较好，很难想象人民币会大幅度贬值。即便超调发生了，中国还有资本管制这个最后屏障，以维护中国金融稳定。

现在需要讨论的，不是人民币贬值的利弊，而是如何避免人民币贬值导致市场恐慌、出现超调，尽量减少人民币贬值的负面影响。

人民币贬值，确实可能引起国际上的强烈反应，有些国家甚至可能会攻击中国发动"货币战争"。我们必须理直气壮地说明，人民币贬值是市场力量作用的结果，不是央行操纵的结果，对中国的攻击是完全没有道理的。中国不仅应该耐心解释自己的政策，还应该积极参与区域性或全球性的金融与货币合作，加强与其他国家的宏观经济政策和汇率政策的协调。

本文为2016年1月19日《21世纪经济报道》记者的采访稿。

保外汇储备还是保汇率

一、人民币为何贬值

从图1可以看出2015年"8·11汇改"以前中国的汇率变动趋势。

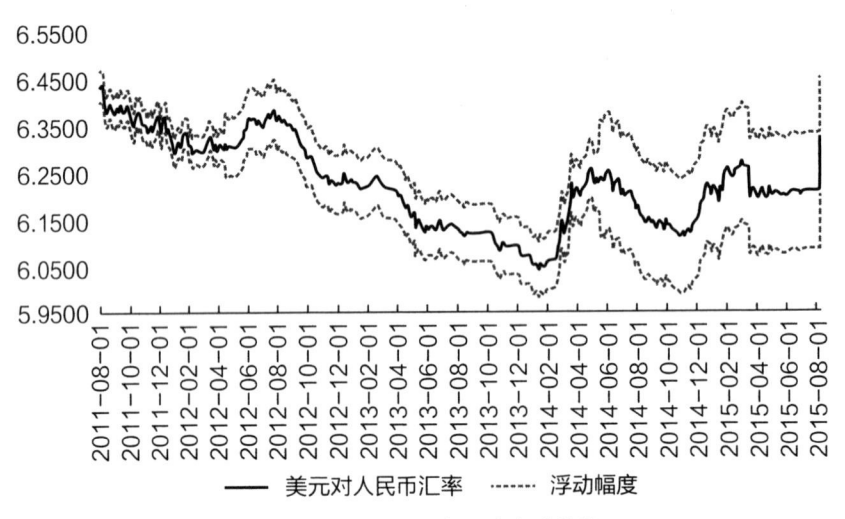

图1　2011—2015年汇率变动趋势

注：2012年4月16日，人民币对美元交易价浮动幅度由5‰扩大至1%；2014年5月17日，浮动幅度再次扩大至2%；2015年8月11日，中国实施外汇管理改革计划。

2014年第一季度，人民币汇率已经开始贬值。这很大程度上是货币当局有意为之的，目的是惩罚投机者。

为何说是故意贬值的？因为在2014年第一季度，我国外汇储备增加了1260

亿美元。当本币贬值时，外汇储备增加，说明是通过买入美元、压低人民币汇率实现的。这种办法确实让很多投机者赔了，也给了他们一个教训。一个季度后，人民币恢复了升值。

2014 年第三季度，人民币又开始贬值，因为此时国际收支出现了逆差。这不是央行故意贬值的，而是经济实际发展所造成的。

2015 年第二季度，国际收支状况又改善了，市场比较稳定。虽然市场有一定的贬值预期，但预期的贬值幅度很小。

2015 年 8 月，央行推出了改革计划，于是汇率进入了不稳定时期。汇率贬值预期由原来的百分之一二，突然升至百分之七八，甚至百分之二十。事情的发展与经济基本面有关系。

在图 2 中，经常项目一直处于顺差状态，资本和金融项目变动较大。

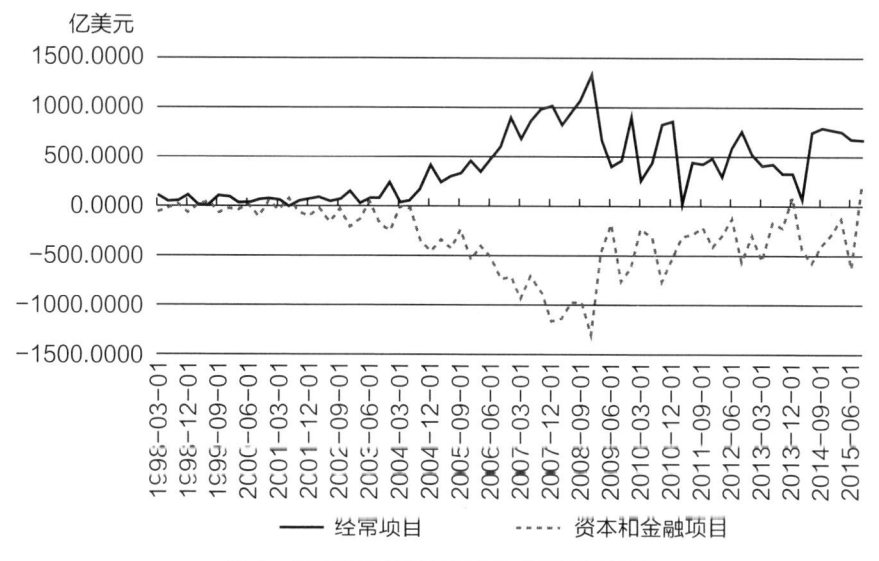

图 2　经常项目差额与资本和金融项目差额

从 2014 年第二季度开始，非储备性质的资本和金融项目（以前在讨论"双顺差"时的"资本项目"）出现逆差，而且逆差越来越大，最后资本项目的逆差大于经常项目顺差，变成国际收支逆差。一旦出现这种情况，人民币就被置于贬值压力之下。

按照官方统计的数字，2015 年，我国经常项目顺差 2932 亿美元，资本和金融项目逆差 5044 亿美元，净误差与遗漏为 1321 亿美元。从国际收支平衡角度来讲，外汇储备减少了 3433 亿美元，实际数字可能不止这个。

人民币为何出现贬值？从根本上来讲，是经济基础面发生了变化。我完全赞成周小川行长说的"中国的基本面不支持人民币贬值"，但那是指长期。我们从经济学教科书中学到，长期汇率主要是由经常项目决定的。但在短期内，汇率很大程度上由资本项目决定。

所以，从长期来讲，比如说三五年后，人民币还会升值，我相信这一点，但是目前恐怕是要贬值的。大家更关心的是目前，特别是金融行业更关心短期状况。

二、汇率维稳难以抑制资本的流动方向

2015 年 8 月 11 日汇改以后，人民币贬值预期加大，资本外流加剧（除 10 月外）。但从图 3 来看，在"8·11 汇改"后，人民币又升值了。

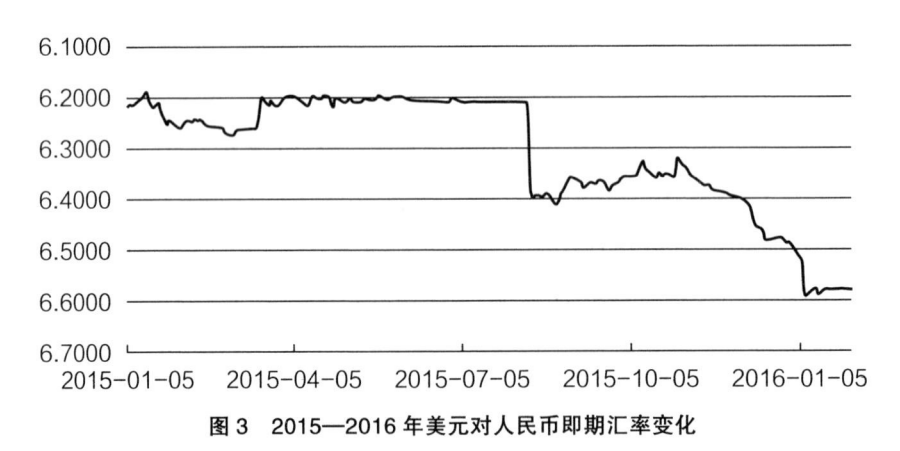

图 3 2015—2016 年美元对人民币即期汇率变化

为何当国际收支状况继续恶化时，人民币会升值？这是央行干预的结果。市场认为人民币会继续贬值，央行为了打破贬值预期，就买进人民币，卖出美元，让人民币升值。后来，人民币又贬值了，这是因为市场安静后，贬值预期有所消减，央行减少了干预。当市场发现央行停止干预后，认为人民币会继续贬值，就卖出人民币资产，买入美元，导致人民币汇率又继续下降。

现在，国际上认为我们的汇率政策是"爬行钉住"，基本上是在跟投机者博弈。指导思想是打破人民币贬值预期。这种做法同当年人民币升值时期的指导思想是一脉相承的，只不过当时是希望打破人民币升值的预期。

这样的汇率政策能否真正稳住汇率？我认为很难。

汇率维稳是否能够实现，取决于维稳对国际收支各个项目的影响。它对各个项目的影响又可分为两类：同汇率预期有关的影响和同汇率预期无关的影响。比如贸易逆差或顺差减少，就与汇率预期基本无关。

1998年，政府传递出的信号是绝对不贬值，此次传递的"基本稳定"并不是十分确定的信号。

- 央行信号的可信度：短期非常强（有外汇储备支撑），长期不强（随外汇储备减少逐步减弱，外汇储备可能用光）。
- 市场的相应预期：近期可能不会贬值（如果央行说"不"），但以后可能会贬值，贬值幅度各有各的预期（3%～5%至20%不等，应该有一个概率分布，不同时期分布也会变化）。

"爬行钉住"可以稳住汇率吗？汇率维稳政策成功的前提是增加经常项目顺差，减少资本项目逆差。我逐项来分析。

1.汇率维稳能够增加经常项目顺差吗？

不但不能，而且恰恰相反。

- 贸易项目是否会增加顺差？如果汇率贬值，可能会增加贸易项目顺差；但维持汇率稳定，肯定不会增加贸易项目顺差。
- 服务项目逆差是否会减少？我们有非常大的服务项目逆差，维持汇率稳定是否会减少服务项目逆差？答案是"不会"。如果汇率贬值，可能会减少服务项目逆差；但不贬值，不会减少服务项目逆差。
- 是否会减少旅游项目逆差？也不会。汇率维稳不会减少旅游项目逆差，因为人民币买美元还比较划算，所以人们会赶紧买入美元，照样出国。
- 是否可以减少外国投资收益的汇出和撤资？这有待进一步考察。如果给外国投资者一个保证——人民币绝对不会贬值（能作出这种保证吗？），那么他们就不会撤资；但如果不能明确作出保证，由于担心人民币以后会贬值，他们就会"趁早"撤资。

不久前我接到一个非常大的跨国公司的高管的电话，问我如何看待汇率。我问他为何有此疑问，是否计划逃跑，他说不好意思，我们正有此想法，如果人民币贬值，我们就跑了。我说，应该早点贬值，你就跑不了了。

2. 汇率维稳对于减少资本项目逆差的作用如何？

经过逐项分析，比如增加 FDI 流入，减少对外直接投资，增加海外借款，减少海外贷款、美元贷款、人民币贷款，我认为都不能实现目标。在资本项目逆差中，最重要的一项是"其他投资项"下的资本外流，对于这一项的影响，我认为没有唯一答案，有正面作用，也有负面作用，很难说。

下面分析汇率维稳对"其他投资项"下的资本外流的影响。

- 贷款项。当前，企业正在提前偿还贷款。如果人民币不贬值，对企业偿还贷款的行为有何影响？我认为不会减缓它们的还款速度，因为现在给了它们喘息时间，它们会赶紧去还款。
- 货币与存款项目。在这一项目中，居民是否会因为人民币汇率现在比较稳定而不使用 5 万美元的额度？答案是"不一定"。如果居民出现恐慌，认为人民币马上要贬值了，可能会把人民币换掉，维稳可以遏制这种外流。但现在很多居民的资产配置发生变化了，子女到国外读书，因此希望增加非人民币资产，这不会受人民币贬值预期的影响。
- 贸易信贷，答案大概也是否定的。

卖空人民币活动，会有影响，但这种活动的结果无法具体体现在国际收支平衡表的项目中。

因此，汇率维稳对于经常项目、资本项目中的某些项目有影响，但对大部分项目没有影响。另外国际收支平衡表中有非常大的一项是误差与遗漏，目前是 2000 多亿美元，这些绝对不会因为人民币稳定而不跑，可能借机会跑得更快，没有办法遏制。

总而言之，通过"爬行钉住"释放的汇率稳定信号只能对对短期汇率预期变动非常敏感的短期资本流动产生一定抑制作用,不能改变那些只是受长期汇率预期变动影响的资本的流动,对不受汇率预期变动影响的国际收支项目更是毫无影响。

相反,"爬行钉住"对大多数国际收支项目(如经常项目、长期资本项目、误差与遗漏项)的影响是妨碍国际收支平衡的改善。如果经济基本面不改变,"爬行钉住"虽然能够暂时实现汇率稳定,但不能消除汇率贬值压力,甚至还会增加贬值压力。

三、汇率维稳的代价:外汇储备急剧下降

汇率维稳的代价是外汇储备急剧下降。

由于资本外流,央行不想让人民币贬值,只能不断地干预,用掉外汇储备。我国外汇储备的损失是巨大的(见图4),据说2015年外汇储备被用掉了5000亿美元,央行的数字是2000多亿美元,其中有估值的因素,但不是主要原因。

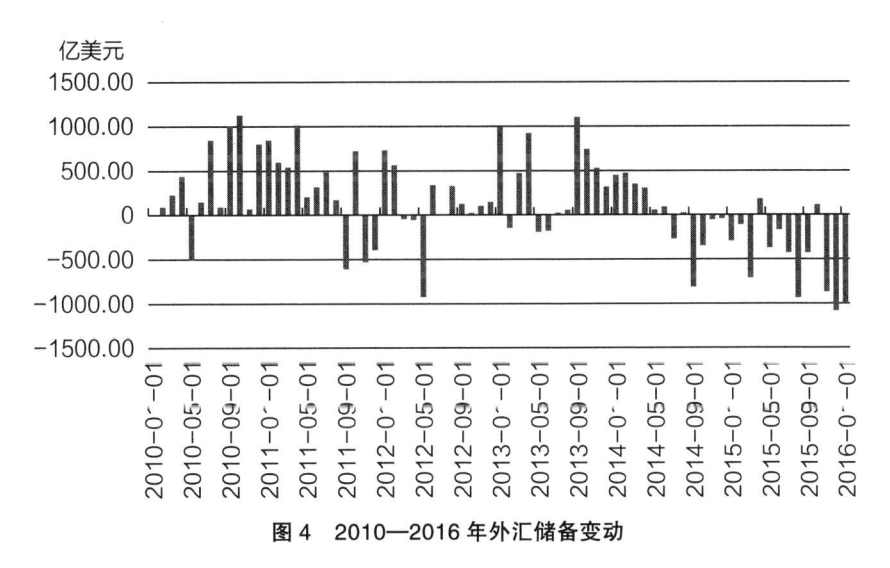

图4 2010—2016年外汇储备变动

货币当局必须在四个目标中作出抉择:保持汇率稳定,保外汇储备,保持货币政策独立性,在资本项目管制方面不倒退。

四个目标想全实现是不可能的。如果要维持汇率稳定,那么外汇储备一定

要逐渐减少，而且要减少得越来越快，这样货币政策的独立性也就没有了。而且在人民币汇率不灵活的情况下，不能更大地开放资本项目，甚至还要加强资本管制。

在这四个目标中，我认为最不值得保的就是汇率，而要保的是外汇储备。有的说法认为外汇储备减少是"藏汇于民"，我承认部分是"藏汇于民"，但相当大的部分不是"藏汇于民"。

为什么？因为净误差与遗漏达到了 2000 多亿美元，这不是"藏汇于民"，而是把钱都转走了。另外，投机者挣的钱也流走了。这些都不能增加中国的国民财富。说直白点，5000 亿美元外汇储备能买 100 艘航空母舰。这 100 艘航空母舰没有了，你不能说这是"藏汇于民"，不知道这些航空母舰藏在哪儿了。

总而言之，如果让我选择，我选择保住外汇储备，不保人民币汇率。2016 年煤炭、钢铁行业计划下岗 180 万人，如何安置他们或让他们再就业？假定给他们每人发 5 万美元，共计 180 亿美元。如果有外汇储备在手，支付结构调整的成本并非难事。用 5000 亿美元换来人民币贬值不超过 5%，划得来吗？！

更何况，为了保持货币政策独立性，汇率必须具有足够的灵活性。要么严格进行资本管制，要么让汇率自由浮动，二者必居其一。汇率稳定本来就不应该是我们政策的目标。

四、汇率大幅贬值带来的问题

对于汇率贬值，我们害怕什么？经济学文献中列有以下几大危险：

- 银行资产－负债货币错配。这在中国不成问题，目前没有出现太严重的错配。
- 公司外债加重。这个问题比较严重，但这些公司借外债是做套利交易，已经赚了很多钱，把赚到的钱吐出来赔一点，应该问题不大。
- 通货膨胀。中国现在是通货收缩，所以不必担心。
- 主权债违约。中国基本没有主权债。

- 引起市场恐慌。这是个有点莫名其妙的理由，到现在为止没人说得清楚。

我们确实应该警惕人民币大幅贬值对中国造成的问题，但不必过分担心。相反我认为，如果让人民币贬值，中国经济不会出现太大的问题。正如周小川所说，基本面不支持人民币贬值。既然基本面不支持人民币贬值，为何害怕人民币会大幅度贬值呢？一旦出现贬值，假设还出现超调，由于基本面不支持人民币贬值，人民币汇率是会反弹的。

在世界经济史上，有谁见过拥有大量贸易项目顺差和经常项目顺差，资本项目长期顺差，经济增长速度在6%～7%，拥有3万亿美元外汇储备的大国，其货币会莫名其妙地贬值20%～30%？

此外，市场对人民币贬值预期不一，有人认为是3%、7%、15%，但认为会贬值20%的非常少。货币危机的定义是货币贬值超过25%。其他国家货币在短时期内大幅度贬值的例子比比皆是。日元在1995年至1998年的三年里，从1∶79贬至1∶147（美元对日元汇率）；新加坡元在1997年至1998年半年的时间内贬值40%，俄罗斯卢布2014年贬值了40%多。在世界经济史上，有谁见过一个国家因为汇率浮动而陷入危机？

尽管没有必要害怕汇率自由浮动，汇率自由浮动毕竟存在一定的风险。为了以防万一，我们提出钉住宽幅货币篮子的主张。这个篮子的波幅非常宽，可能是15%，可能是20%，也可能是25%。至于到底波幅是多大、何时干预，央行不告诉市场。在超过由央行自己内部掌握的波幅之前，央行对汇率的下跌不做任何干预，底线应该设为多少应由央行决定。

例如，如果央行认为超过25%中国经济会出现严重问题，那就把底线设在贬值25%。这种宽幅钉住的好处是，可以把贬值控制在一定幅度内，同时最大限度地节约外汇储备。例如，当人民币贬值幅度达到25%时，由于预期的分化，做空力量早已大大削弱，但当局手里仍然有3万亿美元的外汇储备。在这种情况下，对于任何敢于来犯之敌，都可以聚而歼之。再加上必要的资本管制措施，保住底线是万无一失的。

保3万多亿美元外汇储备比防止人民币贬值10个或20个百分点重要得多。

我们应该尽快作出决定，今年不要再失去 5000 亿美元。否则，等到那时，市场会对当局彻底丧失信心，资本外流必然加剧。在外汇储备急剧减少之后，人民币大幅度贬值才可能会带来难以预测的灾难性后果。

本文为本书作者于 2016 年 2 月 27 日在上海新金融研究院第 49 期闭门研讨会"宏观经济形势与外汇市场风险"上所作的主题演讲，由上海新金融研究院整理。

如果连"破 7"都担心，
人民币谈何国际化

隔夜美元指数走强令非美元货币承压。2018 年 11 月 1 日，离岸人民币对美元汇率跌破 6.98，刷新 2017 年以来新低。人民币汇率中间价下调 72 点，报 6.9646。目前，人民币汇率中间价已较年初贬值 7%。

针对市场对人民币是否会"破 7"、汇率是否存在高估、人民币国际化是否会受影响、中国经济的基本面能否支撑汇率维持在 7 以内等话题，观察者网记者专访了多位经济、金融界专家，请他们从长期发展的角度，分析人民币汇率"破 7"问题。今天刊发的是系列访谈的第二篇。感谢中国社会科学院学部委员、前央行货币政策委员会委员余永定接受采访。

记者：2018 年 10 月 31 日，人民币离岸、在岸汇率跌至 6.98，外界对何时"破 7"议论纷纷。对此，您怎么看？在目前情况下，人民币汇率会"破 7"吗？

余永定：我觉得有可能"破 7"。因为从国际收支平衡状况和市场情绪来看，人民币存在一定的贬值压力。而这种压力是否会导致人民币贬值，则最后取决于央行是否出手干预。

应该强调，当前市场上并不存在由经济基本面（如经常项目逆差、长期投资逆差等）决定的人民币贬值的明显压力，而央行自 2017 年以来就已经基本停止对汇率市场的常态化干预。在市场担忧"破 7"的情况下央行依然不干预，就向市场昭示了完成汇率决定机制改革的决心。这是一个难得的具有重要意义且风险很小的事情，我想央行应该不会放弃这个机会。

记者： 现在市场上对人民币议论很多，有人把当下人民币的表现称为"人民币在7附近思考"。您怎么看这种说法？您认为应该采取什么措施来缓解市场的焦虑？

余永定： 我不知道6.99和7有何区别，为什么不在6.99附近焦虑而在7附近焦虑？这完全是一种心理问题（对整数的偏好？），而同经济基本面没有任何关系。

市场的真正问题大概是：在人民币汇率存在贬值压力的情况下，央行会不会干预？如果"破7"，市场大概会认为人民币还有进一步贬值的空间；如果不"破7"，市场大概会认为在相当一段时间内，人民币不会进一步贬值。这种"人民币在7附近思考"实际上只不过是对央行意图的猜测。

消除这种焦虑的措施非常简单：一是央行什么也不说，让人民币"破7"；二是央行表明，将继续维持过去一年多以来的不干预政策。这样一来，焦虑自然就消失了。

任何资产价格发生变动，都有好与坏两方面影响。一方面，在当前情况下，在短期内人民币贬值对实体经济是有好处的，对经济总体而言也是利大于弊的；另一方面，人民币并不具备长期大规模贬值的基础，我们也不打算把调整人民币汇率作为贸易战的一种手段。

最近人民币汇率波动是非常正常的，不变才是不正常的。如果汇率始终守在一个点位上，到6.99就不敢到7，7不能被击破，这反倒是不正常的。如果有贬值压力，却迟迟不让"破7"，实际上是授人以柄，向人家表明中国在操纵汇率。虽然从实用主义立场出发，美国欢迎这种不让人民币贬值的"操纵"，但"操纵"的帽子是会扣到中国头上的。

让人民币汇率"破7"，向世界昭示中国的汇率制度已经过渡到浮动汇率制度。将来无论人民币升值还是贬值，国际市场都得接受，美国也将难以用操纵汇率为借口向中国发难。

对媒体来说，不要夸大"破7"或者"不破7"的重要性。我们现在关注的重心应该在实体经济的增长上。我认为，就当前的形势而言，股市的稳定更重要。如果股市再继续下跌，对中国经济将很不利。关注股市，考虑如何让股市稳定下来，这是合理的；对人民币汇率贬值完全不应有什么焦虑之感。如果从个人或企业的角度来看，人民币贬值将带来某种损失，则这些个人和企业完全可以采取相应措施来避险。

记者： 货币贬值往往会影响货币国际化进程。对人民币而言，近期贬值是否也会影响人民币国际化进程？

余永定： 这点小小的贬值幅度不会影响人民币国际化进程。现在人民币汇率为6.97，贬值到7，这零点零几的变化就会影响人民币国际化？如果如此小幅度的变化都会影响人民币国际化，那就不要谈人民币国际化了，根本不可能国际化。当然，人民币汇率如果一路贬值到8、9，那的确会影响人民币国际化，但目前的情况完全不是如此。

目前人民币对美元汇率水平同经济基本面的表现是比较一致的，偏离幅度不大。这一点可以参考国际收支状况（特别是经常项目差额）、长期资本流动、外汇市场交易量、经济增长状况等，我们的经常项目基本是平衡的，我国的国际收支大体也是平衡的。这些都意味着中国经济的基本面不支持人民币大幅度贬值。

此外，我们可以看看美元的波动情况。美元经常大幅度贬值。1980年代初，美元指数高达160多，在金融危机前夕贬值到70多。这样的变化，仍没有动摇美元作为国际储备货币的地位。

一国货币能否成为国际储备货币，其他国家是否愿意持有，关键不在于其是否会一时贬值或升值，而在于该国的经济、政治、科技、军事的实力和国际信誉、开放程度、增长潜力的大小，以及经济政策是否得当。当然，一种持续贬值的货币是无法成为国际储备货币的。

人民币是否能国际化不是中国一厢情愿的事。其他国家愿意用，咱们就创造条件，让人民币作为计价手段、结算手段、储备手段，但没有必要采取任何特殊的政策来鼓励他人使用人民币。如果中国经济稳定发展，对外贸易顺畅，金融体系是健康的，他人自然愿意使用人民币。当然，人民币也不能长期贬值，否则他人就不会使用。像现在这样只是小幅波动，是没有问题的。

记者：本轮人民币汇率贬值，与美元指数升高直接有关。除人民币外，其他国家货币也出现不同幅度的贬值，新兴市场国家表现尤其显著。相对其他货币贬值程度，人民币表现坚挺。在您看来，这种情况是否会让更多国家乐于接纳人民币？

余永定：当然。

相对其他发展中国家货币而言，人民币走势是升值。中国是世界第二大经济体，拥有全世界最多的外汇储备，中国经济增速还是相当高的。人民币是除美元、欧元之外，最受世界欢迎的货币之一。其他发展中国家的货币和人民币根本没法比。

我们自己不必过多强调人民币国际化，人民币国际化是个自然的过程。美元自己"作死"，特朗普今天制裁这个国家，明天制裁那个国家，和全世界打贸易战，利用美元霸权地位实现美国自己的国家目标。美国滥用美元的国际储备货币地位进行贸易战、金融战是自毁前途。

人民币什么时候能取代美元成为国际储备货币，很大程度上取决于美元国际储备货币的地位是否会发生动摇。特朗普的一系列行为大大损害了美元的国际信用，这就为人民币国际化创造了一些重要机会，中国自然应该抓住这些机会。

日前，日本同中国签订货币互换协议就是一件好事。如果没有美国的"推动"，中日关系的改善和货币互换协议的签订就可能更困难些。

记者：2015年"8·11汇改"后，人民币汇率出现过多轮贬值，主要集中在2015年下半年到2017年初。本轮人民币汇率贬值和上一轮贬值的情形是否有相似之处？

余永定：不一样，当时的形势比现在严重得多。2012年以后的官方政策是加速人民币在资本项目下的自由兑换。在当时的政策氛围下，资本跨境流动管理是很不到位的。大规模的资本外流造成了很大的人民币汇率贬值压力。贬值预期和贬值相互作用，形成恶性循环。而现在不是这样的。央行加强了资本管制，人民币汇率贬值的压力远没有当初那么大。当时是恐慌，现在仅仅是焦虑，情况是很不同的。

当时的普遍看法是如果让人民币汇率贬值，人民币就会大幅度贬值，以致失去控制，结果我们动用了1万亿美元的外汇储备来稳定汇率。

维持人民币汇率稳定，有助于外贸的正常发展，我没有异议，但不能动用那么多外汇储备来保汇率。不能因为要人为维持汇率稳定就牺牲大量的外汇储备。外汇储备一下子减少1万亿美元，这在国际上前所未有，而且根本不是所谓"藏汇于民"，相当大一部分外汇兑换给外逃资本了。就中国目前的制度安排来看，其他错误可以弥补，钱跑到国外就很难回来了。

记者：听您的评价，是否认为这轮汇率贬值，央行应对得比较得当呢？

余永定：是的，特别是央行停止了常态化干预，同时也加强了资本管制。所谓加强资本管制，并非新增资本管制政策或撤销过去的外汇政策，而只是严格执行现有的政策。央行到目前为止做得很不错，希望它坚持做下去。

记者：对于我国的汇率机制，您始终希望人民币汇率能够尽早实现自由浮动。面对本轮人民币汇率下挫，您是否还持有这种态度？如果人民币汇率实现自由浮动，会有什么好处？

余永定：对，我一直就持这种观点。早在2003年，我就赞成人民币和美元脱钩，不要钉住美元。2005年脱钩之后，我赞成加大人民币汇率的浮动区间。到了2015年，我开始主张干脆让人民币汇率实现自由浮动，现在我依旧这么认为。

人民币汇率波动的确会对企业经营造成影响，但市场存在大量的衍生金融工具，企业可以利用这种衍生工具来避险。企业不能把所有风险都推给国家，也就是说，出口企业的风险不能转嫁给老百姓。企业应该花点钱，做套期保值，自己努力做到收益稳定。对出口企业来说，这是企业应该要做的事。否则央行就成了保姆，什么风险都承担，企业就没有积极性去做套期保值，金融机构也就没法发展各种金融产品。

所以，我们工作的重点在于既要稳定金融，又要保持经济增长。现在股市问题比较大，应该把更多精力放在这里。只要我们还坚持必要的资本管制，人民币汇率就没有什么危险，对汇市不必过于担心。

记者： 汇率对外贸有直接影响。今年前三季度我国外贸数据表现不错，进出口保持较快增长。这和最近一段时间人民币汇率贬值有关吗？

余永定： 外贸数据表现不错可能有两个原因：一是人民币汇率贬值。尽管受贸易摩擦影响，出口受阻，但人民币汇率贬值是有利于出口的，抵消了一部分外贸压力。二是企业提前出口。国内企业选择在美国加征关税之前或刚刚加征关税之际，完成订单出货，这导致外贸出现短期较快增长。至于哪个因素影响更大，还有待观察。以后外贸表现如何，就难说了，贸易摩擦的影响还没有完全显现。

人民币汇率贬值对出口肯定有好处，但我们强调不能把人民币汇率贬值作为应对贸易摩擦的手段，不会因为出口少了，就大量贬值。汇率是一种市场调节机制。如果供求关系发生变化，买家对其他国家商品的需求增加，对我们国家商品的需求减少，人民币汇率就自然会贬值，这种贬值是市场供求关系变化的结果。但我们不应该通过干预引导人民币汇率贬值。竞争性贬值对谁都没有好处。

当然，浮动汇率制度不排除干预，但这种干预是为了熨平过度的波动，而不是试图扭转汇率的变动趋势。

人民币汇率贬值将导致用人民币买美元的价格上升，这时候贬值本身也能够抑制资本外流。当然，资本流动不同于一般的商品流动。作为一种金融资产，"追涨杀跌"导致的过度调整是可能的。这也是需要对跨境资本进行管理的重要原因。

记者： 从长期来看，结合中国的经济基本面，您判断人民币汇率将升值还是贬值？

余永定： 我认为今后一段时间，人民币汇率升值的势头会减弱，但不会大幅度下跌。就像日元对美元，汇率最低到过 360，后来升值到 79。后来日元汇率贬值，达到 100、110、140，然后又回调，汇率呈现出双边波动，基本保持稳定。

我想人民币汇率以后也会进入这么一个过程。原来是升值，到了 2015 年开始跌，到了 2017 年又开始涨，2018 年再度出现下跌。这说明人民币汇率已经进入双向波动的过程。目前由于贸易摩擦升级，人民币汇率可能会在一段时间内出现贬值，但到了一定时间，还会出现升值。

从中国的基本面、国际收支状况、经济增长状况来看，人民币汇率没有大幅度贬值的基础。更何况央行已经大大加强和改善了对跨境资本流动的管理，对人民币汇率大幅度贬值的担心是没有必要的，而且就算我们想要人民币汇率大幅贬值，也难以做到。因为人民币对美元汇率大幅贬值，就意味着美元对人民币汇率要大幅升值。特朗普对此是不会坐视不管的，美国政府定会采取相应的措施，抑制人民币对美元汇率的贬值。虽然美国政府对汇率基本不干预（财政部是可以动用外汇稳定基金进行干预的），但通过间接方式进行干预的手段还是很多的。

因此，今后人民币汇率基本上是双向波动，但是不会像 2003 年到 2014 年那样长时间、大幅度、持续地升值，单边上升阶段已经过去了。从短期看，人民币汇率无法预测；从长期看，在相当长一段时间内，人民币汇率会保持基本稳定，但可能偏软；从更长期看，无论如何，人民币将是一种强势货币。

记者： 好的，感谢余老师接受采访。

本文为观察者网记者奕含于 2018 年 11 月采访本书作者余永定的独家稿件，未经授权，不得转载。

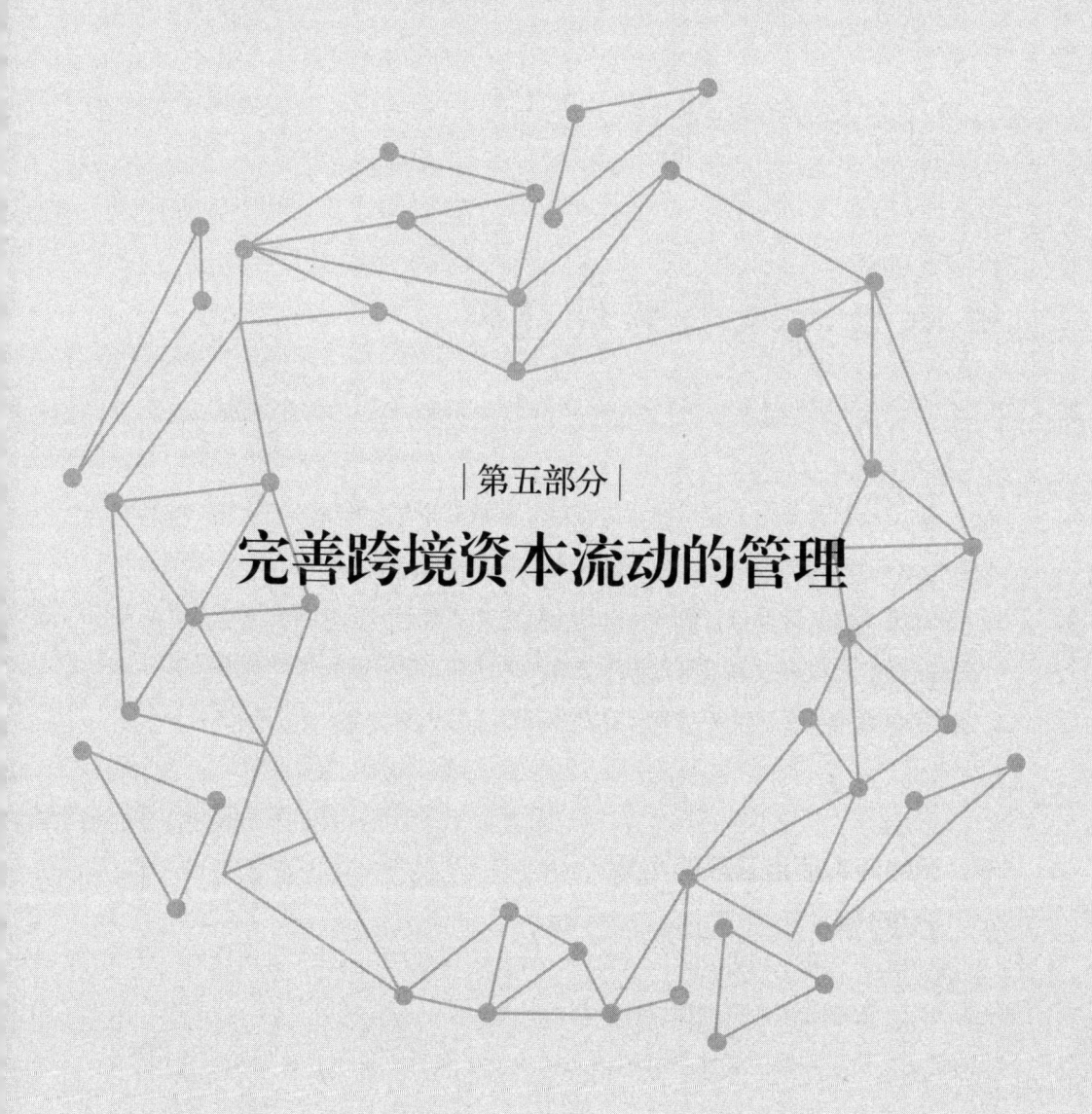

| 第五部分 |

完善跨境资本流动的管理

审慎对待资本项目开放

提要： 我国在推动资本项目开放时，应该首先明确资本项目开放的定义和目的，然后再讨论如何开放。目前，在国际金融形势复杂的情况下，我们应客观评价开放的时机是否合适。在实施过程中，要具体问题具体分析，总体上协调推进，但是资本项目开放所需的必要条件一定要先实现。为了使对资本项目开放的讨论更具体、更有针对性，央行应列出开放的步骤，使学者的讨论能够为政策制定者提供有效的参考。资本项目开放是中国改革的关键一步，如何将这关键一步稳健迈出，央行应该慎之又慎。

一、明确资本项目开放的定义

在最近有关资本项目开放的讨论中，各方的观点有所趋同。之所以依然存在不少分歧，主要是因为资本项目开放的定义并不明确，包括资本项目"基本"开放的定义、资本项目"完全"开放的定义。如果对资本项目开放的定义不清晰，那么讨论就难以进行。如果强调资本项目"完全"开放并不意味着放弃管制，那么资本项目"完全"开放又是什么意思呢？我在以前的讨论中就表达过这个疑惑，但是目前还没解决。是否可以认为央行倾听了大家的意见，通过把概念模糊化以便在辩论中取得更大的回旋余地？无论如何，我希望央行还是把资本项目"基本"开放和"完全"开放的含义解释清楚，否则讨论就会变成无的放矢。

二、厘清资本项目开放的目的

在讨论资本项目开放的时候，我们首先要想清楚我们开放资本项目的目的是什么、好处是什么。当然，我这里说的目的和好处是指当前"进一步开放""加速开放"的目的和好处。有关部门似乎并未系统阐述这个问题。从相关文件和央行官员的谈话中，可以发现如下几个目的：

第一，鼓励和支持企业走出去。这似乎是当前我国加速资本项目开放的一个重要理由。这一目的过去并没有被特别强调。

第二，推动国内经济体制改革，包括汇率制度改革和利率制度改革。过去的观点是如果汇率制度不进行市场化改革，那么开放资本项目后中央银行就很难执行独立的货币政策，还会有一些福利损失，这是经济学教科书的标准讲法，也是被大家普遍接受的。央行则认为应该用资本项目的开放推动国内经济体制改革，特别是汇率和利率制度改革，而不是汇率和利率制度改革为资本项目开放创造条件。

第三，公民有权自由处置自己的财产。公民配置自己的财产是其自身的权利，但我觉得讨论资本项目自由化问题时还是应该从经济角度考虑，即资本项目开放对我国的经济发展是否有利，否则我们就不是在讨论经济问题了。

我国资本项目开放的目的是什么，对我国有哪些好处和坏处？资本项目进一步开放会带来哪些风险？我们需要详细权衡利弊，然后决定做什么和不做什么。我认为央行并未清楚说明我们为什么要加速资本项目开放、希望达到什么目的、会遇到什么风险。过去曾经提出过人民币国际化的目的，包括四个：减少汇率风险，减少外汇储备，降低交易成本，促进上海国际金融中心建设。现在上述四个目的中，我们到底实现了哪些目的？我们现在喜欢谈论人民币国际化的进展本身，但已经很少有人谈人民币国际化的目的，似乎人民币国际化本身就是目的。后来我们开始谈论进一步开放资本项目和人民币国际化的关系，强调为了进一步推动人民币国际化必须进一步开放资本项目。现在我们讨论资本项目开放问题时已不再与人民币国际化问题挂钩了，资本项目进一步开放似乎成了目的本身。央行一定要把我国资本项目开放的目的阐释清楚，这样才能更好地说服一些持有异议的学者。

三、客观评价资本项目开放的时机

中国在1996年已经开始实行资本项目开放，虽然有停顿，但是总体是在向前推进的，可以说中国的资本项目开放程度不是很低。所以现在讨论的不是是否应该实行资本项目开放，而是是否应该加速、在什么时候再开放什么项目。央行认为现在是加速资本项目开放的战略机遇期。凭什么这样说？我同意林毅夫先生的判断，即现在是最危险的时期。美联储将退出量化宽松政策。在此期间将出现美国国债价格下降，利率上升，资本从发展中国家流出，发展中国家货币贬值等现象。国际环境充满了危险性和不确定性，这种危险性和不确定性在未来的一两年将表现得尤为明显。

2003年在讨论人民币汇率制度改革的时候，不少人认为时机不成熟，应该等待更好的时机。当时，我不赞同这种说法，提出没有人能判断当时是否是最佳时机，最佳时机只能在事后判断出来。大家还在等待最佳时机，最佳时机可能已经错过。现在大家用同样的说法来批评我对加速资本项目自由化所持的保留态度，令我哭笑不得。这种泛泛而论，并不能代替严肃的辩论。请告诉我：你们所说的战略机遇到底是什么？

四、正确理解协调发展的含义

央行强调各项改革是协调发展的，认为各项政策没有绝对的先和后，都处于改革的过程之中，汇率和利率制度改革与资本项目开放是互相促进、互相协调的。这个看法在原则上并没有错，但是我依然有疑问。如果彻底开放资本项目，包括开放短期资本跨境流动，但汇率制度依然维持现状，那么央行如何能执行独立的货币政策？我们如何尽量减少因国际投资者套利、套汇给中国带来的福利损失？一些投行已经利用我国汇率制度改革还没有完成、资本项目开口较大的机会获取了很多利益。对此，我们是否应该持无所谓的态度？我认为，对于具体的问题，我们还是可以判定应该孰先孰后的。比如，在汇率制度维持现状的情况下，开放短期资本跨境流动，不限制居民将人民币换成美元，就是错误的，必须首先把汇率问题解决了。当然，即使汇率问题解决了，还有许多其他问题需要解决，如财产登记制度、税收制度、产权制度等。总而言之，我们在对具体问题具体分析的时候，是可以对各项改革实施的先后顺序作出判断的。

五、慎重考虑资本管制放开事宜

如果在出现了问题以后再重新管制，就来不及了。例如，前几年，泰国一度重新实行某种资本管制，但是引起了一系列问题，也影响了国家信誉，并且，事后重新管制时往往损失已经很大了。所有发生金融危机的国家，在发生危机之前的经济状况都是一片繁荣，特别是东南亚金融危机爆发之前，泰国、马来西亚、新加坡的经济发展形势都很好，然而，危机一旦爆发，就没有调整挽回的余地，需要10年、20年才能恢复到危机爆发前的状态。我认为马来西亚和泰国直到现在都没有完全恢复过来，泰国已经算不得"小虎"了，甚至所谓的"四小虎"已经不存在了。由此可见，东南亚金融危机对这些国家的冲击之大。因此，我们不能秉持着先出现问题后调整的理念，所谓"覆水难收"，希望央行慎重考虑相关事宜。

六、将资本项目开放事项具体化

对于改革的时间表，我认为现在不需要更多讨论意识形态问题，讨论一些非常抽象的经济理论与原则也没有意义，应该有一张明确的改革相关事项的列表。如果计划在2015年实现资本项目基本开放、2020年实现资本项目完全开放，那么首先应该明确"基本"开放和"完全"开放的含义，然后把各项具体步骤详列出来。这样便于学者、专家们充分地、有针对性地逐项讨论，为央行提供一些参考意见。资本项目开放是关系到中华民族未来发展的关键一步，当必要的改革没有完成的时候，我们不能轻易地将资本管制这道防火墙拆除。有这道防火墙，国内出了问题，还可以控制；没有这道防火墙，国内出了问题，就难以控制了。对中国这个庞大的经济体来说，一旦出现问题，没人能够救得了。

本文为本书作者于2013年7月在中国金融四十人论坛的双周圆桌研讨会上的主题演讲稿。

是藏汇于民，还是国民财富流失

2014年6月至2017年1月，中国外汇储备由39 932亿美元下降至29 982亿美元，缩水了25%。一些官员及学者认为，外汇储备快速缩水是"藏汇于民"的结果，但中国社会科学院学部委员余永定与他的世界经济与政治研究所团队提出，尽管不排除有"藏汇于民"的成分，外汇储备缩水在很大程度上是套利、套汇交易获利平仓、沽空平盘和资本外逃的结果。

当央行为维持汇率稳定，大规模动用外汇储备之际，"中国外汇储备过多，在干预外汇市场的过程中将外汇储备用掉是好事"一时成为主流观点。

外汇储备在两年间下降将近1万亿美元是否是"藏汇于民"？"保外汇储备还是保汇率"是伪命题吗？中国外汇储备是否过多？如果过多，应该如何合理使用外汇储备？针对业界关注的这一系列问题，在今年（2017年）"两会"期间，《财经》记者专访了政协委员、中国社会科学院学部委员余永定。尽管目前人民币贬值压力明显消退，但在所谓"藏汇于民"问题上取得更多共识，对未来汇率政策的抉择依然有重要意义。"两会"后，余永定又对采访稿作了一些修改和补允。

一、"藏汇于民"辨析

记者：最近一些流行观点认为，外汇储备下降主要是"藏汇于民"的结果，是外汇资产由央行集中持有向民间部门分散持有的转变过程。您怎么看？

余永定：到2014年6月，中国累积了接近4万亿美元外汇储备。今年1月，外汇储备降至2.99万亿美元，跌破3万亿美元外汇储备整数关口。在两年多时间里，外汇储备总量减少近 1 万亿美元，降幅达到 25%。像中国这样，在如此短的时间内，为了维持汇率稳定而用掉如此之多的外汇储备，在世界经济历史上恐怕绝无仅有。1 万亿美元是什么概念？IMF 可动用的全部资源在全球金融危机后增加了 3 倍，但也才达到 6600 亿美元。欧元区为处理欧洲主权债危机所能动用的资金总共为 7000 亿欧元。在亚洲金融危机期间，所有国家和国际金融机构所消耗的资金总额也就是 3500 亿美元。

对于中国外汇储备损耗的许多错误观点和模糊认识，我的同事张明博士已经在《财经》上著文作了比较全面的阐述。这里我仅想围绕目前的最流行说法——"外汇储备减少是'藏汇于民'"谈一下自己的看法。

事实上，世界经济与政治研究所团队是"藏汇于民"的最早提倡者之一，但那是在人民币处于升值通道时的主张。在人民币处于贬值通道的时候，情况是不同的。

"藏汇于民"一词隐含的意思：中国官方外汇储备资产的减少等于中国非官方海外资产的增加。换言之，中国海外净资产的总量并没有变化，但海外资产－负债结构却得到了改善。事实是否如此呢？

要想回答这个问题，必须找到中国海外资产－负债结构的特点，而这些特点又与中国的国际收支结构密不可分，因而，中国的国际收支结构应该成为分析的起点。

记者： 那么，中国的国际收支结构有哪些特点，这些特点是如何形成的？

余永定： 首先，在建立"创汇经济"思想指导下，中国从 1994 年开始到现在年年都保持经常项目顺差。也就是说，当人均年收入仅有数百美元的时候，中国就成了资本净输出国。作为经常项目顺差国，特别是在参与国际化的初期，中国的资本输出是通过央行增持美国国债实现的。这样，从 20 世纪 90 年代初期起，中国就开始了以持有官方外汇储备为主要方式的海外资产积累过程。

其次，由于有极为优惠的引资政策，中国在拥有足够多的外汇的情况下，还吸引了大量 FDI，因而维持着经常项目顺差。拥有经常项目顺差意味着有投资意愿的企业可以通过国内金融市场（商业银行）从出口商处购买进口外国资本品和技术所需的外汇。例如，出口商出口创汇 100 亿美元，投资企业可以用 800 亿元人民币从出口商处购买 100 亿美元以满足进口需求。在这种情况下，投资企业是不需要引进外资的。

然而，由于信贷控制等原因及引进 FDI 所能享受的种种优惠，投资企业可能无法或不愿通过国内金融市场的媒介作用从出口商处购买所需的 100 亿美元外汇，于是便通过引进 FDI 以获取进口资本品和技术所需的 100 亿美元，而出口商只好把挣来的 100 亿美元外汇通过商业银行卖给中央银行。这样，资本项目出现了 100 亿美元顺差。与此相对应，中国的海外资产（美国国债）和负债（FDI）分别增加 100 亿美元。在这个例子中，外汇储备的增加是引入 FDI 的结果。[①]

记者： 中国海外资产 - 负债结构有什么特点，这些特点同中国国际收支结构的特点有什么关系？

余永定： 中国海外资产 - 负债结构同国际收支结构是存量同流量的关系。前者是后者的结果，但后者又会影响前者。从总体看，直到前不久，中国国际收支的基本特点是"双顺差"。"双顺差"的存在是汇率缺乏弹性情况下，各种政策扭曲和市场扭曲的结果。

例如，一方面，出口商出口创汇 100 亿美元；另一方面，投资企业还要引进 100 亿美元的 FDI（或其他形式的外资）。不仅如此，在引进 100 亿美元之后，投资企业并不将外汇用于进口资本品和技术，而是通过商业银行将其卖给中央银行以换取 800 亿元人民币用于国内人民币资产投资。这样，中国就同时出现了 100 亿美元的经常项目顺差和 100 美元的资本项目顺差。与此相对应，中国海外资产（外汇储备）增加了 200 亿美元，海外负债（FDI）增加了 100 亿美元，海外净资产增加了 100 亿美元。在新增的 200 亿美元外汇储备中，有 100 亿美元是"借来"的，所以有 100 亿美元新增海外负债与其相对应。

---

① 这里还存在 FDI "挤出" 内资，国内剩余资金只好用于购买美国国债问题。

从 1991 年算起（扣除 1993 年），中国维持经常项目和资本项目"双顺差"已经 15 年了。到 2014 年中，中国积累了近 5 万亿美元的海外资产和近 3 万亿美元的海外债务。换言之，中国拥有近 2 万亿美元的海外净资产。

长期以来，外汇储备在中国海外资产中的比重大致为 67%，而境外直接投资（ODI）的比重则极低，2005 年为 5%，2014 年也仅仅为 13.7%。与此相对照，2005 年 FDI 在中国海外负债中的比重为 58%，此后这一比重也未发生很大变化。由于中国的海外资产主要是美国国债，海外负债主要是 FDI，海外资产同海外负债的收益率差异悬殊，中国投资收入长期处于逆差状态。例如，2008 年前后，美国国债收益率仅为 2%～3%，而与此同时，根据世界银行统计，外国跨国公司在中国的投资回报率达到 22%。这样，尽管拥有巨额海外净资产，中国实际上是个债务国。

记者：您认为中国国际收支结构和海外资产－负债结构存在一系列不合理性，这些不合理性同人民币汇率形成机制又有什么关系呢？

余永定：需要强调的是，我们始终认为，中国国际收支结构和海外资产－负债结构的不合理性是同中国的金融体制、发展战略、外贸政策、引资政策等因素密切相关的，但中国的人民币"升值恐惧症"也起到了重要作用，自 2003 年以来就出现了人民币的升值压力。消除这种压力有两条基本路径：一是让人民币升值，二是通过某种政策组合增加消费和投资（本来已经很高了）来吸收储蓄。人民币迅速升值（或完全放弃对汇率的干预），意味着人民币资产价格上升。尽管不排除出现超调，但随着人民币资产美元价格的上升，市场预期（继续升值还是不再升值）将发生分化，热钱将停止流入。

与此同时，经常项目顺差也会减少。这样，外汇储备将会稳定在一个比较合理的水平上，中国海外资产－负债结构也将得到改善。然而，尽管央行很早就希望增加人民币汇率的弹性，但由于许多政府部门的强烈反对，央行先是不得不推迟人民币同美元脱钩，2005 年后则不得不持续干预外汇市场，以减缓人民币的升值速度。与此同时，政府也未能找到有效办法在较短时间内提高消费率，消除国内储蓄大于投资的缺口。

在人民币处于缓慢升值的过程中，大量旨在套利、套汇的热钱穿透资本管制的屏障源源流入中国。让人民币缓慢升值的政策意味着非居民套利、套汇者可以用美元低价买入人民币资产，在获得利差的同时坐等人民币升值。在这个过程中，一方面套利、套汇资金通过资本项目流入（经常项目中也流入不少同贸易顺差无关的资金）导致中国海外负债（主要是短期负债）增加，另一方面央行被动地把这些套利、套汇资产回流到美国国债市场，增加了中国的外汇储备。

外管局研究人员估计，外汇储备中的热钱（借来的外汇储备）高达上万亿美元。我不掌握数据，难以判断，但我也倾向于认为自2003年以来，热钱流入的数量是相当大的。在国际收支平衡表上，主要代表短期资本流动的"证券投资"项目和"其他投资"项目（货币和存款、贷款和贸易信贷等）之和在中国海外负债中的比重同FDI相差无几。这种情况应该与大量热钱流入有关。

记者： 当人民币升值过程突然发生逆转，在干预外汇市场抑制人民币贬值的过程中，外汇储备的减少是否意味着"藏汇于民"？

余永定： 当人民币升值过程突然发生逆转，在干预外汇市场抑制人民币贬值的过程中，外汇储备的减少是否意味着"藏汇于民"似乎可以有三个衡量尺度：第一，中国的海外净资产是否减少了；第二，中国海外资产－负债结构是否恶化了（将导致未来投资收入减少）；第三，中国国民收入分配是否恶化了。

我们已经谈到，外汇储备中有相当一部分同热钱有关。热钱是以美元形式流入中国的，流入后必须转化为国内某种形式的人民币资产。热钱终归是要流出的，只有流出，热钱的利润才能实现。同FDI之类的真实投资不同，热钱流出所带走的利润，必然是中国的损失。这是零和博弈，不存在共赢。

假设当人民币对美元汇率是8.1:1时，套汇、套利者用100亿美元从中国外汇市场上购买了810亿元人民币。此时，中国海外资产（外汇储备）和负债（资本项目下某个子项目的流入）同时增加了100亿美元（设负债也用美元计价）。到2014年，当人民币对美元汇率升值到6:1时，套汇、套利者卖掉810亿元人民币资产，通过商业银行从央行购汇 135 亿美元，汇出中国。套汇、套利者平仓后，中国的海外负债减少 100 亿美元，但海外资产却减少 135 亿美元，净资产减少 35 亿美元。这 35 亿美元无论如何也不能称为"藏汇于民"吧？

可以想象，以前流入中国的热钱越多，在干预外汇市场的过程中"饱食远飏"的热钱就越多，中国净资产的损失也就越大。这里我们尚未考虑中国资产价格的上升。如果把成倍的资产价格上升考虑在内，热钱流出后，中国净资产的损失就更是难以想象了。

二、1.3 万亿美元"不翼而飞"意味着什么

记者：为什么您主张不干预外汇市场？如果不干预，做空者不就会获利了吗？

余永定：最重要的理由之一是：如果人民币能够有较大幅度贬值，套汇、套利者的换汇成本就会提高，收益就会减少，这样就会最大限度地减少中国净资产的损失。

如果不干预，做空者不就会获利了吗？确实存在这个问题。如果央行是做空者的交易对手，人民币贬值，央行就会遭受损失。问题是，如果从一开始央行就不干预，受损失者就不是央行而是市场上的多头。但央行一旦卷入，特别是如果央行接盘的规模很大，情况就不太好办了。一种选择是坚持到底，另一种选择是尽快收手，减损。到底应该如何做？由于不了解操作细节，外人就难以判断了。顺便指出，人民币国际化产生的 CNH 市场，严重增大了打击做空的难度。在这种情况下，央行收缩 CNH 市场上人民币的流动性是顺理成章的事。

外汇储备减少是否改善了中国海外资产 – 负债的结构呢？以被动干预外汇市场的方式，在减少外汇储备的同时增加非储备资产和减少海外负债很难改善中国的海外资产 – 负债结构。没有任何人为我们提供过令人信服的证明——2014 年以来中国外汇储备的锐减导致了中国海外资产 – 负债结构的改善。很难设想，为了满足居民增持美元存款、非居民减持人民币资产、企业提前偿还外债、资本外逃

而产生的换汇要求,央行被动出售外汇储备所导致的中国海外资产-负债结构的变化,可以提高中国海外净资产的收益率,从而增加中国的国民福利。事实上,近年来,中国的投资收入结构并未因外汇储备的减少而得到改善。

外汇储备锐减对国民财富分配的影响显然是负面的。居民换汇需求的急剧增加在很大程度上是出于保值动机。这种动机本身无可非议。但必须看到,央行提供外汇满足了这种动机意味着央行承担了汇率风险。换言之,风险被转嫁到没有能力增持美元资产的中低收入阶层头上了。那些提前偿还外债的企业也存在类似问题。许多企业当初在海外融资实际上是为了从事套息交易(套汇、套利交易),现在赶快平仓实际上是把风险转嫁到央行——从而转嫁到公众头上。

总之,目前的外汇储备下降不是我们主动改善资源配置的结果,相反,在很大程度上是套息交易平仓、做空获利平盘和资本外逃的结果。我们的汇率维稳政策客观上帮助热钱实现了"胜利大逃亡"。我认为,央行对于外汇储备急剧下降的性质是有充分认识的。正因为如此,自2016年以来央行大大加强了资本管制。尽管资本管制本身存在很大局限性,但对遏制外汇储备的进一步下降发挥了重要作用。也可能有人会说,热钱该跑的已经跑了。事实也可能确实如此,但我们至少不应该把一件本来是令人扼腕的事,说成一件好事。

记者:最近你们研究团队的肖立晟撰文提出1.3万亿美元的中国海外净资产去向不明,对此您怎么看?

余永定:根据国际收支平衡表和净国际投资头寸表,对于给定的观察期,可以得到一个简单等式:累积的经常项目顺差=海外净资产增加。美国著名学者豪斯曼在讨论美国输出"暗物质"时就使用过类似的概念。肖立晟提出:"自2011年第一季度至2016年第三季度,中国的经常项目顺差累积额为1.24万亿美元。""在不考虑误差与遗漏的情况下,在这段时间内,中国的海外净资产(民间海外资产+外汇储备)增加量应同这段时间内经常项目累积额大体相等。然而,事实却是:在这段时间内,中国的海外净资产不但没有增加,反倒减少了124亿美元。换言之,中国在这段时间内的资本净输出,并未形成中国的新增海外净资产。在 5 年多的时间里 1.3 万亿美元不翼而飞。"这不得不说是一个十分重大的问题。其实，更早提出这个问题的人是管涛。但遗憾的是，这个问题至今未得到学界的重视。我实在不明白什么问题才算重要问题。

这个问题除其本身的重要性外，也同所谓的"藏汇于民"是密切相关的。不是说"藏汇于民"了吗？证据在哪里？有统计数据的支持吗？我们知道外汇储备减少了近万亿美元，非储备资产增加了多少？海外负债减少了多少？有谁给我们提供了可以核查的统计数据？如果是"藏汇于民"了，2014 年以来减少的近万亿美元外汇储备应该转化为大致相等的非储备资产增加量加上海外债务的减少（顺便说一下，"藏汇于民"论者很少提及后者），这个时期中国的新增海外净资产就应该大致等于同期累积的经常项目顺差。然而事实是，自 2014 年下半年人民币进入贬值通道以来，在外汇储备大幅度下降的同时，民间（私人部门）海外资产虽然有明显增加，但其增加量远不足以补偿外汇储备急剧下降导致的海外资产的减少。而与此同时，中国海外负债下降幅度也并不明显。这就说明，"藏汇于民"的说法得不到统计数据的支持。相反，统计数据却同我们关于外汇储备的锐减同中国净资产在热钱"一进一出"中遭到巨大损失的假设相一致。

记者：1.3 万亿美元净资产下落不明是否是估值效应、统计误差等原因造成的？

余永定：前述 1.3 万亿美元的缺口是通过对比国际收支平衡表（BP）和净国际投资头寸表（NIIP）分析得出的。国际收支平衡表和净国际投资头寸表统计非常复杂，两个表的结果的一致性很难得到保证。导致两个表结果不一致的可能原因是多方面的。

首先，经常项目差额的统计不准确。但尽管有误差，经常项目差额的统计误差不应该过于巨大。我们完全可以用贸易对象国的有关统计数据，核对中国经常项目差额统计数据的真实性。

其次，有关估值效应。美元指数变动会影响用美元计量的中国海外资产价值，但美元指数在这几年内有升有降，虽然总体上看是升，对中国海外资产估值的影响应该是有限的。人民币对美元汇率升值会增加中国负债（主要是 FDI），但人民币从 2014 年已经开始贬值。

再次，中国海外负债统计口径有变化。2015 年第一季度，外管局宣布采用新的国际标准 BPM6 公布数据，并且对过去的存量数据作一次性调整。这些调整涉及的数量非常庞大，且后期又出现了一些新的调整，究竟这些调整有哪些理论依据或者数据基础，我们不得而知。另外，外汇局是按照市价重估法统计 FDI 的，企业经营情况的改变将会影响 FDI（中国最重要的海外负债）的统计数据。但是，FDI 因估值变化是增加了还是减少了？如果 FDI 企业经营情况普遍恶化，中国的海外负债应该是减少而不是增加。如此一来，经常项目顺差累积和海外净资产增量之间的缺口岂不是应该减少而不是上升吗？

总之，我以为，经常项目顺差累积同海外净资产增量之间的缺口太大，技术原因恐怕只能解释这个缺口的一小部分。

出现 1.3 万美元缺口的最可能原因是：中国的海外净资产遭到了严重损失。

首先是资本外逃。

在我们的考察期中，累积误差与遗漏为 6200 亿美元。正如肖立晟所指出的："一般而言，误差和遗漏项与进出口贸易规模相关，大致稳定在 ±3% 左右，且均值为零。然而，自 2014 年第三季度以来，误差和遗漏项与进出口总规模之比均值为 -5%，最高曾经达到 -10%，而且呈现单边流出态势。显然，该项目主要反映的不再是统计误差，而是资本外逃的规模。在本轮资本外流中，误差和遗漏项下资本的净流出已经占到累积净流出规模的 33%，占同期外汇储备消耗量 67%。"

资本外逃有两个特点：

第一，既然是外逃，所谓"藏汇于民"的这部分外汇不会转化为中国非储备资产，而是干脆遁于无形。外逃资本的所有者可能还持有中国国籍，但他们的这部分资产同中国已经没有任何关系。

第二，为与热钱相区别，我们假设资本外逃卷走的外汇储备是"挣来的"而不是"借来的"，因而并不存在相应的负债。热钱先由境外美元转化为人民币资产，在完成套汇、套利后，又转化成美元流回出发地。与热钱不同，资本外逃是中国居民的人民币资产直接转化为美元流到境外，因而在导致中国海外资产（外汇储备）减少的同时不会导致中国海外负债的减少。资本外逃导致的外汇储备的减少应该看作百分之百的中国海外资产的净损失。从数据来看，相当规模的资本外逃在本轮人民币贬值之前就已发生。资本外逃应该是形成本轮人民币贬值压力的重要原因之一。把资本外逃归咎于人民币贬值预期在很大程度上是倒为因果了。

其次是，在过去长期的人民币升值过程中，大量套汇、套利热钱流入中国。

国外投行把这个时期的套息交易称为"套息交易的世纪盛宴"。前面我们已经在概念上说明了热钱在人民币升值阶段流入，在升值触顶之时流出（套息交易平仓）是如何导致中国海外净资产损失的。同资本外逃不同，套息交易是合法的，这种交易对中国海外资产－负债结构的影响应该是可以追踪的。我相信，套息交易平仓对中国净资产造成的损失是巨大的，但具体数字到底是多少已经超出我的研究能力。

我猜想，把资本外逃、套息交易平仓和前面提及的技术性因素加在一起，中国经常项目顺差累积和中国海外净资产增量之间的巨大缺口大概基本能够解释了。

记者： 央行在用掉外汇储备的时候回收了人民币，两者不是等价交换吗？热钱流入现在又流出，不是很正常吗？

余永定： 除非我们要讨论人民币和美元的购买力，否则似乎很难也没有必要判断央行出售美元、购买人民币是不是等价交换。真正有意义的问题是：动用外汇储备以维持汇率稳定会对中国的海外净资产和中国的海外资产－负债结构有何影响？例如，出口商挣了100亿美元外汇，此时，中国就已经增加了100亿美元的海外资产。出口商把100亿美元外汇卖给中央银行，中国的海外资产最终变为100亿美元美国国债。无论中央银行是用600亿元人民币还是800亿元人民币购买这100亿美元美国国债，都不能改变中国海外资产增加100亿美元这一结果。如果套息交易者把100亿美元卖给中央银行，无论中央银行按什么汇率付给他人民币，中国的海外负债已经增加了 100 亿美元。外汇储备的减少是否代表中国国民财富的损失，要看减少了的外汇储备是否转化为等量的非储备海外资产（如变成了等量的 ODI），或者减少了等量的海外负债（如偿还了等量外债）。

对于"热钱流入又流出"，我刚才说了，人家是赚了钱后走的。过去的十几年未能制止热钱大量流入，现在又未能在热钱流出之际最大限度地降低国家的损失，这不能不令人感到遗憾。

三、如何使用外汇储备

记者： 自从央行为维持汇率稳定，大规模动用外汇储备以来，"中国外汇储备过多""外汇就是拿来用的"等成为主流观点。您认为中国外汇储备怎样使用比较合理？

余永定： 外汇储备有多种用途：保障流动性，熨平汇率波动，以备不时之需，抵御外币对本币的攻击，提供全球公共产品等。中国持有大量外汇储备的特殊原因则是储蓄率极高且汇率缺乏弹性。在国内投资无法完全消化国内储蓄的情况下，就只能把持有美国国债作为一种储蓄方式。尽管这种储蓄方式是低效的，但如果没有这样一种外国储蓄载体，在国内储蓄大于国内投资的状态下，经济增长速度就会下降。有外国学者将这部分体现为美国国债的储蓄称为"泊车储蓄"（Parked Savings）。

基于外汇储备的不同作用，中国应该在保证流动性、安全性和一定盈利性的基础上维持最低限度的外汇储备。一个国家的汇率制度越是灵活，这个国家所需要的外汇储备就越少。当初中国的外汇储备之所以过多，原因有很多，汇率缺乏灵活性是其中最重要的原因之一。既然不能通过汇率的变动抑制外汇储备的增加，一时又找不到更好的方法把外汇储备用掉，于是我们就这样把"泊车储蓄"停泊在美国国债上了。

"外汇储备就是拿来用的"这种说法过于简单化，它忽略了外汇储备的不同功能和形成的历史原因。什么时候用、怎么用、用多少，都是值得讨论的。正如我在前面反复讲的，把大量外汇储备用于单向、持续地干预外汇市场上，导致了中国海外净资产的损失，恶化了中国海外资产－负债的结构。好不容易积攒起来的外汇储备（或以很高成本借来的外汇储备）就这样用掉，十分可惜。作为储蓄的那部分外汇储备，中国应该尽可能将其转化为收益率更高的投资，或者设法通过临时性的经常项目逆差，将其使用掉。

从理论上说，在人民币处于升值阶段，如果中央银行不干预，外汇储备不会增加；相反，在人民币处于贬值阶段，如果中央银行不干预，外汇储备不会减少。如果我们一方面希望尽量减少对外汇市场的干预，另一方面又希望减少外汇储备，我们就只能绕开外汇市场，设计直接使用外汇储备的途径。例如，设有主权财富基金的中国投资有限责任公司的成立，央行对商业银行的大量外汇注资，中国为国际和区域金融合作提供的资金，以及目前为推进亚洲基础设施建设提供的资金等，都可以看作在直接使用外汇储备以改善中国海外资产－负债结构上所作出的努力。又如，在石油（或其他大宗商品）价格较低时通过某种安排动用外汇储备增加石油（或其他大宗商品）战略储备也是使用外汇储备较合理的方式。

当前，如何动用外汇储备进行海外投资是可以重点考虑的方面。由于绕开了市场上人民币和美元互相兑换的环节，外汇储备的使用对汇率不发生直接影响，反之亦然。但是，把外汇储备转化为海外直接投资，毕竟改变了央行原来所持资产的性质，新资产已经不能满足外汇储备应具有安全性、流动性等的要求。例如，丝路基金的400亿美元中，有65%来自由国家外汇管理局全额出资的子公司——梧桐树投资平台有限公司提供的外汇储备。丝路基金的资产与负债应该计入什么账户呢？是否应该以及如何把外汇储备移出央行资产－负债表也是一个需要考虑的重要问题。例如，是否可以通过财政部发债把部分外汇从央行买走，再注入社保基金等机构，由这些机构在海外进行投资等，都是可以考虑的处理办法。当然，上述问题还是应该由熟悉操作细节的政府机构和业界人士解决，我们这些书斋学者难以置喙。

记者： 在过去十几年中，您一再强调中国应该改善国际收支结构，现在您又呼吁关注中国经常项目顺差累积和中国净资产增量之间的巨大缺口。您为什么如此关注这个问题？

余永定：人无远虑必有近忧。中国的国际收支结构和海外资产－负债结构以后将沿着什么方向变化是关系中国未来的大问题。中国目前还拥有近 2 万亿美元的海外净资产，但中国的投资收入却已经连年逆差。近几年来，尽管积累了大量经常项目顺差，海外净资产不增反减。这种情况就像我们年年把钱存入银行，过去是收不到利息反而要付给银行利息，现在发现本金也减少了。海外资产减少了，海外债务却不减，这样下去，中国的投资收入逆差必然进一步扩大。

中国经济迟早要受到人口老龄化的严重影响，出口能力必然要下降，不可能永远保持贸易顺差。届时，如果我们不能够从海外净投资中获取到收益，就会出现经常项目逆差。这样，中国就成了一个货真价实的债务国。一个经济体在进入人口老龄化阶段的同时成为债务国，要想避免这种结果，我们必须尽早调整政策。

本文为《财经》记者王延春于 2017 年采访本书作者余永定的采访稿。

通过经常项目平衡表和海外投资头寸表追踪资本外逃

提要：中国的跨境资本近期出现大规模流出，但目前尚没有关于资本外逃的官方统计数据。本文通过分析国际收支平衡表和国际投资头寸表中各个项目的头寸状况，以及二者之间的差异，间接推测中国是否存在资本外逃及其潜在规模。分析表明，与发达国家相比，我国误差与遗漏账户不仅规模庞大，而且与汇率预期密切相关，很大程度上反映了资本外逃的规模和方向。此外，尽管一些跨境资本是通过正规渠道合法流出的，但是在海外的资金可能以各种形式逃避监管，没有形成海外资产累积。中国政府采取了一系列措施抑制资本外逃，这些措施是完全正确的。但是，资本外逃问题的解决还有赖于中国经济体制、金融体系和汇率制度改革的进一步深化。

2015—2016年，短短两年时间，中国国际收支平衡表上记录的资本外流达到1.28万亿美元（非储备性质金融账户余额＋误差与遗漏账户），年均资本净流出相当于GDP总量的6%。大规模的资本外流引发了人们对中国是否存在资本外逃的担忧和讨论。过去关于资本外逃的讨论通常局限于贸易伪报、地下钱庄等国际收支平衡表记载或漏记的交易。近年来，"误差与遗漏账户"金额迅速上升，已接近经常账户余额规模，其中究竟多少与资本外逃有关，在学术界存在较大争议。准确理解"误差与遗漏账户"中资本外逃的方向和规模对维护国内金融稳定有重要意义。

另一个值得关注的问题是：在国际投资头寸表中，是否存在存量资产的资本外逃？国际收支平衡表仅仅记录某一段时期中国居民与非居民跨境资产交易行为，而国际投资头寸表可以反映特定时点中国对世界其他国家或地区金融资产和负债存量金额。如果把视线拉长一些，会发现从中国国际收支平衡表上流出的资本，并没有反映为中国国际投资头寸表上海外净资产的增加。例如，2011年至2016年第三季度，中国累积的经常项目顺差为1.24万亿美元，即中国向海外输出了1.24万亿美元资本，但海外投资头寸表上的海外净资产仅仅增加了0.19万亿美元。其中的差额究竟有多少是由于价值重估、统计制度改变所致的，又有多少是由于存量的资本外逃所致的呢？应该说，基于海外资产存量的资本外逃尚没有引起国内外学者的关注。

本文试图结合国际收支平衡表和国际投资头寸表的数据，对上述两个问题提出自己的见解。

一、什么是资本外逃

资本外逃在1980年代被定义为短期投机资本流出[1]。在维基百科中，资本外逃是指由于受到某种冲击（纳税负担加重、债务违约风险上升、政治风险显现等），资本从境内大规模流到境外。在IMF的一些文件中，资本外逃则被定义为超出正常资产跨国配置战略所需的任何资本外流。[2] 在资本账户完全开放的经济体，资本外逃可能是合法的；但在实行资本管制的国家，资本外逃则一般是不合法的。因为资本管制制度设计的目的，就是要制止资本由于负面冲击而大规模流出。

在中国，资产外逃一般被理解为违规、违法的资产外流。资本外逃同一般资本外流的重要区别是它的不合法性，但资本外逃和资本外流有时也难以区分。例如，某些资本的流出虽然经过合法手续，但目的是洗钱、侵吞国有资产，因

---

[1] CUDDINGTON J. Capital Flight: Estimations, Issues and Explanations. Princeton Studies in International Finance, Princeton University.
[2] LOUNGANI P, MAURA P. Capital Flight from Russia. IMF Policy Discussion Paper, 2000.

而应该算作资本外逃。相反的例子是,有些资本通过不合法的途径流出国境,但其目的是逃避繁文缛节,降低交易成本,本质上说不是资本外逃。经济学家当然不应该把资本外流等同于资本外逃,正如我们不应该把马等同于白马。事实上,似乎也没有哪个受过训练的经济学家会把资本外流等同于资本外逃。本文把资本外逃定义为源于某种负面冲击,且会对国民福利造成损害的资本外流。

在经济学文献中,资本外逃的负面影响主要包括:导致金融不稳定,主要体现在导致利息率和汇率的不稳定,削弱货币当局的调控能力;损害国家的生产能力;削弱国内的税基;降低国内的投资能力;增加外部融资的边际成本;削弱混合经济制度的合法性。[1] 与一般发展中国家相比,对中国这样的处于转型过程中的发展中国家来说,资本外逃的危害尤甚。首先,资本外逃导致国家净资产和国民收入减少;其次,国民财富或国有资产被少数人侵吞,从而造成贫富差距扩大和社会不稳定;再次,资本外逃破坏国家经济的稳定和宏观经济政策的有效性;最后,在危机期间,资本外逃可能成为压倒一个国家金融体系的最后一根稻草。当然,资本不会无缘无故外逃,在许多情况下即便采取各种非常措施,资本外逃也难以抑制。但是,如果一个发展中国家能够有效遏制资本外逃,"让肉烂在锅里",即便发生金融危机,这个国家也能相对容易地重新站起来。不言而喻,当国际金融风暴降临之际,中国必须"扎紧篱笆"。

在经济学界对资本外流的严重性、加强资本管制的必要性已经形成共识的情况下,还有必要讨论资本外逃是否严重,并对资本外逃的规模做个大致估计吗?我们的回答是肯定的。首先,我们需要把资本外逃同一般的资本外流区分开来。资本外逃对国民经济的危害性是长久的,甚至是不可逆转的。一般的资本外流可能会对经济的稳定造成冲击,但对经济的伤害一般是短期的、可修复的,在有些情况下甚至是合理的和有必要的。其次,资本外逃是隐蔽的,不可能堂而皇之地出现在官方统计(如国际收支平衡表)之中。如果无视资本外逃,不准确估计资

---

[1] CUDDINGTON J. Capital Flight: Estimations, Issues and Explanations. Princeton Studies in International Finance, Princeton University.

本外流的规模，就会贻误采取应对之策的时机。再次，对于一般的资本外流，政府和货币当局可以根据具体情况，实施相应的宏观稳定政策和宏观审慎管理政策，用市场手段加以应对。但对资本外逃，由于其动机和实现手段的特点，是需要进一步采取其他措施加以应对的。如果对资本外逃的规模心中无数，政府和货币当局就无从判断采取某些措施的合理性和必要性。最后，同一般资本外流不同，大规模的资本外逃可能是社会和经济的基本面出现深层次矛盾的反映。掌握资本外逃的真实规模，有助于提高全社会对推进经济体制深层次改革的必要性和迫切性的意识。

二、国际收支平衡表和资本外逃的量度

近年来，中国的国际收支平衡表出现了一些异常现象。例如，服务贸易项下旅游支出金额高速增长，达到同期美国出境旅游支出金额的两倍。随着中国居民收入水平日益提高，中国居民出境旅游的机会越来越多，对外汇的需求也随之增加。2014年之前，中国的海外旅游支出大致以年均20%速度增长。然而，2014年增速突然飙升到80%，此后总体规模一直保持在高位。2015—2016年，中国（不含港、澳、台地区）海外旅游支出总额达到5500亿美元，是同期世界第二大旅游支出国——美国海外旅游支出的两倍（见图1）。有研究表明：2014—2016年中国的旅游支出中很大一部分不能用会计因素或经济基本面因素解释，而且，旅游支出与国内经济增长成反比，与人民币对美元汇率贬值预期成正比（Wong，2017）[1]。

事实上，一部分表现为旅游支出的资金可能被居民用于在海外购置金融资产，甚至房产。由于这部分资金的流出脱离了中国政府监管，应该归于资本外逃的范畴。2015—2016年，服务贸易项下旅游逆差达到4200亿美元，Wong（2017）用实证模型测算，其中约有2500亿美元属于资本外逃。如果以2011—2013年作

---

[1] ANNA W. China's Current Account: External Rebalancing or Capital Flight?International Finance Discussion Papers,2017, p1208.

为基准进行线性外推估算的话，约有 2000 亿美元属于资本外逃。总体而言，旅游支出中较大一部分并不是真实的海外旅游支出，反而与居民部门短期资本外逃密切相关。

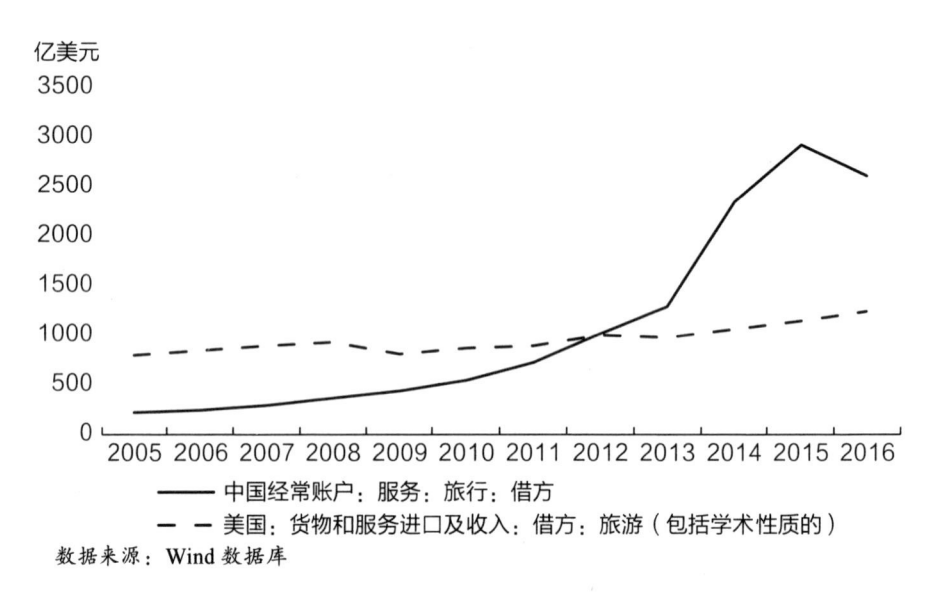

数据来源：Wind 数据库

图 1　中美服务贸易项下旅游支出金额比较

又如，近年来中国对外直接投资的超高速增长也不免使人心生疑窦。中国对外直接投资有商务部和外管局两套数据。从 2015 年开始，外管局统计的资本流出要远远高于商务部统计的实际对外投资的资本金额。这是否反映出对外直接投资可能也隐含了一部分资本外逃？可能正是基于这种考虑，中国政府最近采取强有力措施，及时收紧海外直接投资政策。

资本外逃的规模难以准确量度，我们所能做的充其量是给出一个大概的估计，并不能给出一个准确的数据。外管局的文件明确指出："受数据采集难度所限，部分国际收支交易存在未采集或未完整采集的可能性……对于违反法律或规定的非法行为的规模，如通过地下钱庄所进行的资金转移和交易，没有进行相应的推算。"[①] 换言之，资本外逃按定义不可能直接反映在国际收支平衡表和其他统

---

① 国家外汇管理局发布的《中国国际收支平衡表数据诠释文件》。

计上，中国根本没有关于资本外逃的官方统计。在这种情况下，我们只能通过分析国际收支平衡表和国际投资头寸表中各个项目的头寸状况，以及两者之间的差异，间接推测是否存在资本外逃及其潜在规模。

国际收支平衡表是个复式账户体系。在这个体系下，居民和非居民之间的每一笔交易都会同时记录在贷方和借方两个分录中，贷方分录中的金额数量同借方分录中的金额数量相等，方向相反。在国际收支平衡表上，所有账户的贷方分录金额之和应该等于借方分录金融之和；或所有交易项目金额相加应该等于零。

中国经济学家习惯上把所有交易项目分为三大类：经常项目、资本项目和外汇储备。理论上，国际收支平衡表上的经常项目顺差＋资本项目顺差－外汇储备增量=0。① 或者，按 IMF 的新定义和新术语，理论上，经常账户顺差＋非储备性质金融账户顺差－外汇储备增量=0。但在现实中，由于种种原因，国际收支平衡表上的上述数据计算结果并不等于零。② 根据复式账户的记账原则，为使国际收支平衡表上全部账户的贷方分录和借方分录之间的净差额为零，国际收支平衡表中设立了一个平衡账户，即"误差与遗漏"账户。"误差与遗漏"账户的数额同"经常账户顺差＋非储备性质金融账户顺差－外汇储备增量"的大小相等、方向相反。因而，按定义，在国际收支平衡表上，经常账户顺差＋非储备性质金融账户顺差－外汇储备增量＋误差与遗漏=0。

国际收支平衡表上的误差与遗漏是如何产生的呢？为了找到导致国际收支平衡表中出现庞大误差与遗漏的原因，我们可以分析误差与遗漏的出现可能主要

---

① 外汇储备增加意味着资本输出。如果外汇储备增加了 x 亿美元，就应该记为 $-x$ 亿美元。按照新规定，国际收支平衡表不再使用"资本项目"的概念。原来的资本项目相当于现在的"资本和金融账户"中的"资本账户"和"金融账户"中的"非储备性质金融账户"；外汇储备则成为金融账户中的"储备资产账户"中的外汇储备子项目。因而，原来所说的"经常项目差额＋资本项目差额＝外汇储备变动"就相当于"经常账户差额＝（资本账户差额＋非储备性质金融账户差额）－外汇储备变动"。由于"资本账户"数额很小，我们在以后的阐述中将其省略。在"储备资产账户"中，其他子项目数额很小，所以我们用"外汇储备"代替"储备资产"。

② 国家外汇管理局国际收支司.诠释国际收支统计新标[M]准.北京：中国经济出版社，2015.

同国际收支平衡表中的哪些账户有关。误差与遗漏的净额是作为残差推算的。给定外汇储备变动，如果误差与遗漏是负值，则意味着经常账户的贷方分录（如出口）金额高估，借方分录（如进口）金额低估；金融账户的贷方分录（如FDI）金额低估，借方分录（如ODI）金额低估。简单地说，出口高报、进口低报，资本流入高报、资本流出低报都会导致误差与遗漏增加。

近几年来，中国国际收支平衡表上记为负值的误差与遗漏数额巨大。一种可能的解释是：中国经常项目顺差高报。不能排除我国贸易部门虚报出口，以此增加出口部门政绩的可能性。此外，企业为了骗取出口退税和逃避关税也会高报出口、低报进口，但这些现象不应该在最近几年突然恶化，以致中国国际收支表中误差与遗漏突然增加。此外，我们也看不出企业为什么会有低报进口的动机。根据历史经验，在人民币贬值预期较强时期，企业往往会低报出口、高报进口，以便尽可能多地持有美元资产。从2014年第二季度到2016年末，人民币贬值预期较强。在这种情况下，贸易企业即便不会低报出口、高报进口，也应该没有很强的高报出口、低报进口的动机。

形成巨额误差与遗漏的主要原因如果不能主要归结于高报出口、低报进口，则可能是资本项目中的资本流出被低报或资本流入被高报。在中国目前的形势下，资本流出被低报的可能性应该更大些。如果资本未按正规途径流出，当然也就不会被记录在国际收支平衡表中。这种形式的资本流出，按定义就是资本外逃或涉嫌资本外逃。尽管没有、也不可能有完整的统计数据，但资本外逃是2012年以来中国国际收支平衡表上误差与遗漏账户数额越来越大的最合理解释。

另外，大量的资本外逃也可能并不反映在误差与遗漏账户中。例如，通过走私、低报出口和高报进口、走地下钱庄这些方式外逃的资本由于在经常账户和资本账户中都不会有记录，因而根本就不会反映在误差与遗漏账户之中。又如，提前偿还外债可能是为了套息平仓，海外直接投资和海外并购可能是为了转移资本。尽管这些流出的动机是负面的，却是通过合法、合规渠道流出的，因而在金融账户中的相应账户中都会有资产增加（记负号）和负债增加（记负号）的记录，不会导致误差与遗漏账户中记为负值的金额增加。换言之，资本外逃的实际规模完全可能大大超过国际收支平衡表上的误差与遗漏账户所能反映的规模。

当然，也不能排除这样一种可能性：贸易部门实际上并没有取得1亿美元的贸易顺差，这1亿美元实际上是统计错误的结果。既然经常账户上并不存在1亿美元的顺差，在资本与金融账户上也就不存在1亿美元资产的增加或1亿美元资本的流出。在这种情况下，误差与遗漏账户中的-1亿美元就并非是资本外逃的反映。

总之，资本外逃是难以被直接、准确地估计的。资本外逃可能反映在国际收支平衡表的误差与遗漏账户上，也可能隐藏在国际收支平衡表的其他账户中，或者完全脱离国际收支平衡表而存在，因而基本上不可被追索。

但是，尽管并不很准确，由于相对其他办法，用误差与遗漏账户的规模衡量资本外逃在概念上涵盖面更广泛、数据更容易获得，误差与遗漏就成了国际上经济学家使用最多的衡量资本外逃的代表变量。例如，Cuddington（1986）在估计1980年代拉丁美洲国家和韩国资本外逃数量时所用的代表变量如表1所示。

表1 计算资本外逃数量的代表变量

国　家	代表变量
阿根廷	净误差与遗漏+某些短期资本流出
巴西	净误差与遗漏
智利	净误差与遗漏+某些短期资本流出
韩国	净误差与遗漏+某些短期资本流出
墨西哥	净误差与遗漏+某些短期资本流出
秘鲁	净误差与遗漏+某些短期资本流出
乌拉圭	净误差与遗漏
委内瑞拉	净误差与遗漏+某些短期资本流出

资料来源：Cuddington（1986）

Cuddington把净误差与遗漏+某些短期资本流出作为衡量资本外逃规模的尺度，说明他认为在某些国家记入金融账户借方分录中的短期资本流出实际上也是资本外逃。其实，在长期资本流出中，也可能隐藏了不少资本外逃。

2000年在IMF讨论俄罗斯资本外逃的文章中，衡量资本外逃的尺度分为狭义和广义两种。狭义的资本外逃等于净误差与遗漏＋私人资本外流；广义的资本外逃则囊括了所有私人居民部门积累的海外资产。[①]

自2012年第三季度，特别是2014年第三季度以来，中国国际收支平衡表中的误差与遗漏账户规模急剧上升，其数额之大不得不使我们怀疑，在此期间中国出现了相当严重的资本外逃（见图2）。

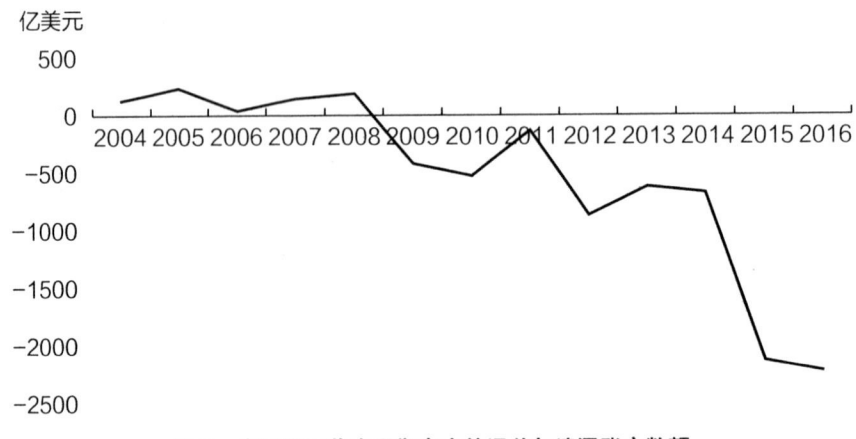

图2 中国国际收支平衡表中的误差与遗漏账户数额

外汇储备变动是最容易真实记录的。假定经常项目顺差比较真实地反映了贸易往来和投资收入，则如果经常账户顺差＋非储备性质金融账户顺差－外汇储备增量＞0，[②]国际收支平衡表中的"误差与遗漏"账户中标记为负号的流出量就反映了资本外逃的规模。例如，外贸企业取得1亿美元的贸易顺差，在正常情况下，外贸企业会把这1亿美元卖给中央银行，导致外汇储备增加1亿美元。这样，在贸易账户的贷方分录上就会记入＋1亿美元；在储备资产账户上就会记入－1亿美元。或者，外贸企业将这1亿美元存入国外银行，这样，在国际收支

---

① LOUNGANI P, MAURA P. Capital Flight from Russia. IMF Policy Discussion Paper, June 2000: 4-5.

② 经常账户顺差＋非储备性质金融账户顺差－外汇储备增量＞0可改写为经常账户顺差－（非储备性质金融账户逆差＋外汇储备增量）＞0。

平衡表上的金融账户中的"货币和存款"项上的资产分录上就会记入 -1 亿美元。如果外贸企业出于某种目的，通过非法渠道将这 1 亿美元转移到境外，由于在国际收支平衡表的金融账户上查不到 1 亿美元的流出——在国际收支平衡表上的经常账户同资本和金融账户之间就会出现 1 亿美元的缺口。而这 1 亿美元在标记负号后就会记入误差与遗漏账户。因而，这 -1 亿美元的误差与遗漏所反映的就是资本外逃的规模。

因而，除用误差与遗漏代表资本外逃外，一些经济学家还用"经常项目顺差 + 净 FDI - 外汇储备增量"[①] 作为衡量资本外逃的近似度量尺度。例如，2012 年第三季度的数据显示，贸易顺差加净 FDI 为 1080 亿美元，外汇储备增量为 280 亿美元，贸易顺差加净 FDI 大大超过外汇储备增量。据此，不少经济学家推断中国出现了相当大规模的资本外逃。[②] 从国际收支平衡表的定义可以看出，这种资本外逃的度量方法同用"误差与遗漏 + 某些短期资本流出"的方法在概念上是一致的，是同一枚硬币的两面，两种方法可以相互验证。

用"经常项目顺差 + 净 FDI - 外汇储备增量"衡量 2014 年以后的资本外逃同用误差与遗漏度量资本外逃的结果基本相同。事实上，用这个尺度衡量资本外逃可以发现，自 2014 年第三季度到 2016 年底，资本外逃的形势比 2012 年第三季度严重得多（见图 3）。

自 1990 年代以来，中国学者发表了大量根据"误差与遗漏"分析中国资本外逃（或热钱流入）的学术论文。似乎没有人对使用"误差与遗漏"衡量发展中国家资本外逃或热钱流入提出异议。但不知道从什么时候起，学术界开始强调"不能把误差与遗漏等同于资本外逃"。误差与遗漏账户是国际收支平衡表的平衡项目，并非实际统计结果。中国国际收支统计中大量数据来源于其他主管部门的统计，有些部门的统计如旅游外汇收入统计、FDI 统计、

---

① 这个表达式把短期资本流出也视为资本外逃。
② 英国《经济学人》杂志报道，随着中国经济形势的好转，从 2012 年第四季度开始，中国的资本外逃逐渐减少。后来公布的官方数据是：2012 年第二、三季度的资本项目（非储备性质金融账户）逆差分别为 247 亿美元、587 亿美元。

来料加工贸易出口收入统计等，与外汇管理部门对应的外汇收入统计不一定一致，这些差额部分应从误差与遗漏数额中扣除，所剩的才是真正隐含的资本外逃部分。

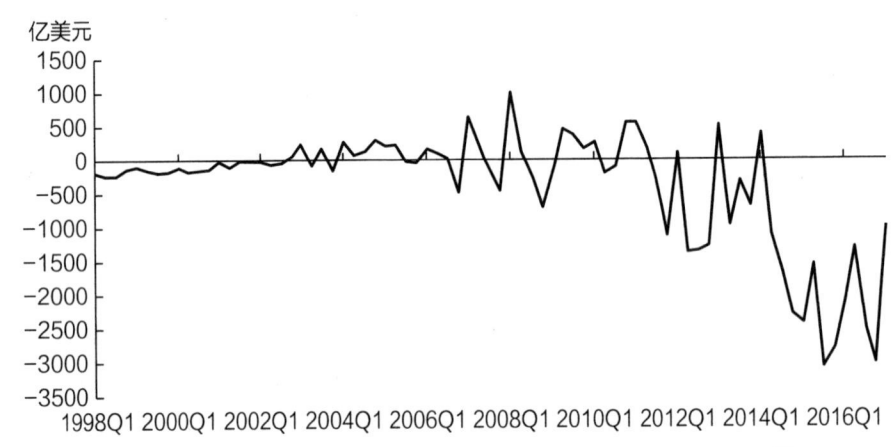

图 3　外汇储备变动 – 贸易顺差 – 净 FDI（资本外逃的近似度量）①

在承认不应该简单地"把误差与遗漏等同于资本外逃"的同时，面对误差与遗漏账户每年数以千亿美元计的负值，难道我们不应该问一问：中国是否存在规模相当可观的资本外逃？

确实，在不存在资本管制和种种制度扭曲、实行浮动汇率制度的国家，除非洗钱和避税，在国际收支平衡表的各个账户中，高报、低报、瞒报等现象应该是比较少的，因而，造成误差与遗漏的主要原因应该是统计上的。这些统计上的原因包括覆盖范围不当、误报、漏报、同一笔交易的贷方分录和借方分录的数据来源不同（如贸易数据来自海关，但创汇数据来自银行）、信息采集时间不同，等等。既然误差与遗漏是统计上的技术性原因造成的，误差与遗漏的相对数额不应该过大。根据国际惯例，误差与遗漏额的绝对值占货物进出口额的比重不应该超过5%。② 更重要的是，由统计造成的误差与遗漏是白噪声，不应该显示出明显的

---

① 外汇储备变动≈贸易顺差 + 净 FDI + 误差与遗漏，因而 误差与遗漏≈外汇储备变动 – 贸易顺差 – 净 FDI。如果外汇储备的增量小于贸易顺差加净 FDI，误差与遗漏就是负值，可能是资本外逃所致的。

② 国家外汇管理局国际收支司. 诠释国际收支统计新标准 [M]. 北京：中国经济出版社，2015.

趋势，不应该表现为长期的、单向的资本流入或流出，更不应该同汇率有明显的相关性。正如有些学者指出的，美国误差与遗漏对贸易总额的季度比值在某些季度高于中国，但由于误差与遗漏的方向经常是前后相反的，平均下来美国误差与遗漏对贸易总额的年度比值，除 2009 年为 5.8% 外，都相当低。[①] 然而，中国的情况则不同。例如，从 2014 年第二季度到 2016 年末，中国各季度的误差与遗漏的方向完全一致，都是资本流出，而且同汇率变化相关。因此，很难把中国巨额的误差与遗漏主要归结于纯统计的技术性原因。

图 4 和图 5 所示的是美国、英国的净误差与遗漏时间序列，其充分反映了白噪声的特征。中国的净误差与遗漏时间序列则显示了系统性趋势，这种趋势同汇率变动存在明显的相关关系（见图 6）。

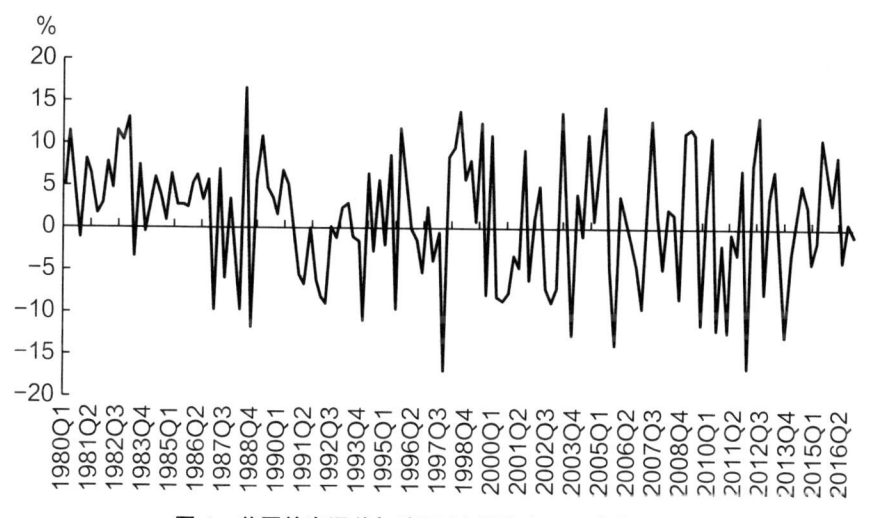

图 4　美国的净误差与遗漏 /（货物出口 + 货物进口）

---

① 管涛. 跳出"资本外逃"之争看净误差与遗漏 [J]. 中国外汇，2017（16）.

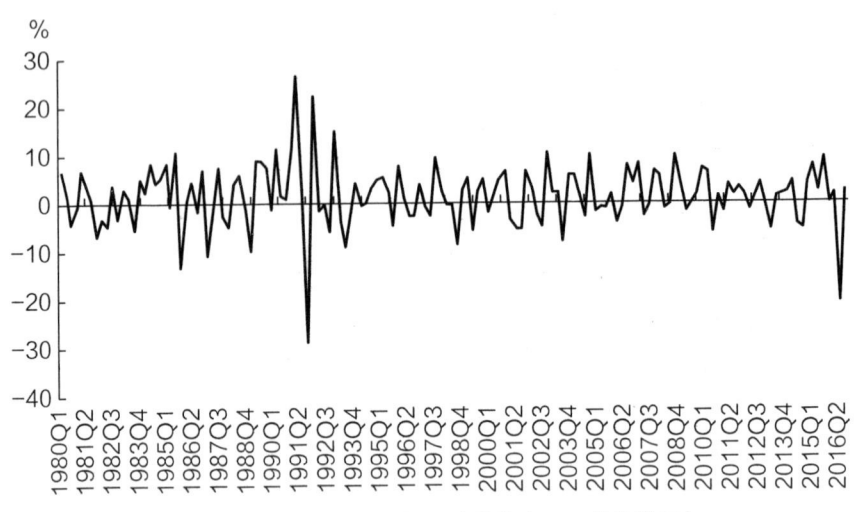

图 5　英国的净误差与遗漏 /（货物出口 + 货物进口）

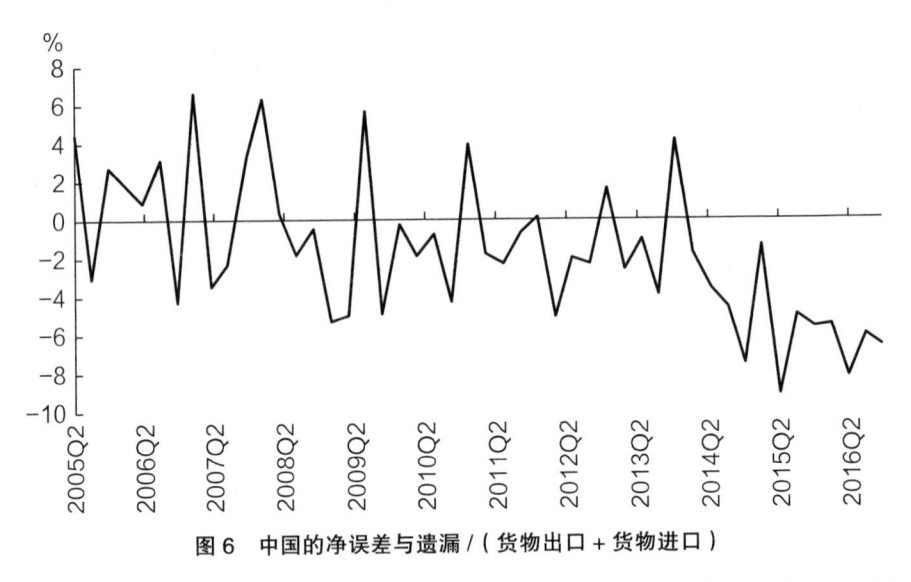

图 6　中国的净误差与遗漏 /（货物出口 + 货物进口）

近几年来，中国的净误差与遗漏数额不但很高，而且是持续单向的（见图7）。如果不是资本外逃，我们很难解释为什么净误差与遗漏同贸易总额（货物出口 + 货物进口）的比值会在 2014 年以后突然持续为负值，且不断增加。

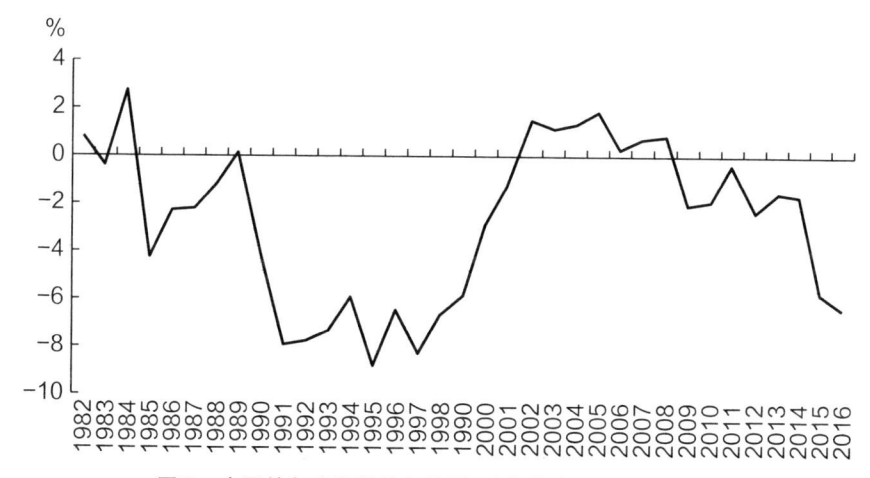

图7 中国的年度净误差与遗漏/(货物出口+货物进口)

中国的净误差与遗漏/贸易总额的年度数据比季度数据更清楚地显示了中国误差与遗漏的系统性（非随机性）趋势。

不仅如此，我们还可以发现，中国的净误差与遗漏的规模同人民币的汇率预期有相当强的相关关系（见图8）。

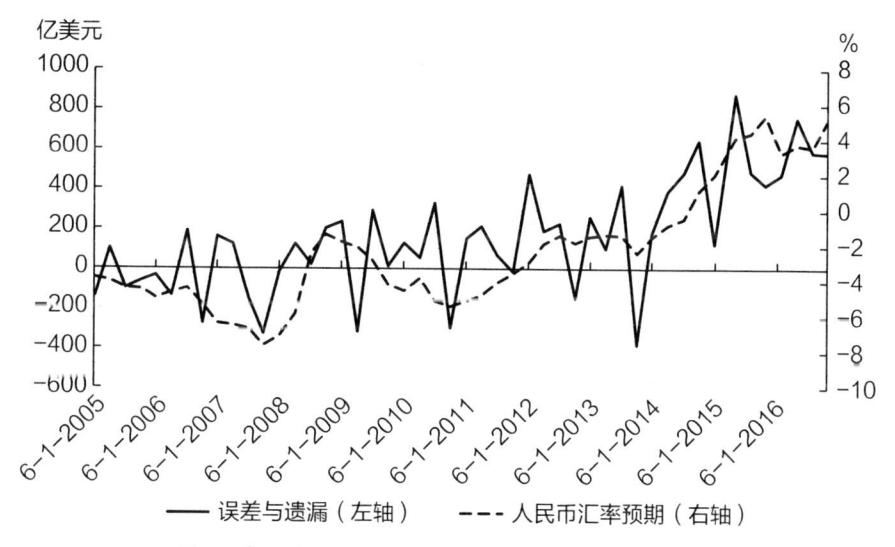

图8 中国的净误差与遗漏数额同汇率预期的相关关系

注：图中的净误差与遗漏是反向给出的。人民币汇率预期=（人民币汇率1年期预测值－人民币汇率当期值）/人民币汇率当期值。人民币汇率1年期预测值数据来源于Consensus Forecast数据。

国内许多学者强调"不能把误差与遗漏等同于资本外逃"是暗示中国并不存在严重的资本外逃。主张这种观点的人用心是好的，是为了维护有关部门的权威，同时也是为了增强市场的信心，但是这种观点的主张者并未用事实、理论和数据来说明为什么中国规模庞大的误差与遗漏是统计上的技术性原因而不是资本外逃造成的。例如，他们并未提供任何证据说明覆盖范围不当、误报、漏报、数据来源不同、信息采集时间不同等因素都各自在何种程度上导致了庞大的代表资本流出的误差与遗漏。从2015年第二季度到2016年末，我国经常账户累计额约为4500亿美元，同期误差与遗漏账户累计额达到-4300亿美元。很难想象如此巨大的误差与遗漏可以用统计上的技术性原因加以解释。事实上，也从来没有任何人对此作过解释。既然如此，我们为什么不能坦然接受"近年来中国一度出现了大量的资本外逃"这样的判断？

一些学者认为，汇率变化和价值重估可以在很大程度上解释中国国际收支平衡表上为什么会出现庞大的误差与遗漏。我认为这种理解是错误的。例如，IMF在《国际收支平衡手册》第五版讨论储备资产度量时指出：除非是交易产生的储备资产变动，其他一切变动——汇率变化、储备资产价格变化、黄金货币化和SDR分配、重新分类等——所导致的储备资产的价值变动都不会反映在国际收支平衡表中。这些变动所导致的储备资产价值重估是要留到编制国际收支头寸表时处理的。汇率变动（美元指数和美元对人民币双边汇率）和资产价格变化对国际收支平衡表上的其他账户也会造成类似影响，但这些变化属于非交易性变化，也是要留到编制国际收支头寸表时处理的，因而原则上也不会对误差与遗漏造成影响。

事实上，仅仅承认国际收支平衡表上的庞大且单向的误差与遗漏更多地反映了资本外逃而非纯粹的统计上的误差与遗漏是不够的。我们还应看到，相当一部分外逃资本不出现在国际收支平衡表上，或者是通过合法渠道流出的，不会造成误差与遗漏，实际的外逃资本很可能大于误差与遗漏所反映的规模。

三、国际投资头寸表和资本外逃的量度

在分析国际收支平衡表中的误差与遗漏账户之后，我们还需对国际投资头寸表（International Investment Position，IIP）作进一步的分析。国际投资头寸表是反映特定时点一个国家或地区对世界其他国家或地区金融资产和负债存量的统计报表，它与国际收支平衡表共同构成一个国家或地区完整的国际账户体系。从概念上可以把国际收支平衡表资本和金融账户上的各项目同国际投资头寸表上的相应项目的关系理解为流量和存量之间的关系。根据国际收支平衡表，有如下等式：经常项目顺差＝资本项目顺差＋外汇储备增量[①]，其对应的存量等式为：累积的经常账户顺差＝（居民海外资产－居民海外负债）＋外汇储备[②]，或累积的经常账户顺差＝中国海外净资产。经常项目顺差意味着资本净输出，而累积的资本净输出又意味着海外净资产形成。因而，在理论上，在给定时期内累积的经常项目顺差应该等于同期海外净资产的增长额。但在实践中，两者之间却往往存在相当大的缺口。例如，根据国际收支平衡表和国际投资头寸表的统计，从2011年到2016年第三季度，中国累积的经常项目顺差为1.24万亿美元，即中国向海外输出了1.24万亿美元资本，但国际投资头寸表上的海外净资产仅仅增加了0.19万亿美元。这意味着在这段时间里，在累积的经常项目顺差和海外净资产增加额之间有高达1.05万亿美元的缺口。又如，从2014年第二季度到2016年末，中国累积的经常项目顺差为0.73万亿美元，但在外汇储备下降1万亿美元的同时，中国国际投资头寸表上居民海外净资产仅增加了0.9万亿美元。换言之，不到三年的时间，在累积的经常项目顺差和海外净资产增加额之间出现了0.83万亿美元的缺口[③]。

---

① 也可以写为经常账户顺差＋（非储备性质金融账户资本流入－非储备性质金融账户资本流出）＋外汇储备＝0。
② 此处暂时不考虑误差与遗漏账户，后文会有说明。
③ 出现巨大缺口并非中国独有的现象，例如，美国也存在巨大缺口，但与中国相反，美国的海外净债务远远低于累积的经常项目逆差，这主要缘于美元贬值和资产价格调整产生的估值效应（Gourinchas and Rey，2005）。

从 2011 年到 2016 年第三季度，累积的经常项目顺差和海外净资产增加额的缺口为 1.05 万亿美元，而国际收支平衡表上的误差与遗漏累积额是 0.6 万亿美元。假设后者代表了可以从国际收支平衡表上发现的这一时期的资本外逃规模，累积的经常项目顺差和海外净资产增加额之间缺口的 57% 便得到了解释。但剩下的 0.45 万亿美元，即缺口的 43% 又应该如何解释呢？[①] 累积的经常项目顺差和海外净资产增加额之间的缺口可以分解为两个子缺口：其一是经常项目顺差和资本净输出之间的缺口，即国际收支平衡表上的误差与遗漏；其二是从资本净输出到海外净资产形成之间的缺口。我们已经讨论过第一个缺口，下面讨论第二个缺口。

给定时点上的国际投资头寸，理论上应该有如下关系：

$$年末头寸 = 年初头寸 + 交易$$

式中，年末头寸即年末海外净资产（存量）。年初头寸是已知的，则年末头寸应该独立量度，而不是由等式右端推导出的。交易代表通过国际收支平衡表的资本净输出。交易数来自本年度国际收支平衡表的金融交易账户，是按交易主体进行会计账务处理时的市场价记录的。

但是，在现实中，海外净资产的增加并不等于由交易代表的资本净输出额。造成两者缺口的常见的原因是价值重估，即汇率和资产价格变动以及其他一些变动导致存量变化。例如，即便央行当期并未购入外汇资产，由于美元指数的下跌，年末外汇储备存量的价值也会增加。因此必须加上调整项，海外资产的增加才有可能等于资本净输出额。

$$年末头寸 = 年初头寸 + 交易 + 价格变化调整 + 汇率变化调整 + 其他调整$$

[①] 中国有关部门指出，根据最新标准，我们全面采用市值法统计和编制我国国际投资头寸表中的各项数据，替代以往个别项目历史流量累计的方法。但是，由于部分重要数据的统计制度都是在近期开始实施的，历史数据无法获得，因此，对往期数据未能进行追溯调整，这样 2014 年前后的 IIP 数据存在不可比的情况。例如，2014 年及以前的证券投资股权负债数据采用历史成本法，对于上市企业在境外发行的股票按发行价格记录存量。从 2015 年起我们采用了市值法，即按期末的股票市场价格进行记录。由于估值方法改变，2014 年前后的该部分数据不可比。

式中，价格变化调整是指根据给定金融产品价格的变化对该金融产品存量的价值进行调整。例如，某种外国债券价格发生变化，在国际投资头寸表上，就需对年初头寸中的该种外国债券价格进行相应调整。汇率变化将导致金融资产和负债的美元价值发生变化。例如，由于中国外汇储备中既包含美元资产，也包含其他币种资产。美元指数的上升将导致中国用美元计价的外汇储备减少，美元对人民币的贬值则会导致用美元计价的中国负债增加[1]。其他调整则包括公司股权变化的交易价值（Transaction Value）同其账面价值之间的差额、由于重新分类造成的价值变化等。国际投资头寸所记录的中国的海外资产与负债的美元价格就应该作出相应调整。

在上式中各种调整并不影响年初头寸存量和交易流量。例如，美元指数的上升对年初头寸和交易项没有影响。但美元指数升值必然导致外汇储备年末头寸减少。因为资产存量的这种减少同中国资本输出状况无关，所以必须在等式右端加上一个取值为负的汇率变化调整项，以抵消汇率变化对外汇储备年末头寸的非交易性影响[2]。

但是，即便做了上述调整，上述等式依然不能成立。这样，在国际收支平衡表上，我们可以加上一个新的平衡项——误差与遗漏 II，使海外净资产的增加仅仅反映资本的净输出。

年末头寸 = 年初头寸 + 交易 + 价格变化调整 + 汇率变化调整 + 其他调整 + 误差与遗漏 II

产生误差与遗漏 II 的可能性有二：统计误差以及未知的投资失败和资本外逃。等式两端的各项由于数据不理想和计算困难都会导致误差与遗漏 II 的产生。而资本外逃和未知的投资失败也会导致相同结果。许多通过正规途径合法流出的资本可能并未真正转化为中国的海外资产，而无法被记入年末头寸。例如，作为 ODI 流出的资金可能并未变成中资工厂的资产记录而莫名其妙地消失了。这样，

---

[1] 中国对美国的大部分负债，如美国对中国的 FDI 是以人民币计价的。人民币对美元贬值，意味着中国对美国的美元负债增加。
[2] 作为交易量的 100 亿美元，已经按新的美元指数进行了折算。

尽管在国际收支平衡表上有 ODI 的流出记录，在国际投资头寸表上表现为新增交易，但在年末头寸中却找不到这笔资产。

按定义，年末头寸 − 年初头寸 = 对外净资产变动 = 资本净流出 + 各项调整 + 误差与遗漏 II，即对外净资产变动 − 资本净流出 = 各项调整 + 误差与遗漏 II。因而，"对外净资产变动 − 资本净流出"的变化可以通过对各项调整和误差与遗漏 II 的分析来判断。

从图 9 可以看出，自 2012 年以来除 2014 年和 2015 年外，对外净资产变动大于资本净流出。在国际收支平衡表的误差与遗漏账户上可以清楚地看到自 2012 年第三季度以来中国资本外逃的迹象明显。但在国际投资头寸表上我们却看不出这种迹象。

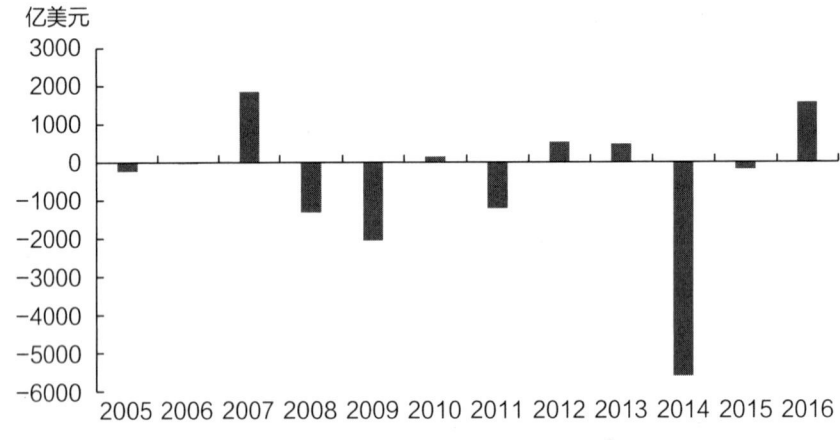

图 9　对外净资产变动 − 资本净流出 [1]

这里似乎可能有两个原因。首先，资本外逃对"对外净资产变动 − 资本净流出"的影响被汇率和价格调整抵消了。例如，在某些时候，尽管我们的海外资产遭受了损失，但由于美元指数下跌、汇率调整，这些资产的价值可能不降反升。相反的例子则是，尽管 2014 年对外净资产变动同资本净流出之间的缺口超过负 5264 亿美元，但缺口的增加主要是中国证券负债计价方式改变而不是资本外逃

---

[1] 资本净流出 = 经常账户盈余 + 误差与遗漏账户。"对外净资产变动 − 资本净流出"可以简单理解为 IIP 与 BOP 相关项目的差值。

造成的①。其次，由于统计不准确，在国际投资头寸表上资本外逃被低估。例如，根据各种传闻、媒体报道和亲身感觉，特别是从国际收支平衡表的误差与遗漏账户来看，2016年应该是中国资本外逃比较严重的一年，但在国际投资头寸表上，我们却看到当年的对外净资产变动明显超过资本净流出。这种情况大概可以用统计数字失真来解释。

在国际上，例如在日本，新形成的海外资产存量有的是根据国际收支平衡表相关统计值直接推算的，但另外一些存量是需要独立统计的。例如，新增境外直接投资（ODI）的数据取自有境外投资项目的企业提交的投资报告和支付报告。由于时差问题，如在编纂2016年国际投资头寸表时，央行尚未收到这些企业的投资报告，央行就不得不用国际收支平衡表中金融账户上的资本流出数据作为替代。我国在编制ODI和FDI数据表时，使用企业自身资产负债表中的外方所有者权益（包括实收资本、资本公积、未分配利润、盈余公积和持有损益等）来计量头寸，主要通过外商投资企业年检和境外投资企业调查的渠道采集数据。IIP正式数据主要采用上期末存量、当期流量方法编制。也就是说，当季的IIP数据是来源于BOP的数据的，直接来源于企业的IIP调查数据会有三个季度或者更长的滞后。例如，因为企业调查数据在2017年9—10月才能得到，2016年末头寸的修正数据要在2018年3月底才能得到，这样，在国际投资头寸表上的1540亿美元的正缺口并不能否定这样的可能性：2016年中国一些通过正规渠道合法流出的资金已经逃之夭夭，一些投资打了水漂。

事实上，中国海外资产存量的统计亟须规范和改进。这并不是某个特定部门的问题，而是国家统计体系建设落后于经济对外开放步伐的问题。例如，截至2013年底，110多家中央企业资产总额达到35万亿元，根据国资委统计的境外经营单位资产总额占比12.5%计算，中央企业境外资产总额超过4.3万亿元。这些资产有多少是纳入审计监督的？在2017年"两会"期间，全国政协委员、审计署原副审计长董大胜给出的答案是"基本上没有进行审计"。②在这种情况下，

---

① 管涛. 对外净资产缩水≠跨境资本交易损失 [J]. 中国外汇，2016（1）.
② 见2015年3月3日《中国青年报》。

我们又如何能对中国海外资产与负债存量，特别是境外直接投资存量统计抱有信心呢？

四、小结

综合我们对国际收支平衡表中误差与遗漏账户以及国际投资头寸表中对外净头寸增长同国际收支平衡表中金融账户资本净流出缺口的分析，我们得出的结论是中国在最近几年很可能出现了比较严重的资本外逃（见图10）。

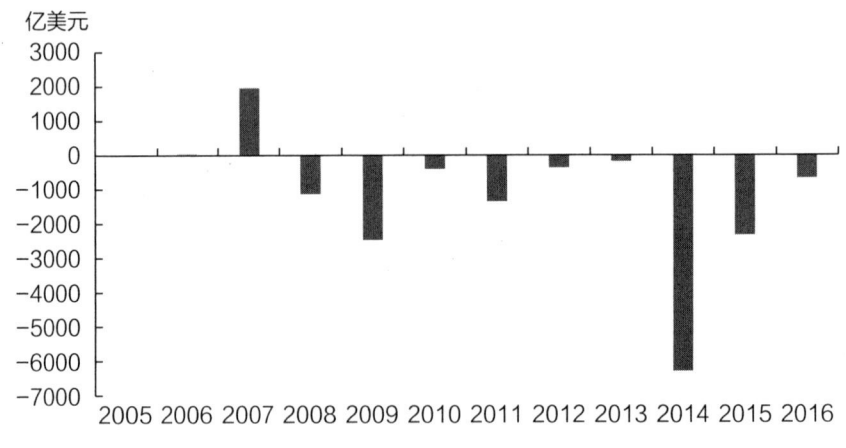

图10 对外净资产变动与经常账户盈余之间的差额

如果从2011年开始，把每年对外净资产变动与经常账户盈余之差加总起来，我们就可以得到在此期间出现的高达1.3万亿美元的巨大缺口。这种情况在全球经济历史中恐怕是绝无仅有的。

这个缺口可以看作由两部分构成：国际收支平衡表上的"经常账户与金融账户缺口"（误差与遗漏I）累积以及国际投资头寸表上的"对外净资产累积与金融账户上资本净流出缺口"（误差与遗漏II）累积（见图11）。

通过对上述两个缺口的分析可以看出，最近几年资本外逃大概主要是通过国际收支平衡表上的金融账户流出的。虽然在国际投资头寸表上看不出资本外逃的明显迹象，但有理由怀疑，这种情况在很大程度上是由海外资产存量统计滞后造

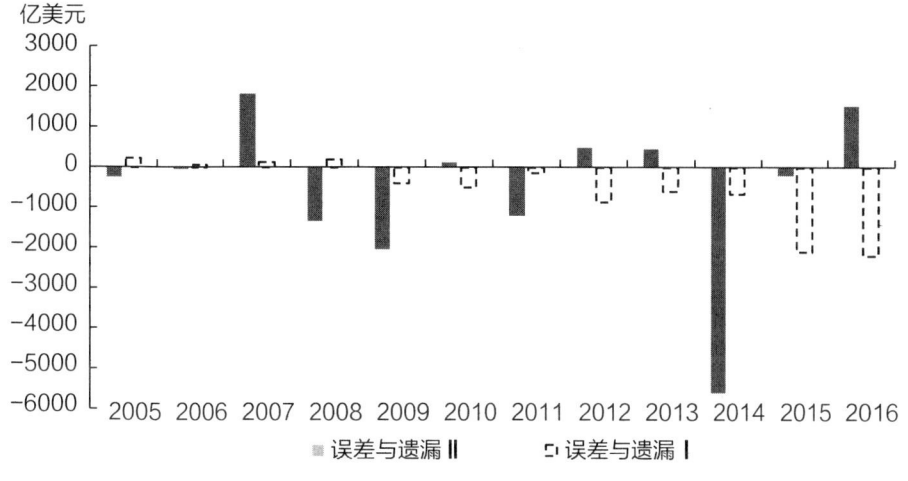

图 11　误差与遗漏账户

成的。考虑到还有相当一部分资本外逃从一开始就无法通过国际收支平衡表反映出来，这几年中国资本外逃的情况应该是相当严重的。最近中国政府已经采取了一系列措施抑制资本外逃，这些措施是完全正确的，并且取得了良好的效果。但是，我们绝不能就此对资本外逃问题掉以轻心。资本外逃问题的解决还有赖于中国经济体制、金融体系和汇率制度改革的进一步深化。

本文为本书作者与中国社会科学院世界经济与政治研究所研究员肖立晟合作而成的。感谢中国国家外汇管理局国际收支司在座谈会中提供的宝贵意见。

资本外逃的判别与路径

中国自 1991 年以来一直（除 1993 年外）保持经常项目顺差。换言之，中国自 1991 年人均年收入仅 400 美元的时候就已经成为资本净输出国。到目前为止，中国已经积累了 1.75 万亿美元的海外净资产。但是，在过去十几年中（除其中的两年外），中国的投资收益一直是逆差。

不仅如此，尽管过去十几年来中国是世界最大的资本净输出国之一，中国的海外净资产在最近 6~7 年中不但没有增加反倒略有减少。在 2015—2016 年短短的两年中，中国国际收支平衡表上的资本和金融账户逆差高达 1.2 万亿美元，超过这两年中国 GDP 的 6%。外汇储备的急剧下降以及巨额资本和金融账户逆差的出现引发了人们对中国是否存在资本外逃的担忧和讨论。

本文首先简单分析导致中国作为净债权国，投资收益为负的原因，指出中国调整海外资产负债结构的必要性；然后重点分析中国国际收支平衡表和国际投资头寸表中误差与遗漏和资本外逃之间的关系，说明为什么我们认为在过去几年中国存在相当严重的资本外逃。

一、中国的国际收支结构

（一）国际收支结构演进的一般规律

英国经济学家 Geoffrey Crowther 曾提出一个用于分析国家经济增长与国际收支结构变迁的模型。该模型显示：一国的国际收支结构会随其经济的增长而发生相应的变化，其国际收支结构的变化可分为六个阶段：年轻债务国、成熟债务国、债务偿还国、年轻债权国、成熟债权国和债权减损国。

第一阶段是年轻债务国阶段。此时国家处于起步阶段，尚较贫困且储蓄不足，若想实现较高的经济增长速度，就需要一个较高的投资水平。但由于储蓄率较低，因而需要从外借入资本。这就形成了第一阶段的特点：贸易逆差、投资收入逆差和经常项目逆差。

第二阶段是成熟债务国阶段。随着国家经济的增长、国家竞争力的提高，其出口也会增加，第一阶段存在的贸易逆差会越来越小，因而在第二阶段，贸易由逆差变成顺差。与此同时，由积累的外债产生的需支付的利息使得投资收入仍为逆差，且这一差额在一段时间内持续扩大。由于投资收入逆差大于贸易顺差，在该阶段该国经常项目仍为逆差。因此第二阶段的特点是：贸易顺差、投资收入逆差和经常项目逆差。

第三阶段是债务偿还国阶段。在这个阶段，贸易顺差进一步增加。由于贸易顺差大于投资收入逆差，经常项目变成顺差。经常项目顺差意味着在这个阶段国家已经开始减少海外债务，从而导致投资收入逆差减少。第三阶段的特点是：贸易顺差、投资收入逆差和经常项目顺差。

第四阶段是年轻债权国阶段。在这个阶段，依然维持贸易顺差，但随着经济的发展和人均收入水平的提高，国家出口竞争力下降，贸易顺差减少，由债务偿还国转变为净债权国，投资收入变成顺差。第四阶段的特点是：贸易顺差、投资收入顺差和经常项目顺差。

第五阶段是成熟债权国阶段。此时贸易已由顺差变成逆差，但由于在过去已经积累了相当多的资本，投资收入顺差大于贸易逆差，故经常项目仍为顺差。第五阶段的特点是：贸易逆差、投资收入顺差和经常项目顺差。

第六阶段是债权减损国阶段。虽然投资收入依然是顺差，但是贸易逆差非常大，两者相加必然导致经常项目逆差。经常项目逆差意味着此时国家已成为资本输入国。这一阶段的特点是：贸易逆差、投资收入顺差和经常项目逆差。

（二）中国国际收支结构的特点及成因

通过观察其他国家和地区（日本、印度、泰国、中国香港、韩国、菲律宾和印度尼西亚等）的数据，我们可以发现它们都大致符合 Crowther 模型，但中国国际收支的结构和演进却无法用 Crowther 模型描述。判断一个国家是资本净输入国还是净输出国，只需看其经常项目是顺差还是逆差。从 1991 年至今（除 1993 年外），中国一直保持经常项目顺差，所以中国无疑是资本净输出国。另外，在维持贸易顺差的同时，中国在最近十几年中投资收入却基本是逆差。

从经济逻辑来看，中国的海外资产－负债结构是导致中国"净债权国，投资收益为负"的直接原因。中国的负债主要是外商直接投资，资产主要是美国国债。前者收益率高，后者收益率低。例如，根据美国大型企业联合会的调研，2008 年美国跨国公司在华投资收益率是 33%。根据世界银行的调研，同年跨国公司在华总体投资收益率是 22%。而中国持有的美国国债在 2008—2009 年的收益率仅有 2%～3%，甚至更低。所以，尽管中国有近 50 000 亿美元的海外资产和 30 000 亿美元左右的海外负债，中国投资收入出现逆差难以避免。

中国海外资产以美国国债为主、负债以 FDI 为主的这种结构是由中国的双顺差，即资本项目顺差和经常项目顺差造成的。除非 ODI 大于经常项目顺差（这在相当长一段时间内基本上是不可能的），只要维持双顺差，中国的海外资产－负债结构就必然是资产以美国国债为主、负债以 FDI 为主。

中国的双顺差的产生是长期以来中国执行 FDI 政策 + 创汇经济政策的结果，而形成双顺差的必要条件则是汇率无弹性。双顺差的存在意味着人民币币值被低估。唯其如此，才需要央行不断买进美元，以保持人民币对美元汇率的低估状态。如果人民币币值可以根据外汇市场供求关系决定，双顺差就会消失。要么是经常项目顺差和资本项目逆差，要么是经常项目逆差和资本项目顺差（或两者都处于平衡状态），双顺差和双逆差的状态都是不可能出现的。在不存在双顺差的情况下，中国特定的海外资产－负债结构和成为净海外债权国但投资收益为负的状况一般就不会出现。

（三）调整中国国际收支结构的必要性

不管净资产对应于负投资收益在历史上有何合理性，这种状况是不应该长期维持的。中国的贸易顺差迟早会随着人口老龄化而减少。中国一旦出现贸易逆差而又不能够像今天的日本那样，通过投资收入顺差抵销贸易逆差，就会面临两个选择：逐步陷入外债陷阱或增加出口以弥补投资收入逆差。前者意味着中国经济将停滞，后者意味着中国将成为其他国家（甚至自己的债务国）的"打工仔"。

二、中国海外净资产消失之谜

按 Crowther 模型，一个成熟的发达国家可能进入债权减损国阶段。虽然投资收入依然是顺差，但是贸易逆差非常大，因而出现经常项目逆差。经常项目逆差意味着该国的海外净债权开始减少。但是，中国是经常项目顺差国，换言之，中国一直在输出资本，为什么中国的净债权增长缓慢，投资收入为负呢？

（一）对两个缺口的分析

国际收支中的一个基本等式是：

累积的经常项目顺差＝同期海外净资产的增加

而事实是，从 2011 年到 2016 年第三季度，中国积累了 1.28 万亿美元的经常项目顺差，那么中国海外净资产应该增加 1.28 万亿美元，可却减少了 124 亿美元。换言之，中国累积的资本输出额同中国在海外形成的净资产出现了 1.29 万亿美元的巨大缺口。

为了更好地分析经常项目顺差和海外净资产增加额之间的缺口，针对经常项目顺差、资本净流出、海外净资产三个环节，可以把该缺口分为两个子缺口：其一是经常项目顺差与资本净流出之间的缺口，等于国际收支平衡表上的误差与遗漏账户规模，我们将其称为误差与遗漏Ⅰ；其二是资本净流出与海外净资产形成的缺口，等于国际投资头寸表上扣除交易、各调整项目之后，年初与年末头寸之间的差额，我们将其称为误差与遗漏Ⅱ。经常项目顺差与海外净资产增加额之间的缺口同两个子缺口的关系可表示为：

"经常项目顺差－海外净资产增加"缺口

＝"经常项目顺差－资本净流出"缺口＋"资本净流出－海外净资产形成"缺口

＝误差与遗漏Ⅰ＋误差与遗漏Ⅱ

把经常项目顺差与海外净资产增加之间的缺口分为两个子缺口分别进行分析，我们可以更准确地把握造成经常项目顺差和海外净资产增加之间的缺口的原因。

（二）资本外逃和国际收支平衡表上的误差与遗漏

按年度来看，"经常项目顺差－资本净流出"缺口或误差与遗漏Ⅰ实际上就是国际收支平衡表上所记录的"误差与遗漏"。国际收支平衡表记录所有跨境交易，即经常项目下的交易和金融项目下的交易。由于国际收支平衡表是个复式账户体系，在这个体系中，在经常项目下，居民和非居民之间的每一笔交易都会同时记录为资金的流入和流出，两者的数量相等、方向相反。例如，实现出口1亿美元的同时，出口商的金融资产增加1亿美元或金融负债减少1亿美元。其金融资产包括现金、银行存款、贸易信贷等。根据复式簿记原则，在经常账户下的贷方记入1亿美元资金流入，在金融账户下的资产方记入1亿美元资金流出。一笔交易分别记录两次，资金数量相等、符号相反，两者之和等于零。这样，一笔正常的跨境交易不会导致国际收支平衡表上误差与遗漏的产生。在国际收支平衡表上，一笔纯金融交易也是如此记录的。例如，中国居民对海外发行1亿美元债券，金融账户中的负债方记入1亿美元资金流入，所筹集的资金如存放在银行（无论是境内还是境外），金融账户中资产方记入1亿美元资金流出。这笔金融交易分别记录两次，资金数量相等、符号相反。两者之和等于零。同样，一笔正常的纯金融交易一般也不会导致国际收支平衡表上误差与遗漏的产生。由于每一笔交易产生的贷方和借方、资金流入和资金流出都是数量相等、符号相反的，两者之和理论上都应该为零，因而国际收支平衡表上经常账户与金融账户之和也应该等于零。

但在国际收支平衡表中，由于种种原因，已记录的一笔交易的贷方和借方之和（资金的流入和流出之和）可能不等于零，因而经常账户与金融账户之和也可能不等于零。按照复式簿记原则，国际收支平衡表特设误差与遗漏账户，用来平衡经常账户与金融账户的差额，使得"经常项目差额+资本项目差额+误差与遗漏"等于零。

自全球金融危机爆发之后，中国国际收支平衡表中的误差与遗漏逐年增加（见图1）。尤其是2014年之后，误差与遗漏急剧增加，从2015年第二季度到2016年末，我国经常账户累计额约为4500亿美元，同期误差与遗漏账户累计额达到4300亿美元。是什么原因造成了如此巨大的误差与遗漏？学界分为两派，一派认为主要是统计误差造成的（管涛，2016），另一派认为主要原因可能是资本外逃。

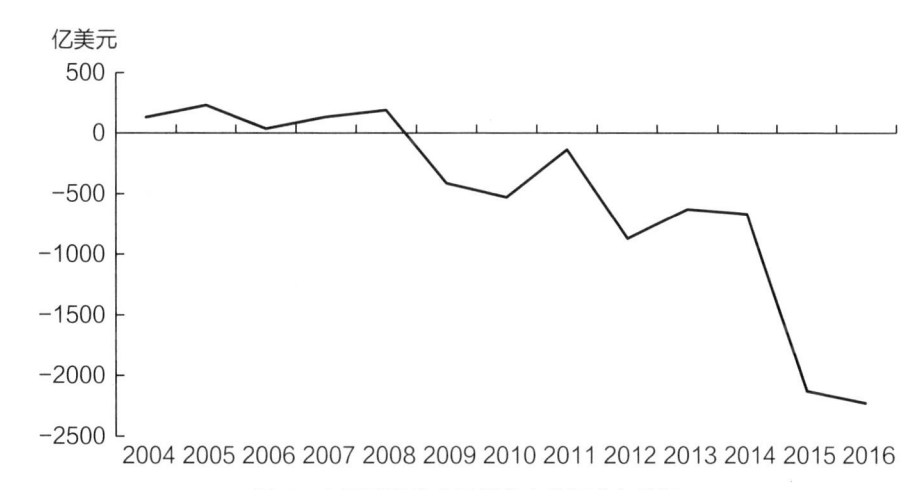

图 1 中国国际收支平衡表中的误差与遗漏

在理论上，导致国际收支平衡表中出现误差与遗漏的可能原因有三个：

（1）统计原因。

（2）资本外逃。

（3）与资本外逃无关的有意误报。

1. 统计原因

统计覆盖范围不当、误报、漏报、同一笔交易的贷方分录和借方分录的数据来源不同（如贸易数据来自海关，但创汇数据来自银行）、信息采集时间不同，等等。有人把价值重估也归为导致误差与遗漏的统计原因。但由于国际收支平衡表的复式簿记特点，价值重估对误差与遗漏产生的影响应该不大，其主要影响应该体现在国际投资头寸表上。

统计学的基本原理告诉我们，如果误差与遗漏是由统计误差造成的，那么误差与遗漏的时间序列应该呈现白噪声的特征。事实上，其他国家（如英国、日本等）的误差与遗漏的时间序列都呈现白噪声的特征，说明其误差与遗漏是由统计误差造成的。而中国的误差与遗漏变化则有一定趋势：与汇率变动高度相关，即误差与遗漏会随汇率贬值预期上升而增加，所以很难将误差与遗漏Ⅰ简单归结为统计误差。那么，巨大的误差与遗漏Ⅰ是否就是资本外逃造成的呢？对于这个问题，我们在以前的文章（余永定、肖立晟，2017）中作过比较充分的讨论，这里不再赘述。

2. 资本外逃

为了说明误差与遗漏Ⅰ与资本外逃的关系，我们先界定什么是资本外逃。在IMF的一些文件中，资本外逃被定义为超出正常跨国配置战略所需的任何资本外流。在这里，我们把资本外逃定义为源于某种负面冲击，而且会对国民福利造成永久性损害的资本外流。这里要强调的是，资本外流不等于资本外逃，资本外流是市场经济中的正常现象。短期资本外流往往是对某些宏观经济变量变动的反应，长期资本外流则是居民对资产进行跨国优化配置的结果。资本外流是在统计中有记录的。资本外逃是资本外流的一种极端形式，其动机是转移资产。

在实行资本管制的国家，资本外逃是非法的、违规的，因而这类资本外流在国际收支平衡表中往往是没有记录的，或是虚假记录的。资本外逃的方式十分复杂，外逃的数量难以直接统计，但资本外逃的方式一般是对资金流出（或债务增加）不申报、少申报或不实申报。这样，在复式簿记体系中，资本外逃就可能导致国际收支平衡表中出现误差与遗漏。这样，通过观察误差与遗漏Ⅰ的大小，我们可以间接推测资本外逃的规模。同时，还应看到，资本外逃经常花样翻新，遏制资本外逃的法律、法规常常碰上"道高一尺，魔高一丈"的问题。因而，有些合规、有记录、不会导致误差与遗漏的资本外流实质上也属于资本外逃。

从媒体反映的情况来看，资本外逃方式主要有：

- 出口商推迟汇回出口收入。
- 境外刷银行卡虚假购物。赌场刷卡购买筹码后，通过与他人交换或直接退筹进行套现。购买高档奢侈品、会籍、收藏品后，转手他人，获得外汇现金。刷卡购物后以退货形式兑换现金。
- 高价购买外国球员、俱乐部，通过幕后协议转移资产。
- 高开发票。向外国出口商支付超过进口品实际价值的货款，后者再通过境外账户将差价存入中国进口商的境外账户。
- 以境外应收款虚增利润，以企业完税证明和董事会利润分配决议为凭将利润汇出。
- 低估境外资产价格，截留利润不汇回。推迟汇回红利和利润。
- 美元走私，"蚂蚁搬家"。
- 用银行卡境外大额提现。
- 贸易信贷做假。
- 资本金不到位，虚假出资（中国允许分期出资、资金分批到位，实收资本可以暂时小于注册资本），不投足外汇资金。
- 以非正常高价收购外国企业。
- 改变投资性质（申报为ODI或证券投资，但实际上是在海外购买私人房产）。
- 有意使海外投资失败，以转移资产。
- 合资企业国内红利汇出，国外红利不汇回。
- 客户在国内银行存入一笔定期存款，从香港中资银行获得港币贷款，用于投资移民。
- 虚假海外并购。
- 故意输掉官司，把罚金付给自己控制的海外企业。
- 资本申报不实（性质不实，不是数量不实）。
- 为了转移资产，资本流出的最终用途与申报不符。

- 国内企业与海外子公司成立合资企业，将利润留作海外投资。

上述资本外逃方式中的相当大部分能导致误差与遗漏Ⅰ的发生。最直观的例子是夹带外汇出境。从银行提取美元存款是有案可查的，最后会表现为金融账户中的"其他投资"项目下的子项目"货币与存款"中资产的减少。但是，没人知道这些美元的下落，因而，金融账户中不会出现同"货币与存款"资产减少相对应的其他类型资产增加或负债减少。这样，根据复式簿记的所有项目相加必须为零的原则，就必须在国际收支平衡表中增加误差与遗漏Ⅰ。因而，如果观察到误差与遗漏Ⅰ增加，就可以推测可能发生了资本外逃。上述资本外逃方式中的另一部分则会导致误差与遗漏Ⅱ的产生。关于后者我们在下一小节中讨论。

3. 与资本外逃无关的有意误报

应该看到，某些与资本外逃无关的有意误报，也会导致误差与遗漏Ⅰ增加。因而，只有在扣除了这些影响后，误差与遗漏才能反映资本外逃规模。这类误报主要有：

（1）出口高报。

（2）进口低报。

（3）金融交易中的某些有意误报。

一般而言，出口高报的目的不是要资本外逃，而是要骗取出口退税、补贴等。进口低报的目的也不是要资本外逃，而是要走私和避税等。在金融交易中某些有意误报或是因为出了某种客观状况不得已而为之，或是为了骗取补贴、显示政绩等。例如，出售美元资产但美元无法汇回和高报FDI等都属于这类误报。

上述三种误报情况到底有多严重？根据我们了解的情况，最近几年出口高报现象确实有所增加。但据了解，海关方面已经针对这种情况在统计上做了相应处理。因而，似乎没有理由认为，近年来，特别是在人民币贬值条件下，出口高报会突然增加，成为导致误差与遗漏Ⅰ增加的重要因素。进口低报情况在20世纪八九十年代是严重的，但在中国加入世界贸易组织之后，随着关税的降低，走私现象逐步减少，似乎无迹象表明最近几年走私突然增加。我们很难判断同资本外逃无关但导致误差与遗漏增加的金融交易误报到底有多严重，似乎也没有理由认为，同资本外逃无关的金融交易误报在最近几年突然增加了。

在从误差与遗漏 I 中扣除同资本外逃无关的有意误报的同时，我们还应该看到，有些资本外逃并不会导致误差与遗漏增加。因而，为了更准确地判断资本外逃规模，在误差与遗漏 I 之外，还应该加上这类误报。旨在实现资本外逃，但不会导致误差与遗漏 I 增加的有意误报主要包括三类：

（1）进口高报。

（2）出口低报。

（3）金融交易中的某些有意误报。

通过进口高报可以实现资本外逃。例如，报进口 1 亿美元，国内银行存款减少 1 亿美元，但实际上只花掉 0.5 亿美元，剩下的 0.5 亿元美元变成海外存款。但统计部门可能难以核实居民或企业是否真正用掉了 1 亿美元（如澳门卖家可以开出假发票），只好根据申报记录进口用汇 1 亿美元，因而，这类资本外逃不会导致误差与遗漏 I 增加。各种消息显示，最近几年进口高报的现象十分严重。但有观察家认为，企业通过进口高报实现资本外逃的成本过高，因而进口高报现象不可能很严重。对于企业来说，这样的问题确实可能存在。但在过去几年，在服务贸易项目下居民通过五花八门的方式高报进口以实现资本外逃则是公开的秘密。

出口低报是最传统的资本外逃方式。国内许多研究证明，1997 年亚洲金融危机爆发之后，出口低报一直是资本外逃的主要渠道。明明出口了 1 亿美元，却只报出口 5000 万美元，另外 5000 万美元留在海外账户中。但这笔交易在经常账户上记为出口 5000 万美元，金融账户上记为存款 5000 万美元，误差与遗漏 I 并未增加。金融交易中的某些有意误报的结果也是如此。

考虑到有些有意误报虽然导致误差与遗漏 I 增加但同资本外逃无关，另一些同资本外逃有关但不导致误差与遗漏 I 增加，资本外逃和误差与遗漏 I 的关系可以用下式表示：

资本外逃 =（误差与遗漏 I − 统计误差 − 出口高报 − 进口低报 − 金融交易误报 I）+ 出口低报 + 进口高报 + 金融交易误报 0

其中金融交易误报Ⅰ、金融交易误报0分别代表产生和不产生误差与遗漏的金融交易。

不难看出，用误差与遗漏Ⅰ度量资本外逃的准确性很大程度上取决于各项的规模以及"－统计误差－出口高报－进口低报－金融交易误报Ⅰ＋出口低报＋进口高报＋金融交易误报0"是否等于零。如果前四项之和大于后三项之和，误差与遗漏Ⅰ就高估了反映在国际收支平衡表上的资本外逃的规模；反之，误差与遗漏Ⅰ就低估了反映在国际收支平衡表上资本外逃的规模。

因为非官方机构与个人根本无法获得可以作出肯定判断的数据，因此我们无法肯定误差与遗漏Ⅰ一定是资本外逃的反映。但根据所掌握的事例证据和前面的分析，我们倾向于认为，误差与遗漏Ⅰ不但没有高估资本外逃的规模，反而低估了资本外逃的规模。如果考虑到有些资本外逃（资金流出没有记录）可能同热钱流入（资金流入没有记录）相抵销，因而不会增加误差与遗漏Ⅰ，我们就更有理由怀疑，资本外逃的规模大于误差与遗漏Ⅰ所显示的数量。为什么不直接统计资本外逃，而非要通过误差与遗漏Ⅰ来估计资本外逃规模呢？原因很简单，按定义，资本外逃十分难以估计，除了政府部门，直接统计资本外逃几乎是不可能的。而误差与遗漏Ⅰ是政府统计部门已经完成的成果。只要我们对统计误差、出口高报、进口低报、金融交易误报Ⅰ、出口低报、进口高报、金融交易误报0能够有个大致的判断，我们就可根据误差与遗漏Ⅰ对国际收支平衡表所能反映的资本外逃的规模有个大致的判断。当然，这是一种难以令人满意的判断方式，但我们现在也只能暂时满足于此。

（三）资本外逃与国际投资头寸表上的误差与遗漏

为了更好地分析经常项目顺差和海外净资产增加额之间的缺口，我们已根据经常项目顺差、资本净流出及海外净资产，把该缺口分为两个子缺口：经常项目顺差与资本净流出之间的缺口——误差与遗漏Ⅰ，资本净流出与海外净资产形成的缺口——误差与遗漏Ⅱ。我们已经提到，有些资本外逃并不会导致误差与遗漏Ⅰ的增加，但是这些资本外逃中的某些部分却可以在国际收支头寸表上被捕捉到。例如，通过高估并购对象资产价值实现资产转移是最近几年常见的最重要的资本外逃形式，这种形式的资本外逃并不会导致误差与遗漏Ⅰ增加，但在理论上，却可以导致误差与遗漏Ⅱ增加。

国际投资头寸表是反映特定时点一个国家或地区对世界其他国家或地区金融资产和负债存量变动的报表。同国际收支平衡表不同，国际投资头寸表并未采取复式簿记的方式。国际投资头寸表的结构可用下述等式表示：

年末头寸 = 年初头寸 + 交易 + 价格变化调整 + 汇率变化调整 + 其他调整

但在实际的统计中，上式等号两端一般不相等，为使之相等，需要加上误差与遗漏项Ⅱ：

年末头寸 = 年初头寸 + 交易 + 价格变化调整 + 汇率变化调整 + 其他调整 + 误差与遗漏Ⅱ

误差与遗漏Ⅱ可能是国际投资头寸统计不准确造成的，但也可能是资本外逃造成的。从国际投资头寸表来分析误差与遗漏Ⅱ与资本外逃规模的关系，首先要扣除各种调整项目，如统计口径变化、汇率变化，还有资产价值变化等。"交易"项同"年末头寸"与"年初头寸"之间的差额——误差和遗漏Ⅱ，在扣除纯粹的统计错误之后，就可用来衡量资金合法流出境外之后所发生的资本外逃了。

从外管局公布的国际投资头寸表来看，误差与遗漏Ⅱ的规模不大，在有些年份误差与遗漏Ⅱ非但不是因为资金的流出，反而是因为资金的流入产生的。这种情况应该如何解释呢？2015年"两会"期间，全国政协委员、审计署原副审计长董大胜说，中央企业境外资产总额超过4.3万亿元，基本上没有审计过。既然如此，中国国际投资头寸表的可信度就可想而知了。

三、小结

中国的对外经济政策在过去30多年取得了举世瞩目的成就，但是，由于历史原因和政策调整不及时，中国的国际收支结构形成了一些不合理的状况：作为经常项目顺差国却长期保持投资收入逆差，经常项目顺差同海外净资产缺口巨大。通过对国际收支平衡表和国际投资头寸表上的两个缺口对比可以看出，最近几年中国出现了比较严重的资本外逃。近年来中国政府采取一系列措施抑制资本外逃，这种政策调整是完全正确的。但是，对资本外逃问题的根本解决还有赖于中国经济体制、金融体系和汇率制度改革的进一步深化。

本文为本书作者于 2017 年 11 月 20 日为《武汉金融》所撰的稿。

应该更关注什么，明斯基时刻还是资本外逃

一、如何正确判断中国目前所面临的金融风险

如果大家关注国外对中国经济形势的评论，就会发现，国外一些金融机构认为中国现在已经面临着所谓的"明斯基时刻"。

明斯基时刻的主要表现是资产价格大幅度下降，并因此引起一系列的金融反应，最后形成经济危机、金融危机。

前不久，央行提出我们要防范明斯基时刻，并不是说我们现在已经面临明斯基时刻了。要守住不发生系统性金融风险的底线，这个观点是完全正确的。但是我们要同时看到矛盾的另一面——我们需要经济增长，因为没有必要的经济增长，我们的金融风险可能会更严重。

这两者是辩证的、对立统一的。

2009年我曾经在国内外报纸撰文批评"4万亿计划"，认为这个干预太急、太快，降低了经济增长的质量。

最近几年，我又写文章为"4万亿计划"辩护，因为我认为当时采取这种政策，从方向上是正确的，否则中国就会像其他很多国家一样陷入金融和经济危机之中，只是做得太过了。

目前，如何正确地估计我们所面临的金融风险是非常重要的，我们需要掌握好一个度，不能掉以轻心。

但如果说马上就要面临明斯基时刻了，就说过头了。

我认为，中国确确实实面临着严重的金融风险，但并没有面临明斯基时刻，中国的制度特点使我们完全有能力来防止这样的金融危机的发生。

一些经济学家认为，中国可以不要过多考虑经济增长速度，而应专注地解决金融风险问题、降低杠杆，我觉得这种观点可能不太全面。

在北京，大家已经接受了金融风险非常严重，我们必须守住不发生系统性金融风险的底线这一观点，但是我觉得我们对于今年经济增长所面临的挑战的估计是不足的。

举一个例子，按实际价格来计算，2017年上半年，我们的累计固定资产投资额同比实际增长3.8%，到第三季度这一速度又进一步降到2.9%左右。

去年的第三季度跟前年的第三季度相比固定资产实际增长-1.1%。中国以前很少出现过固定资产投资如此不振的情况。

不久前固定资产投资还一直是我们经济增长的主要推动力（现在消费增长成为最重要的推动力）。

如果不扭转这种固定资产投资急剧下降的趋势，或者事实上固定资产投资增速已经见底、只不过还未反映在统计上，或者官方统计数字不可信，今年6.5%的经济增速就可能保不住。

因此，我们需要对金融风险和经济增长这两者之间的相互关系有一个比较明确的、比较合理的把握。

高估金融风险、低估实体风险或反之都是不对的，都会导致政策偏差。

（一）明斯基时刻是怎么发生的——从国际经验来看

那么，中国会不会发生明斯基时刻？我们先从金融机构的角度来看。

发生明斯基时刻的充分必要条件是什么？我们可以根据美国或其他国家的经验做一个总结。

我是这样总结的：对一个金融机构的经营情况而言，我们主要看它的资产、负债和股东权益是否会出现盘旋下跌的恶性循环。

对于一个国家来讲，也存在这样的问题。一个国家陷入明斯基时刻充分必要条件是什么呢？

第一个条件是资产价格暴跌。

不管由于什么原因导致资产价格下跌，一开始看，不见得是暴跌，反正是下跌了，就像美国次贷危机发生时，和房地产相关的那些金融工具，比如 MBS（Mortgage-backed Security，住房抵押支持债券）、CDO（Collateralized Debt Obligation，担保债务凭证）都开始下跌了。

第二个条件是货币市场流动性枯竭。

资产价格下跌本身并一不定会导致金融危机，但当资产价格下跌时，市场可能对这种资产，甚至对金融机构丧失信心，于是就会出现融资中断。比如，在美国金融机构持有的 MBS、CDO 等与房地产相关的金融产品都是长期的，大多数都是 20 年、30 年。

持有这种长期金融资产的机构需要每隔几个月通过发行短期债券在货币市场融资，不断地借钱、还钱，而一旦金融市场不愿意借钱给它，它就很难继续持有这种金融资产。

这时它就得卖出，不但要把那些不好的金融资产低价卖掉，甚至得把好的金融资产卖掉，于是就会导致金融资产价格进一步下跌。

原来的资金供应者看到资产价格这么下跌，就更不会往货币市场注资。我们知道有一个杠杆率的问题。市场上资产价格下跌了，按照盯市原则，资本金也要相应缩减。

本来资产对资本金应该有一个比例，比如是 10∶1，你的资产是你的资本金的 10 倍。现在你的资产由 10 降到 5 了，你的资本金也得同比下降，你的资产的数额跟你的资本金相比大了很多。

结果是杠杆率不降反而上升了。杠杆率的上升使你还得接着卖资产，最后就会资不抵债。

资不抵债，又没人来给你注入资本金，那就只能倒闭了。

美国的金融危机从次贷危机开始经过了这么一个循环，资产价格开始出现问题，负债方流动性没有了，货币市场没有资金了，你就不得不卖资产。

经过反复的恶性循环，最后资本金耗竭了，金融机构就倒闭了。一个金融机构倒闭，另一个金融机构也被拖垮，最后引发全面的金融危机。

第三个条件是资本金无法得到补充。

资不抵债，金融机构就破产了。系统性金融机构的破产就会引发全面的金融危机。

总之，金融危机的发生必须有这三个方面的恶性循环。

如果在这三个方面当中，我们能够阻止其中任何一个方面的进一步恶化，金融危机是不会发生的。

比如资产价格下降了，这时候我去买你的资产，比如美联储为了使美国的金融危机不进一步恶化，它就买了 MBS 这种本来它不会购买的非国债资产，防止它进一步下跌。

如果它能够做到这一点，明斯基时刻就不会发生。

如果货币市场流动性枯竭了，央行就注入流动性，给它提供充分的资金，这个时候金融机构就不一定要抛售资产以偿还债务。这样，明斯基时刻也不会发生。

如果金融机构已经资不抵债了，政府还可以通过国有化、债转股等方式，使金融机构免于破产。

我想强调的是，根据国际经验，在这三个方面中，针对任何一个方面或者其中几个方面，只要能够采取有力的措施，是可以避免明斯基时刻导致的严重的系统性金融危机的。

（二）中国会不会发生明斯基时刻

基于上述国际经验，再从三个方面来看我们中国目前金融市场的资产方、负债方和资本金的情况。

1. 从资产方来看

中国的金融机构的资产不外乎是股市、债市和商业银行的资产。

（1）股市方面。2016 年平均市盈率是 19 倍，跟 2015 年比大幅下降，历史上最高的市盈率是 54 倍；平均市净率是 2.18 倍，历史最高的时候是 8.47 倍；平均的波动率 2017 年前 10 个月是 12%，不是特别高，这并不是说股市没有问题，而是跟 2015 年相比它是相对平静的。

2017 年从股市的角度来讲，金融资产会大幅度下跌的可能性不大，当然不排除"黑天鹅"事件。

（2）债市方面。2016 年银行间市场公司债违约规模 279 亿元，违约发行人 13 家；交易所违约规模 4.58 亿元，违约发行人 6 家。

2017 年 10 月底，银行间市场公司债违约规模 32 亿元，违约发行人 3 家；交易所违约规模 16.2 亿元，违约发行人 3 家。

你可能会说这个数字不真实，确实，不能排除这种可能性。

但同债券市场的规模相比，即便实际情况要差得多，也不能说中国的债券市场存在严重问题，因而债券的资产价格会大幅地下跌，会导致明斯基时刻。

（3）银行方面。目前房地产贷款，再加上同房地产开发相关的贷款在银行贷款中的比例是比较高的。这是中国金融体系中最薄弱环节，确实需要我们高度关注，但是这并不意味着中国的银行体系马上就要发生危机。同时，中国不像美国那样有很多衍生金融产品，我们基本没有次贷、MBS、CDO。

目前的关键问题是房地产的价格会不会暴跌？这个问题我觉得大家比我有发言权。我感觉不会，政府也不会让市场发生这种事情。如果这种事情不发生，也就不至于一下子使银行的资产严重恶化。现在银行的不良债权率是 1.75%，一些银行甚至实现了不良债权量和不良债权率下降。

实际情况可能比公开数字显示的要严重，但没人认为中国银行不良债权形势会比 1990 年代末、2000 年代初期严重。根据官方的数据，在 1990 年代末、2000 年代初期，银行的不良债权率曾达到 25%。

所以，现在我们虽然不能掉以轻心，但是不要把这个事情估计得过于严重，认为我们就面临着明斯基时刻。

总体上，从资产方来看，我认为我们现在并没有面临着金融资产会大幅度暴跌的可能性。

2. 从负债方来看

负债方资金的来源，对于中国来说可能更不是一个特别大的问题。

一是中国是高储蓄率的国家，可借贷资金充裕。美国恰恰相反，储蓄率非常低，当金融危机爆发的时候，它的国民储蓄率只有4%、5%，而中国是它的10倍左右。因此，在中国因为资金供给不足爆发金融危机的可能性是不大的。

二是中国的制度安排是其他国家所不能相比的。一个国家发生金融危机，其中绕不过的一个环节就是银行挤兑。除经济因素外，中国的制度性因素也排除了银行挤兑的可能性。例如，共产党员大概是不会去挤兑的。共产党员起了带头作用，他的家属也不会去。

三是由于加强了资本管制，资金再次出现大规模外逃的可能性不大。过去我比较担心资本外逃的问题，现在资本项目的自由化步伐减速了。原来有一个"加速资本项目下人民币可兑换"的提法，但在党的十九大报告中就没有这一条了，我觉得中央还算及时，对这个政策做了调整。

现在我们加强了资本管制，大规模的资本外逃也就没有了。只要没有银行挤兑，资本外逃这条道路被切断，从负债方这边导致国内资金枯竭而引起金融危机的可能性就大大降低了。

四是当前世界各国中央银行，包括中国的中央银行已经积累了非常丰富的处理流动性短缺问题的经验。

在通货膨胀并不严重的情况下，即便货币市场出现问题，通过降息、注入流动性，央行完全可以维持货币市场的稳定。比如，2013年曾经出现过两次货币市场利率急剧上升，央行马上采取措施降低了货币市场的利率流动性。

这样一来，我们的货币流动性基本上有保障了。可以说，负债方是可以放心的，只要我们不犯政策错误，是完全可以控制的。

3. 从资本金来看

刚才我已经提到我们的银行建立了各种各样的安全保障机制，和国际惯例相比，我们银行的资本金还是相当稳健的。

最重要的是相对而言，中国政府有良好的财政状况，实在不行还可以由财政出钱。

在 1990 年代末和 2000 年代初我们都做过这样的事情，就是注资。总而言之，对银行的资本金也不必太担心。

中国是社会主义国家，大部分银行是国有银行，我们在银行存款并不关注它的资本金的情况。但在西方就不行，如果银行没有资本金，人们就会不信任它。而我们的国有银行即使资本金为零，我们也敢把钱存到那里去，因为我们不是考虑它的资本金到底充不充足，而是相信政府不会让我们的国有银行倒闭。

当然我这是说得极端一点，我们还是要遵守国际标准，因为我们还有外国客户，他们不会这么看这个问题。

我这样讲不是说金融机构可以不负责任。金融机构如果出了问题，金融机构必须承担后果。我这样讲也不是说居民可以不承担自己盲目投资的后果，但公众应该相信自己合理、合法的投资是安全的。

总之，在资产方、负债方和资本金这三个方面，我们都存在问题，有些问题还比较严重，但是总体而言我们并不存在着会发生明斯基时刻的问题。

强调这一点有什么意义呢？

我认为强调了这一点之后，我们一方面要注意继续推进各种各样的改革，防止明斯基时刻发生；另一方面我们也不必过于担心，以至于妨碍了我们经济发展的其他重要方面。

（三）如何防范明斯基时刻的到来

1. 要完善跨境资本的流动管理

现在我们已经在做了，还需要继续完善，但也不能过分管制，妨碍了正常资金的往来。要使资金尽量不受妨碍地跨境流动，我们就必须加强汇率的灵活性。中国应该尽可能减少对外汇市场的干预。央行停止对外汇市场常态化干预的做法是十分正确的，希望央行能够尽快完成中国汇率制度改革。

2. 抑制企业杠杆率上升

这里我想强调一点，现在很多人认为降低企业杠杆率是首要任务。我认为这个应该这么理解：杠杆率下降应该有两个层次，一个是增长速度要下降，另一个是水平要下降。过去我们很快地增长，现在让增长速度降低，越来越低，它就不增长了，水平才会下降，这有一个渐进的过程。

比如现在要去杠杆，采取一系列的紧缩措施，马上银行不许贷款了，不让企业借款了，这样会把人治死的。

我认为要降低杠杆率，首先要降低增长速度。现在把杠杆率的绝对水平下降了，这样一来可能会造成冲击，最后企业活不下去了，还得放松。

我们曾经模拟过，根据中国目前的各种结构性状况，企业的杠杆率会怎么发展。

我的看法是，如果不进行相应的结构改革，杠杆率确实会不断上升，而不是像1990年代末期那样，只要维持比较快的经济增长速度，杠杆率会趋于一个稳定的水平。现在，我们确实要加速一系列的结构性改革，使企业的杠杆率不至于不断上升。但是，降低杠杆率应该是个较为长期的过程。首先是降低其增长速度，然后才是降低其水平。如果急于求成，突然过度降低杠杆率，以致更多地压低经济增长速度，企业杠杆率就会不降反升。

3. 防止地方政府债务失控

在地方债务方面，南方一般都是不错的，但是北方还是比较严重的。比如在一些省份，就有地方领导讲，现在存在一种不借白不借，总是有中央政府托底的心理，所以地方政府拼命地借贷，这种倾向是需要及时遏制的。

4. 加强金融监管，压缩影子银行套利空间

中国政府在这方面已经出台了一系列政策措施，这些政策的大方向肯定是正确的。但是，在执行过程中一定要把握好度。否则，过犹不及可能会导致危机发生。

刚才我对明斯基时刻到底是否会马上到来等做了一些判断，我觉得在今年我们确实要去杠杆，但是去杠杆要温和一些，不能一刀切，而是要充分尊重市场的规律，由市场来调节。

5. 控制利息率

这是一个比较有争议的问题。利息率的水平到底控制在多少？2017年我们的

货币政策是中性偏紧，过去银行一直给我们释放了这样的信号。

就中国目前的情况，考虑到经济增长的速度，我认为还不宜因担心"明斯基时刻"过早地提升利息率。

就经济增长速度而言，在北京，有些人认为我们不要经济增长的目标了，只要就业目标就可以了。这是不对的，我们还是要有经济增长的目标的，这不是一个指令性的目标，而是一个指导性的目标。有了这个目标，全国一盘棋。大家可以根据这个目标来制订自己的一些商业活动计划，这是必要的。

最近我一直强调经济增长的重要性。1990年，中国的经济体总量按美元算只是日本的1/8，现在我们差不多是日本的2.3倍。从1990年到现在，在这么短的时间内，发生这么大的变化，就是因为中国保持了很高的经济增长速度，而日本基本上没怎么增长。经济增长速度是非常重要的，没有速度就没有中国的今天。

以后我们要更加注重增长的质量，我们可能不得不适度降低增长速度，但绝不能认为我们就不需要增长速度了。如果这样的话，中国可能会失去经济增长的势头。

二、应该正视资本外逃问题

同"明斯基时刻"相比，我更担心资本外逃的长期影响。

（一）什么是资本外逃

下面，我们先定义资本外逃；然后考察现实中资本外逃的路径，从中总结出资本外逃同误差与遗漏之间的关系；最后判断误差与遗漏在多大程度上（虽然不全面）能够反映资本外逃。

首先有必要把资本外流和资本外逃区别一下。资本外流一般情况下是合法的。资本外流是我到海外去投资，资本流出去了。在某些情况下以某种方式流出去，可能对中国经济不好，但是你不能说是资本外逃。资本外逃一般来讲都是违法的。

比如，在特定条件下，大家都用5万美元的额度去换汇，可能不利于汇率和金融稳定，但这种外流是合法的，不能说是资本外逃。但如果一个人借 100 个身份证去换 500 万美元，这就是资本外逃了。资本外逃有各种定义，我们把它定义为源于某种负面冲击，且会对国民福利造成永久性损害的资本外流。

资本外逃是资本外流的一种，但是资本外流不等于资本外逃。资本外流和资本外逃性质不同，所以处理方法也是不同的。比如，对于资本外流，我们通过改革利息率、改变汇率这种宏观调控的政策，一般来讲可以加以调控。但是资本外逃是它想跑，你这些政策就可能没用了。它要想跑，哪怕损失 50% 它也得跑，所以防范资本外逃你就必须对跨境资本进行管理，说句不好听的，就是资本管制。你用间接的方法是遏制不住它的。

（二）实现资本外逃的途径

实现资本外逃的途径是什么？我相信在座的诸位比我知道得多，我只是在这儿简单列一下。

- 低报出口，把出口收入留在国外。
- 出口商推迟汇回出口收入。
- 境外刷银行卡虚假购物。
- 赌场刷卡购买筹码后，通过与他人交换或直接退筹进行套现。
- 购买高档奢侈品、会籍、收藏品后，转手他人，获得外汇现金。
- 刷卡购物后以退货形式兑现现金。
- 高价购买外国球员、俱乐部，通过幕后协议转移资产。
- 高开发票，向外国出口商支付超过进口品实际价值的货款，后者再通过境外账户将差价存入中国进口商的境外账户。
- 以境外应收款虚增利润，以企业完税证明和董事会利润分配决议为凭将利润汇出（外商投资收益高报）。
- 低估境外资产价格，截留利润汇回（海外投资收益低报）。
- 中企推迟汇回红利和利润。
- "蚂蚁搬家"式地走私美元。

- 用银行卡境外大额提现。
- 贸易信贷做假。
- 资本金不到位,虚假出资(中国允许分期出资、资金分批到位,实收资本可以暂时小于注册资本),不投足外汇资金。
- 以非正常高价收购外国企业等(但这类外逃需要在海外投资头寸表的基础上讨论)。

(三)资本外逃与"误差与遗漏"的关系

资本外逃的形式和途径十分复杂,难以直接统计,但资本外逃一般是对资金流出(或债务增加)不申报、少申报或不实申报。因而,资本外逃一般会导致误差与遗漏流出(带负号的误差与遗漏)的增加。

我们刚才列举的资本外逃方式中,大部分外逃方式都会导致误差与遗漏流出的增加。

以"蚂蚁搬家"式的美元走私为例。中国居民美元存款(资产)减少了500万美元,根据复式簿记原则,应该在"资本与金融账户"下的"其他投资"项目中的资产方,记入带正号的一笔500万美元。但是,因为美元是夹带出境的,货币当局无法获知这笔被提走了的美元存款会变成何种形式的美元资产,因而无法在国际收支平衡表的同一项目的资产方,记入带负号的同样数目的一笔美元。

这样,为了平衡这笔交易,误差与遗漏项下就会出现500万美元的流出。因而,误差与遗漏项中的这500万美元的流出(带负号)是500万美元资本外逃,而不是统计误差的结果。但是,还应该看到,某些同资本外逃无关的原因也可能导致误差与遗漏流出的增加。比如,高报出口,结果一定会导致误差与遗漏流出的增加。但是高报出口不见得跟资本外逃有关,比如出口商想要骗退税,明明没出口那么多却说出口了那么多,把税给骗来了,造成了误差与遗漏流出的增加,但是这不是资本外逃。

又如旨在走私的低报进口,也造成了误差与遗漏流出,但走私不是资本外逃。因而,只有在扣除了这些影响后,误差与遗漏流出才能反映资本外逃规模。同时也应该看到，相当大的一部分资本外逃并不会导致误差与遗漏流出规模的增加。所以光看误差与遗漏还不够，还有别的东西，你要把这个东西加进去。

高报进口，低报出口，在金融交易中的某些误报，实际上都是资本外逃，但是并不造成误差与遗漏的增加。

以高报进口为例。你花10万美元在澳门买了钻石，你的美元存款减少10万美元。但同时你进口了，因为你到国外买东西了，你就填进口10万美元。可是实际上你并没花10万美元，你跟澳门老板商量好了，这颗钻石只值1万美元，你给他1.5万美元，剩下的8.5万美元你拿走了，存进了你在海外的银行账户。

在国际收支平衡表上，进口（借方、记负号）记入10万美元，资本和金融账户上资产减少10万美元（资产减少，记正号）。两项相加不会产生误差与遗漏。因而，这8.5万美元的资本外逃是无法在国际收支平衡表上的误差与遗漏项中体现出来的。

我们认为最近几年误差与遗漏的显著增加反映了资本外逃的加剧。但在资本外逃和误差与遗漏之间不应该画等号，它们之间的关系可以用下面的等式表示：

资本外逃 =（误差与遗漏Ⅰ － 统计误差 － 出口高报 － 进口低报 － 某些金融交易误报）+ 出口低报 + 进口高报 + 另一些金融交易误报

总之，一部分跨境资本流动虽然导致了误差与遗漏的增加，但同资本外逃没有关系；另一部分虽然没有导致误差与遗漏的增加，却是资本外逃。

因而，我只能说，第一，误差与遗漏的增加并非主要是统计误差造成的；第二，我相信，出口高报、进口低报现象应该没有发生非常大的趋势性变化；第三，出口高报、进口低报、出口低报、进口高报和不少金融交易误报是互相抵销的。

因而，国际收支平衡表上的误差与遗漏项大致反映资本外逃的规模。事实上，资本外逃的规模可能会大于误差与遗漏项所反映的规模。理想的情况是，对资本外逃进行直接统计，或者起码参考中国贸易、金融交易对象国的统计数据，推断中国资本外逃的规模，但这种统计只能由国家的统计机构来做，我们做不了。

在国际文献上，把误差与遗漏作为资本外逃的代表变量是非常普遍的。从学术上讲，也不太需要担心什么。

（四）资本流出后并未转化成中国居民的海外资产

累积的经常项目顺差同海外净资产之间的缺口，即国际投资头寸表（IIP）上扣除交易、各调整项目之后，年末头寸与年初头寸之间的差额，我们称为误差与遗漏Ⅱ。

如果说第一个缺口可以在国际收支平衡表上查到（看看误差与遗漏项的大小和正负号），第二个缺口——误差与遗漏Ⅱ，要查起来就比较麻烦。比如一个企业说要在美国投资1亿美元建厂，也确确实实登记、报了外管局，在国际收支平衡表上也记了这笔账，但是资金出境后，最终是进了赌场还是投资建厂了呢？

美国人不让我去，我怎么查？别的国家也存在这个问题，它们怎么处理呢？办法是通过查母公司的财务报表来推算，但如果母公司撒谎做假账，就很难办了。

比如韩国当局想到中国来看三星到底在中国投资了多少，这个比较困难，中国根本不让它来，它就需要看三星母公司的账。中国的问题是什么呢？在"两会"期间一位领导曾说过，中央企业在境外的资产从来没被审计过。

我们已经讨论了海外净资产形成同累积的经常项目顺差之间的第一个缺口，这个缺口可以根据国际收支平衡表的误差与遗漏账户推断，我们把它称为误差与遗漏Ⅰ。

第二个缺口则要在国际投资头寸表上查。在扣除一系列由于统计口径变化、汇率变动和其他一些调整所造成的估值变化后，年末海外投资头寸与年初海外投资头寸之差理论上应该是0。如果有差额，则说明要么存在统计误差，要么流到海外的钱并未在美国投资建厂，而是挪作他用了。

总之，把资金合法转移到国外后（因而在国际收支平衡表上查不出问题），再实现资本外逃的情况，现在可能已经变得相当普遍了。比如我到海外并购一个企业，它值 10 亿美元，但我有意抬高海外并购的资产价格，说它价值 20 亿美元。20 亿美元资金合法流出中国，但中国居民所拥有的海外资产实际上只有 10 亿美元，另外 10 亿美元不知所终。

这是属于国际收支头寸表上的资本外逃，这种资本外逃在国际收支平衡表上是体现不出来的，只能从国际投资头寸表上的误差与遗漏Ⅱ反映出来。

然而，看最近几年的中国国际投资头寸表，我们还看不出有什么太大的异常。误差与遗漏Ⅱ并没有明显的趋势性变化。虽然有些年误差与遗漏数额较大，但我们知道那是由于统计口径变化造成的。

2016 年国际投资头寸表中的误差与遗漏Ⅱ不但没有显示资本外逃，反而显示海外净资产出现了额外的增加。这种情况同我们的感觉存在较大差异。我们知道，在最近几年，一些中国企业的海外并购活动十分活跃，其中的一些并购活动存在明显的资本外逃嫌疑。

一方面，误差与遗漏Ⅱ没有显示明显的资本外逃趋势；另一方面，现实中有相当多的资本在流到海外之后并未形成会为中国带来收入的中国海外资产。这个矛盾的存在使我们不得不怀疑中国的国际投资头寸表统计数据不可靠。考虑到海外资产审核的困难和有时滞性，出现这种情况应该是可以理解的。

三、中国的海外房地产投资现状

为了从误差与遗漏Ⅱ的角度进一步说明资本外逃的严重性，下面说说中国人在海外购买房地产的状况。

由于在官方统计中没有相关资料，我们只好依靠外国的非官方材料。当然，其可靠性是应该存疑的。

图 1 是外国有关机构统计的中国人海外买房的地理分布及占比，美国占 33.5%。按城市来看，在悉尼买的是最多的，那里非常适合华人居住，在那里买房子没错。还有温哥华，这是我认为第二合适的城市。这是前两年的数据。2017 年中国购房排名前 10 位的国家分别是美国、澳大利亚、泰国、加拿大、英国、

新西兰、德国、日本、马来西亚、西班牙。从 2009 年到 2015 年中国人在美国购买了价值 1000 亿美元的房地产。据说，在美国购置的房地产占中国人在海外购置的房地产的 1/3，这样推算，中国人在海外购置的房地产价值是 4000 亿美元左右。

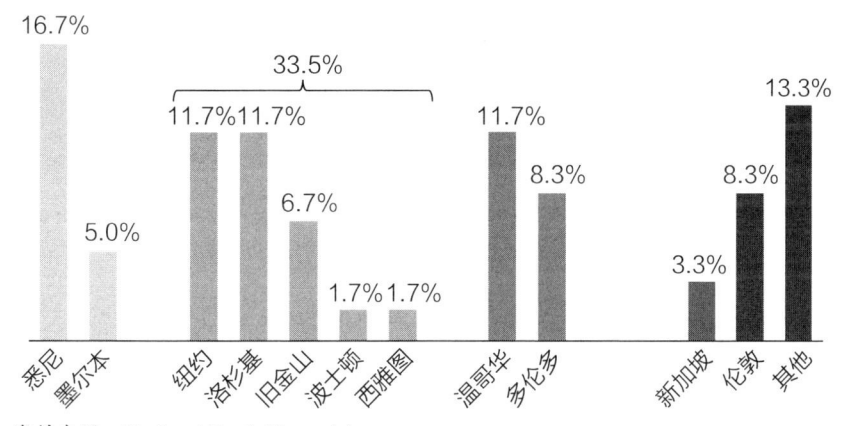

资料来源：National Bank Financial

图 1　中国人海外买房的地理分布及占比

中国人在海外买房地产是在 2013 年以后急剧增长的，图 2 显示了跟其他国家相比，中国的趋势是明显上扬的。

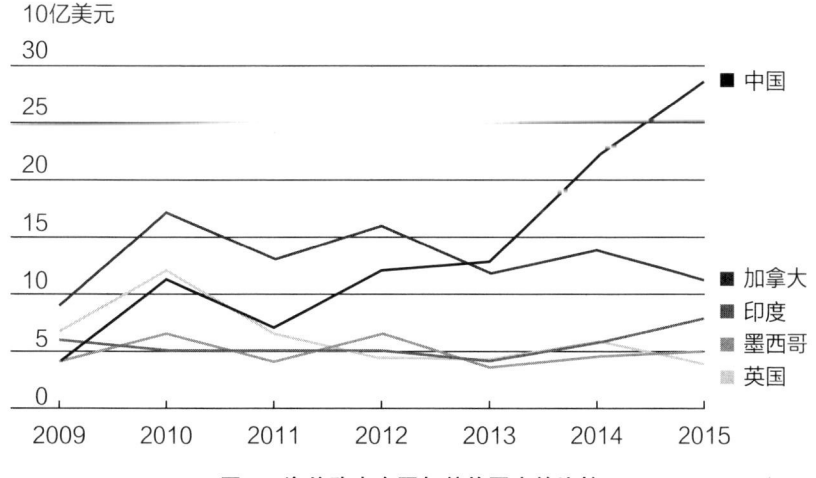

图 2　海外购房中国与其他国家的比较

我看了一些照片，一群澳大利亚人举着旗子，上面写着"中国人不能在我们这儿买房子，你们把房价抬上去了"。所以有些反华情绪不是偶然产生的，你把人家的物价和房价抬上去了。

在美国，大部分华人买的是独栋别墅，其中有 69% 是用现金支付的。许多中国华人很有钱，买得最多的是独栋别墅，其次是联排别墅和公寓，最后是商业地产（见图 3）。

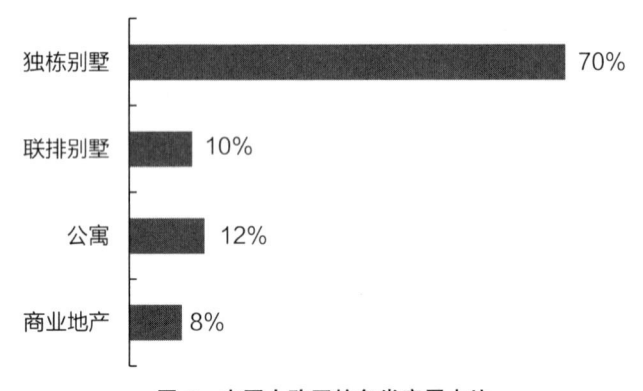

房屋类型	占比
独栋别墅	70%
联排别墅	10%
公寓	12%
商业地产	8%

图 3　中国人购买的各类房屋占比

外国金融机构 JLL Global Capital Flows 估计，2016 年中国人在全球购买不动产共计 330 亿美元，比 2015 年增加了 53%。

2016 年中国已经加强资本管制了，但在海外豪宅区中仍然有越来越多的中国人的房产。

中国人在海外置业本身是好事，但在严格的资本管制之下，在海外置业的巨额资金是如何流出的则值得研究。

四、结语

还是需要强调，基于过去 30 多年的对外经济政策，中国取得了举世瞩目的成就，成绩是主要的。但也应该看到，由于历史的原因和政策调整的滞后，中国国际收支出现了一些不合理的地方。

近几年来出现的一个严重问题是：累积的经常项目顺差和形成的海外净资产

之间缺口巨大。对国际收支平衡表和国际投资头寸表上的两个缺口的分析显示，最近几年中国出现了比较严重的资本外逃。

自 2016 年以来，中国政府采取了一系列的措施抑制资本外逃，这些措施不但完全正确，而且是比较有效的。但是，资本外逃的问题还得有赖于中国的经济体制、金融体系和汇率制度改革的进一步深化来解决，不能头疼医头，脚疼医脚。

本文为本书作者于 2018 年 1 月 9 日在深圳创新发展研究院所作的主题演讲，原发表于"深圳创新发展研究院"微信公众号。

寻求对资本项目自由化的共识

由于经济增长势头恢复缓慢和房地产市场形势恶化导致的金融风险加剧，经济学界理所当然地把更多注意力转向了国内经济政策问题。尽管如此，我们依然应对近年来学界一直存在较大分歧的资本项目自由化问题保持必要的关注。如果资本项目开放问题处理不当，中国国内宏观经济稳定和危机防范的难度将大大增加。

首先，应该强调，资本项目开放并不是所有国家都必须追求的经济体制标准范式。资本项目开放对一国的利弊要具体问题具体分析。事实上，到目前为止，国际经济学界并未能从理论上和经验上证明，资本项目的完全开放对发展中国家利大于弊，确实推动了发展中国家的经济增长。许多经济学命题在国际经济学界是有定论或基本共识的，但在资本项目自由化问题上却并不存在共识。我们现在看到的一个十分有趣的现象是：大部分中国经济学家主张中国现在应该加快资本项目自由化；但在国外，持这种主张的经济学家，包括所谓的主流经济学家，却屈指可数。

其次，应该看到，资本项目包括十余个子项目，如资本市场证券（股票和券）、货币市场工具、集体投资证券（共同基金等）、衍生金融工具、商业信贷（与国际贸易直接相关）、金融信贷（商业信贷之外的信贷）、担保（权证和信用证等）、直接投资、不动产交易、个人资本流动（指私人财产跨境转移）等。在每个子项目下，又包含众多的不同层级的次级子项目。一般而言，开放资本项目并非指同时开放资本项目中的所有子项目，甚至并非指同时开放其中众多子项目。虽然资本项目中的大多数子项目之间存在密切联系，某些项目的开放必然导致另一些项目的开放，或者放弃对某些项目的管制，对另一些项目的管制就无法维持，但一般来说，资本项目中各个子项目的开放是可以分开（分组）进行的。既然可以分开（分组）进行，就存在一个孰先孰后的问题；同时，也存在一个或多个项目开放之后，经过多长时间、在什么条件下再开放另一些项目的问题。前者是时序问题，后者则是速度问题。

"加快推进资本项目开放"是什么意思呢？中国自1994年以来，一直坚持对资本项目渐进开放的方针，根据实际的可能和需要，逐步开放了资本项目下的一系列子项目。"渐进开放"的最重要特征是没有时间表。如果新的资本项目开放方针不包含开放时间表，"加快"一词就仅仅反映一种意向，而没有多大实际意义。有关当局似乎现在已经不再提资本项目开放的时间表。如果是这样，"加快推进资本项目开放"与以往的"渐进开放"就没有任何原则性区别。但是，既然当时有关部门提出"加快"是以"当前"是"加快资本项目开放的战略机遇期"的判断为前提的，而且现在不少经济学家依然坚持这种看法，出于理论探讨的需要，我们就有必要问：现在国际、国内经济形势到底发生了什么变化，给我们提供了在资本项目开放问题上实施战略转变的"机遇"？

近年来国际环境发生了什么变化呢？事实上，自2008年全球金融危机爆发以来，国际资本流动的波动性明显增加，发展中国家金融稳定性受到更为严重的冲击。例如，从2007年到2009年韩元对美元汇率大幅度贬值，从2009年到2010年则大幅度升值；从2010年初到2010年秋巴西雷亚尔对美元汇率升值25%；2012年南非兰特对美元汇率贬值已经55%；2013年印度卢比对美元汇率一度暴跌30%。大致来说，在全球金融危机爆发之初，国际资本回流美国，导致一系列发展中国家货币大幅度贬值。而在2010年11月美联储推出QE2（第二次量化宽松）、2012年9月推出QE3（第三次量化宽松）之后，国际资本流入发展中国家，导致发展中国家货币大幅度升值。2013年5月、6月美联储开始为QE（量化宽松）退出做舆论准备，结果又引起资本回流美国和发展中国家货币对美元汇率大幅度贬值。事实说明，从全球经济、金融环境的角度来看，很难说自全球金融危机之后，特别是 2012 年以后，中国得到了一个开放资本项目的"战略机遇期"。值得注意的是，在大批发展中国家金融动荡严重的同时，中国却维持了金融的基本稳定：人民币币值稳定，外汇储备稳定性增加（好坏暂且不论）。中国之所以能保持这种状态，不能不说与中国的资本管制有关。如果没有对短期跨境资本的管制（尽管这种管制的漏洞有很多），在国际资本流动的冲击下，2010 年以后中国很难做到一方面保持汇率的基本稳定，另一方面降低货币和信贷的增长速度并维持明显高于美国的利息率水平。

在此期间，中国的国内经济形势和金融形势尽管好于大多数发展中国家，却始终异常严峻。地方政府债和企业债飙升，中国的债务总额与 GDP 之比上升到历史最高水平。影子银行大行其道，以致监管当局发出"出现庞式骗局"的警告。最近几个月以来，房地产泡沫崩溃的可能性成为全球关注的焦点。很难想象，如果没有资本管制，中国的金融乱象会发展到何种地步。显然，中国国内的经济形势也不支持出现"战略机遇期"的观点。

总之，无论从国际还是从国内形势来看，都很难说中国出现了加快资本项目自由化的战略机遇期。相反，可以说中国目前面临着全球金融动荡、国内经济增长速度下降和金融形势日趋严重的空前挑战。如果说，中国确实需要加快开放资本项目，则必须寻找其他理由。

除"战略机遇期"说之外，主张"加快"的另一论据是"倒逼"说：由于既得利益（包括政府部门自身）的阻碍，中国国内金融体制改革，包括汇率和利率形成机制改革困难重重、举步维艰，而资本项目自由化带来的外部冲击，将推动中国的金融体制改革，正如中国加入 WTO 推动了中国的投资和贸易体制改革。这种说法不无道理。但是，仅仅泛泛地说资本项目开放，可以"倒逼"国内经济体制改革是不够的。我们必须知道，到底通过开放哪些资本项目，可以"倒逼"出何种体制改革。例如，通过对海外投资者进一步开放 A 股市场，中国股市的种种弊端是否可以纠正？允许企业在海外资本市场和货币市场自由融资是否可以推动国内利率的市场化？"个人资本流动"自由化的实现，除宣示了对个人产权的尊重之外，对中国政治、经济和金融体制改革到底有什么好处，是否可以推动汇率形成机制的改革？不仅如此，我们还必须知道特定资本项目的开放对中国金融稳定、经济安全和国民福利会造成何种冲击，我们又有何应对之策。

自 2009 年推行人民币贸易结算以来，中国事实上已经在相当程度上开放了资本项目的一些子项目。这些子项目（资本市场证券、货币市场工具、商业信贷、金融信贷等）大都同短期资本跨境流动有关，而所谓短期跨境资本，就是我们过去所说的热钱。通过人民币进口结算，人民币流出内地；通过人民币回流机制，非居民可以用在香港得到的人民币在内地购买人民币金融产品（债券、股票、基金等）；在取得盈利之后，非居民可将人民币本金和利润兑换成美元，汇回非居民投资者所在地。这样，通过人民币国际化，短期跨境资本已经在相当程度上可以"绕道"自由进出中国金融市场。

伴随人民币国际化的快速推进，短期跨境资本流动越来越成为中国资本项目差额的决定性因素。从 2010 年至 2011 年第三季度，由于人民币升值预期和中国与发达国家之间存在的正利差，套汇、套利活动导致大量热钱流入中国。2011 年第四季度，由于欧债危机恶化，国际资本流出发展中国家和香港等地区。在此期间，由于离岸人民币（CNH）贬值，且贬值幅度超过在岸人民币（CNY），短期跨境资本的套汇方向发生逆转。2012 年，中国在相当长的时间内保持了热钱流出和人民币贬值的趋势，以致全年出现了资本项目逆差。2013 年，由于再次出现人民币升值预期，套汇、套利活动频繁，特别是后者大行其道，致使热钱大量流入。

尽管短期跨境资本流动的变化是由众多因素决定的，但很难否认，资本管制的放松是中国最近几年来短期跨境资本流动大量增加的重要原因。过去，热钱主要通过高报或低报进出口、地下钱庄转账、现钞夹带等非法方式实现跨境流动。现在，短期跨境资本流动可以通过人民币贸易结算和回流机制的合法途径实现，热钱流动的成本和风险都显著降低。在正常情况下，套利活动要冒汇率贬值的风险，但由于人民币稳定升值，套利活动成为无风险套利。在实现汇率市场化（从而使汇率自然发生双向波动）之前就开放短期资本跨境流动，必然导致无风险套利发生。而无风险套利活动对中国可以说有百弊而无一利。首先，无风险套利活动的猖獗给中国国民财富造成严重损失，套利者的所得必是国家之所失。其次，无风险套利机会的存在，为经济活动提供了错误的激励机制。如果企业都热衷于从事出口产品"保税区一日游"，而不是进行诚实的生产活动，中国经济又如何能够发展？再次，短期跨境资本的流动往往是顺周期的，国内经济越是过热，热钱就越是要流入；国内经济越是过冷，热钱就越是要流出。以套利为主要形式的短期跨境资本流动，大大破坏了中国货币政策的有效性。因此，结论很简单：在必要条件具备之前开放短期跨境资本流动，不仅不会"倒逼"国内金融体制改革，反而会对国内金融体系和金融稳定造成种种破坏。

由于市场预期美联储将会在2013年第三、第四季度退出QE，2013年前期，发展中国家货币大跌（有些在更早的时候就开始大跌）。2013年第四季度，由于美联储一再表示推迟退出QE，市场恐慌得到缓解，发展中国家汇率开始趋稳。中国的情况与其他国家有所不同，美联储退出QE对中国的直接影响较小。2013年由于高利差和双顺差，人民币再现升值压力。为了抑制人民币升值，央行对外汇市场进行大量干预，导致2013年中国外汇储备猛增5000亿美元。2014年第一季度形势大致相同，因而，仅在第一季度中国的外汇储备就增加了1300亿美元。2014年第二季度以来，由于中国经济持续疲软和金融形势恶化，国际上关于中国将会出现金融危机的声音甚嚣尘上，考虑到3月以来人民币连续贬值，第二季度跨境资本流出的可能性明显增加。但是，如果今后中国经济形势趋稳，国内金融风险下降，而美国又进一步推迟退出QE，则跨境资本流入中国的可能性就会增加。

当然，在当前形势下，如果资本大规模流出中国，必将对中国造成相当严重的冲击。如何应对资本大规模流出的冲击，值得我们高度关注。我们对"加快推进资本项目开放"持保留态度的原因并不仅仅是出于对短期资本流出的担心，短期资本的流入同样会对中国造成福利损失，削弱中央银行货币政策的有效性。关键问题依然是，资本项目中的每个子项目的开放必须满足相应的必要条件，而各子项目的开放则应该遵循必要的时序。总之，国内外经济形势和货币政策变化的交互作用所导致的跨境资本流动的波动性很大，难以准确预断，但是，一时一地跨境资本流动的方向和强度发生变化不会影响我们对资本项目开放的基本态度。

2012年和2013年坊间一度流传央行有意在2015年实现人民币在资本项目下的基本可兑换，2020年实现人民币在资本项目下的完全可兑换。但愿这个时间表仅仅是"唐·吉诃德的风车"，或者即便有过也早已被束之高阁。中国经济体制改革仍然任重而道远，资本项目完全开放是中国经济体制的所有改革中最为敏感、风险最大的改革。一旦中国完全解除资本管制，中国金融体系就完全暴露在国际投机资本的强大炮火之下。尽管中国拥有巨额外汇储备，中国金融体系的弱点也是十分严重的。例如，中国广义货币与GDP之比超200%，为世界之最。中国居民储蓄存款余额超过43万亿元。如果居民把存款中的10%由人民币转换为美元，就相当于近8000亿美元。如果解除对"个人资本流动"项目的限制，一旦居民出于正常的和非正常的目的把较高比例的人民币存款转换为外币资产，就可能导致灾难性后果。即便通过贬值和动用外汇储备，中国可以避免国际收支危机，中国在外汇储备上也难免遭受巨额损失。即便这种情况仅是"黑天鹅"事件，中国政府也不能平白无故地去冒这种险。如果中国政府认为资本项目完全开放是中国经济体制改革的必要内容之一，资本项目开放就应该作为中国经济体制改革的收官之作——资本项目完全开放之日就是中国经济体制改革完成之时。

根据目前的国际环境及政治、经济和金融形势，试问，在今天是否还有人依然坚持2015年中国资本项目实现基本（什么是基本？）开放（或资本项目下人民币基本可兑换），2020年实现完全开放（或资本项目下人民币完全可兑换）这一时间表？中国目前需要处理的急迫问题，不胜枚举：地方债、房地产泡沫、企业债、影子银行活动、贪官污吏转移资产、富人"胜利大逃亡"。资本项目中涉及短期跨境资本流动的子项目的进一步开放，非但对解决这些问题于事无补，反而会凭空制造出更多的烦恼和问题。在中国目前的发展阶段，我们不仅不应该泛泛地主张加快资本项目开放（或资本项目下人民币可兑换），反而应该根据实际情况，加强对资本跨境流动的管理。否则，在将来的某一天我们可能会追悔莫及。

应该指出，尽管有关方面有关于加速资本项目开放的种种说法，尽管我们认为在推动人民币国际化的过程中，中国的一些短期跨境资本流动开放得过早，中国政府和货币当局在资本项目开放问题上还是比较谨慎的。对于居民换汇的限制、QFII、QDII 和 RQFII 等制度的实行都反映了这种谨慎态度。最近出台的"沪港通"同当年的"直通车"相比，应该说在设计上有了很大进步。我相信，决策层一定能够处理好资本项目开放问题，在保证经济安全的基础上，在改革开放中实现中国经济的可持续增长。

本文刊发于中国社会科学院世界经济与政治研究所《国际金融研究中心报告》2014 年第 26 期。

| 第六部分 |

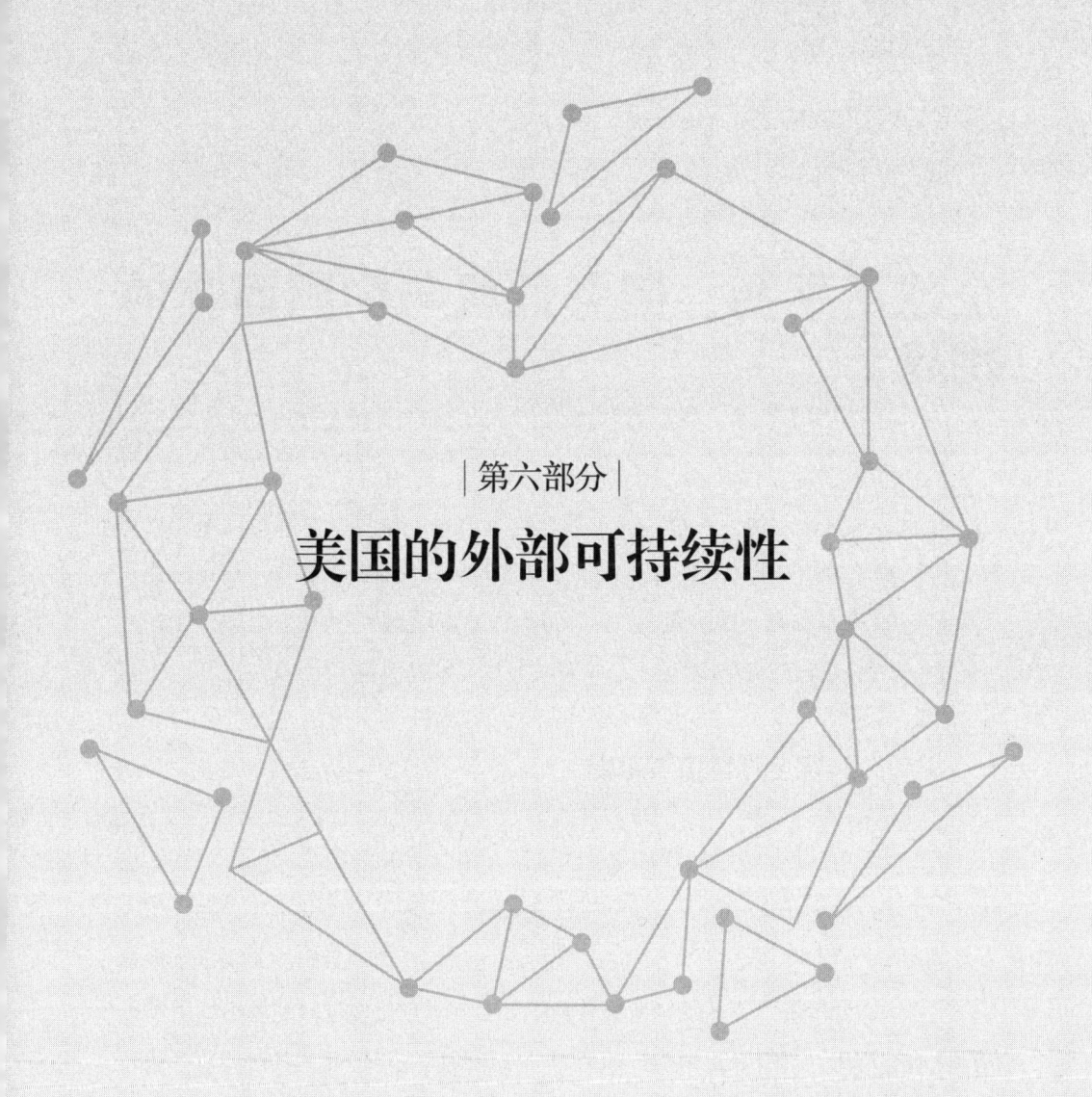

美国的外部可持续性

全球不平衡、债务危机与中国面临的挑战

当前世界经济的最基本特征是全球性债务危机，全球主要国家普遍债务累累，债务最为沉重的冰岛总体债务余额与 GDP 之比一度超过 600%，美国总体债务余额与 GDP 之比也一度达到 375%。然而，在此次金融危机爆发之前，无论是经济学家还是政府官员都未对这一基本事实予以足够的关注。

一、为什么担忧全球经济不平衡

2007 年，美国金融危机爆发之前，国际经济学界和各国政府都将关注的焦点投向全球经济不平衡——美国长期存在大量的经常项目逆差并不断积累，形成了大量外债，同时中国、日本等国则长期存在大量的经常项目顺差并积累了大量对外债权。国际经济学界和各国政府普遍担心美国长期经常项目逆差可能引发美国国际收支危机。其背后逻辑是，在美国经常项目的连年逆差使其对外债务达到某个界限的时候，国外投资者出于投资风险考虑可能不再继续购买美国资产，资金将停止流入美国，致使美国资本流动出现经济学文献中常说的骤停（Sudden Stop，SS）现象，美元继而大幅贬值，美国利息率急剧上升，美国金融体系出现整体紊乱，货币危机、国际收支危机、金融危机、经济危机随之接踵而至并向全球蔓延和恶化（见图1）。

2008 年，美国金融危机在国际经济学界和各国政府的担忧和关注中如期而至，但其诱因却并非国际收支失衡引致的国际收支危机和资本流动骤停，而是次

级抵押贷款违约引发的次贷危机。

经常项目赤字积累 → 国际资本流入突然停止 → 美元贬值、美国利率水平上升 → 金融市场崩溃，需求减少 → 深度的全球经济衰退

图 1　从全球经济失衡到全球经济危机

二、危机的实质

事实上，无论是国际收支危机，还是次贷危机，其本质都是债务危机。无论是国际经济学者还是各国政府官员在此前预测危机可能的诱因时都过多地将目光投注于国际收支失衡，而对美国国内次级抵押贷款视而不见，犯了"只见树木，不见森林"的错误。

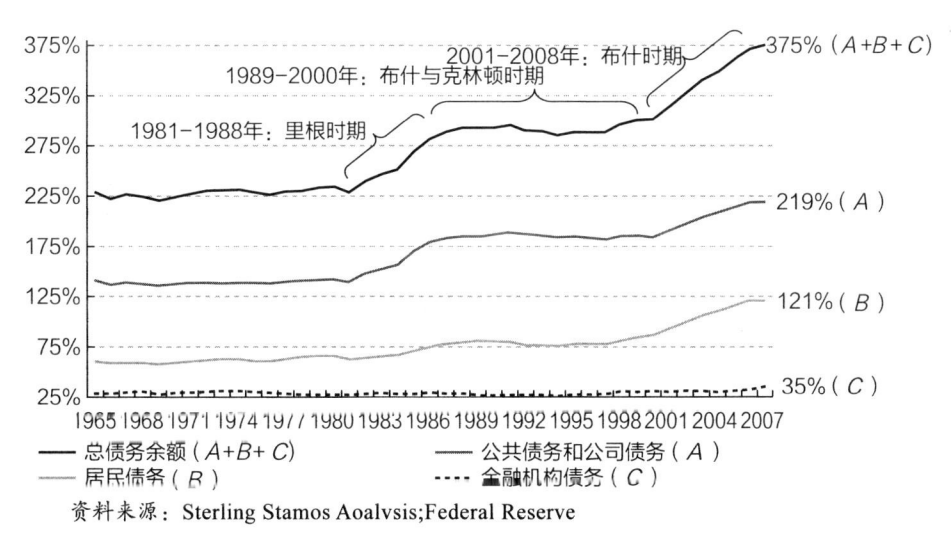

资料来源：Sterling Stamos Aoalvsis；Federal Reserve

图 2　美国债务与 GDP 之比

债务危机可以在整个债务链条中任何一个环节发生，因此，在分析经济金融形势时，不能仅仅关注债务链条的某个局部环节，而更应注意债务链条的全局以及总体债务水平——总债务余额与 GDP 之比。如图 2 所示，2007 年美国总债务余额与 GDP 之比已达 375%，其中公共债务和公司债务与 GDP 之比为 219%，居

民债务与 GDP 之比为 121%，金融机构债务与 GDP 之比为 35%。对比之下，外债与 GDP 之比仅为 17%。此次金融危机爆发之前，经济学界和各国政府都把注意力放在外债上，却忽视了居民债务，这无异于捡了芝麻丢了西瓜。

此次美国金融危机爆发的关键原因在于美国居民负债过高，触发点则是次级抵押贷款。虽然次级抵押贷款本身在美国住房抵押贷款中占比并不高，但正如蝴蝶振翅足以引发海啸，次级抵押贷款违约率的不断攀升也足以引发人们对美国居民负债过高的警醒，从而引发美国的金融海啸。

大体而言，次贷危机的演化路径是这样的：危机之前，美国长期的宽松货币政策和持续放松的金融监管，促使银行越来越多地将贷款发放给信用资质较低的低收入者，形成所谓的次贷。在危机之前，由于美国房地产价格节节攀升，因此次贷违约率并不高。然而此后随着美国货币政策转向，房地产泡沫开始破灭，房地产价格出现大幅下跌，次贷违约率大幅上升，并导致与次贷相关的住房抵押贷款的金融衍生产品如 MBS（抵押支持证券），CDO（担保债务凭证）等价格大幅下跌，金融机构资产负债表严重恶化甚至破产倒闭，金融市场出现冻结，金融危机和经济危机随即爆发。

次贷危机发生后，美国金融市场陷入瘫痪，与此同时，由于金融机构的去杠杆化，导致金融市场流动性短缺、信贷紧缩、投资和消费下降，进而出现经济增长速度降低和失业率大幅度上升。在这种情况下，美国政府为了稳定金融市场，刺激经济增长，一方面必须出手干预金融市场，购买金融资产，使金融资产价格趋于稳定；另一方面必须使用扩张性财政政策，增加政府开支。然而，在政府支出大幅上升的同时，由于经济处于衰退状况，政府税收相应减少，自然导致美国公共财政状况急剧恶化。

具体表现为，美国在金融危机爆发后，财政赤字与 GDP 之比急剧上升。2008 年美国财政赤字与 GDP 之比超过 10%，而在此之前，美国财政赤字与 GDP 之比也就是 3% 左右。随着财政赤字的增加和累积，美国国债余额也迅速增长，2008 年美国国债余额与 GDP 之比已经超过 115%。上一次美国国债余额与 GDP 之比达到这么高水平是在 1940 年代，不过那可是在经历了一次世界大战之后。

随着美国政府介入解决居民债务问题，美国债务危机逐步由居民债务问题转变为公共债务问题，但本质上美国总体债务状况并没有改变。欧洲债务危机和美国债务危机不同，美国债务危机开始于居民部门，而欧洲国家由于非常重视公共福利开支，有完善的社会福利制度，所以它们发生的直接就是公共债务危机，即所谓的主权债务危机。因此，当前世界经济最基本的特点是全球性债务危机。

三、发达国家如何摆脱债务危机

当前美国、欧洲国家都面临着严重的债务危机，而债务危机发展到目前这个阶段主要表现为公共债务危机。公共债务危机是指一国公共债务已不具有可持续性，而在理论上一国公共债务是否可持续取决于其公共债务与 GDP 之比能否稳定在一个投资者可接受的水平上。公共债务与 GDP 之比能否趋于稳定取决于三方面因素：一是经济增长率，二是国债收益率，三是通货膨胀率。当经济增长率加上通货膨胀率大于国债收益率时，公共债务与 GDP 之比最终将稳定在某一水平；当经济增长率加上通货膨胀率小于国债收益率时，公共债务与 GDP 之比将呈发散状态。至于公共债务与 GDP 之比能否稳定在投资者可接受的水平，则在很大程度上受该国初始公共债务与 GDP 之比和该国国内财政状况的影响。从上述分析出发，理论上的公共债务危机解决途径包括：一是刺激经济增长，二是压低国债收益率，三是制造通货膨胀，四是紧缩财政，五是干脆违约。

那么美欧等发达国家可能采取什么途径来解决其当前格外严峻的公共债务危机呢？从目前来看，这些国家并没有找到能够真正有效解决债务危机的方法，大多处于两难境地——既要想办法刺激经济增长，又要尽量减轻债务负担。美国政府前一阶段采取扩张性财政政策、货币政策刺激经济增长，但现在已经开始紧缩财政，压缩财政赤字，尤其是共和党坚决反对政府进一步增加开支，增加债务，认为这是不可持续的。另外，对美国经济来说，降低利率、增加货币供应量等传统货币政策的效果也不明显。

1998 年，由于亚洲金融危机等原因，中国实行了扩张性的财政政策和货币政策。当时中国政府敢于实行扩张性的财政政策，其中一个原因是投资人都愿意购买中国国债，而且国债利率并不高，这样政府可以通过借新债还旧债周转过来。目前欧美发达国家所采取的一个非常重要的措施，也是致力于压低国债收益率。美国的方法就是推出量化宽松政策，量化宽松被视为一种非常规工具，目前已经推出了三轮。在第一轮量化宽松中，美联储和美国财政总计购入 1.5 万亿美元的美国国债和 MBS；在第二轮量化宽松中，美联储总计购入近 8000 亿美元的美国国债；而在第三轮无限量量化宽松中，美联储宣布将自 2012 年 9 月 15 日起，每月购入 400 亿美元 MBS，直至失业率降至可接受水平为止。美国量化宽松政策的目的是什么呢？官方的说法有以下几个。

一是压低长期国债利率，抬高金融资产价格。美联储通过购买长期国债，压低长期国债利率，促使投资者转而购买其他风险较高的金融资产。金融资产价格上升之后产生财富效应，促进消费和投资增长。同时，压低长期国债利率也有利于债务不断滚动，使美国政府能够以较小的成本借新债还旧债，避免恶性循环。

二是制造通货膨胀。实际上，通货膨胀可以减轻美国债务负担，政府可以利用经济增长和通货膨胀来降低债务与 GDP 之比，而且国外投资者持有国债的比重越大，它制造通货膨胀的动机就越强。金融危机爆发后，美国政府反复强调要防止跌入"流动性陷阱"，这是美国从日本经济泡沫破灭后经历的 10 年失落中获取的经验教训。与日本货币乘数已经降至零甚至负值不同，美国当前的货币乘数虽然有所下降，但仍是正值，因此通过非常规货币政策增加基础货币，广义货币供应量增长速度虽然较低，但仍然能够增长。所以，制造尽可能高但又不失控的通货膨胀率也是美国政府推出量化宽松政策的目的之一（见图 3）。

三是促使美元贬值。量化宽松的另一个目的就是通过美元贬值来刺激出口。对美国实体经济来说，恢复经济增长而又不使债务形势恶化唯一的出路是增加出口。增加出口既可以刺激经济增长，又意味着减少债务，这是一石二鸟的政策。

图3 美国 10 年期国债利率和 CPI 走势

欧洲国家的情况和美国有些许不同之处。欧盟法律规定，欧洲中央银行不是最后贷款人，不允许购买国债。虽然法律对欧洲中央银行能否在二级市场购买国债没有明确规定，但欧洲国家有较强的保守主义倾向，尤其是德国坚决反对欧洲中央银行购买金融资产，直到现在它的立场也未改变。因此，欧盟最初推行的欧债危机解决途径主要围绕财政紧缩展开，但是就目前情况来看，财政紧缩并未能有效缓解欧债危机，反而存在因财政紧缩引发经济衰退的恶性循环而导致欧债危机进一步恶化的风险。意大利、西班牙国债利率一度都曾突破 7% 的警戒线。如果一个国家国债的利率超过 7%，那么每 10 年其债务总额就将翻一番。这样下去，投资者出于风险考虑都将不愿意购买这些国家的国债，这些国家不能通过借新债还旧债，其债务就很有可能失去控制，甚至可能违约，最终这些国家及欧洲经济将遭受灾难性影响。

为了解决这一问题，欧洲也开始采取一些变通的措施。最初，引入了证券市场计划（SMP），通过公开市场操作的方式在二级市场购买国债，同时采取对冲操作，出售国债的银行要把钱存在中央银行，从而避免流动性无限扩张。后来长期再融资操作（LTRO）被推出后 SMP 被搁置。

LTRO 是欧洲央行向商业银行提供的 3 年期融资贷款，希望银行获得低息长期贷款后购买高息的债务国国债，既补充欧洲银行业的流动性，又寄希望于银行的套息行为可以压低国债利率。在连续两次推出 3 年期 LTRO 之后，欧债危机局势的确一度得到有效缓解，但由于 LTRO 无法解决欧洲金融体系内部存在的金融市场分割、货币政策传导机制不畅，以及主权信用风险与银行体系信用风险相互交织等内在缺陷，欧债危机局势在 2012 年 6 月之后又呈波澜再起之势。

为此，最近欧洲央行又推出直接货币交易计划（OMT）。OMT 实际上就是欧洲央行通过某种方法购买国债，此举一定能够压低国债利率，但结果是损害债权人，尤其是德国的利益，德国非常反对 OMT。因此作为交换，欧洲央行在提出 OMT 的同时，附加了一系列条件。这些附加条件又主要是针对西班牙的，西班牙也反对。所以，OMT 目前只是一种意向，还没有大规模推行。

四、中国面临的挑战

中国经济不平衡与全球经济不平衡密切相关。从宏观上看，中国通过出口顺差累积了近 5 万亿美元的对外资产，同时通过引入外商直接投资（FDI），积累了近 3 万亿美元的对外债务，所以中国拥有近 2 万亿美元的净对外债权。假设回报率是 3%，那么中国每年应该有 600 亿美元的投资收入，但事实上中国的投资收入是负的，去年支出了 270 亿美元。

债权人不但不收取利息，反而要给债务人支付利息，这说明存在严重的资源配置错误。出现这种状况的原因有两个：一是投资回报率问题。中国的债务基本上是 FDI。根据世界大型企业联合会（Conference Board）统计，美国 FDI 在中国的回报率是 33%，按照世界银行的统计，跨国公司 FDI 投资回报率是 22%。与此同时，2008 年美国 10 年期国库券利率最高的是 4.65%，最低的是 2.5% 左右，平均大概只有 3%。二是币种结构问题。中国所持有的债权大部分以美元计价，无论美元是升值还是贬值，债权不会增加。但是中国的债务是用人民币计价的，所以美元对人民币越贬值，美国在华投资的人民币收益能够兑换的美元就越多，中国的净收益越少，这种币种结构对中国很不利。如果 2000 年代初，当中国外汇储备只有三五千万美元的时候人民币升值，可能中国整个对外不平衡的局面就能扭转过来。而当时人民币没有升值，在经常项目顺差急剧增加的同时继续大量引进外资，现在中国的外汇储备已经超过 3.2 万亿美元。在当前的海外资产－负债结构下，人民币对美元汇率升值，中国就会遭受价值重估损失。如果不升值，经常项目顺差可能还会进一步增加，在美元贬值的大环境下，中国将来可能会遭受更大的损失。

当前西方发达国家普遍采取财政赤字货币化，压低国债利率，设法通过制造通货膨胀和货币贬值的方式解决其面临的严峻债务危机。如何避免西方发达国家反危机措施对中国经济金融体系造成冲击，如何避免中国持有的巨额对外净资产因西方发达国家通货膨胀和货币贬值而遭受巨额损失，就成为当前中国政府面临的严峻挑战。

本文曾发表于《金融市场研究》2012 年第 7 期。

美国海外净债务与 GDP 之比的动态路径

提要：美国的经常项目赤字自 2020 年以来大幅增长，2021 年与 GDP 之比达到 3.6%，为 2008 年以来的最高水平。与此同时，其净外债达到惊人的 18 万亿美元，与 GDP 之比为 78%。快速上升的通货膨胀率促使美国联邦储备委员会开始提高国债利率并减少其持有的美国国债——这些举措可能会阻碍经济增长并增加政府的借贷成本。美国的外部可持续性会再次面临风险吗？要回答这个问题，我们必须考虑外部可持续性所依赖的四个变量：私人储蓄和私人投资之间的差距、预算赤字的规模、投资收入水平和 GDP 增长率。地缘政治可能会加剧未来面临的挑战。美国过去避免了国际收支和美元危机，主要是因为亚洲中央银行和石油输出国不知疲倦地购买了美国政府债券和国库券。但在地缘政治紧张局势加剧的情况下，这些买家可能会决定——或被迫——重新考虑它们的购买。正是在这种背景下，美联储采取了相当激进的加息政策。但对外国资本为贸易逆差融资的需求增加，加上外国投资者不愿意购买美国政府债券和美国国库券，可能会使美国陷入进退两难的困境，美国的外部平衡很可能会显著恶化。

美国从 1982 年开始持续出现经常账户赤字，2002 年赤字与 GDP 之比触及 4.7%，2004 年进一步上升至惊人的 5.3%。伴随经常项目收支恶化，美元开始"战略性贬值"。美元指数从 2002 年 2 月的 120 左右跌至 2004 年底的 80 左右，然后进一步跌至 2008 年 4 月的 70 左右，这期间美元指数总跌幅高达 40%。

关于美国不断恶化的经常账户的讨论是以"全球失衡"为框架的。2000年代中期，大多数经济学家认为国际收支危机和美元危机很快就会爆发。2007—2008年确实发生了危机，但这既不是国际收支危机，也不是美元危机，而是一次由美国房地产泡沫破灭引发的金融危机。更出乎意料的是，在全球金融危机期间和之后，美国的国际收支有所改善，美元走强。结果，全球失衡问题消失了。

然而，2019年前后，美国国际收支再次恶化，NIIP（净国际投资头寸）与GDP之比升至78%的惊人水平。美国的外部可持续能力会再次成为问题吗？未来10年美国NIIP与GDP之比的轨迹将是如何的？美国NIIP与GDP之比上升对中国持有的以美元计价的资产有何影响？为保住中国辛苦赚来的海外金融资产，中国的应对政策应该是怎样的？本文旨在为这些问题提供一些粗浅的答案。

本文第一部分是相关文献综述。第二部分提供了作者对美国外部失衡的性质、原因和影响的各种观点的评论。第三部分讨论了可用于确定美国NIIP与GDP之比的轨迹的分析框架。最后一部分是总结。

一、关于外部可持续性问题的文献综述

2000年代中期，美国经常账户赤字迅速扩大，美元大幅贬值，这为我们敲响了警钟。一种普遍的观点是，美国的净外债与GDP之比将攀升至外国投资者要求以美元计价的资产的风险溢价更高或干脆停止购买以美元计价的资产的程度。

自1990年代以来，外部可持续性一直是激烈争论的话题。Holman（2001）认为："虽然精确的阈值存在相当大的不确定性……经常账户赤字超过GDP的4.2%是不可持续的。"Fred Bergsten（2002）警告说："包括美国在内的工业国家，当其赤字达到GDP的4%~5%时，就会进入经常账户不可持续的危险地带，并且在这些水平上，纠正力量往往会自发地来自市场力量或政策行动。"

Summers（2004）指出，GDP的5%是经常账户赤字的传统危险点。Obstfeld和Rogoff（2004）、Roubini和Setser（2005）强调，减少赤字所需的大规模汇率调整不可避免。他们计算出消除贸易逆差需要美元实际贬值33%左右。Roubini和

Setser（2005）还认为，随着时间的推移，为防止美国债务与 GDP 之比无限上升而需要进行的调整量很大。他们指出，大量的外债存量通常会导致更高的利率和 GDP 更低的增长。

经济学家认为美国的经常账户余额将继续恶化并且存在经常账户赤字的阈值，超过该阈值则必须进行经常账户调整。他们设想了一个严峻的场景，即外国人突然对美国资产失去胃口，并且在解除头寸、推高利率后会抑制 GDP 增长并导致美元大幅贬值，最终美国会陷入全面危机。

不过，经济学家 William（2005）认为，美国经常账户赤字的大幅修正不仅没有必要，而且可能性不大。"对美国来说，与世界上几乎所有其他国家不同，硬着陆过程本质上是自我限制。国际投资者拥有的美国资产主要以美元计价，美国持有的海外资产中有很大一部分以外币计价。如果发生硬着陆，美元贬值将会自我限制，因为美国海外资产的美元价值将上升，从而改善美国的净国际投资头寸。因此，知道这一事实的市场参与者不太可能以快速和破坏性的方式压低美元的外币价值。"

关于美国经常账户快速恶化的原因，基本上有两种说法。1980 年代和 1990 年代初期，一个普遍的观点是，美国经常账户赤字持续存在的根本原因是美国持续存在预算赤字。根据 Sacks（1988）的说法，"1979 年后预算赤字不断增长的国家平均经历了更大的经常账户赤字"。他对经常账户头寸变化对财政平衡变化的回归计算，表明预算赤字增加量如果达到国民生产总值的 1.0%，平均而言，经常账户的恶化量将达到国民生产总值的 0.66%。

然而，根据 Mussa（2007）的说法，声称美国对外赤字主要是美国财政赤字的结果的"双赤字理论"在很大程度上是无稽之谈。事实上，随着财政赤字扩大，到二战后达到高峰，美国的经常账户赤字在 1987 年至 1991 年消失了。随后，随着财政赤字从巨额赤字转为巨额盈余，经常账户赤字扩大到 2000 年美国 GDP 的 4% 以上。

伯南克在 2005 年 3 月 10 日著名的演讲中指出："所谓的双赤字假说，即政府预算赤字导致经常账户赤字，并没有说明美国对外赤字在 1996 年至 2000 年扩大了约 3000 亿美元这一事实。一段时期联邦预算处于盈余状态，而且预计会保持盈余。"因此，他得出结论，美国的外部赤字是由新兴经济体的"储蓄过剩"造成的。或许是因为伯南克等美国权威经济学家将美国外部平衡的恶化归因于发展中经济体的储蓄过剩，尤其是中国的汇率政策，于是，2000 年代对美国外部可持续性的争论变成了关于"全球失衡"的争论。

无论美国的外部不可持续性或全球失衡的原因是什么，大多数经济学家都在不安地等待着 2000 年代中期发生美元危机和国际收支危机。终于，在 2007—2008 年，一场危机降临了。然而，令大多数经济学家惊讶的是，发生的不是国际收支危机和美元危机，而是一场由房地产泡沫破灭引发的前所未有的次级抵押贷款危机。它虽然与全球失衡有关，却不是国际收支危机，也不是美元危机。

在次贷危机爆发后和随之而来的全球金融危机期间，外国政府继续购买美国证券，虽然规模较小。2008 年夏季，美国投资者开始抛售外国证券，意味着资金回流美国，部分弥补了经常账户赤字和外国购买美国证券之间的缺口。2009 年第二季度，外国政府购买美国证券的总额超过了经常账户赤字。因此，美元先贬值后企稳。在全球金融危机爆发之后，美国经常账户赤字与 GDP 之比迅速下降。事实上，从 2009 年到 2021 年，该比值平均为 2.7%。

此外，由于估值效应，美国 NIIP 明显小于累积的经常账户赤字，尽管根据定义它们应该相等。2010 年后，关于"全球失衡"的讨论基本消失。

二、美国的外部可持续性问题重现和评估

然而，对于美国的外部可持续性的讨论很难说已有最终结论。第一，尽管自 2007 年以来美国的经常账户赤字与 GDP 之比有所下降，但其净外债继续增加，并在 2021 年达到惊人的 18 万亿美元，与 GDP 之比为 78%。第二，美国的经常账户已经停止改善。自 2020 年以来，美国的经常账户逆差大幅增长，2021 年与 GDP 之比达 3.6%，为 2008 年以来的最高水平。第三，自 2021 年以来，美国通货膨胀率快速上升，促使美联储加息并退出 QE，这些举措可能会阻碍经济增长

并显著增加政府的借贷成本。

一些美国经济学家有点担心美国的外部可持续性——尽管"全球失衡"不再是关注的主题。在2017年的一篇文章中，Joseph E.Gagnon提出了"美国国际债务的不可持续轨迹"的问题。据他称，到2021年，美国NIIP预计将进一步下降至GDP的53%。每年，NIIP下降（变得更负）的数量等于贸易逆差，并且NIIP（绝对值）的增长速度快于美国GDP。贸易恢复平衡需要美元大幅贬值。他警告说，逆差越大、持续时间越长，最终的相对价格调整就必须更加极端。Gagnon预测，随着美国利率上升，支付给外国投资者的利息也将增加。

然而，鉴于2008年以来的经历，大多数美国经济学家似乎对近期美国外部状况的恶化并不关心。可能有四个主要原因使他们有这种感觉：第一，美国完全以本国货币借款，因此它总能偿还债务。第二，过去20年美国对外负债的平均收益率一直低于GDP的增长率。第三，近期美国外部可持续性状况的恶化在很大程度上是估值效应的结果，而估值效应又与美股价格指数上升和美元升值有关。前者增加了美国负债的美元价值，后者降低了美国对外直接投资的美元价值。具有讽刺意味的是，"如果美国前景黯淡，美国股市的调整和美元贬值将相应地减少美国净外部负债的价值"。第四，尽管美国处于净负债状态，但投资收益余额仍为正。

这些论点也得到了一些实证研究和模型的支持。例如，2018年，美联储的经济学家使用大型计量经济学模型来模拟美国经常账户赤字和NIIP的动态。根据他们的模拟，在基线假设下，短期内美国经常账户和贸易差额更多地出现逆差，但随后赤字在2020年左右开始收窄。NIIP与GDP之比继续变得更负，但随着经常账户逆差的缩小，其恶化速度会放缓，并且最终会稳定在略高于GDP的负40%的水平。在他们看来，与2000年代中期相比，现在似乎没有理由担心美国未来的外部可持续性。

真的因为美元是主要的储备货币，美国就可以用自己的货币无限期地借款并且总是可以偿还债务吗？

在布雷顿森林体系下，当1971年外国持有的美元与美国持有的黄金储备之比上升到 7∶1 时，外国投资者对美国维持 35 美元兑换 1 盎司黄金的能力的信心崩溃了，布雷顿森林体系也随之崩溃。1971 年 10 月，即"尼克松冲击"两个月后，《纽约时报》发表的一篇文章指出，在黄金汇兑本位制下，美国"可以通过发行纸币形式的欠条来偿还它所招致的任何外债，而无须限制，因为美元被其他国家作为储备货币持有。但外国政府对自动为美国出现的任何赤字提供资金越来越不满。结果，布雷顿森林体系分崩离析"。

在黄金汇兑本位制被美元本位制取代的后布雷顿森林体系下，根本问题是：美国是否可以无限借贷，或者外国政府是否会自动为美国出现的任何赤字提供资金，无论其净外债与 GDP 之比是多少？

从理论上讲，美国可以通过操作印钞机无限期地展期其债务，甚至不需要按照布雷顿森林体系的要求至少向外国债权人支付一些黄金。但归根结底，纸质资产不同于以自然资源、石油和天然气、食品、消费品和资本货物、知识产权等形式存在的实际资产。外国投资者对美国的金融债权必须以美国的真实资源为后盾，尽管美国不需要像银行一样以 100% 的真实资源作为纸质债权的后盾，但是，应该有一个门槛，以某种方式衡量的纸质资产价值与实际资源价值之比不应超过这个门槛，就像布雷顿森林体系下美元流动性不能超过对美国黄金储备的一定比例。因此，在后布雷顿森林体系下，当美国净债务与 GDP 之比超过一定的门槛时，旧债展期就成为一场庞氏游戏。如果足够多的债权人决定兑现他们的欠条，恶性通货膨胀就会爆发。如果债权人持有欠条不去兑现，就不会有通货膨胀，但这意味着债权人在集体向美国支付铸币税。当一些持有以美元计价的金融资产的外国持有者认为，如果他们不迅速采取行动，他们将无法将持有的欠条转化为一些真正的资源时，纸牌屋就会立即倒塌。简而言之，尽管美元是主要储备货币，但如果（负）NIIP 与 GDP 之比超过一定阈值，国际收支危机和美元危机将不可避免。

GDP 增速等于或高于对外负债利率，意味着以债务与 GDP 之比衡量的债务负担不会因净借款增加而增加。然而，目前的借贷需求并不一定源于偿还现有债务的需求。净外债由累计贸易逆差和累计利息支付组成，增加的原因往往是贸易逆差的增加，而不是现有外债存量的利息支付的增加。因此，仅靠比较 GDP 增速与外债利率，并不能确定 NIIP/GDP 的轨迹。这种情况类似于公共债务的积累，它不仅取决于利息的支付，还取决于"基本财政赤字"的支付，后者独立于利息支付。因此，美国外债利率低于美国 GDP 增长率这一事实并不能让人感到安慰。

美元汇率和证券交易所价格指数的变化对美国对外头寸的估值效应很重要。然而，从长期来看，估值效应的作用不应被夸大。由于美元汇率和股票价格指数长期波动均值接近于零，估值效应不应改变由经济基本面决定的 NIIP/GDP 的基本方向。数据显示，2002 年之前，估值效应对美国 NIIP 的影响较小。2002—2008 年，由于美元贬值和外国证券交易所表现很好，美国获得了可观的金融收益。因此，美国 NIIP 明显小于累积的经常账户赤字。自 2011 年以来，随着美联储零利率政策和 QE 的实施，美元走强，美股指数上涨，有利于美国的估值效应减弱，美国 NIIP 与累积的经常账户赤字的差距缩小。2019 年之后，估值效应转为负值，这在很大程度上解释了为什么近年来美国 NIIP 大于美国累积的经常账户逆差。

凭借正的净投资收入，美国确实能够轻松偿还债务。然而，如果美国的净外债与 GDP 之比继续上升，意味着偿债最终会消耗掉所有的 GDP，外国投资者迟早会怀疑美国可能会选择通过通货膨胀而事实上违约。因此，外国投资者将要求美国为其债务支付更高的风险溢价，否则他们将停止购买以美元计价的金融资产。这样一来，美国的投资收益最终会变成负数，神秘的"黑物质"将随之消失。

事实上，自 2020 年以来，美国的经常账户逆差与 GDP 之比出现了实质性恶化，2021 年这一比例为 3.6%，为 2009 年以来最高。更重要的是，2021 年美国 18 万亿美元的净外债和 78% 的 NIIP 与 GDP 之比，甚至超过了美国经济学家最悲观的预测。雪上加霜的是，为了对抗通货膨胀，美联储已经启动了加息和减持国债的进程。很明显，经过十多年的喘息，外部可持续性的老问题又回来了。

撇开地缘政治不谈，美国 NIIP 与 GDP 之比的快速上升本身就足以让中国担心了。要回答中国是继续购买美国金融资产还是停止购买更多美国金融资产甚至减持的问题，我们至少应该对美国 NIIP/GDP 的轨迹有一个大概的了解。美国 NIIP/GDP 的轨迹是什么？如果 NIIP/GDP 超过什么水平，NIIP 将不再可持续，因此会发生修正？这些是十多年前经济学家提出的问题，但至今仍然没有明确的答案。

三、构建用于确定美国 NIIP 与 GDP 之比的轨迹的简单分析框架

在建立分析框架以确定美国 NIIP 与 GDP 之比的轨迹之前，我们需要回顾一些基础知识。第一，根据定义，贸易逆差等于一国总投资超过其总储蓄的部分；第二，总储蓄不足可以分解为私人储蓄与私人投资之差与政府预算赤字之和；第三，经常账户逆差是贸易逆差加上投资收益之和；第四，根据定义，净外债等于一段时间内累计的经常账户赤字。然而，由于估值效应，在现实中，这两个变量在给定时期内可能会在两个方向上出现相当大的偏差。

为了模拟美国 NIIP 与 GDP 之比的轨迹，使用的简单核算框架如下：

$$Z(t)=M(t)-X(t)+I(t)$$

式中，$Z(t)$ 是 t 期净外债，$M(t)$ 是 t 期累计进口，$X(t)$ 是 t 期累计出口，$I(t)$ 是 t 期累计投资收入。值得注意的是，上述四个变量均为存量变量，其对时间的导数为流量变量。

在 $Z(t)=M(t)-X(t)+I(t)$ 框架内，忽略估值影响和误差与遗漏。我们假设从长期来看，正面和负面的估值效应将相互抵消，并且对净外债的长期轨迹没有影响，误差与遗漏被视为白噪声。为了将净外债表示为与当前 GDP 之比，我们有 $z=\dfrac{Z}{\text{GDP}}$，这里 z 是净外债 Z 与 GDP 之比。在微分方程中，z 的边际增长率 $\dfrac{\mathrm{d}z}{\mathrm{d}t}\Big/z$ 和其他经常账户余额的组成部分，表达为 $\dfrac{\mathrm{d}M}{\mathrm{d}t}$，$\dfrac{\mathrm{d}X}{\mathrm{d}t}$，$\dfrac{\mathrm{d}I}{\mathrm{d}t}$，关系式可写为：

$$\frac{\mathrm{d}z}{\mathrm{d}t} = \frac{\mathrm{d}\left(\frac{Z}{GDP}\right)}{\mathrm{d}t} = \frac{\mathrm{d}(Z)}{\mathrm{d}t} - n = \frac{\mathrm{d}(M-X+I)}{\mathrm{d}t} - n = \frac{\frac{\mathrm{d}(M-X)}{\mathrm{d}t}}{GDP} + \frac{\frac{\mathrm{d}I}{\mathrm{d}t}}{GDP} - n$$

$$= \frac{m-x+i}{z} - n$$

为简化分析，假设进出口和投资收入与 GDP 之比不变，我们有：

$$\frac{\mathrm{d}z}{\mathrm{d}t} = \frac{m-x+i}{z} - n$$

式中，m、x 和 i 分别代表进口、出口、投资收入与 GDP 之比，n 代表 GDP 增速。

求解微分方程，我们有：

$$z = \frac{m-x+i}{n} - C_1 e^{-nt} \tag{1}$$

可以看出，给定 NIIP/GDP 的初始值 C_1，随着时间的推移，NIIP 与 GDP 之比将接近极限 $\frac{m-x+i}{n}$。假设 t_0 是 2021 年，因为美国 2021 年的现价 GDP 和 NIIP 分别为 23.00 万亿美元和 18.1 万亿美元，$C_1 \approx 0.79$。

根据国民经济核算方式，GDP=C+S+T=C+I+G+（X-M）。因此,（S-I）+（T-G）= X-M。这里，S 和 I 是私人储蓄和私人投资，T 可以理解为政府收入，政府消费 + 政府投资 =G。T-G= 政府收入 -（政府消费 + 政府投资）。（S-I）+（T-G）=（私人储蓄 - 私人投资）+（政府储蓄 - 政府投资）=（私人储蓄 - 私人投资）+ 预算赤字。因此,（S-I）+（T-G）=X-M 可以改写为（私人储蓄 - 私人投资）+ 预算赤字 =X-M。设 g 是私人储蓄和私人投资之间的差额，以与 GDP 之比表示，b 是预算赤字与 GDP 之比。应该注意的是，等式不能说明因果关系，因果关系需要根据具体情况确定。

根据定义，经常项目逆差 = 贸易逆差 + 投资收入逆差。因此，我们有：

$$m - x + i = g + b + i$$

式中，i 是投资收入与 GDP 之比。作为结果，我们能获得另一个微分方程：

$$\frac{\dfrac{dz}{dt}}{z} = \frac{g+b+i}{z} - n$$

上述微分方程可以改写为：

$$z = \frac{g+b+i}{n} - C_1 e^{-nt} \tag{2}$$

式中，$\dfrac{g+b+i}{n}$ 是 NIIP 与 GDP 之比的极限值（净外债与 GDP 之比的极限值），等于从另一个框架推导出的 $\dfrac{m-x+i}{n}$。两个方程的解表明，随着时间的推移，NIIP 与 GDP 之比将趋于从不同角度推出的表达形式不同，但相等的极限值，即 $\dfrac{m-x+i}{n} = \dfrac{g+b+i}{n}$。这一结果隐含在以下假设中：储蓄缺口、预算赤字和投资收入作为 GDP 的份额是不变的。尽管该假设不切实际，但式（2）对于以合乎逻辑和全面的方式分析 NIIP 与 GDP 之比的轨迹仍然有用。可以看出，如果式（2）定义的极限值过大，国际投资者可能会在 NIIP/GDP 达到极限值之前很早就开始担心并抛售其持有的以美元计价的资产。

式（2）表明，美国的外部可持续性取决于四个变量：私人储蓄与私人投资之间的差额、预算赤字、投资收入，以及 GDP 增长率。

从 20 世纪 50 年代开始，通常情况下，美国的私人储蓄和私人投资或多或少是平衡的。然而，在 2008 年次贷危机发生之后的十多年里，私人储蓄明显大于私人投资。自 2009 年以来，美国每年出现约 1 万亿美元的"私人储蓄过剩"是出多种原因造成的。最初，家庭不得不提高储蓄率来偿还债务。但也许造成"过剩"的最重要原因是收入和财富不平等的扩大。量化宽松政策极大地推高了资产价格，由此给拥有股票和财产的富人带来了丰厚的收入。收入差距的扩大应该是美国"私人储蓄过剩"的重要原因。

美国私人储蓄总额在 2020 年达到顶峰。此后迅速下降。2022 年第一季度，美国私人消费与 GDP 之比上升 2.7%，私人投资与 GDP 之比上升 2.3%，储蓄与投资差距缩小。可以合理地假设，在未来 10 年中，私人储蓄过剩将进一步缩小至不到

GDP 的 2%。

根据美国国会预算办公室（CBO）的数据，由于实施了扩张性财政政策，2019 年的平均预算赤字与 GDP 之比为 5.7%。根据 CBO 的数据，美国预算赤字与 GDP 之比将从 2022 年的 3.9% 上升到 6.1%，远高于过去 50 年 3.5% 的年平均水平。

尽管美国是迄今为止世界上最大的债务国，但它一直保持着正投资收入。投资收入顺差归因于资产端美国对外直接投资回报率高、负债端有大量低成本的外国投资者购买美国国债等。以过去的记录为基准，我们可以大胆假设，未来美国的投资收入与 GDP 之比为 1%。鉴于当前的地缘政治和美联储旨在对抗通货膨胀的政策，这种假设当然是非常乐观的。

最后，根据美国 BEA（经济分析局）的预测，未来 10 年，美国经济的平均增长率将为 2%。鉴于目前的美国经济形势，这当然是一个比较乐观的假设。

因此，我们可以假设，当 t 趋于无穷大，且 g=-2%，b=5%，i=-1% 和 n=2% 时，

$$z = \frac{g+b+i}{n} = \frac{-2+5-1}{2} = 100\%$$

这一结果表明，尽管作出了乐观的假设，但美国已经达到 78% 的 NIIP/GDP 将进一步恶化。

值得一提的是，虽然式（2）结合式（1）可以作为分析 NIIP/GDP 轨迹的框架，但它也有局限性。例如，在式（1）中，GDP 增长率（n）影响 NIIP 与 GDP 之比，但是，它不会影响经常账户赤字与 GDP 之比。实际上，一般而言，当 GDP 增速放缓时，经常账户逆差与 GDP 之比会因内需减弱而下降。因此，在使用式（1）和式（2）分析 NIIP/GDP 的变化时，必须格外小心。

一个巴掌拍不响。式（1）和式（2）没有提及外国对美国金融资产的需求，这意味着该框架假设外部金融资源是无限的，只要有来自美国的金融需求，外国资金就会自动流入，需求就会得到满足。美国之所以能够避免国际收支危机和美元危机，最重要的原因之一是亚洲央行和石油输出国大量购买收益率微不足道的美国国债和债券。现在，美国净外债与 GDP 之比已经达到 78%，而且预计还会

上升。由于新的经济和地缘政治条件，这次亚洲央行和石油输出国是否会继续大量购买美国国债？另一个令人担忧的是美联储将继续加息并开始实施QT（量化紧缩政策）。一方面，外资为贸易逆差融资的需求更大，融资成本更高；另一方面，外国投资者更不愿意购买美国政府债券和国债，美国NIIP/GDP的轨迹将非常坎坷。

美国政府面临三难选择：抑制通货膨胀、保持经济增长和减少外部失衡。美国政府能否成功兼顾这三个目标，谁也说不准。

四、结论

截至2022年5月，中国持有约9808亿美元的美国政府债务。中国在过去40年积累了超过3万亿美元的外国资产，其中大部分是以美元计价的资产。中国持有的以美元计价的外国资产的安全性面临着非常严峻的挑战。美国冻结俄罗斯外汇储备的事实表明，美国完全有可能在必要时扣押中国的海外资产，特别是外汇储备。

撇开地缘政治不谈，美国NIIP/GDP势必恶化。中国的选择是继续囤积以美元计价的资产，尤其是美国国债，还是停止进一步增持美元资产，以渐进的方式减少它们？中国可能已经错过了减持的最佳时机。为安全起见，中国现在需要提前准备，以免发生踩踏事件，即在风险发生时投资者踩踏式撤离。

中国有效地利用境外资产的根本出路在于完成经济增长方式的调整，更好地发挥内需对中国经济增长的拉动作用。

参考资料

[1] OBSTFELD M, ROGOFF K. The unsustainable US current account position revisited. NBER Working Paper no. 10869. Cambridge, MA: National Bureau of Economic Research. 2004.

[2] ROUBINI N, SETSER B. How scary is the deficit?Foreign Affairs, 2005, 84 (4): 194-200.

[3] YU Y. Global Imbalances and China. The Australian Economic Review，2007,

40(1):1-21.

[4] YU Y. China can break free from dollar trap. Financial Times, 2011, 5 August.

本文为本书作者于 2022 年 8 月 27 日为 *China Economic Journal* 所撰的稿。

美国的外部可持续性与投资收入顺差

长期以来，美国的外部可持续性和全球不平衡问题，即美国已经维持了40多年的经常项目逆差和不断攀升的巨额净海外负债是否可以持续，一直是国际金融界争论不休的问题。

国际通用的衡量一国国际收支状况的常用指标有两个：经常项目差额与GDP之比和海外净负债（Net International Investment Position，NIIP）与GDP之比。按定义，经常项目差额和NIIP是流量和存量的关系，累积的经常项目逆差等于海外净负债。在理论上两者的作用方向一致，但引发国际收支和货币危机的作用机制不尽相同。

1994年底发生龙舌兰危机前，在1993年、1994年和1995年，墨西哥的经常项目逆差与GDP之比分别为4.8%、5.8%和0.5%，似乎并不太高，但其NIIP与GDP之比在1995年则高达46.3%（危机爆发后的两年下降到40%和30%左右）。

1997年爆发货币危机前，泰国的经常项目逆差与GDP之比在1995年和1996年分别为8.06%和8.1%；同期NIIP与GDP之比更是高达58.6%和60%以上（危机爆发后的两年上升到70%和90%以上）。但在当年讨论泰铢危机时，大家更关注的似乎是泰国的经常项目逆差与GDP之比。

2008年全球金融危机爆发前，学术界讨论美国发生国际收支和美元危机可能性时，焦点是美国的经常项目逆差而不是美国的NIIP与GDP之比。

对于一般国家来说，观察经常项目逆差与GDP之比比观察NIIP与GDP之比更为重要，因为这些国家是否是能吸引足够的外国资本，特别是短期资本，以平衡经常项目逆差，取决于外国投资者是否相信经常项目逆差国是否有能力及时偿还债务（不会违约）。如果这些国家经济增长强劲，出口增长前景良好，外国投资者会对它们较高的经常项目逆差采取容忍态度。但如果这些国家持续维持经常项目逆差，外国投资者就会停止为这些国家提供融资。事实上，这些国家也没有机会积累更多的 NIIP。①

由于美元的国际储备货币地位和美国经济的强大，外国投资者购买美国金融资产并不完全是为了短期投资收益，甚至主要不是为了获得投资收益。除非美国长期维持经常项目逆差，从而积累了很高的 NIIP，否则外国投资者一般不会停止购买美国资产。对于美国而言，通过资本流入，包括短期资本流入，平衡经常项目逆差应该是没有问题的。但是，随着 NIIP 的不断增加，NIIP 与 GDP 之比不断上升，外国资本是否会持续流入则最终可能成为问题。

美国 1977 年第一季度出现少量经常项目逆差（80 亿美元），1991 年开始持续维持经常项目逆差。2006 年美国经常项目逆差超过 8100 亿美元（见图 1），2006 年美国经常项目逆差与 GDP 之比达到 6%。双双创历史最高值（见图 2）。

图 1　美国经常项目差额

---

① 当然，一个国家是否会发生国际收支和货币危机取决于诸多因素，必须具体问题具体分析。经常项目逆差与 GDP 之比和 NIIP 与 GDP 之比过高，仅是发生国际收支和货币危机的必要条件，而不是充要条件。

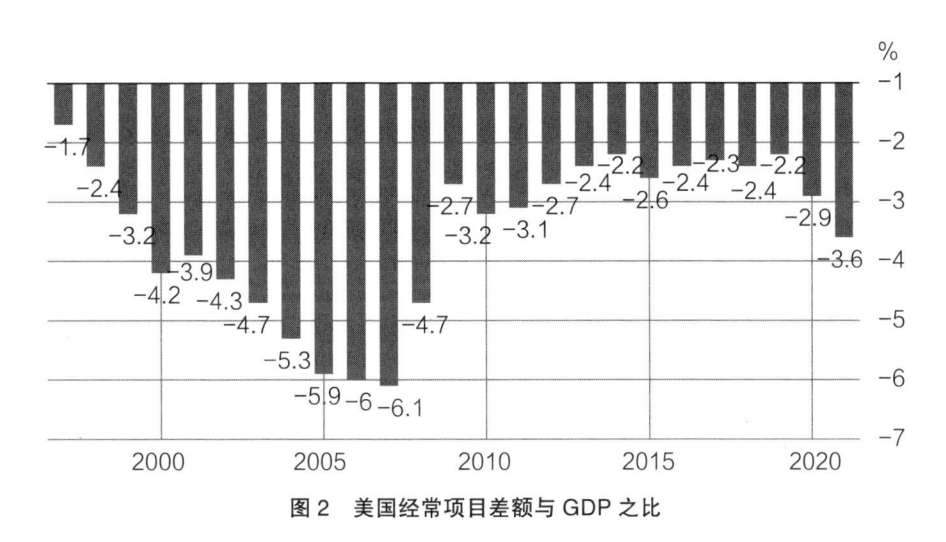

图 2　美国经常项目差额与 GDP 之比

自 1985 年之后，随着美国经常项目逆差的累积，美国的 NIIP 及 NIIP 与 GDP 之比也持续增长（见图 3 和图 4）。

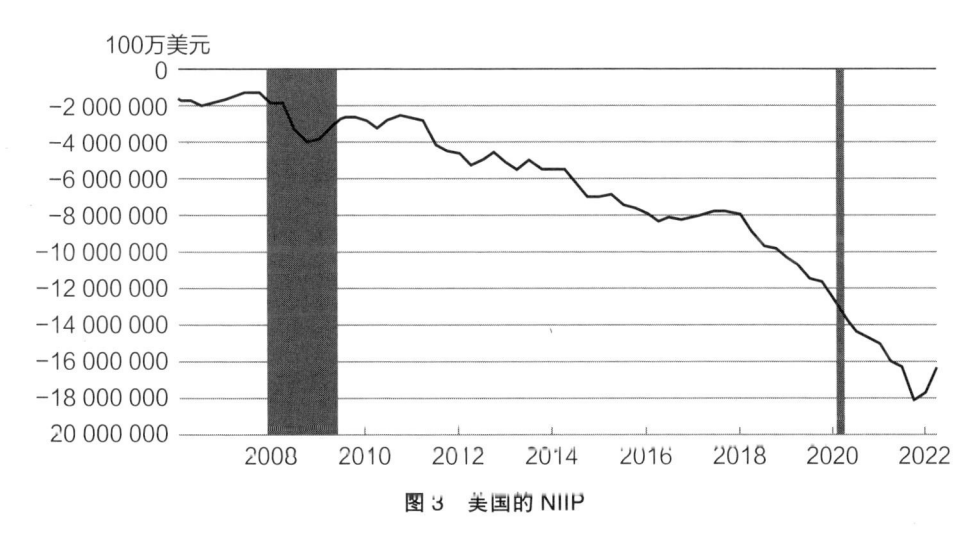

图 3　美国的 NIIP

1999 年底，美国的 NIIP 达到 1 万亿美元[①]。当年实际 GDP 为 9.6 万亿美元，名义 GDP 为 12.6 万亿美元（BEA 提供的数据）。尽管无论用哪个指标衡量，美国的海外净负债并不算高，当时美国经济学家 Robert Blecker 就断言，虽然很难确定美国的经常项目逆差、海外净负债达到何种水平之后才足以产生美元贬值

---

① Fred economic data ST. LOUS FED.

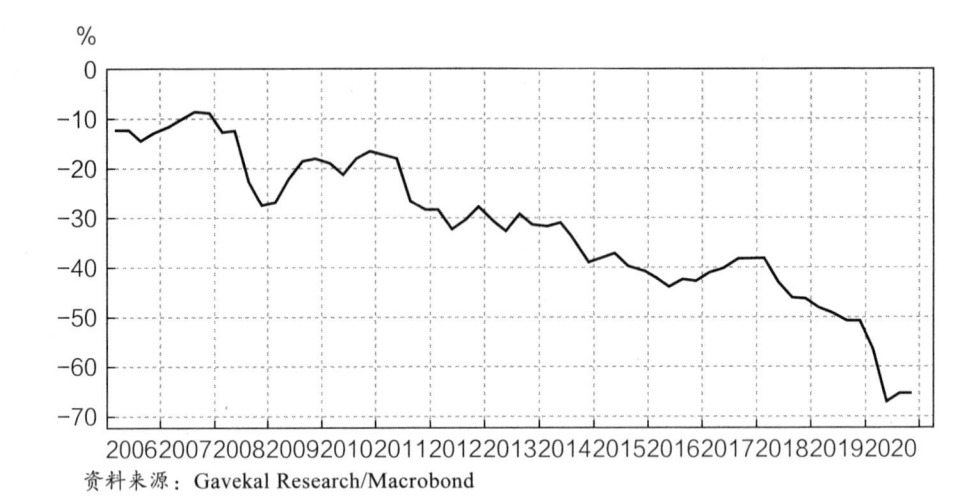

资料来源：Gavekal Research/Macrobond

图 4 美国 NIIP 与 GDP 之比

的"自我实现预期"，但是很难设想，照此下去，这一时刻不会到来。[1] 他断言，没有任何一个国家可以如此大量举借外债而不会最终导致货币贬值和经济收缩。因而，持续增长的贸易逆差和外债向美国发出一个清晰信号：如果这种趋势得不到纠正，在不久的将来，美国的经济繁荣就会突然终结。他特别提出，根据墨西哥和泰国经验，如果经常项目逆差超过 GDP 的 5% 或海外净负债超过 GDP 的 35%，就有可能触发一场国际收支危机。

2004 年，Maurice Obstfeld 和 Kenneth Rogoff 撰文预测，为了纠正国际收支不平衡，美元可能需要贬值 20%～40%。2013 年，Carmen Reinhart 和 Kenneth Rogoff 又撰文指出，如果一国的外债与 GDP 之比超过 60%，该国的经济增速就会下降，通货膨胀率就会上升。

但是，各国经济学家普遍预期的因"全球不平衡"恶化、外资突然停止流入美国所引发的国际收支和美元危机始终并未发生。真正发生的却是 2008 年因 MBS、CDO 爆雷导致的次贷危机。事实上，美国的经常项目逆差与 GDP 之比在 2007 年开始下降，同年美国的 NIIP 也由 2006 年的 -1.8 万亿美元大幅度下降

---

[1] BLECKER R. The Ticking Debt Bomb Why the U.S. International Financial Position Is Not Sustainable. Economic Policy Institute, June 1, 1999.

到 -1.3 万亿美元。

2008 年次贷危机爆发后，为了稳定金融市场、克服金融危机导致的经济危机，美联储把联邦基金利息率由 2007 年 6 月的 5.26% 急降到 2008 年 10 月的 0.97% 和 2009 年 3 月的 0.18%。尽管如此，国际资本并没有大规模逃离美国，美元也没有大规模贬值（虽然出现过短暂贬值）。相反，因亚洲中央银行和石油输出国中央银行购买美国国债和美国海外资金回流，美元指数由 2008 年 5 月的 70.7 的最低点迅速反弹到 2009 年 3 月的 83.3，2014 年后又进一步上升。

2009 年美国的经常项目逆差下降到 3800 亿美元左右，2009 年美国的经常项目逆差与 GDP 之比下降到 2.7%。从 2009 年第三季度到 2019 年第四季度，美国的经常项目逆差基本在 3000 亿~5000 亿美元波动，并无明显的趋势性变化。

在全球金融危机爆发之后的近 10 年中，美国的经常项目逆差与 GDP 之比则明显下降。尽管美国 NIIP 与 GDP 之比从 2008 年的 30% 左右上升到 2019 年的 50% 左右，但 2019 年美国的经常项目逆差与 GDP 之比只有 2.2%。对于美国来说，以极低的代价吸引海外资本为贸易逆差融资已经完全不是问题。这样，在过去 10 余年中，当初被热议的"全球不平衡"和"外部可持续性"问题逐渐从经济学家的议题中消失。

但是，2019 年后，美国的经常项目逆差又进一步加重，2021 年经常项目逆差达到 8216 亿美元（同期的贸易逆差为 8591 亿美元），经常项目逆差与 GDP 之比回升到 3.6%。[①] 与此同时，自 2018 年起，NIIP 与 GDP 之比开始快速上升。时至 2021 年，美国的 NIIP 高达 18.1 万亿美元，NIIP 与 GDP 之比超过 70%。

截至 2022 年 11 月 2 日，美联储已六次加息。目前，联邦基金利息率的目标区间已经由 2022 年初的 0~0.25% 上升到 3.75%~4%。美联储声称，其加息的目的是通过提高借贷成本，大幅度减少借贷和消费，压低工资增速，从而击败通货膨胀，实现经济软着陆。越来越多的经济学家担心，美联储的强力加息政策，将在今年底或明年造成经济衰退甚至严重滞胀。

---

① BEA. U.S. current account deficit widens in 2021. March 23, 2022.

由于美联储加息和开始执行 QT 政策，美国国际收支状况可能进一步恶化。目前，美国的 NIIP 与 GDP 之比已经超过 70%，伴随着美国 NIIP 与 GDP 之比的进一步上升，美国的"外部可持续性"和"全球不平衡"问题很可能会重新回到经济学界和一般公众的视野。

2008 年全球金融危机爆发后，美国经常项目逆差与 GDP 之比之所以下降，主要原因是美国私人储蓄率明显提高，而这种提高又主要源于美国 QE 政策导致的收入分配状况的恶化。[①] 此外，美国的大量投资收入顺差也对美国国际收支状况的改善发挥了重要作用。

一国的贸易逆差并不一定等于该国为弥补贸易逆差而产生的外部资金流入。如果该国已经拥有海外净负债或海外净资产，该国就需要支付利息和其他相关支出或可以取得利息和其他相关收入，即该国拥有投资收入逆差或顺差。因而，贸易项目差额 + 投资收入 = 经常项目差额。由于投资收入可能是正数也可能是负数，经常项目差额可能大于、等于或小于贸易项目差额，因此如果一国拥有足够大的投资收入顺差，即便该国存在贸易逆差，也无须吸引外部资金为贸易逆差融资，这样的国家就是所谓的"食利国"。总之，同新增海外负债（也可称为海外净债务——虽然这种说法不够确切）相对应的概念是经常项目逆差而非贸易逆差。

从 BEA 公布的数据来看，美国的投资收入在 2007 年开始出现明显增加。2010—2020 年，美国的投资收入顺差基本保持在 1500 亿～2500 亿美元，2021 年有所回落，但依然接近 2000 亿美元（见图 5）。2008—2020 年，美国投资收入顺差与 GDP 之比大体保持在 GDP 的 1% 以上的水平。

正常情况下，应该有经常项目逆差 = 贸易逆差 + 投资收入逆差。换言之，贸易逆差国一般也是海外净负债国，其投资收入应该是逆差。反之，贸易顺差国一般也是海外净债权国，其投资收入应该是顺差。

[①] 余永定.美国国际收支平衡与中国的政策调整 [J]. 清华金融评论，2022（9）.

图 5　美国净海外投资收入

注：原始数据来源于 BEA。此处净海外投资收入为净海外基本收入（net primary income），包括美国公民在海外的就业收入。

令人困惑的是，尽管美国是世界上最大的净债务国，但美国在国际收支平衡表中的净投资收入始终是正值，美国的海外利息支付并未出现任何困难。从 2006 年开始，伴随着净海外负债的上升，美国的净投资收入顺差不但没有减少，反而快速上升。直至 2017 年，美国的投资收入顺差增幅才有所回落。时至 2021 年底，美国的净海外负债已经达到 18.1 万亿美元（资产 35.21 万亿美元，负债 53.31 万亿美元），净海外负债与 GDP 之比超过 70%，但美国的投资收入竟依然是高达 1500 亿美元左右的顺差（见图 5 及 BEA 于 2022 年 12 月 21 日公布的数据）。是什么原因造成了背负巨额外债的美国不但不用向债权人付息，还要从债权人那里收获巨额利息这种情况呢？

哈佛大学教授豪斯曼（Ricardo Hausmann）提出"暗物质"（Dark Matter）的概念，声称一国的投资收入高于该国累积的经常项目差额所应产生的投资收入，是因为该国拥有"暗物质"资产；反之，就是该国家有"暗物质"负债。例如，1980—2012 年，美国累积的经常项目逆差是 2012 年 GDP 的 50%，但在这 12 年里，美国没有为此付出任何代价，相反却一直维持着投资收入顺差。豪斯曼的解释是，设美国的外债是 100%，但美国拿出其中的 50% 用于在海外进行直接投资。

由于美国的海外直接投资包含技术知识投资,所以获得了 7% 的利润率,而美国的海外负债的利息率仅为 3%。豪斯曼把美国之所以拥有投资收入顺差仅仅或主要归结于美国海外直接投资回报率高并不正确,但他把净负债分解为总负债和总资产之差,并以两者的收益率之差来解释为什么美国作为世界上最大的净负债国却能够维持投资收入顺差,则是正确的。

按定义,(净)投资收入是当前已有资产和负债存量的收支差额。如果资产收入大于负债支出,则当期投资收入即为顺差;反之则相反。

国际投资头寸(IIP)表(见表1)记录了一国的海外金融资产存量和海外金融负债存量,两者之差即是该国的净海外资产(或负债)存量。在给定资产、负债存量基础上的相应收入与支出之差就构成了投资收入。如果收入大于支出,便有投资收入顺差;反之,就有投资收入逆差。

表 1　2021 年美国 IIP 表　　　　　　　　单位:万亿美元

序号	资产与负债	金额
4	U.S. 资产	35.0
7	直接投资(市场价格)	10.9
11	股权证券	12.0
12	债权证券	4.3
	非储备金融衍生产品	2.0
21	其他投资	5.1
27	储备资产	0.7
36	U.S. 负债	53.2
39	直接投资(市场价格)	14.8
43	股权证券	14.8
44	债权证券	13.7
51	非储备衍生金融产品	2.0
57	其他投资	7.9
63	特别提款权配额	0

美国金融资产和负债(在国际收支平衡表上表现为增量,在 IIP 表上表现为

存量）一般可以分为直接投资、组合证券投资、其他投资和官方储备资产。其中，组合证券投资包括股权证券投资和债权证券投资，而债权证券投资又包括国债、政府机构债和公司债等。直接投资指企业和房地产投资。其他投资则主要是现金、银行等金融机构贷款（包括短期贸易信贷）、官方资产和官方储备资产（包括黄金、特别提款权、在 IMF 的储备）。

从 IIP 表的资产端看，美国取得海外资产的方式主要是股权投资和直接投资，美国海外债权投资存量仅为美国海外负债存量的 12%，美国购买的外国国债在其中的比例更是微乎其微。从 IIP 表的负债端看，美国主要是靠出售债券（国债、公司债等），其次是靠出售股权，最后才是靠吸引海外直接投资来弥补国内储蓄不足的。时至 2021 年，前两者的存量是后者的近三倍。

从表 2 可知，美国之所以能维持投资收入顺差，最明显的原因是，美国在海外直接投资的收益率大大高于外国在美国的直接投资的收益率。这两种收益率的巨大差别，被普遍认为是美国作为净债务国却能维持投资收入顺差的最主要原因。豪斯曼的"暗物质"是这种看法的形象反映。

表 2 美国投资收入　　　　　　　　单位：100 万美元

投资收入	2014 年	2015 年	2016 年	2017 年	2018 年	2019 年	2020 年	2021 年
投资收入（收入）	839355	818351	850911	989095	1096023	1129749	929608	1045181
直接投资	482054	454915	467322	561271	584555	583369	474585	582837
证券投资	304783	311838	325975	353735	409747	421119	380207	403207
其他投资	52204	51378	57507	73705	101088	124389	74561	59220
储备资产	315	219	108	385	632	873	255	-84
投资收入（支出）	629675	623031	643482	720549	830466	874336	758716	895030
直接投资	197836	177604	177600	209483	235707	230529	178380	303136
证券投资	384412	399473	416875	445887	488211	507985	492302	521780
其他投资	47427	45954	49008	65178	106548	135821	88033	70114

资料来源：BEA 2022 年 9 月 22 日。个别数据因四舍五入有略微误差。

2021 年美国的直接投资为 11 万亿美元，负债为 14.8 万亿美元，出现了 3.8

万亿美元净负债，但美国依然取得2797亿美元的投资收入顺差。可以算出，2021年美国在海外的直接投资的回报率为5.3%，外国在美国的直接投资的回报率为2%。总体来看，美国在海外的直接投资回报率基本是外国在美国的直接投资回报率的2~3倍。

证券投资资产和负债是美国IIP表中最大的资产类别。2021年，美国证券投资资产和负债分别为16.3万亿美元和28.5万美元，相应的收入和支出分别为4032亿美元和5218亿美元，投资回报率和负债利息率分别为2.5%和1.8%，对应于证券投资的巨额净负债，美国的投资收入逆差仅为1186亿美元。

证券投资是由股权投资和债权投资构成的。2021年，美国在海外股权投资存量为12万亿美元，回报为2687亿美元，回报率为2.2%；外国在美国的股权投资存量为14.8万亿美元，回报为1891亿美元，股权回报率为1.27%。美国的海外股权投资顺差为796亿美元。

2021年，美国海外债权投资存量为4.3万亿美元，利息收入为1345亿美元，债权投资利息率为3%；外国在美国的债权投资存量为13.67万亿美元，回报为3327亿美元，回报率为2.4%。美国债权投资净负债对应的投资收入逆差为1982亿美元。

根据CBO公布的数据，到2021年，外国投资者（政府和私人）持有的美国国债存量为7.6万亿美元。可见美国作为净债务国，之所以能够维持投资收入顺差，除美国的海外直接投资回报率较高外，一个关键原因是低成本的美国国债在美国海外负债中占据了相当高的比重。由于更为具体的信息阙如，关于美国国债利息率上升导致美国由投资收入顺差转为投资收入逆差的准确阈值难以确定。但是，可以肯定，如果美国国债的利息率进一步上升，美国将难以维持投资收入顺差。

2022年，美联储大幅度升息，导致美国国债收益率上升。国债收益率上升意味着国债融资成本上升。此外，美国NIIP与GDP之比急剧上升，不能不使海外投资者对投资美国国债产生更多疑虑。再加上地缘政治因素，中国和其他一些国家在考虑购买美国国债之前，必然会三思而后行。或许，在不久的将来，美国的外部可持续性问题会再次成为国际金融的焦点。

中国视角下的美联储加息

提要： 从历史上看，美联储加息对发展中国家并不是好消息。每次美联储加息都会在某种程度上导致某些发展中国家陷入债务危机、国际收支危机或货币危机。本次美联储加息对中国的最主要的影响是资本外流、人民币贬值，这种情况今年已经发生。从更长远来看，美联储加息可能使美国经济陷入衰退，对中国出口造成打击，不利于中国的经济增长。但决定人民币汇率的因素主要是长期因素，即未来中国经济的增长。如果中国能够保持比较好的增长势头，我并不十分担心人民币会长期贬值。

当前美国国际收支进一步恶化，经常项目逆差和净债务与 GDP 之比不断上升。如果美国储蓄缺口继续加大，财政状况不断恶化，投资收入由正变负，经济陷入衰退，美国的国际收支状况将严重恶化。中国是美国最大的债权国之一，必须密切关注美国的外部可持续性问题。在中国，随着新冠疫情防控政策的重要调整，预计消费将强势反弹，通货膨胀率可能也会上升，但仍应强调经济增长的重要性，以增长作为 2023 年的首要经济政策目标，继续进行扩张性的财政和货币政策，以实现更高水平的增长。

一、中国视角下的美联储加息

从历史上看，美联储加息对发展中国家并不是好消息。每次美联储加息都会在某种程度上导致某些发展中国家陷入债务危机、国际收支危机或货币危机。20世纪 70 年代末期至 80 年代初期的拉丁美洲债务危机、1995 年的墨西哥债务危机、

1997—1998 年的亚洲金融危机都与美联储加息，特别是息差扩大有关。

本次美联储加息对中国最主要的影响是资本外流、人民币贬值。目前中国自身最主要的问题是经济增速持续下滑。扭转这种局面、加速经济增长是中国当前最重要的宏观经济政策目标。为此，中国不仅要实行扩张性的财政政策，还必须实行扩张性的货币政策。也就是说，中央银行必须保持低利率，甚至还需要进一步降低利率。在这种情况下，美联储加息必然会导致资本外流、人民币贬值，而且这种情况今年已经发生。

从更长远来看，美联储加息可能使美国经济陷入衰退，对中国出口造成打击，不利于中国的经济增长。目前中国面临着所谓的"蒙代尔三难"问题。为了继续执行扩张性的货币政策，自美联储加息对人民币造成贬值压力以来，中国人民银行基本采取"善意的忽视"政策，尽可能不对汇率加以干预，允许人民币贬值，同时适度加强对跨境资本流动的管理。

尽管资本外流可能主要同美联储加息有关，但中国也确实存在一定程度的资本外逃。由图 1 可见，2022 年 5 月以来人民币一路贬值。过去一旦出现这种情况，市场必然会出现各种恐慌，但本次并没有出现任何恐慌甚至紧张情绪，这是中国资本市场日趋成熟的表现。2022 年 10 月人民币已经开始回调。

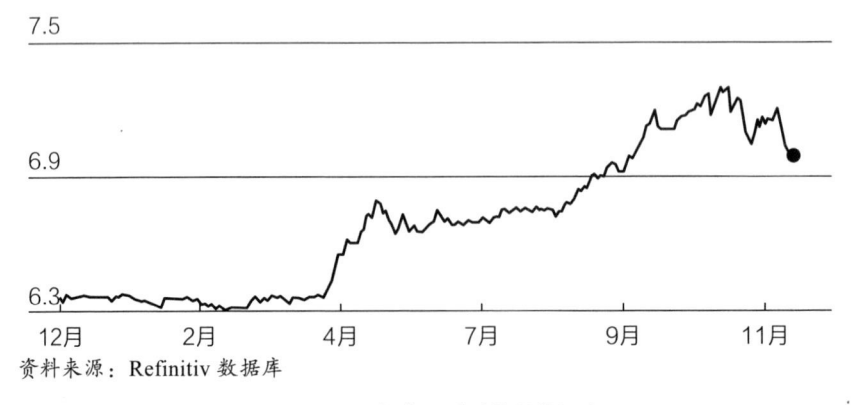

资料来源：Refinitiv 数据库

图 1　2022 年人民币对美元的汇率

关于央行是否对外汇市场进行了干预，最近有很多讨论。外电认为，2022 年上半年中央银行减持 2000 亿美元，这是对外汇市场进行干预的结果。但实际上，减持自 2018 年就已经开始。而今年 7 月，据说中央银行还一度增持了部分美国国债。因此很难据此认为中央银行对外汇市场进行了大规模的人为干预。可能导致外汇储备减少的原因有很多，例如，加息导致的美国国债价值重估可能有一定作用。但在本轮贬值过程中，中央银行对人民币贬值采取了"善意忽视"的政策应该是没有疑义的，少量干预主要是间接的，如提高商业银行外汇存款准备金等。

中国外汇储备有所减少，首先，是投资分散化的结果，其中有地缘政治背景的影响；其次，可能有一些一时难以根据 TIC（国际资本流动报告）和 BEA 数据估计的价值重估效应等因素的作用；最后，中国央行可能确实动用过一些外汇储备对外汇市场进行干预。对此，外界难以置喙。

最近美联储从过去的"鸽派"突然转成激进的"鹰派"，我十分担心过度加息产生的后果。现在看来，美国的通货膨胀得到了抑制，通货膨胀率连续 4 个月下降。但美国经济增长形势并不理想，虽然第三季度正增长 2.6%，但出口增长贡献是 2.7 个百分点。美国经济增长竟由出口驱动，这是非常奇怪的现象，我认为这种现象不会持久。

总而言之，如果美联储激进加息，美国很可能陷入衰退。特别是，美国通货膨胀在很大程度上是由供给冲击所致的。在这种情况下，采取紧缩货币的政策很容易使经济陷入滞胀。好消息是，美联储已经对货币政策进行了某些调整。

总之，目前中国资本外流的情况有了很大好转，人民币贬值的压力正在减轻。决定人民币汇率的因素主要是长期因素，即未来中国经济的增长。也就是说，如果中国经济能够保持比较好的增长势头，人民币汇率恢复稳定将不成问题。我并不担心人民币会长期贬值。

二、美国的"外部可持续性"和"全球不平衡"可能再次成为问题

自 2002 年以来，国际经济学界对美国的外部可持续性问题和全球不平衡问题十分关注。全球金融危机爆发之后，由于美国国际收支状况明显好转，对这一

问题的讨论逐渐淡出人们的视野。但目前来看，美国的国际收支正在进一步恶化。根据美国 BEA 公布的数字，2021 年底美国负的净国际投资头寸已经超过 18 万亿美元（见图 2），经常项目逆差和净国际投资头寸与 GDP 之比已经接近 80%。

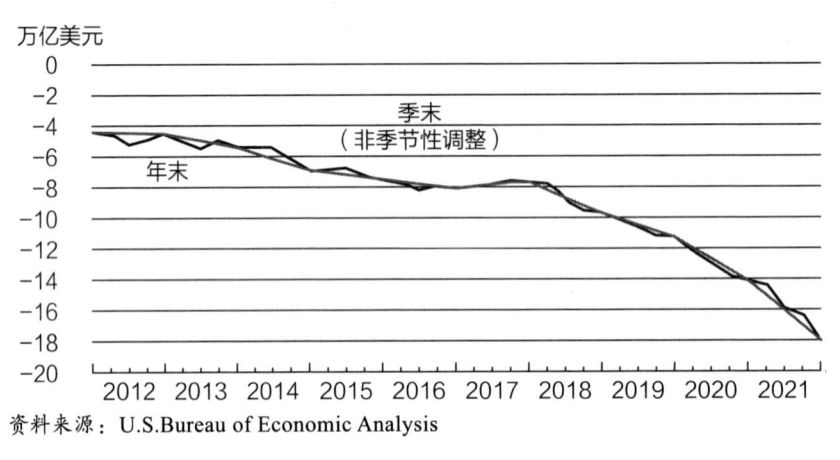

图 2　美国的净国际投资头寸的变化

资料来源：U.S.Bureau of Economic Analysis

我们必须考虑四个关键问题：第一，尽管美国的总储蓄一直小于总投资，全球金融危机爆发后美国的私人储蓄大于私人投资，但未来私人储蓄大于私人投资的缺口会发生什么变化？第二，美国的财政状况是否会进一步恶化？第三，美国的投资收入是否会由正变负？第四，美国的经济增长速度是否会下降？如果美国私人储蓄与私人投资的顺差减少、财政状况不断恶化、投资收入由正变负、美国经济陷入衰退，美国的国际收支状况就会严重恶化，美国 NIIP 与 GDP 之比就会进一步升高，美国的外部可持续性和全球不平衡问题很可能会重新回到经济学界和一般公众的视野。

最近中国政府放弃了清零政策，制约扩张性宏观经济政策发挥作用的硬约束已被移除。中国终于可以把注意力集中于恢复经济增长。无疑，2023 年中国的首要经济目标是增长。中国政府可能会制定高于 2022 年的增速目标。我以为，由于 2022 年的基数低，2023 年中国经济增速目标应该定在 6% 以上。预计中国政府会大力加大财政政策的扩张力度，并辅之以扩张性的货币政策。在明年的某个时期，因为供应链的修复尚未完成，但消费和投资需求已经恢复，这样，通货膨胀就可能发生。对此中国应该做好思想准备。要明确，即便如此，中国也不应该动摇执行扩张性宏观经济政策的决心，不能动摇以经济增长为中心的经济政策。

中国是美国最大的债权国之一，必须关注美国的国际收支状况，关注美国的外部可持续性。2006年关于全球不平衡问题的讨论不断升温之时，美国的NIIP仅为1.8万亿美元，与GDP之比为12%左右。学术界十分担心美元大幅度贬值或美国通货膨胀率飙升。2021年底，美国净债务已经达到18万亿美元，是2006年的10倍；美国净债务与GDP之比也从12%左右上升到接近80%，情况显然更令人担忧。在当前背景下，美联储加息意味着必须为外债支付更高的成本，已经开始实施的QT政策必将会使问题进一步恶化。据我测算，美国净债务水平将进一步上升，直至在未来某个时刻达到GDP的100%。

三、中国需要制定较高的经济增速目标，以逆转中国经济增长率持续下滑的趋势

过去两年，中国采取严格的清零政策，导致中国无法实现更高的经济增速。即使设立了5%～5.5%的增长目标，执行了正确的财政、货币政策，但今年前三季度中国GDP增速令人失望。好消息是中国政府已经开始放松管制，预计2023年晚些时候中国经济会出现较为强劲的反弹势头。

中国的消费者与其他国家类似，预计明年消费将会上升，通货膨胀率可能升高。今年通货膨胀率很低，不足2%，这主要是因为严格的疫情防控政策限制了消费（在外就餐、旅游等）。预计明年这一情况会有所改变。但即便通货膨胀率会上升，中国依然应该把经济增长放在首位，继续执行扩张性的财政和货币政策。

总结来看，第一，中国能够实现更高水平的经济增长。预计明年中国经济增速会高于预期，可能会为全球经济增长作出贡献。第二，中国、欧洲各国、美国

身处同一条船上，没有人应该推翻这艘船，这不符合任何一方的利益。第三，我担心美国外部可持续性问题会重新出现。目前美国净债务规模已达 18 万亿美元，这个债务水平是不可持续的。美国政府必须正视和妥善处理好这一问题，否则，全球经济就将重新陷入动荡。

本文为本书作者在 2022 年 12 月 9 日的第四届外滩金融峰会上的外滩高峰论坛"利率快速上升背景下的全球经济和金融稳定"上所作的主题演讲，由中国金融四十人论坛秘书处整理。

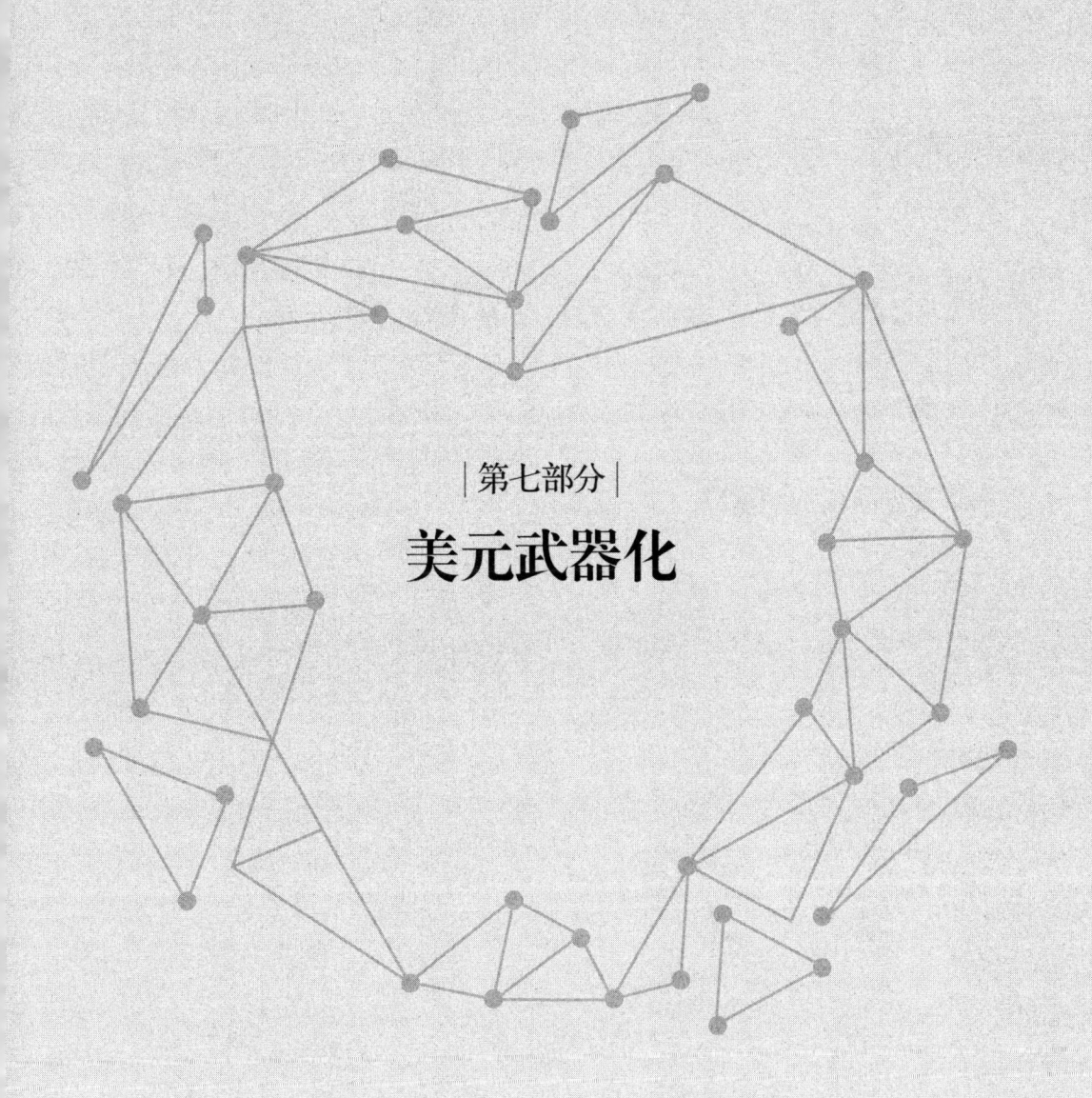

| 第七部分 |

美元武器化

俄乌冲突对世界经济的影响

一、美俄经济战的演进

2022年2月24日,俄罗斯-乌克兰冲突爆发。这场冲突不仅是发生在俄乌之间的军事冲突,也是发生在俄罗斯与美国及其盟友之间的经济战。

- 2月21日,拜登颁布行政令,对卢甘斯克和顿涅茨克实行严厉贸易制裁。
- 2月22日,拜登宣布对Vnesheconombank(VEB)和Promsvyazbank(PSB)增加新制裁,禁止美国人在二级市场购买俄罗斯3月1日以后发行的债券。同日,德国叫停北溪2号批准程序。
- 2月24日,俄乌冲突爆发的当天,美国宣布将包括俄罗斯外贸银行(VTB)、VEB、PSB、Otkritie、Sovcombank、Novikombank六家俄罗斯银行列入SDN名单(特别指定国民名单)。其中俄罗斯外贸银行是俄罗斯第二大银行,持有近20%的俄罗斯银行资产。列入SDN名单意味着美国公民和实体(特别是银行)不得与列入名单的个人和实体有任何金融往来。例如,不得允许列入名单的个人和实体使用美元和美国清算系统。美国人持有的SDN名单上的个人和实体的资产被冻结。例如,美国银行不得允许列入名单的个人和实体提取自己在美国银行的存款。不仅如此,即便是非居民,如果同SDN名单上的个人和实体有任何金融往来,也将被限制或移出美国金融体系,或被列入SDN名单。这种情况是美国依据"长臂管辖"实行的所谓二级制裁。但俄罗斯最大的银行——俄罗斯联邦储蓄银行（Sberbank）未被列入 SND 名单。
- 美国政府还将普京和其他三个俄罗斯高管列入 SDN 名单。
- 同日，拜登宣布加强对俄罗斯技术出口的禁运。
- 2月28日，美国及其盟友宣布把七家俄罗斯银行从 SWIFT 体系中移除，但俄罗斯联邦储蓄银行和为能源贸易服务的 Gasprombank 未被移除。同日，美国及其盟友宣布冻结俄罗斯中央银行外汇储备。俄罗斯中央银行拥有外汇储备 6300 亿美元，其中在西方国家中央银行或托管银行存放的 3000 亿美元遭冻结。此外，美国宣布禁止美国金融机构或个人同俄罗斯中央银行、俄罗斯联邦国家财富基金和财政部进行交易，限制美国投资者参与俄罗斯债券市场和股票市场的活动；将俄罗斯联邦储蓄银行列入 CAPTA 名单（代理行和通汇账户制裁名单，也称"561"名单）。列入 CAPTA 名单意味着美国金融机构不得为这些银行开立代理行账户，不得处理与之相关的业务；美国公民不得同上述银行进行新的债权和股权交易。列入 CAPTA 名单的制裁力度要低于列入 SDN 名单的制裁力度。
- 3月5日，Visa 和万事达宣布停止在俄罗斯的活动，在俄罗斯发放的信用卡在外国也将无法使用。
- 3月8日，拜登签署行政命令，禁止美国从俄罗斯输入原油、液化天然气和煤炭。2月25日美国政府官员曾表示，美国不打算对俄罗斯石油实行禁运，因为禁运将导致石油价格上涨。俄罗斯石油出口减少，但其石油出口收入并不会减少。①
- 3月11日，白宫宣布将同国会合作，撤销俄罗斯的最惠国待遇；同 G7 国家合作阻止俄罗斯从多边国际组织借贷；对俄罗斯精英追加制裁，包括冻结其在美资产、追赃、拒绝他们入境；禁止向俄罗斯输出奢侈品；禁止从俄罗斯进口海鲜产品、酒类和非工业钻石；禁止在俄罗斯能源领域投资。

其实，自 2014 年克里米亚并入俄罗斯以来，西方国家就对俄罗斯进行制裁。

---

① 彭博通讯社，2月26日。

据报道，从 2014 年到 2022 年 2 月 22 日，西方国家对俄罗斯的制裁件数高达 6517 件，自 2 月 23 日到 3 月 21 日，新增制裁件数 3065 件。

在贸易领域，在俄乌冲突爆发之后，美国似乎并未专门宣布对俄罗斯进行新制裁，但美国已禁止向俄罗斯出售、供应、转移和出口具有双重用途的产品（如某些合金、加密技术和特殊材料等）。欧盟还对可能用于军事、石油加工和航空工业的产品实行禁运，这些产品包括通用电子产品，电子组装产品，电信与信息设备，信息安全设备，传感器，激光、导航、航空电子设备，航海设备，航空和相应的喷射系统（Propulsion System）。而俄罗斯对美国的出口除石化产品外，主要是钯、粗钢、铑、未锻轧铝合金、胶合板、硝酸铵化肥。

二、俄乌冲突对世界经济的影响

1. 能源价格急剧上涨

2022 年 2 月 24 日，俄乌开战，25 日 WTI 原油价格从 91.59 美元/桶起飙升，3 月 8 日从 123.7 美元/桶的高点回落，3 月 16 日下降到 95.04 美元/桶后回升，3 月 22 日的价格是 111.76 美元/桶。布伦特原油期货的变化轨迹也基本如此。

高盛预测，2022 年原油短缺 160 万桶/日，2022 年和 2023 年石油价格将上升到 135 美元/桶和 115 美元/桶。瑞银将布伦特原油期货 6 月和 9 月合约价格预测上调至 125 美元/桶和 115 美元/桶；12 月和 2023 年 3 月则为 105 美元/桶。

2. 全球稀有金属和原材料价格急剧上升

俄罗斯是钛、钯、氖、镍、白金、铝等关键战略矿产主要生产国和出口国。俄罗斯和乌克兰是世界主要镍、铜和铁的生产国，俄罗斯控制着全球 10% 的铜储量。自 2022 年 2 月 27 日起，煤和镍价格飙升，钯、钢、铝和铁的价格也有不同程度的明显上升。

3. 全球粮食供应出现短缺

俄罗斯和乌克兰为全球提供大约 1/3 的粮食。乌克兰的播种季节已经到来，这意味着粮食短缺将发生持久影响。

从短期来看，能源、原材料和粮食短缺产生的最明显的经济影响是物价上涨。在俄乌冲突爆发之前，美国已经面对越来越严重的通货膨胀威胁。俄乌冲突将在相当程度上加重这种威胁。粮食价格的上升直接导致通货膨胀率的上升。美联储称，俄乌冲突对美国经济和通货膨胀是否有影响还难以判断。如果通货膨胀加剧，它准备在夏天把联邦基金利息率提高 0.5 个百分点。通货膨胀率的上升会形成物价和工资上涨的恶性循环。不升息不行，升多了也不行，有点棘手。供给冲击 + 升息 = 滞胀。这种威胁是存在的。

美国政府迟迟没有对俄罗斯实行严厉的石油禁运，一方面是因为德国等欧洲盟友严重依赖俄罗斯石油，另一方面是因为美国极为担心石油价格的大幅度上涨使美国本来已经严重恶化的通货膨胀形势进一步恶化。

俄乌冲突对中国的主要经济影响恐怕也是石油和天然气价格的上涨。这种上涨通过世界能源价格上涨直接影响中国的油气价格。同时这种上涨通过对其他国家经济的影响，反过来又会影响中国的外贸环境。由于俄罗斯经济体量较小，不是国际贸易市场上的重要角色，除石油、天然气价格和粮食供应受影响外，美国对俄罗斯实行贸易制裁，国际贸易市场受到的冲击应该是比较有限的。

美国对俄罗斯制裁的最大漏洞是无法对俄罗斯的石油和天然气出口实行禁运。之所以如此，很大程度上是因为欧洲的天然气进口严重依赖俄罗斯。欧洲进口的天然气 41% 来自俄罗斯，24% 来自挪威，11% 来自阿尔及利亚。

从长期来看，基于本次对俄制裁的经验教训，欧洲在今后一定会加速摆脱对俄罗斯天然气的依赖，以加强能源安全。欧洲能源构成为天然气 25%，化学燃料 11%，核能 13%，可再生能源 18%。欧洲将加速能源结构调整，进一步提高可再生能源的占比。同时，核能和"绿色"水电这样的低碳能源的占比也会提高。

石油地缘政治也将随之发生变化。欧洲从俄罗斯进口的石油量为每日 240 万桶。美国允许伊朗把石油日产量提高 120 万～150 万桶。伊朗石油在一定程度上能缓解欧洲的石油短缺。为了使委内瑞拉增加石油供应，美国已经开始同马杜罗做政治交易。此外，美国也将通过税收和土地政策鼓励本国石油公司增加石油产量和石油出口。据估计，美国可以使石油产量每日增加 100 万～120 万桶。欧洲严重依赖俄罗斯的天然气,尽管美国表示要增加对欧洲天然气的供给,但远远不足以弥补如果对俄罗斯天然气禁运造成的巨大缺口。

三、美国对俄罗斯的金融战

美国对俄罗斯的经济制裁始于2014年,积累了丰富的制裁经验。美国能够提前相当长时间准确预言俄乌冲突的爆发,说明美国早就制定对俄罗斯实行经济、金融制裁的预案。事实上,美国政府官员也承认了这点。

美国战略意图很清楚,在短期,第一,制造金融动荡,挑动民众对普京的不满,进而引发国内政治动荡,最后俄罗斯出现类似1917年苏联"十月革命"前的那种形势,使俄罗斯无法继续进行特别军事行动;第二,即便在政治上无法动摇普京的统治地位,也要使俄罗斯无法调动现有的经济力量以支持特别军事行动。在长期,对俄罗斯实行技术封锁,从俄罗斯撤资,把俄罗斯踢出全球贸易体系,阻断新资本流入。这些措施虽然在短期可能不会立即对俄罗斯经济产生严重影响,但在长期却能使俄罗斯陷入长期衰退。没有经济力量的支持,俄罗斯的军力必将式微。美国希望通过这些办法使俄罗斯最终沦为二流国家,再也无法挑战美国及其盟友。

应该看到,虽然俄罗斯的国力同以前的苏联已不可同日而语,但由于有石油和天然气的大量出口,特别是近几年来油价上涨,俄罗斯的国际收支状况相当不错。2021年,俄罗斯的经常项目顺差为1200亿美元,外汇储备达到6300亿美元;海外资产1.62万亿美元,负债1.18万亿美元,净资产4400亿美元。在海外资产中,对外直接投资5000亿美元左右,其他投资4000亿美元左右;主要负债是FDI,超过6000亿美元。俄罗斯之所以能下决心进攻乌克兰,同其良好的国际收支状况不无关系。

对于美国来说,能够用非军事方式打击俄罗斯的最直接、最便捷、最能立竿见影的方法就是对俄罗斯实行金融制裁。什么事情都不用做,签署一道总统行政命令(EO),就可以冻结俄罗斯的海外资产,或者使俄罗斯无法动用这些资产。一国的海外资产实际上是该国提供的"人质",战端一开,首先被牺牲掉的肯定就是这个"人质"。事实上，有观察家批评拜登政府在冲突爆发后才宣布对俄罗斯进行金融制裁，而不是在战前通过某种方式使俄罗斯充分认识到，一旦开战俄罗斯将会遭受何种损失，从而不敢轻启战端。在冲突爆发之后，冻结一国海外资产在很大程度上已经主要变成一种惩罚措施。除惩罚之外，金融制裁的另一个作用就是制造金融混乱，并进而制造社会动乱。

一旦冲突爆发，反应最快的一般是股市。2022年2月24日当天，莫斯科交易所股指暴跌33%，俄罗斯政府不得不关闭股市。资金逃离股市后，肯定是要逃离俄罗斯的。2月28日，美国政府宣布把俄罗斯金融机构踢出SWIFT并冻结俄罗斯中央银行资产后，自动提款机前开始出现长龙，资本外逃加剧。3月1日，卢布在一天之内贬值40%。由于外汇储备被冻结，央行失去了干预外汇市场的手段，贬值变得难以控制。事实上，如果投资者知道央行无法稳定汇市，一定会在汇率进一步贬值之前把尽可能多的卢布兑换成外币，因而卢布的跌幅就会更大。汇率断崖式下跌，必然导致严重的通货膨胀和大量借入外债的企业破产。事实上，战前俄罗斯的通货膨胀率已经超过4%，因而必须设法稳定汇率。实现汇率稳定只有三条路径：央行干预、升息和资本管制。俄罗斯中央银行选择了升息。俄罗斯中央银行把基准利率由战前的9.4%一下子提高到20%，而利息率的上升必然抑制消费、投资和经济增长。这样，在极短时间内，美国的金融制裁就使俄罗斯金融体系发生严重混乱，而这种金融混乱可能很快把实体经济拖入滞胀的泥潭中。有西方观察家预测，2022年俄罗斯GDP可能减少3%～5%。

除升息、暂停股市交易外，俄罗斯政府的反制措施还包括：暂停对外国投资者持有的俄罗斯国债和股票支付利息和红利；阻止外国投资者出售俄罗斯股票和债券；威胁关闭天然气管道；要求出口商把80%的外汇兑换成卢布；限制非居民撤资和携带外汇现金出境；宣布"资本大赦"，鼓励居民把存放在海外的资金转回国内；对200种产品（电信、医药、农产品、木材、电子设备等）实行出口限制。[1]

美国金融制裁是否会实现颠覆普京政权的目的呢？到目前为止，美国对俄罗

---

[1] LICHFIELD C. The Russian Central Bank is running out of options. Atlantic Council, March 4, 2022.

斯的制裁存在很大的漏洞。美国之所以并未把 Sberbank 列入 SDN 名单，也并未把 Sberbank 和 Gazprombank 踢出 SWIFT，根本原因是西方国家严重依赖俄罗斯的石油和天然气，特别是天然气。但是，如果不对俄罗斯的石油和天然气实行禁运，并把俄罗斯从国际金融体系中彻底排除，就不能彻底阻止俄罗斯取得新的外汇。相反，油气价格的飙升可能使俄罗斯收获更多的外汇。事实上，有西方评论指出，美国的制裁措施，未能阻止美元和欧元流入俄罗斯。通过石油、天然气出口，俄罗斯每月的贸易顺差是 200 亿美元。虽然 Sberbank 已经无法使用美元，其他大银行也已被踢出了 SWIFT，但硬通货可以通过 Gazprombank 这样的机构流入俄罗斯。

届时如果俄乌冲突仍未结束（似乎不大可能结束）或美国打算进一步"惩罚"俄罗斯，在实现了对俄罗斯的石油、天然气的替代之后，美国大概率将对俄罗斯实行类似对伊朗那样的石油禁运，并不再给对俄罗斯的金融制裁留下漏洞。但是，即便俄罗斯被彻底踢出 SWIFT，虽然极为不便，俄罗斯还是可以通过各种途径，例如，物-物交换出口石油，并取得相应物资。一旦对俄罗斯实行石油禁运，美国必将把注意力转向中国和印度等国家——没有它们的配合，美国将无法实现对俄罗斯的石油、天然气出口的全面禁运。事实上，印度现在正以 25% 的折扣购买俄罗斯的石油（美国并未宣布印度违反制裁）。如果中国、印度不配合，美国就会把中国、印度等国家的金融机构列入 CAPTA 名单或 SDN 名单。对于这种可能性，我们需要预作准备。

说到底，美国的金融制裁是否能够实现推翻普京政府的目的要看俄罗斯民众是否愿意为支持普京而承受金融制裁和经济制裁的后果。当然，对于俄罗斯和乌克兰民众来说，最好的结果是尽快结束冲突，以修复各种创伤，重建国家经济。

四、美国金融制裁对全球金融体系的冲击

就全球金融体系而言，美国及其盟国冻结俄罗斯中央银行的措施，是"尼克

松冲击"之后，国际金融体系的最重要标志性事件。国际货币体系是建立在国家信用基础上的，美国的行为彻底破坏了国际货币体系的国家信用基础。如果外国央行的资产也可以被冻结（现在是被冻结，以后呢？阿富汗中央银行的外汇储备要被美国政府用于赔偿"9·11"受难者家属），在国际金融活动中还有什么契约、什么合同不可以撕毁的呢？

印度前中央银行行长拉詹在 *Project Syndicate* 的专栏中指出，在冻结了俄罗斯中央银行的外汇储备之后，中国、印度和许多其他国家会为它们的外汇储备感到担忧，如果有些国家决定冻结它们的资产，外汇储备就可能变得无法使用。由于具有像欧元和美元这样具有流动性的储备货币屈指可数，政府将不得不对诸如公司跨境借贷之类的活动加以限制。一些国家将不得不考虑一起建设新的报文系统以替代 SWIFT。而这可能意味着全球支付体系的碎片化。

印度的现任央行行长达斯则向记者表示，印度的外汇储备是充分分散化的。印度不会面临制裁，但往前看，这是每个国家都会开始考虑的问题。

美国对俄罗斯的金融制裁，特别是美国及其盟国冻结俄罗斯中央银行外汇储备这一事件导致两个结果：第一，后布雷顿森林体系的信用基础已经发生动摇，改革现存国际货币体系的呼声可能将再次高涨；第二，更为急迫的问题可能是外汇储备的安全性问题。传统的外汇储备分散化的做法已经无法保证在非常时期外汇储备的安全。对于发展中国家来说，不存在确保外汇储备安全——推而广之——海外资产安全的万无一失的办法。发展中国家必须尽可能减少外汇储备的持有量，或者使自己的海外资产与负债处于平衡状态。

马丁·沃尔夫早在 2013 年就在《金融时报》撰文指出，如果中美发生冲突，美国完全可能会扣押（sequester）中国海外资产。美国这样做也会遭受损失，但中国的损失肯定更大。美国及其盟国冻结俄罗斯央行外汇储备这一历史事件，再次明白无误地给中国敲响了警钟。

金融武器化的启示

提要：美国及其盟友通过将俄罗斯主要银行列入SDN名单、从SWIFT体系移除、冻结俄罗斯中央银行的外汇储备等制裁措施，将金融武器化，导致俄罗斯货币汇率贬值，金融市场陷入混乱。但美国没有完全对俄罗斯的石油、天然气实行禁运，这是整个制裁中的最大漏洞。为稳定金融市场，俄罗斯采取升息、加强资本管制、要求国外进口商用卢布购买石油和天然气等应对措施。目前卢布汇率已基本回归到战前水平，金融市场也大体恢复正常。

从中长期来看，俄罗斯能否进一步改善其国际收支状况，关键在于其石油和天然气出口，目前西方国家也正在通过各种措施弥补制裁中的漏洞。上述局面将给中国带来非常严峻的挑战，也引出两个重要问题：一是未来国际金融体系和国际货币体系的发展方向问题，二是我国外汇储备和其他海外资产的安全性问题。

一、美对俄制裁不断升级，金融武器化趋势明显

近期，在国外的英文杂志上经常提到"金融武器化"（Weaponization of Finance，或者Weaponization of Dollor）这个词，这是一个比较新的提法。关于金融武器化，可以先回顾历史。1853—1856年，俄罗斯和英国、法国、土耳其在克里米亚打了一仗，这就是非常有名的克里米亚战争，持续了三年。在战争期间，英国坚持向沙皇政府偿付债务，而俄国则向英国债权人支付国债利息。一位英国大臣称：对于"文明国家"来说，在战争期间偿付敌国的公共债务是"理所当然的"。

在东南亚金融危机期间，索罗斯对东亚国家进行金融攻击，香港进行了"狙击"，被称为"香港金融保卫战"。1997年索罗斯联合国际对冲基金对东亚国家货币大肆做空，同时在汇市、股市对港币和港股进行"双杀"。结果，东亚国家损失惨重。我们可以对索罗斯和对冲基金进行道义谴责，但是有一条得承认：他是遵守规则的，也就是说，他虽然钻了资本主义规则的漏洞，但他没有破坏规则。

过去的经验说明，商业可以不讲道德，但讲规则。但俄乌冲突爆发后，情况发生了非常大的变化，"文明国家"竟然也是可以不讲规则的。在此背景下，我们的思维方式也必须适时进行调整。

美国及其盟友对俄罗斯的经济制裁是从2014年克里米亚并入俄罗斯之后开始的，到2022年2月24日，俄罗斯对乌克兰发动特别军事行动之前，西方对俄罗斯的制裁措施高达6517项。而从今年2月24日至今，美国及其盟国对俄又新出台了数千条制裁措施。

美国进行金融制裁的目的也很简单：第一，惩罚俄罗斯。第二，在俄罗斯制造金融动荡，进而导致其经济动荡。西方很多人就把此次制裁目的和"十月革命"前夕沙皇俄国的情况联系起来。当时，卢布贬值、银行遭挤兑、工厂停工，最后老百姓走上街头，推翻了沙皇政府。而这次，它们希望通过造成经济动荡，从而使俄罗斯民众推翻普京政府，最终引起政权更迭。第三，即使无法实现政权更迭的目的，也要对俄罗斯经济造成最大伤害，最终让俄罗斯再也站不起来。美国及其盟友对俄罗斯的金融、经济制裁将会持续一个相当长的时间，俄罗斯面临的经济困难将是长期的。

今年4月6日，英国《金融时报》发表了一篇文章 *Weaponization of Finance: How the West Unleashed Shock and Awe on Russia*，详细介绍了西方国家政治、经济精英推出对俄制裁的谋划过程。文章称，制裁的明确意图是要严重损害俄罗斯经济，或者正如一位美国高级官员所说的，制裁将使俄罗斯货币价值"直线下跌"，这是一场非常新型的冲突——将美元和其他西方货币武器化，以惩罚它们的对手，制造革命，最终达到削弱对手的目的。

美国对俄罗斯的制裁可以分三大类：一是将俄罗斯主要银行列入 SDN 名单，

二是美国及其盟友宣布把七家俄罗斯银行移出 SWIFT 体系，三是美国及其盟友宣布冻结俄罗斯央行的外汇储备。

应该看到，在所有制裁措施中有一个最大的漏洞，就是美国及其盟国没有对俄罗斯的石油、天然气实行禁运。由于留下了这个漏洞，俄罗斯联邦储备银行和为能源贸易服务的 Gazprombank 就没有被移出 SWIFT，也未被列入 SDN 名单。

关于制裁措施的制定，众说纷纭。在 2022 年 2 月 24 日俄罗斯军队进入乌克兰后，美国及其盟国在 72 小时内便丢下了所谓的"金融核弹"——冻结俄罗斯央行外汇储备。但令人意想不到的是，想出这种主意的人，居然是意大利总理德拉吉和美国财政部部长耶伦。根据《金融时报》的报道，冻结俄罗斯中央银行资产的主意是德拉吉出的。

经验表明，如果要攻击一个国家的金融，最先攻击的往往是汇率。东南亚金融危机就是从汇率被攻击开始的。当然，还应该看到，股市对任何政治事件都是非常敏感的，冲突还没爆发，投资者就嗅到了冲突的气味，纷纷把钱汇出俄罗斯，由此造成大量资本外逃。而这种外逃，肯定会对卢布汇率形成压力，尽管在开始时，压力可能还不是很大。一旦汇率下跌，外逃资本（减持卢布资产，增持美元资产）就会急剧增长。反过来，资本外逃必将使卢布进一步贬值。实际情况是，2022 年 2 月 24 日冲突爆发后，俄罗斯股指迅速下跌了 33%，而俄罗斯采取的应对政策是——关闭股市。

"金融核弹"是在 2 月 28 日投下的。当天，美国及其欧洲盟国宣布了两条决定：一是将俄罗斯的几家重要银行踢出 SWIFT，二是冻结俄罗斯中央银行的外汇储备。"金融核弹"投出后，直接导致本已下跌的卢布再度暴跌 30%，这正是西方中央银行负责人最初所预料的。他们知道，如果冻结了俄罗斯中央银行的外汇储备，中央银行对汇市的干预能力丧失，卢布汇率就会成为自由落体。他们想制造的就是这样的结果。

当汇率贬值发生之后，如果没有足够的外汇储备，一般来讲，中央银行可以有两种政策选择：升息或听任本币贬值。

对俄罗斯来讲，升息的结果是经济可能会迅速陷入衰退；而如果不采取措施，继续让卢布下跌，最终卢布会跌到什么程度，很难预判。卢布贬值，通货膨胀率就会上升，很多借了大量外债的俄罗斯企业就会破产，最后出现一系列金融混乱。卢布贬值也会使依赖进口的企业无法继续生产。所以美国希望实现的目的不外乎是两个：一个是通货膨胀，另一个是经济衰退。由金融到经济衰退，这是美国所希望达到的目的。

二、俄罗斯"双管齐下"应对制裁，但有两点失算

总结来看，俄罗斯主要采取了以下措施。

第一，在2月28日美国宣布冻结俄罗斯中央银行外汇储备之后，俄罗斯中央银行首先采取升息措施，将基准利率从9.5%上升到20%。俄罗斯中央银行宣称这主要是补偿银行储户。

第二，实行资本管制，主要包括三方面内容：一是规定出口商挣的外汇的80%要卖给中央银行（按什么价格还需求证），二是禁止外国持有者出售俄罗斯股票和债券，三是宣布2022年俄罗斯本国居民的换汇额度为1万美元。

第三，"不友好国家"购买俄罗斯的石油、天然气必须用卢布支付。有很多文章解释得比较复杂，我觉得问题没有那么复杂。外国天然气进口商要在Gazprombank开两个账户：一个外汇账户，另一个卢布账户。进口商把外汇打入外汇账户，银行负责把账户中的外汇换成卢布卖给中央银行，从中央银行取得卢布后再打入卢布账户，进口商就用卢布向俄罗斯出口商购买天然气。在实行这个规则之前，俄罗斯出口商挣了外汇，愿意要卢布的话，就把外汇卖给俄罗斯的中央银行，否则就自己留着外汇——这实际上就是资本输出。不少人认为这是俄罗斯的一个高招，对维护卢布稳定发挥了非常重要的作用，但我认为没那么重要。

一个多月以来，俄罗斯军队的进展似乎不太顺利，这有点出乎意料。金融战的结果呢？美国及其盟国似乎也没有达到预期目的，这也有点出乎意料。

通过一系列应对措施，4月初，俄罗斯卢布汇率已基本恢复到战前水平（见图1）。3月24日，俄罗斯股市重新开市，市场有所回升（见图2），但仍对股市

交易进行严格限制，禁止买空、卖空等操作。4月8日，俄罗斯宣布降息300个基点，利率为17%，相比于之前的20%，有所下降。

Ruble Rebounds
Russia's onshore currency recovers to pre-invasion levels
USD/RUB（shown inverted）

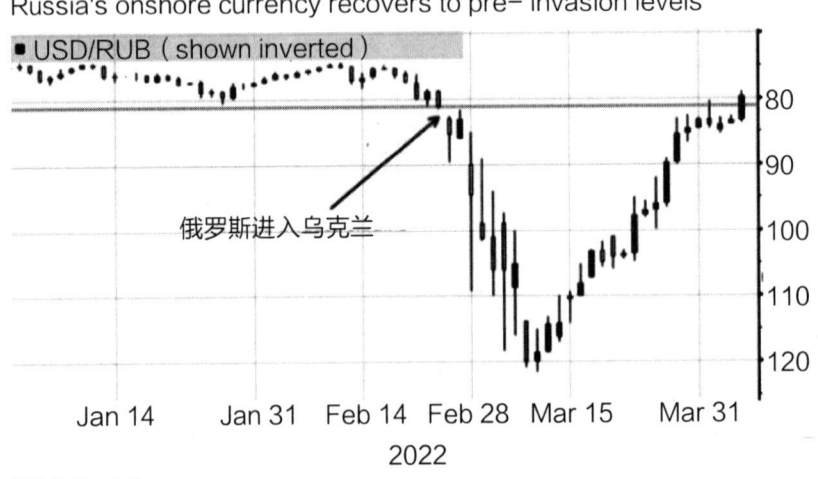

俄罗斯进入乌克兰

资料来源：Micex

图1 2022年俄罗斯卢布对美元汇率

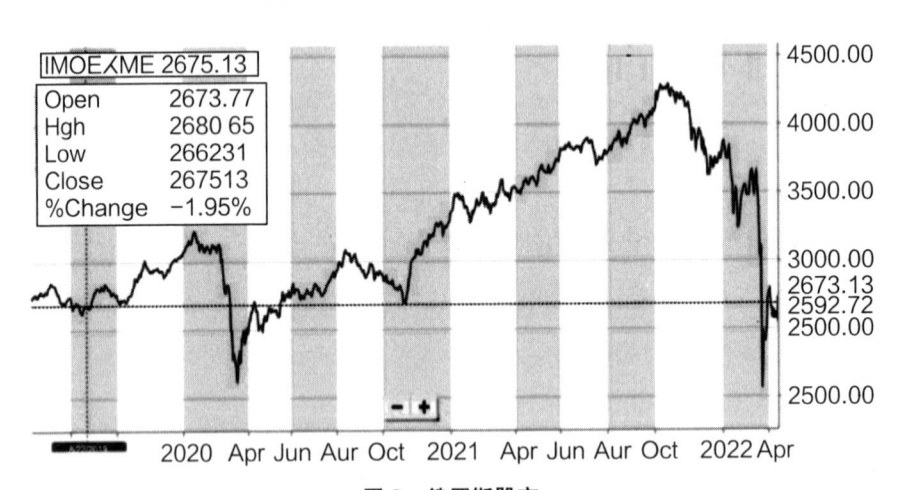

图2 俄罗斯股市

所有这些情况说明，俄罗斯的金融市场已基本恢复稳定。

俄罗斯金融市场基本恢复稳定，主要有两方面原因。

（一）应对措施正确，没有出现明显错误

2月28日，面对央行外汇储备被冻结的决定，俄罗斯央行必须考虑的问题是：通过升息抑制汇率下跌还是通过资本管制来稳定汇率？对此，俄罗斯很快作出决定，"双管齐下"，一面升息，一面加强资本管制。

之所以提到这一点，是我曾有过亲身经历。大概10年前，我曾参加彼得堡世界经济学经济年会。当时在一个讨论会上，包括我在内共有四个人，其中一位便是现在俄罗斯中央银行行长埃尔薇拉·纳比乌琳娜女士，当时她刚被任命为俄罗斯中央银行行长，还没上任，另外两人分别是俄罗斯经济部部长，以及俄罗斯联邦储蓄银行的行长格尔曼·格列夫。当时俄罗斯经济非常困难，但是利息率非常高，所以俄罗斯联邦储蓄银行行长就质问俄罗斯中央银行行长：在这种情况下为什么要升息？当时讨论得非常激烈，经济部部长汗流满面。后来我发言的时候问他们，在经济衰退时期进行升息是不是因为担心卢布贬值？他们回答说"是的"。我于是搬出中国经验：卢布贬值一定是资本外逃太厉害了，就我们中国经验来讲，在这种情况下完全可以不升息，而采用资本管制的方式，因为升息会把企业挤垮。没想到，话音刚落，得到全场热烈鼓掌。可以感到，当时那些听众实际上是希望采取这类措施的。但是俄罗斯在那个时候非常不愿意实行资本管制，可能是因为寡头力量太大，它当然希望资金自由流动。反观今天，俄罗斯央行将升息和资本管制措施结合起来，应对措施十分聪明。

关于用卢布购买石油和天然气，许多人将这项政策与人民币国际化联系起来，产生资源产品用人民币定价的联想。我认为，俄罗斯要求石油和天然气进口商用卢布支付的决定可能在短期内有助于稳定卢布币值，但不应该夸大它的作用。一个国家的货币稳定根本上要靠国际收支平衡来支撑。如果一国持续国际收支逆差，比如贸易项目逆差，那么任何措施都无法保持汇率稳定，除非有特殊原因，否则本国货币不可避免地都会贬值。但如果国际收支状况良好，再加上资本管制，货币肯定是不会大幅度贬值的。

目前俄罗斯的海外净资产规模为4400亿美元，考虑到其GDP体量，俄罗斯的国际收支情况非常不错。因为2014年以后，俄罗斯非常重视出口——石油、

天然气出口，由于油价上涨，国际贸易基本上一直为大幅顺差（见图3），只有非常少的时候出现逆差。俄罗斯的经常项目每年是几千亿美元的大幅度顺差，2021年俄罗斯的经常项目顺差为1200亿美元。在这样的国际收支状况下，卢布不会大幅贬值。这种情况同我那年参加彼得堡会议时是不一样的。

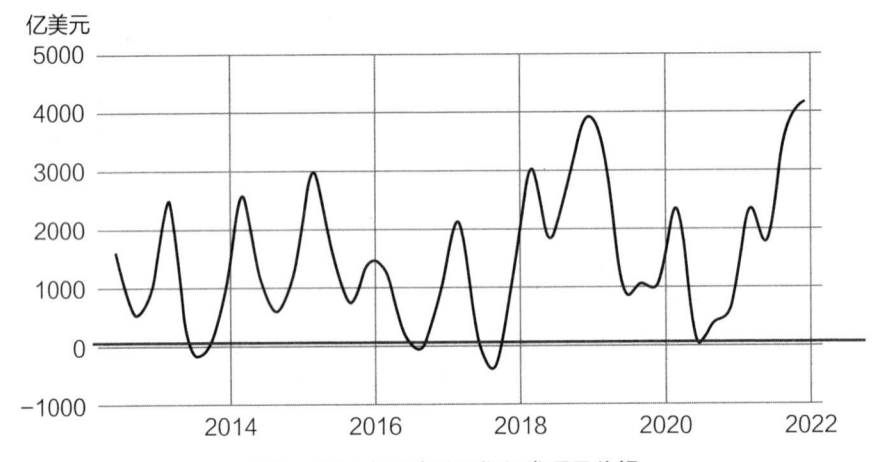

图3 2014年以来俄罗斯经常项目差额

不难发现，俄罗斯的经常项目顺差有相当一部分转化成了外汇储备。自2010年以来，俄罗斯外汇储备基本呈增长趋势，只有2014年克里米亚事件爆发，资本外逃，外汇储备也大量流失（可能是用于干预汇市了）。此后，外汇储备几乎年年都在增长，2021年外汇储备规模达到6300亿美元（见图4）。

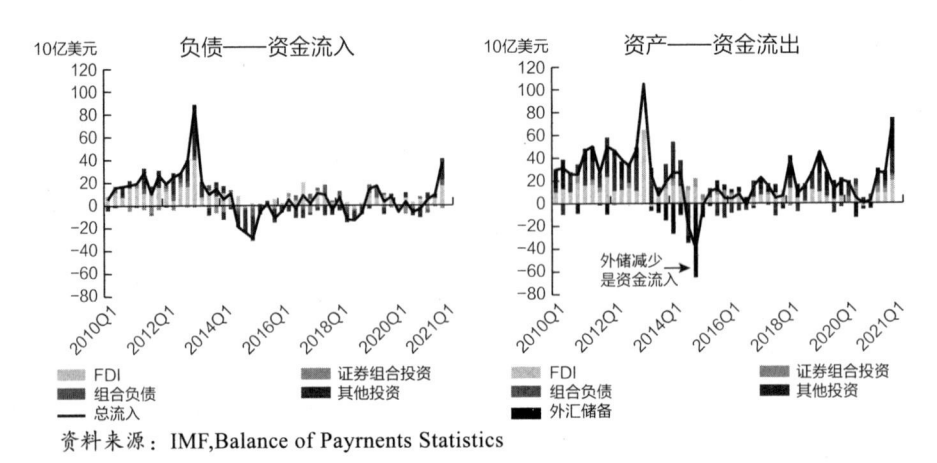

资料来源：IMF, Balance of Payrnents Statistics

图4 俄罗斯国际收支金融账户

此外，近年来，俄罗斯还大量抛售了美国国债和一些以美元计价的资产，但外汇储备整体规模并没有下降。

但俄罗斯有两点失算：一是没想到美国竟然会冻结其外汇储备，虽然俄罗斯没有完全排除这个可能性，但总是认为可能性不高；二是本以为币种分散化可以提高外汇储备安全性，但没想到欧洲各国、日本等会和美国一致行动，冻结其外汇储备。这两点失算给俄罗斯带来了相当大的困难。

我认为，西方中央银行负责人并不是什么高明的策略师，他们忘记了一条最基本的经济学原理：汇率是由国际收支平衡状况决定的。如果资本不能自由流，汇率就取决于经常项目。冻结俄罗斯中央银行资产可削弱俄罗斯中央银行干预市场的能力，但是，俄罗斯为什么非要动用外汇储备来干预外汇市场呢？

（二）美国及其盟友的金融制裁存在巨大漏洞

由于美国并未对俄罗斯的石油和天然气进行全面禁运，因而也给俄罗斯的金融制裁留下了巨大漏洞。由于漏洞的存在，俄罗斯依然在大量赚取外汇，俄罗斯金融机构依然可以通过未被列入 SDN 名单、未被踢出 SWIFT 的俄罗斯银行进行金融交易。

三、中长期国际经济形势研判及对中国提出的挑战

从中长期来看，俄罗斯国际收支状况是会恶化还是改善，关键在于其石油和天然气出口。近期全球石油价格、天然气价格都在不断上涨。俄罗斯石油出口量占全球的 12%，天然气出口量占全球的 40%。德国 40% 的天然气是从俄罗斯进口的，匈牙利等国也严重依赖俄罗斯的天然气。所以，只要欧洲的天然气需求依然严重依靠俄罗斯，俄罗斯在中长期就不会被打垮。

也正因为如此，美国现在要做的最重要的一件事，就是增加石油、天然气产量，加速释放储备，同时推动 OPEC（石油输出国组织）成员国增产，目的就是要弥补这一漏洞。只有摆脱对俄罗斯石油，特别是天然气的依赖，才能对俄罗斯石油和天然气实行完全禁运，从而对俄罗斯实行全面、不留漏洞的金融制裁。

为什么说美国的制裁并不彻底？因为它仅仅不允许从俄罗斯进口石油和天然气到美国，并没有限制其他国家从俄罗斯购买石油和天然气。印度趁俄罗斯有优惠价进口了大量石油。相关报告数据显示，中国2022年2月从俄罗斯进口的天然气规模增加了120%，3月增加了50%以上；4月中国从俄罗斯进口的石油规模也增加了52.4%。如果其他国家继续购买俄罗斯能源这种局面持续下去，美国对俄罗斯的制裁就无法生效。根据彭博预测，随着能源价格的上涨，2022年俄罗斯能源出口收入将达到3210亿美元，比2021年增加1/3，俄罗斯贸易顺差将进一步增加。

对此，美国正在设法增加全球石油、天然气供应，欧洲也在调整能源结构，减少油气需求量。一旦全球市场尤其是欧洲不再需要俄罗斯的油气，西方国家就可以对俄罗斯实行全面的经济和金融制裁，但摆脱对俄罗斯油气的依赖不是一朝一夕的事情。

俄乌冲突爆发之初，很多人认为乌克兰不会支撑太久，我自己也预测乌克兰会早点投降，减少伤亡，没想到乌克兰居然扛到了现在。但我转念一想，这种事也并不奇怪。1939年，苏联和芬兰的冬季战争就是这样的，预想的速决战，结果打了好几个月，苏军损失惨重。但最后，芬兰还是不得不签下城下之盟。

至于俄乌冲突会持续多久？我判断可能为3个月，也可能时间更长。无论如何，乌克兰大概坚持不到美国和西方各国摆脱对俄罗斯油气依赖的那天。如果俄乌冲突在美国和西方各国摆脱对俄罗斯油气依赖之前结束，美国的金融制裁就没有实现预定目的，就是失败的。

如果俄乌冲突在今年冬天到来之前结束，美国是否会继续努力实现对俄罗斯油气的替代呢？答案应该是肯定的。但欧洲国家的积极性可能会有所下降。油气的替代过程需要一个比较长的时间。

美国最终宣布对俄罗斯油气实行全面制裁应该是一个大概率事件。这就对中国提出了一个非常严峻的挑战。面对西方国家对俄罗斯的石油制裁，中国应该采取什么态度？如果中国参与制裁，在俄罗斯彻底沦为二流国家之后，美国是否会立即把主要矛头转向中国？如果中国不参与对俄制裁，美国是否也会立即把矛头指向中国，例如把中国的金融机构列入 561 名单或 SDN 名单，滥用"长臂管辖"对中国企业或金融机构进行二级制裁？这是我们现在必须认真思考的问题。

俄乌冲突引出了两个非常重要的问题：

第一，未来国际金融体系和国际货币体系发展方向问题。布雷顿森林体系崩溃后，出现"布雷顿森林体系 2"，这是由一系列规则、约定和相应组织机构构成的，比如 SWIFT 就是其中重要的结算体系，而美元作为国际储备货币，则是这个体系的基石。但现有的国际规则已完全被破坏，我们必须思考未来国际货币体系发展的方向。"美元武器化"取得了两三周的成功，但对国际货币体系的破坏则是永久性的。加州大学伯克利分校教授艾肯格林和印度央行前行长拉詹等对国际货币体系的发展方向表达了担心：去全球化？碎片化？总而言之，未来国际货币体系的方向，是我们需要认真考虑的问题。

第二，外汇储备的安全问题。由于长期贸易顺差，中国积累了 2 万亿美元的海外净资产，3 万多亿美元的外汇储备，是美国的最大债权人。过去我一直担心，美国长期维持大量外债和内债，实施 QE 政策大量发钱，最终有一天美元可能变得不值钱。一旦美元贬值，中国就会遭受重大损失。但美国及其盟友冻结俄罗斯央行的外汇储备提醒我们，现在已经不是这个问题了，美国可能冻结甚至扣押中国的外汇储备。过去我们想通过币种分散化解决问题，现在已经不行了。我们不得不重新认识外汇储备和其他海外资产的安全性问题。对此，我们应该尽早制定预案。

问答交流：西方国家对俄制裁的影响和启示

主持人：

钱颖一，CF40 学术顾问、清华大学经济管理学院教授

参与嘉宾：

余永定，CF40 学术顾问、中国社会科学院学部委员、上海浦山新金融发展基金会会长

黄益平，CF40 学术委员会主席、北京大学国家发展研究院副院长

缪延亮，CF40 成员、国家外汇管理局中央外汇业务中心首席经济学家

王海宏，CF40 理事单位代表、汇丰银行（中国）有限公司副行长

（一）西方国家对俄制裁的实际效果

黄益平： 俄罗斯要求西欧国家通过卢布来交易石油、天然气，为什么欧洲各国强烈抵制卢布，以至于逐渐演变成一个政治问题？

余永定： 我认为现在主要是欧洲国家的面子问题，原来签订的合同条款指明用欧元支付，如今俄罗斯单方面想把交易支付方式改为卢布，这使欧洲国家面子受损。但实际上各个国家没有遭受任何损失，"背着抱着一般沉"。

王海宏： 如果支付方式改为卢布，欧洲国家会遭受损失。因为卢布的定价权掌握在俄罗斯手中，从供需来看，对卢布需求增加，价格就会上升。此外，这一措施之所以如此重要，是因为如今俄罗斯试图将欧洲对油气的需求转化为对卢布的需求，将二者挂钩并画上等号。如果欧洲可以摆脱对俄罗斯油气的依赖，就可以解局；如果不能，则俄罗斯针对制裁的这个反制措施是持续有效的。

余永定： 如果对卢布的需求增加，则卢布汇率会上涨，反之会下跌。把卢布作为油气定价和结算货币，在短期内对支撑卢布汇率存在一定作用。但从根本上讲，卢布汇率取决于俄罗斯的国际收支状况。在资本跨境流动受到限制情况下，只要俄罗斯经常项目是顺差，则无论计价和结算是用卢布还是用欧元，对卢布的需求一定大于对欧元的需求，卢布就可以维持稳定。反之，如果俄罗斯经常项目是逆差，即便油气用卢布计价、结算，最终卢布对欧元的汇率仍然会贬值。所以，采用卢布计价、结算对稳定卢布有些效果，但从中长期来说作用不大。

为什么此前欧洲对油气的需求没有转化为对卢布的需求？那可能是因为俄罗斯出口商不愿意结汇（实际上是资本流出，这样俄罗斯就没有经常项目顺差了）。

在强制结汇情况下，贸易顺差一定转化为对卢布的需求。根据彭博的预测，今年俄罗斯贸易顺差将高于去年。在这种情况下卢布不存在"自由落体式"下跌的风险。以卢布计价、结算在其中起不了什么作用。油气以卢布定价是对石油以美元定价的挑战，其意义在于对国际货币体系形成潜在冲击。

缪延亮：关于俄罗斯卢布对美元的汇率回到战前水平的几点原因，请问在这些不同的政策措施中，哪个起到主要作用？从卢布的交易来看，其价格被管控，交易量会变少或基本没有交易，人为制定的价格不能反映市场真实的供给和需求，所以汇率不再是一种有意义的指标。从俄罗斯短期内稳定的货币汇率可以看出，它的货币政策是非常有用的，但有可能是一种假象。

余永定：我不知道卢布交易量到底有多少，你是行家。但既然还要买俄罗斯油气，就得换卢布。欧元和卢布的买卖按俄罗斯的要求，是由 Gazprombank 代劳的，操作应该很简单。我猜实际的交易量大概不会反映在通常的外汇市场上。从根本上讲，要根据俄罗斯的贸易情况判断卢布汇率走势。如果美国能够成功劝说世界上其他产油国和产气国提供足够的石油和天然气，使欧洲国家（尤其是德国）摆脱对俄罗斯油气的依赖，俄罗斯的油气以卢布计价、结算，将无法对卢布汇率的稳定起作用。从短期来看，我赞同你的说法。外汇市场上卢布交易量肯定比正常时期少很多，这是因为存在资本管制。如果没有资本管制，卢布和欧元的交易量不会减少。但这样一来，卢布汇率就会因资本外逃而下跌。你也可以说卢布汇率稳定是"假象"，但这并没有影响俄罗斯继续出口油气。只要美国对俄罗斯油气禁运不是全面的、对俄罗斯的金融制裁留有缺口，欧元就会源源不断地流入俄罗斯。在这种情况下，外汇市场上卢布交易量真实不真实并不重要。只要卢布汇率大体稳定，物价就能稳定，利率的上升就不会冲破天花板，银行也不会出现挤兑，生产就能正常进行，人心浮动的状况就不会出现。对普京来说，这就足够好了。

钱颖一：你提到"金融核武器"不是将银行移出 SWIFT 而是冻结外汇储备。为什么说冻结俄罗斯外汇储备是"金融核武器"？

余永定：把俄罗斯银行踢出 SWFIT 和列入 SDN 名单，同冻结俄罗斯央行储备资产是两件性质不同的事。七家俄罗斯银行被 SWIFT 体系移除使得俄罗斯无法利用国际结算系统与西方国家进行交易。但不用 SWIFT 系统，还可以用电报、电话、传真、信使进行金融交易，只是交易成本会大大上升。因此，被移出 SWIFT 是"金融核武器"的说法，有点言过其实。而列入 SDN 名单指的是美国金融机构和个人不能给 SDN 名单上的俄罗斯个人和实体提供金融服务，冻结其资产（存在美国银行的钱取不出来了）。但列入 SDN 名单毕竟是就个别实体而言的，而且把其他国家企业列入 SDN 名单也不是什么新做法。但是冻结俄罗斯中央银行外汇储备则性质有很大不同。这种冻结彻底破坏了国际金融体系的信用基础，是以前谁也不敢动的最后一招，所以普京也没有预料到。当然，冻结阿富汗的外汇储备，也触动了底线，但制裁阿富汗毕竟是效果意义更大一些，大家没有太关注。美国说的冻结不等于没收，二者存在区别。但是我们也应该看到，美国已经宣称，要冻结阿富汗几十亿美元资产是为了赔偿"9·11"受害者及其家属。当年特朗普宣称要扣押中国的外汇储备来赔偿新冠疫情造成的损失，言为心声，特朗普已经公开说了。现在，美国国会议员已经要求把俄罗斯财产用来赔偿乌克兰受害者和重建乌克兰。不知德拉吉和耶伦是怎么想的，为了实现战术目标，就把"信用"这个市场经济、国际金融的"神牛"杀掉了。

（二）俄乌冲突对全球秩序的影响及中国的应对之策

黄益平：关于金融体系改革我有一个猜想：此次事件之后第二波全球化可能就面临结束。原因在于，如果一个国家用美元或外汇储备这类全球公共品来制裁其他国家，就会动摇以公共品来支持的全球化公共治理体系，会引发对现有全球化治理体系的怀疑。克鲁格曼的一篇文章也曾有类似的结论，他认为俄罗斯和中国挑战现行全球治理，从而导致全球化结束。我和他的方向虽不同，但得出的结论相同。全球化运行需要有基本制度、基本公共品和基本共识，现在这种条件可能不复存在。

余永定：我倾向于同意上述看法。市场仍喜欢全球化，大家都怀旧，还在寻求方法弥补漏洞，避免这种事情发生。现代国际金融体系建立在国家信用基础之上，美国的制裁破坏了国家信用。我没想到冻结俄罗斯央行外汇储备是德拉吉这样的人提出的。从美国的立场出发，这种做法是"因小失大"。当年克里米亚战争时期，债务国即便打仗依然还本付息，这说明西方国家一直重视信用。但现在，为了胜利可以把信用踩在脚下，给俄罗斯制造了几个月的麻烦，却丢掉了美国花费几百年建立起来的国家信用。我国过去的很多政策都建立在美国守信的假设基础上，如今，不但中国，连印度和其他许多国家都会多想一想了。美国冻结中国外汇储备和海外资产，已经不再是一种虚幻的可能性了。我猜想，美国国务院、财政部和美联储可能已经有专门的机构在研究冻结中国外汇储备和海外资产的各种可能的情景了。

提问：制裁过程中俄罗斯仍可以用能源来交换卢布提振经济。如果同样的制裁发生在我们身上，我们有什么不可替代的物品？

余永定：我认为从反制能力上看，我们的情况比俄罗斯差，因为我们没有对方不可替代又必不可少的东西，我们生产的是一般制造品。虽然中国是全球产业链的最重要节点，但产业链的中断，假以时日是可以补上的。不像俄罗斯，一旦停止供应天然气，德国就面临难熬的严冬，中国缺少这类撒手锏。此外，中国是人口大国，我们的粮库恐不足以储备足够的粮食，油库恐怕不足以储备足够的石油。俄罗斯土地辽阔，粮食没有任何问题，且其自然资源（如石油、天然气等）极为丰富，不怕封锁，最坏的结果是经济停滞、生活水平下降，但没有生存问题。中国面临的情况与俄罗斯有很大不同。决策者必须考虑两点：一是反制能力，二是抗制裁能力。我想中国决策者是会充分考虑这两点的。我们不会参与对俄罗斯的制裁，美国是否会以此为理由对中国实行制裁？前不久，印度联邦储备银行行长达斯说，印度是民主国家，美国不会制裁我们，但往前看，我们也要进一步考虑。印度都这么想，何况是中国！

钱颖一： 此前提到了艾肯格林和拉詹的"碎片化"的观点，学者与政府之间的观点可能存在距离。请问他们讲的碎片化观点是什么？

余永定： 拉詹指出，SWIFT是全球货币体系中的一个不可分割的组成部分，把SWIFT武器化之后，一些比较接近的国家就会想，我们是不是在关系比较好的国家之间搞这么一个结算系统。这样，从结算系统角度来讲，全球货币体系就碎片化了，他用的词是Fragmentation。另外，是关于国际储备货币的选择问题。艾肯格林一直是主张多元储备货币的。美元的武器化当然会加强他的一贯主张。美元是国际储备货币，俄罗斯讲，我现在愿意用人民币结算。以后，愿意这样做的国家还可能增加。因而，未来国际储备货币多元化的可能性增加了。

黄益平： 您在回答"我们将来能怎么办"这个问题时提到，外汇储备将来似乎没有安全的地方，只能将外汇储备和黄金花掉。如果采取其他的经济制裁，我们会比俄罗斯还难，因为俄罗斯有能源可以交易。但另外一方面，我国也有自己独特的优势，例如制造业比较完整，可以实现自我生产。那么为了防备这些风险，极端情形下我们会不会走向"闭关自守"？

余永定： 我不主张闭关自守，脱离全球金融体系。徐奇渊提出中国有实施"搂抱（Body Lock）"战略的优势。Body Lock，是摔跤时的缠绕用语，指的是加深双方的相互依赖，这样当一方想损害另一方时，必须考虑对自身的伤害。"杀敌一千，自伤八百""投鼠忌器"都是这个意思。由于中国经济同美国经济的高度相互依赖、金融利益的高度融合，同俄罗斯相比，在某种意义上中国确实有优势。美国决定制裁俄罗斯时，在经济上不用考虑更多；而要制裁中国，它就必须仔细衡量得失利弊。任何一个理性人都不应该做这种判断，但很多决策者是非理性的。我们必须考虑各种可能性。有些问题从理论上讲很难把握好分寸，但只要具体问题具体分析，答案是不难找到的。

关于外汇储备问题，我过去首先担心的是"美元借条"贬值。美国国债28万亿美元、净外债15.4万亿美元、2008—2019年美国M2由8.2万亿美元增加到近18万亿美元，增长了近120%，但GDP仅由14.8万亿美元增长到21.4万亿美元，增长了近45%。两者的缺口为75个百分点。一旦美元大幅度贬值，中国的损失会有多大？其次，是外汇储备的收益率太低。再次，是无论用何种世界公认的指标衡量，中国的外汇储备都大大超过所谓"充足度"（adequacy）要求。但是，美国冻结俄罗斯外汇储备这一事实说明，问题比我原来预想的最坏结果还要坏。人家干脆不还钱了，就这么简单。我多年前就一再引用马丁·沃尔夫的话："中美一旦发生冲突，美国完全可以扣押中国的海外资产，美国会因此而受损，但中国的损失肯定更大。"过去我不太相信这种事情会发生，但现在这种事情发生在了俄罗斯身上。

美国这轮对俄罗斯的金融制裁给我们提供的新启示是：币种的分散化对于中国外汇储备的安全可能作用有限；不但国家储备资产，中国私人海外资产在中美发生地缘政治冲突时也是不安全的。如何把外汇储备降低到适当水平是个技术性问题。我们当然要谋定而后动，不能草率行事。我感觉可以考虑的路径是：增加进口，特别是增加从美国的进口，把"美元借条"用掉；增加战略物资的购买；也可以在金融账户方面做文章，例如，对中东国家的油田进行股权投资。中国不存在退出全球产业链和全球金融体系的问题，中国的问题是如何处理好国内大循环和国际大循环之间的关系，真正落实好以内循环为主、两个循环相辅相成的战略。不要正确的口号提出来了，然后就束之高阁。中国确实应该低调，中国需要时间，中国可能还需奋斗数十年才能同美国比肩而立。中国已经没有韬光养晦的机会了，高调之后的低调不容易使人信服，但中国无论如何还是应该尽可能低调。

我认为在俄乌冲突中，中国政府的立场是正确的。中国尊重乌克兰的国家主权和领土完整，但也不能跟着美国对俄罗斯进行制裁。我想提醒大家注意，即便俄乌冲突结束，美国及其盟友对俄罗斯的制裁也不会结束。美国的目的是对俄罗斯油气实施全面禁运，并对俄罗斯实施比对伊朗更为严厉的全面金融制裁。而美国的目的能否实现，最终取决于中国和印度等国。中国当然不会参与禁运，这样，美国就会把矛头指向中国。总体而言，俄罗斯是美国遏制中国亚太战略的搅局者，中国如何应对这个新的地缘政治格局是对中国战略决策者智慧的考验。

本文为本书作者在2022年4月10日的2022金融四十人论坛（CF40）年会暨闭门研讨会"金融促进高质量发展：改革和展望"的午餐交流会"国际形势和中国的应对"上所作的主题演讲及问答交流内容，由中国金融四十人论坛秘书处整理，经作者审核。

中国外汇储备的前世今生和当前面临的安全性挑战

提要： 应对中国外汇储备面临的安全性挑战，人民币国际化远水不解近渴，根本上有赖外汇储备及贸易顺差规模的减少。若没有他国积累巨额美元外汇储备，美元很难在美国负债累累的同时持续保持坚挺。

2022年2月28日，美国及其盟国宣布冻结俄罗斯中央银行的3000亿美元外汇储备。中国拥有3.3万亿美元的外汇储备，包括1万多亿美元的美国国债。外汇储备的"武器化"，迫使我们不得不重新审视中国外汇储备和海外资产的安全性问题。

中国外汇储备的安全性不仅是一个国际金融问题，还是一个地缘政治和资产管理问题。中国应采取什么具体措施以确保中国外汇储备安全？回答这个问题已超出笔者能力范围。本文仅试图从国际金融的视角对中国外汇储备问题的由来、面临的挑战和如何"亡羊补牢"提出一些粗略的方向性的建议。

一、黄金储备和布雷顿森林体系

流动性（liquidity）通常是指容易变现的资产，如货币、黄金和短期债券等；有时也指变现的难易程度。在国际金融中，特别是讨论"特里芬两难"时所使用的"国际流动性"（international liquidity）一词的内涵虽然同"流动性"有重叠，但两者并不是同一个概念。

国家间的债务是通过某种国际上普遍接受的结算手段，如黄金、国际储备货币或特别提款权的转移偿付的。国际流动性①就是指这些结算手段的存量。特里芬特别指出，流动性的增加源于黄金供给的增加和主要货币发行国短期债务的增加。可见，特里芬当年所说的国际流动性就是我们现在所说的外汇储备。事实上，特里芬把储备（reserves）或国际储备（international reserves）同国际流动性混用了。

国际储备货币发行国（美国）可以通过资本项目逆差或经常项目逆差为其他国家提供国际流动性或国际储备。在布雷顿森林体系的黄金－汇兑本位制（美元同黄金挂钩）下，美国是通过资本项目逆差为其他国家提供国际流动性或国际储备的。从1945年到1950年代初，欧洲各国、日本百废待兴，急需从美国进口商品，但又无法通过出口获得足够的美元，全球"美元荒"严重。在这个时期，国际流动性主要是靠美国的短期资本输出和马歇尔计划之类的对外援助提供的。美元流动性的增加意味着一方面是美国债权的增加，另一方面是日本和欧洲各国债务的增加。

1960年代，欧洲各国和日本经济浴火重生，贸易平衡状况好转。而美国则因国内经济过热、国际竞争力下降，商品贸易顺差减少、服务贸易逆差（包括海外军事开支）增加。同时，由于欧洲各国利息率较高，美国资本绕过管制大量流入欧洲（形成"欧洲美元市场"），美国的资本项目逆差快速增加。

从日、欧的角度来看，在贸易逆差减少的同时，美元依然大量流入，于是，美元外汇储备迅速增加②。"美元荒"变为美元过剩。从美国的角度来看，贸易项目顺差几乎消失（某些国家已经出现逆差），但资本项目逆差却大大增加，美国

---

① 特里芬用的词是"world monetary liquidity"。他指出，这些流动性的供给来源于新增黄金供给和主要货币国的短期债务扩张。他使用的另一个同义词是储备（reserves）或国际储备（international reserves）。
② 外汇储备的增加在国际收支平衡表上表现为资金的流出。外汇储备的增加可以平衡资本项目顺差（资本流入）的增加，使经常项目同"资本与金融"（现在的用语）项目保持平衡。现在的国际收支平衡表的用语同过去有所不同。

的国际收支平衡状况急剧恶化①。

美国的资本项目逆差（资本流出）应该由美国的贸易顺差来平衡（别人拿了你的钱再来买你的东西），这样美元就流回了美国。在这种情况下，其他国家持有的美元外汇储备不会增加。如果其他国家对美国的资本项目顺差（从美国流入的美元）大于贸易逆差（流回美国的美元），则这些国家的外汇储备就会增长。

美元同黄金挂钩（黄金汇兑本位制）的本意是让美元持有者放心：尽管你所持有的美元是美国印出来的法定货币，本身没有价值，但美元是可以按给定比例兑换成黄金的，因而，你可以放心地持有美元。而对于黄金汇兑本位制下的美国来说，"国际收支不平衡"意味着美国黄金储备的流失。尽管黄金可能还储存在美国的金库中，但其所有者已经不是美国。外国中央银行可以随时把多余的美元兑换成黄金，并把黄金运回本国。

随着美国国际收支平衡状况的恶化，外国持有的美元外汇储备与美国黄金储备之比持续飙升。美元的外国持有者不再相信美国能够遵守35美元兑换1盎司黄金的许诺，不再相信美元汇率不会贬值，开始抛售美元，市场上的美元投机也愈演愈烈。法国则干脆开船把黄金运回国。时至1971年，相对于外国官方和私人分别持有的400多亿美元和300多亿美元，美国持有的黄金储备仅剩100多亿美元。1971年8月15日，尼克松总统违背35美元兑换1盎司黄金的承诺，宣布关闭"黄金窗口"，布雷顿森林体系轰然倒塌。

二、后布雷顿森林体系的内在矛盾

在后布雷顿体系下，由于美元同黄金脱钩，美元就是纯粹的法定货币。布雷顿森林体系因国际金融市场不再相信美国能够遵守35美元兑换1盎司黄金的承诺而崩溃，但国际金融市场相信美国会执行负责任的宏观经济政策，维持美元稳定。美元同黄金脱钩后，市场没了押注美元兑换黄金（和其他主要货币）贬值的

---

① 其实是经常项目和资本项目之间的不平衡。在国际收支平衡表上，这两者之间的差额表现为外汇储备的变动。

由头，在美国同欧洲国家激烈地讨价还价之后，美元终于得以趋于稳定。

但是，在后布雷顿森林体系下，用一个国家的法定货币充当国际储备货币的内在矛盾并未消失。美元作为国际货币体系的本位（或称为价值尺度、锚）必须保持稳定。这种稳定是多维度的，例如，其购买力应该是稳定的。一方面，美元要扮演全球公共产品的角色，应该服务于全球公共利益；另一方面，美元又是美国政府印刷的，美元的实际购买力是否能够维持稳定，从根本上取决于美国政府的国内政策。美国政府没有义务为全球公共利益而牺牲本国利益。

在后布雷顿森林体系下，由于美国不再是一枝独秀的经济大国，美元作为一种国别货币（服务于美国利益）同其国际储备货币（服务于全球利益）地位的矛盾表现为：美国必须主要通过经常项目逆差（贸易逆差）为世界提供国际流动性或储备货币。随着世界 GDP 的增长，全球贸易和金融交易所需的国际储备货币也在增长。美国为世界提供的储备货币越多，美国的贸易逆差就必须越大。一国的贸易逆差越大，意味着该国国内投资与储蓄缺口越大，宏观经济失衡程度也越大。而这又意味着通货膨胀失控，以及美元最终贬值的可能性很大。换一个角度说，美国是通过开"借条"为全球提供储备货币的，全球经济的增长要求美国开出越来越多的"借条"，而"借条"开得越多，意味着美国的外债越多。当美国的债务积累到一定程度后，投资者和外国中央银行还会相信美国有能力用真金白银兑换这些"借条"吗？不难看出，这个问题本质上依然是"特里芬两难"问题。

1971 年美国贸易和经常项目出现逆差[①]，这种状况一直维持至今。美国的经常项目由顺差变为逆差，意味着美国的海外净资产开始减少。长期维持经常项目逆差迟早会使债权国变成债务国。1985 年，美国真的成了净债务国。[②] 当时的美国经济学家惊呼：由于必须依赖外国资本流入来平衡经常项目逆差，美国的净投资收入也将由正变负，不需要很长时间，美国的净债务就将变大到令人难以想象的地步。

---

① 美国经济分析局提供的数据。
② 根据美国经济分析局的最新数据，美国 1988 年还拥有 215 亿美元海外净资产。

但这种预言只对了一半。1984年美国还拥有280亿美元的海外净资产[1]，但到2021年底，美国的海外净负债已经超过18万亿美元。[2] 经济学家没有料到的是，尽管美国拥有巨额净债务，美国国际收支平衡表上的净投资收入却一直是正值。例如，2020年美国的净负债为14万亿美元，但净投资收入竟高达2000亿美元。时至今日，美国的净外债已经超过GDP的70%，世界上仅有爱尔兰、希腊、葡萄牙和西班牙四个国家的净外债与GDP之比高于美国，而这四个国家不久前都经历了严重的金融危机。但美国似乎根本不必为偿还外债本息担心，虽然负债累累，美国不但不用付息，还在大量收息，有什么可担心的呢？

三、美国是世界上最大的债务人，为什么美元依旧能保持稳定

在美国国债与GDP之比和美国海外净负债与GDP之比不断上升的情况下，美元保持稳定的时间远远超过经济学家的预想，其根本原因在于：世界其他国家对作为储备货币的美元的需求也一直在增加。其他国家持有的外汇储备不断增加，意味着其他国家愿意把钱借给美国，愿意为美国的贸易逆差提供融资。这样，美国国内投资与储蓄的缺口就被外国储蓄所弥补，通货膨胀和美元贬值压力就被大大减轻。如果在美国为了弥补国内储蓄不足滥发美元的同时不存在其他国家对美元外汇储备的强烈需求，美元的崩溃早就是不可避免的了。

1980年代流行的看法是，非储备货币发行国没有必要积累外汇储备，因为只要有资信，任何国家都很容易在国际金融市场上借到美元。事实上，布雷顿森林体系崩溃之前的1969年，全球外汇储备总量仅为330亿美元。[3] 到2021年底，全球官方外汇储备总量已经达到13万亿美元（其中美元外汇储备为7万亿美元），[4] 增长了近400倍。

导致非储备货币发行国对外汇储备需求增加的原因是多方面的。第一，用于

---

[1] Big trade deficit turns U.S. into debtor nation. Los Angeles Times. Sep.17, 1985.
[2] International investment position. BEA, March 29, 2022.
[3] The accumulation of foreign exchange reserves. EBC occasional paper No. 43, Feb 2002. p.10.
[4] IMF e library data，Mar 31, 2022.

干预外汇市场，维持汇率的稳定。为了应对各种扰动和波动，各国中央银行需要持有同该国经济规模、开放度相适应的外汇储备，而实行固定汇率的国家则需要持有数量更大的外汇储备。第二，在后布雷顿森林体系下，资本管制被解除，投机资本狼奔豕突，各国中央银行都需要美元外汇储备以抵御国际投机资本对本国货币的攻击。在东亚金融危机爆发之后，东亚国家的外汇储备急剧增加就是很好的说明。第三，受重商主义思想影响，保持汇率的低估，奖出限进，过度追求贸易顺差。或者由于体制、经济结构或宏观经济政策的原因，内需长期不足，出口增长成为经济增长的重要动力，甚至主要动力。第四，由于国内资本市场扭曲，在国内可借贷资金充裕的情况下，企业仍不得不从海外借贷，或者利用优惠政策引入FDI。但是这些资本流入并未转化为相应的贸易逆差（用来进口外国资本品和技术），而是转换为外汇储备的增加。第五，国内储蓄大于投资，但多余的国内储蓄一时无从消化（转化为消费或投资），国内过剩的储蓄暂时转化为外汇储备。第六，由于经济体制、制度和政策原因或者外部原因，贸易顺差无法顺利转化为资本输出（ODI或对外股权投资）。

美国自2008年以来执行了极度扩张性的财政、货币政策。而外国政府和投资者对美国国债和其他美国资产的强劲需求则为美国长达10余年的低通货膨胀率和经济较快增长创造了必要的外部条件。但是，时至今日，美国毕竟已经积累了15.4万亿美元的净外债和28万亿美元的国债[①]——两者与GDP之比分别超过67%（2020年）和137%（2021年）；2008—2019年，美国的M2由8.2万亿美元增加到近18万亿美元，增长了近120%，而GDP仅由14.8万亿美元增长到21.4万亿美元，增长了45%。两者的缺口为75个百分点，而且形势还在继续恶化。

美国每年从国外借入数千亿美元的外债（2020年为6000亿美元），其中相当大部分是外国政府和投资者购买的美国国债。在各国中央银行所积累的外汇储备中，美国国库券是最重要的构成部分。外国购买的美国国债总额为7.55万亿美元，其中仅日本、中国、卢森堡、英国、爱尔兰五国就购买了3.6万亿美元的美

---

① 2022年1月国债总额为30万亿美元。

国国债。如果世界其他国家不再大量购买美国国债，美国国债价格就会暴跌，美国国债的融资成本就会大幅度提升，美国的财政状况就会加速恶化。

根据美国国会预算办公室（CBO）的预测，到 2051 年，美国国债与 GDP 之比将达到 200%。美国政府自己也承认美国的财政状况不可持续。在这种情况下，即便美联储升息政策暂时还可以控制通货膨胀、稳定美元，但从长期来看，由于美国国债的持续增长，美国国债价格暴跌（融资成本飙升）、通货膨胀失控和美元大幅度贬值应该不是小概率事件。事实上，中国对美元外汇储备的安全性一直是担忧的。例如，2009 年 3 月 13 日，时任国务院总理温家宝就曾指出，我们把巨额资金借给美国，当然关心我们资产的安全。说句老实话，我确实有些担心。他要求美国"保持信用，信守承诺，保证中国资产的安全"。

金融的诡异之处在于，你相信它没事，它就没事。没人知道，面对美国日益恶化的债务形势，投资者对美元和美国国债的信心还能维持多久。谈到这里，我想起了《北京共识》作者乔舒亚·雷默所说的"沙堆实验"。一粒一粒沙子从一个容器里漏下来，形成锥体。物理学的内在规律使得这些沙粒形成一个稳定的沙堆。但当沙堆达到一定高度后，哪怕掉下一粒沙子都可能导致沙堆坍塌。但同样可能的是，哪怕有成千上万粒的沙子落下，沙堆依然可能不坍。一粒沙子掉落导致沙堆坍塌和一千、一万粒沙子掉落导致沙堆坍塌的概率是一样的，[①] 没人知道沙堆何时坍塌。同样，没人知道市场何时对美元丧失信心，美元何时崩溃。但是，为慎重起见，你是不是要在你的决策中把这种可能性考虑进去呢？

四、美国冻结俄罗斯外汇储备的警示

俄乌冲突爆发后，美国在 72 小时内就冻结了俄罗斯中央银行 3000 亿美元的外汇储备，谁还能确信美国在以后不会再冻结其他国家的外汇储备呢？美国冻结俄罗斯中央银行外汇储备严重破坏了美国的国家信誉，动摇了西方国家占支配地位的国际金融体系的信用基础。外汇储备的"武器化"超出了经济学家对中国外

---

① 雷莫. 不可思议的年代 [M]. 何帆，译. 长沙：湖南科技出版社，2009.

汇储备安全性的最坏估计，中国外汇储备的价值不但会因美国的通货膨胀、美元贬值和国债价格下跌或违约而遭受损失，而且会因地缘政治在瞬间灰飞烟灭。

美国会不会对中国的外汇储备采取极端行动？认为不会的观点有二。第一，由于中美之间紧密的经济和金融关系，美国不会做出"杀敌一千，自伤八百"的事情。这首先是一个国际政治问题，其次其中也有许多经济账需要算清楚。但是我们也应该记得，早在2013年，《金融时报》专栏作家马丁·沃尔夫就曾发文指出：在发生冲突时，美国完全可以冻结中国的外汇资产。虽然双方都会遭受惨重损失，但中国的损失将更为惨重。第二，我们不给美国提供理由，美国是不会走到这一步的。但愿如此，但谁能保证呢？中国可能很快就会面临的一个问题是：参加不参加对俄罗斯石油、天然气的禁运和全面金融制裁？到目前为止，美国并没有对俄罗斯实行全面的石油、天然气禁运，中国、印度购买俄罗斯的石油、天然气还是被允许的。但一旦美国认为欧洲已经可以摆脱对俄罗斯油气的依赖，美国就会把矛头指向中国和印度。中国继续购买俄罗斯油气很可能会成为美国对中国外汇储备下手或对中国金融机构实行制裁的理由。美国前国务卿鲍威尔展示的那瓶"洗衣粉"告诉我们，理由永远是不难找到的。

五、中国的双顺差和外汇储备

长期以来，中国通过双顺差（经常项目顺差和资本项目顺差）积累了3.3万亿美元的外汇储备。关于中国巨额外汇储备的成因、利弊，学界已经讨论了20多年，无须赘述。[①] 这里我仅作三点评论：首先，无论按什么标准衡量，中国持有3.3万亿美元的外汇储备（不包括中国香港4787亿美元和中国台湾5489亿美元）[②] 已经远远超越了国际公认的外汇储备充足率的要求。世界外汇储备持有量名列第二、第三和第四位的国家分别是日本1.3万亿美元（2022年1月）、瑞士1

[①] 参阅余永定所著的《见证失衡：双顺差、人民币汇率和美元陷阱》，由三联书店于2010年出版。

[②] 美元外汇储备在全球外汇储备中的比重约为60%～70%。

万亿美元和印度 5699 亿美元。由此可知,世界上外汇储备超万亿美元的只有三个国家,而中国的外汇储备又是名列第二的日本的近三倍。

其次,由于外汇储备收益率极低,在海外资产中如果外汇储备比重过高,海外资产的总体收益率必然过低。在中国 9 万亿美元的海外资产中,外汇储备资产占总资产的 37%,其中美国国库券为 1.06 万亿美元,占外汇储备资产的 32%。应该看到,为了提高海外资产的收益率,外管局和其他相关机构在配置资产时不仅考虑到安全性、流动性,也考虑了收益率。除美国和其他国家国库券外,中国海外资产还包括国际组织债、各国高评级公司债、地方政府债、各主要国家股票指数成分股(如标准普尔 500 等)、私募股权投资、少量在欧洲发达国家的基础设施与房地产投资,以及通过控股平台与国开行、进出口行进行"一带一路"等政策性投资。它们的工作应该是很有成效的。但是,无论如何,由于外汇储备的安全性和流动性要求,外汇储备在海外资产中占比过高,必然导致海外资产收益的降低。

不仅如此,在中国外汇储备中有相当比例是通过引进外资"借来"的,而不是通过贸易顺差挣来的。在正常情况下,一笔外资的流入,即资本项目顺差,在国际收支平衡表上应该对应于等量的贸易项目逆差,因为吸引外资的资金被用于购买外国的机器设备和技术,通过资本项目顺差流入的美元又通过贸易项目逆差流出了。但是,由于种种原因,流入的外资可能并没有被用于进口,而是被卖给中国中央银行,导致外汇储备增加。同外汇储备的投资收益相比,"借来的外汇储备"的债务成本极高。2008 年,世界银行驻京办事处的调查结果是:美国在华企业投资收益率是 33%,一般外企的投资收益率是 22%。与此同时,美国国库券的投资收益率小于 3%。这类情况也是造成中国虽然有 2 万亿美元的海外净资产,但投资收益为负值的原因之一。中国的这种国际收支和海外投资状况同美国形成鲜明对照。如前所述,尽管后者 2021 年是 15 万亿美元的净债务国,却有近 2000 亿美元投资收入。环顾世界,同中国形影相吊的只有阿根廷和俄罗斯。

最后,中国在开放初期,外汇短缺是增长的最主要瓶颈。虽存在片面性,虽有些过犹不及,但当时为创汇大力发展加工贸易,积极引进 FDI 和人民币一次性大幅度贬值都是正确的。然而，2003 年亚洲金融风暴过后，中国由于"人民币升值恐惧症"，拖到 2005 年才让人民币小幅升值。一方面贸易顺差急剧增加，另一方面国内的资产泡沫和强烈的人民币升值预期导致热钱大量流入，资本项目顺差一度超过贸易项目顺差，成为新增外汇储备的主要来源。应该说，中国未能及时让人民币升值、汇率缺乏灵活性，是导致中国外汇储备积累过度的必要条件。

六、调整海外资产－负债结构和国际收支结构，减少外汇储备存量

调整中国海外资产－负债结构和国际收支结构的主要目的有三个。第一，是改善中国海外资产－负债的结构，提高海外净资产的收益率。为此，中国应该降低外汇储备在海外资产中的占比。第二，是提高中国海外资产，特别是外汇储备的安全性。在目前条件下，中国应将外汇储备存量至少压缩到国际公认的外汇储备充足率水平。一个国家到底应该持有多少外汇储备，一般而言，要考虑该国的进口（或出口）规模、短期外债规模、其他证券负债规模和广义货币量。同时，还要考虑该国的汇率制度和资本管制。例如，如果该国实行浮动汇率和资本管制，则这个国家的外汇储备充足率就可大幅度减少。第三，不能排除美国冻结、扣押中国海外资产的可能性。但更大的可能性是美国对中国发起 SDN（Specially Designated Nationals，特别指定的国家）或 561 制裁。为了应对这种可能性，中国需要加紧金融基础设施的建设。

对于现有的外汇储备存量，可以考虑的措施包括以下七个。

（1）在减持美国国债的同时，增持其他形式的资产。过去由于担心美元贬值，我们曾主张外汇储备的币种要分散化。但现在看来，在特定的地缘政治条件下，这种分散化的意义也可能并不是很大。

（2）中国可以增加对战略资源生产国的股权投资，如对中亚、阿拉伯国家油田的股权投资。

（3）在中概股遭到打压、股价暴跌的情况下，央行可以考虑为中国投资者购入优质中概股提供融资便利。

（4）信守承诺，严格保护外国投资者在中国的投资。

（5）对于中国企业的海外融资活动给予必要的支持。

（6）加快金融基础设施建设，如不受美国影响的结算、清算、报文系统的建设。充分利用中国在数字技术领域的技术储备和优势，完善适应数字化贸易新趋势的跨境支付系统。

（7）依照市场规律，减持美国国库券。据报道，最近以来，许多国家中央银行都在出售美国国库券。这种交易活动完全是商业行为，美国也应该无话可说。

对于已经形成的外汇储备存量，许多事情既然木已成舟，在短时间内也就难以调整，一旦硬性调整还可能对国际资本市场造成较大冲击。但对于当下和未来的进出口贸易和资本跨境流动，我们可以主动调整的事情有很多。应该考虑的调整包括以下九个方面。

（1）通过扩张性财政、货币政策，刺激内需，带动进口。当国内经济繁荣之时，进口需求有可能有大幅度增加，从而实现贸易平衡。

（2）尽快取消残留的出口刺激政策，例如，取消为鼓励出口而执行的出口退税政策。

（3）增加对特定大宗商品、战略物资的进口，大幅度提高中国战略物资的储备能力。

（4）不再购买美国国债（不把钱借给美国），但尽可能多地进口美国产品（兑现美国的"借条"），尽可能履行中美贸易协定（与不可抗拒力相关的除外）。

（5）在特定时期，可以维持贸易项目逆差，通过增加进口用掉多余的外汇储备。

（6）坚持浮动汇率制度，除极端情况外，尽量不干预外汇市场。如果不干预外汇市场，在升值压力下，中国的外汇储备不会增加。但当人民币出现趋势性贬值压力时，应该让人民币贬值到位，避免外汇储备的浪费。在此过程中，应该利用其他手段，包括资本管制来抑制汇率的"过调"。

（7）维持必要的资本管制，抑制热钱流入和防止资本外逃。

（8）在理论上，应该增加海外直接投资和回报率较高的投资。但由于体制改革和金融市场建设的滞后以及美国的堵截,这条路已经比较难以走通。我们应该尽可能查清海外投资的家底,以明确相应的政策。

(9)在美国之外的其他国家,特别是在发展中国家,投资可以发挥中国在制造业和基础设施建设方面的优势,但要当心东道国政治不稳定、国际收支状况不佳,从而使中国陷入债务陷阱,避免错误的政治判断导致我们"人财两空"。

七、对于中国的外汇储备安全,人民币国际化能够发挥什么作用

由于当前地缘政治形势的恶化,人民币国际化再次成为热点议题。当年中国启动人民币国际化是出于对美元资产安全性的担忧。2008年美国次贷危机爆发,由于持有大量美国国债和政府机构债(房利美和房地美政府机构债),"两房"的破产引起中国政府的极大不安。2009年,时任中国人民银行行长周小川提出用SDR取代美元充当国际储备货币的建议,但这一建议由于美国的反对而胎死腹中。于是,中国决定另辟蹊径,通过人民币国际化来降低中国海外资产的风险。后来,由于人民币的升值预期转为贬值预期,人民币国际化进程受阻。2015年以后的一段时间内,由于资本外流和外逃严重,中国不得不加强资本管制,人民币国际化进程明显放缓。

易纲行长在多个场合强调"人民币国际化应由市场驱动,央行不会主动去推动"。我非常赞成易行长的这一主张。易行长的提法实际上是对以往人民币国际化历史的总结。事实上,从2009年到2014年,国内外经济学界对人民币国际化的利弊得失和路线图有过翔实充分的讨论,并且经过了实践的检验。[①] 例如,当年我们力推以人民币结算进口,在存在大量经常项目顺差的情况下,本来用于支付进口的美元被人民币所代替,其结果是中国的美元储备不减反增。又如,本希望非居民大量增持人民币存款和人民币国债,但2014年人民币升值预期消失后,

---

① 参阅余永定所著的《最后的屏障》,由东方出版社于2016年出版。

非居民持有人民币存款和其他人民币资产的兴趣也基本消失。[①] 经验告诉我们，人民币国际化是一项有意义的事业，但一定要坚持市场驱动，不能揠苗助长。

在可能的情况下，应该利用买方优势或卖方优势推进以人民币计价和结算。例如，中国是众多大宗商品的头号买家，如果这些大宗商品可以用人民币计价当然是再好不过的了。在市场的推动下，人民币国际化确实也取得了虽不十分耀眼但非常扎实的进展。总体而言，人民币成为国际货币，特别是国际储备货币，能够为中国带来巨大好处是毋庸置疑的。但一般而言，不应把实现人民币国际化置于商业考虑之上。例如，中国投资者在国际资本市场上购买外国债券，这种债券用什么货币标价和结算是中国投资者和外国债券发行者商业博弈的结果。对于中国投资者来说，如果在久期内人民币处于升值通道，债券就最好用人民币而不是美元计价；如果中国企业处于债务人的地位，则最好用贬值货币计价和结算。又如，中国需要推进资本市场的国际化，但推进资本市场，特别是债券市场国际化的目的不是人民币国际化，而是提高中国的金融资源配置效率。微观层面的事情，市场最清楚。贸易和金融交易中币种的选择应该由企业和金融机构自行决定。随着中国经济实力的日益增强，金融市场的日益完善，人民币自然会越来越多地被选择为国际计价货币和结算货币。

人民币国际化的最高层次是使人民币成为其他国家的储备货币。人民币可以通过经常项目逆差和资本项目顺差为其他国家提供人民币。中国用人民币支付中国的贸易项目逆差，而贸易项目顺差国的中央银行从外汇市场上取得并持有这笔人民币，将人民币用于购买中国国债或某些安全性高、流动性强的中国债券。这样，人民币就成为该国持有的储备货币。而中国则可以利用人民币国际储备货币的地位，通过"打借条"取得外国的实际资源。

中国也可以通过资本输出让人民币成为别国的储备货币。中国通过资本输出向外国提供人民币之后，一般而言，资本输入国将用这些人民币从中国进口商品，人民币就会回流到中国。在资本输入国的国际收支平衡表上将录入一笔中国

---

① 如果人民币以直接投资的形式回流，在接续期，在其他条件不变的情况下，中国的货物进口将会增加。

贸易项目逆差和等量资本项目顺差,但该国的外汇储备不会因此而增加。如果该国并未把人民币用来购买中国商品,该笔人民币可能会通过资本项目流出;也可能被卖给该国中央银行,用于购买中国国债或其他安全性高、流动性强的金融资产,从而形成该国的外汇储备。

但是,对于中国资本输出的东道国来说,这部分人民币外汇储备是从中国借到的,而不是通过出口顺差挣来的。从中国引资,却没有将资金用于购买中国的产品和劳务,而是用于持有低回报的中国短期资本,可能意味着资源的错配。因而,中国资本输出的东道国会把这部分人民币外汇储备压缩到最低限度。换言之,尽管中国可以通过资本输出向外国提供人民币,但其他国家将相应的人民币转换为中国的短期债券或国债(如果有国债可买),从而形成该国人民币外汇储备的意愿可能是有限的。

总而言之,要想使人民币成为国际储备货币,中国必须满足一系列前提条件,如完善的资本市场(特别是建立起有深度的且有高度流动性的国债市场)、灵活的汇率制度、资本的自由跨境流动及经过长期重复博弈建立起来的信用等。简言之,中国必须能够克服国际金融文献中的所谓的"原罪",从而能够用人民币在国际上发行国债;否则,人民币难以成为国际储备货币,人民币国际化就只能是不完全的。

人民币国际化是否能够加强中国外汇储备的安全性呢?如果把这个问题放入一个复杂的全球经济体系中考虑,答案应该是肯定的。但在短期内,就直接效果而言,即便中国的外汇储备完全是人民币资产,中国外汇储备的安全性也不会发生实质性变化。中国的外汇储备中有1万多亿美元的美国国库券,如果美国不打算按原来的约定还本付息,中国有什么办法呢?没有。假设美国财政部发行7万亿元人民币国债,中国通过购买这笔美国发行的人民币债券——美国政府发行的熊猫债券——拥有了7万亿元人民币而不是1万亿美元的外汇储备,这时,如果美国不打算按约定对以人民币计价和结算的美国国债还本付息,中国面对的这一窘境同美国不打算按约定对以美元计价和结算的美国国债还本付息有何不同?没有。因为问题的关键不在于中国的外汇储备是用什么货币计价和结算的,而在于是中国欠美国钱还是美国欠中国钱。无论用什么货币计价和结算，中国的外汇储备是美国对中国的债务，是美国欠中国钱。因而，中国外汇储备的安全性取决于美国是否会信守其还本付息的承诺，以及中国是否有能力使美国信守其还本付息的承诺。如果中国不能确保美国不会违约，中国除逐渐减少外汇储备之外，别无选择。当然，在特定交易（如进口）中用人民币计价和结算可能导致外汇储备减少，因而在间接意义上加强了中国外汇储备的安全性。一个有意思的花絮是：1950年12月初，美国宣布对中国实行严厉的"封锁""禁运"，中国则努力从西方国家"抢运""抢购"物资。到1951年联合国通过对华禁运法案时，中国已经把积存的外汇全部用出。[①]

简言之，虽然人民币国际化是值得追求的目标，但人民币国际化是个长期的过程，远水不解近渴。面对地缘政治的挑战，人民币国际化对于中国现有海外资产的保护作用十分有限。

对于中国的外汇储备，我们现在所能做的事情基本上是"亡羊补牢"。虽然已经不能说"犹未为晚"，但"悟已往之不谏，知来者之可追"，关键是正确理解和落实双循环、以国内大循环为主体的战略方针，加速中国发展战略的调整，把经济增长的动力建立在满足国内需求的基础上来。凯恩斯告诫我们：你欠银行1万英镑，你受银行支配；你欠银行100万英镑，银行受你支配。在当前危险的地缘政治环境中，如果你不能保护自己的债权，你就要尽可能不当债主。

在近期，面对美国可能对中国实行的金融制裁，分析各种可能的情景，拿出中国的防范、应对和反制裁措施无疑是中国决策部门的当务之急。尽快提出可操作的具体预案十分重要，但由于涉及对地缘政治的判断和金融市场操作性细节，这些具体预案已非我辈所能置喙的。

本文于2022年5月19日发表于《财新》杂志。

---

① 董志凯，武力.中华人民共和国经济史（1953—1957）（上）[M].北京：社会科学文献出版社，2011.

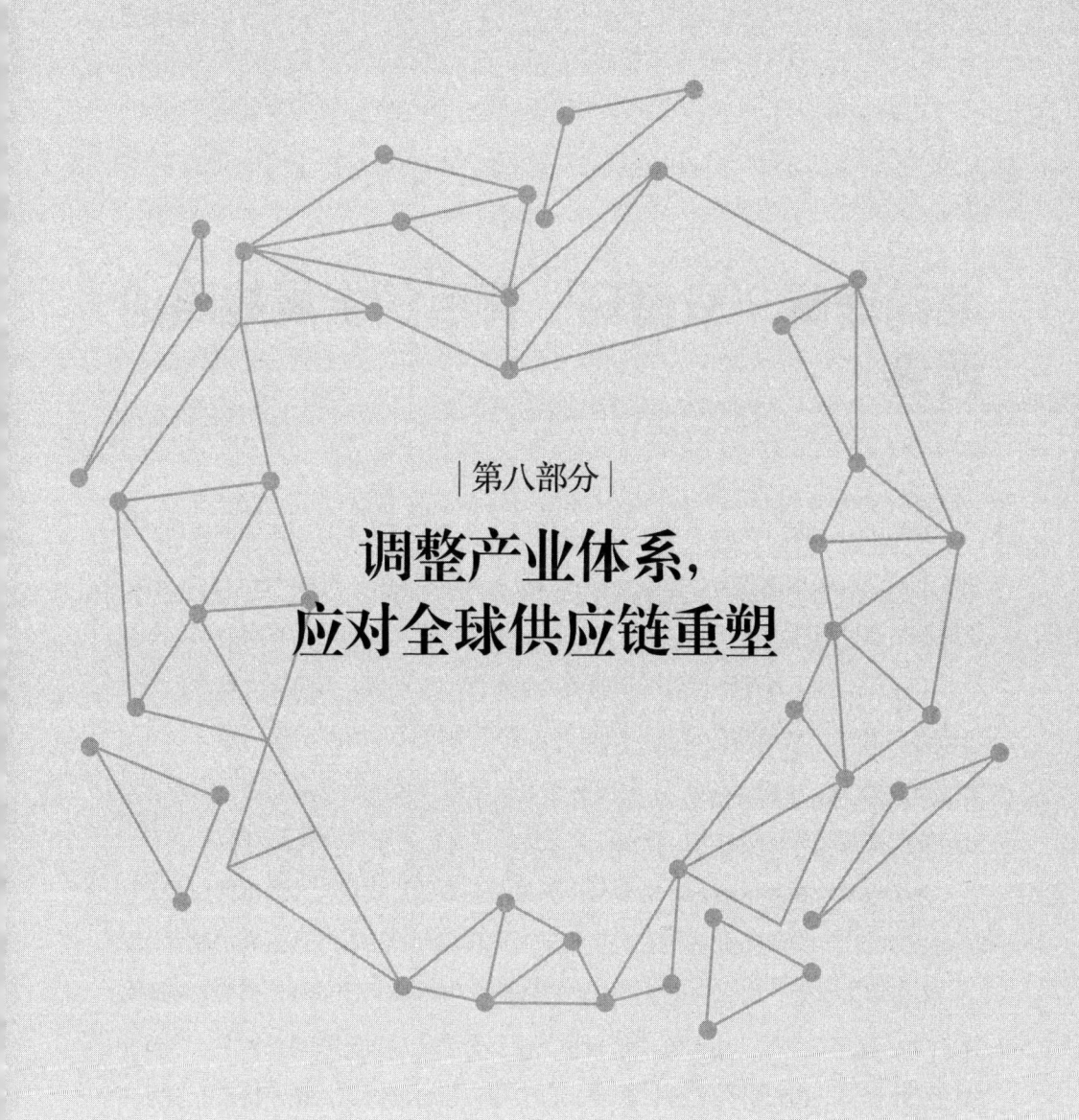

| 第八部分 |

调整产业体系，
应对全球供应链重塑

准确理解"双循环"背后的发展战略的调整

2020年,党的十九届五中全会通过的《中共中央关于制定国民经济和社会发展第十四个五年规划和二〇三五年远景目标的建议》(以下简称《建议》)提出,要加快构建以国内大循环为主体、国内国际双循环相互促进的新发展格局。如何理解双循环?对于双循环可以从不同角度和维度加以理解,我本人更愿意把双循环的提出看作发展战略的调整。改革开放前,中国执行的发展战略是"独立自主,自力更生"。改革开放后,中国基本上执行出口导向的发展战略。而中国的出口导向政策又具有两个突出特点:大力推行加工贸易和大力吸引FDI。

为了理解双循环的概念,需要对中国改革开放的历史作一个简单的回顾。在20世纪70年代末和80年代初,外汇短缺是中国实现经济起飞的最突出瓶颈。第一,中国希望引进外国先进设备,但外汇奇缺。1978年中国的外汇储备只有可怜的1.67亿美元。第二,中国希望积极参与国际分工,通过开展对外贸易,发挥中国的比较优势,但没有外汇难以起步。自然资源丰富的国家,像沙特,有石油可以出口。它们凭借出口初级产品赚取外汇,有出有进,即可以扩大对外贸易。中国虽然稀土资源丰富,有些石油,但总体上是个资源贫乏的国家。中国具有较强的工业制造能力,特别是拥有庞大、廉价和技术熟练的劳动大军,中国应该出口具有比较优势的劳动密集型产品。但是中国不了解海外市场,没有设计图纸,没有必要的原材料、中间产品,因而生产不出在海外有市场需求的制造品,只能出口农副产品和少数制造品。当然,中国也就无法通过大量出口制造品赚取足够多的外汇。但是，没有外汇就没法购买设计图纸、原材料和中间产品，从而扩大出口。这是一个"鸡生蛋还是蛋生鸡"的死结，用英文来形容就是"Catch-22"。

1978年2月，中国和日本签署了能源换技术的协定，日本向中国出口技术和设备来换取石油。1978年12月，中国进出口技术总公司和新日钢铁公司在上海签订了关于订购上海宝山钢铁总厂成套设备的总协议书。1985年，宝钢一期工程完工投产，总投资85亿美元。1978—1985年，中国对日本出口石油、煤炭的总价值达100亿美元。1978年，中国的外汇储备不到2亿美元。1979年，中国出口总额达137亿美元。1979—1989年，除两年外都是贸易逆差。外汇短缺使中国无法更多引进外国先进设备与技术。

中国也是幸运的。20世纪70年代甚至更早的时候，OEM（代工、贴牌生产）在东亚国家和地区兴起。中国改革开放恰逢代工、贴牌生产的高峰期。70年代末、80年代初，广东沿海地区出现"三来一补"（来料加工，来样加工，来件装配和补偿贸易）企业，这种企业最大的特点是不需要花外汇储备买原材料和中间产品，外商提供图纸、技术、原材料、中间产品和负责销售，我们的企业只负责加工这一环节。这样一种贸易方式正好能够帮助中国解决由于外汇短缺而无法大规模开展对外贸易的问题。在来料基础上加工，我们可以在出口后获得对应于价值增值的外汇。随着"三来一补"贸易的发展，中国开始逐渐积累起一定的外汇。由来料加工，中国的对外贸易又进一步提升为"进料加工"。"进料加工"同"来料加工"的主要不同是原材料、中间产品是由中国企业自己用外汇购买的，提供原材料、中间产品的外商也不一定是中国出口产品的买方。

对外贸易可分为一般贸易和加工贸易。所谓加工贸易是指境内出口商利用本国的劳动力资源将自己进口或进口商提供的原料、材料或零件加工装配成工业制成品后再出口至国外，以获得收益的贸易方式。"来料加工"和"进料加工"都是加工贸易的具体形式。

伴随"来料加工"和"进料加工"的发展，加工贸易在中国对外贸易中的地位越来越重要。按定义，加工贸易一定会形成贸易顺差。进口原材料、中间产品，经过加工装配，即经过国内的价值增值之后出口。尽管在改革开放初期，一般贸易量高于加工贸易量，但一般贸易一直维持逆差，直到2014年之后，这种情况才开始改变。在相当长的时期内，尽管有多种形式的贸易，中国的贸易顺差基本上是由加工贸易提供的。

1987年，中国宏观经济学会秘书长王建提出"两头在外，大进大出"的国际大循环理论，受到了邓小平等同志的支持，最后中央出了文件，"大进大出"成为中国的正式战略。王建表示，当年他提出国际大循环的初衷是解决外汇短缺，但难以解决国内技术改造的资金问题。可见王建的"大进大出"不仅指加工贸易意义上的"大进大出"，也包含一般贸易的"大进大出"。

除积极发展加工贸易外，中国还通过建立合资企业大力引进FDI。到1982年底，成立合资企业83家，外商投资1.4亿美元（武力等，《中华人民共和国经济史》，第702页）。在建立三资企业的时候，中方特别强调两点：第一，三资企业必须保证自身的外汇平衡。第二，产品是面向国际市场的。这是因为只有通过参与国际市场竞争，才能提高企业技术水平。同时，合资企业的产品技术含量较高、价格较贵，在国内市场不大，只能外销。总之，合资企业应该是创汇型的，而不是用汇型的。需要指出的是，20世纪80年代，中国也通过借债的方式引入外资，但FDI并不占主要地位。后来，由于拉美债务危机等因素的影响，中国政府最终选择了以FDI为主的引资方式。与此不同，大多数发展中国家是靠借外债引资的。

无论是开展对外贸易还是建立合资企业，一个指导思想就是要创汇。在20世纪八九十年代，最流行的经济口号就是"建立创汇经济"。通过发展加工贸易和引入FDI，中国外汇储备迅速增加，由1978年的1.67亿美元，上升到1996年的1050亿美元，超过了当时国际公认的外汇储备持有量的安全线。

现在回过头来谈谈所谓的"双循环"的问题。既然是循环，就必须存在一个周而复始的回路。"两头在外"的国际循环简单来看就是：进口原材料、中间产品，经国内加工后出口，再用出口得到的外汇重复以上过程。由于是在国内加工，循环一定是一个价值增值的过程，出口额一定大于进口额，一定是有外汇净收入的。与国际循环并存的另一个循环是"两头在内"的国内循环：在国内市场购买原材料、中间产品，在国内生产加工，在国内市场出售。在一定程度上，中国经济可以看作这两个循环的一个共同体（见图1）。

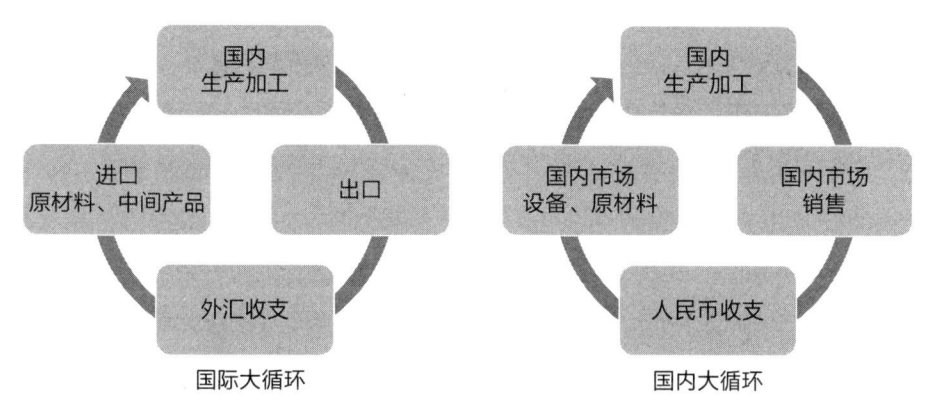

图 1　国际、国内双循环

我们定义的国际大循环是以加工贸易为特征的，因而在反映国际大循环的图中进口并未包含设备（资本品）。在现实中，加工贸易企业也必须进口机器设备。但是即便考虑到这点，也不会影响加工贸易导致外汇储备增加的结论，因为参与加工贸易的企业大多是合资企业，购买设备的外汇是 FDI 提供的。同时，以国内市场为主的企业也要从海外进口机器设备。应该看到，国内、国际循环的划分只是一种理论抽象。一个企业很难被简单归类为是国内循环还是国际循环企业。事实上，国内、国际两个循环相互影响，互相渗透，相辅相成，又衍生出许多小循环。

如图 2 所示，国内企业（或产品）有两个基本循环形式。第一，国内循环可以叫作"内－内"型，两头在内，封闭经济。这样一种循环，既不使用外汇，也不创造外汇。第二，国际循环可以叫作"外－外"型，这种循环以加工贸易为载体，创造外汇。除这两个基本循环形式之外，还有四种相关的循环：①外－内 a 型，一头在外，一头在内。从国际市场进口原材料、中间产品等，在国内加工组装，但在国内市场销售最终产品。例如，电子产业中的大部分企业的循环形式为外－内 a 型。②外－内 b 型，原来最终产品用于外销，但由于某些原因变成了出口转内销。外－内 a 型和外－内 b 型都是用汇型的循环形式。③内－外 a 型，一头在内，另一头在外。传统的出口创汇产业，如稀土企业，即是这种类型。④内－外 b 型，原来最终产品用于内销，但由于某些原因变成了内销转出口。

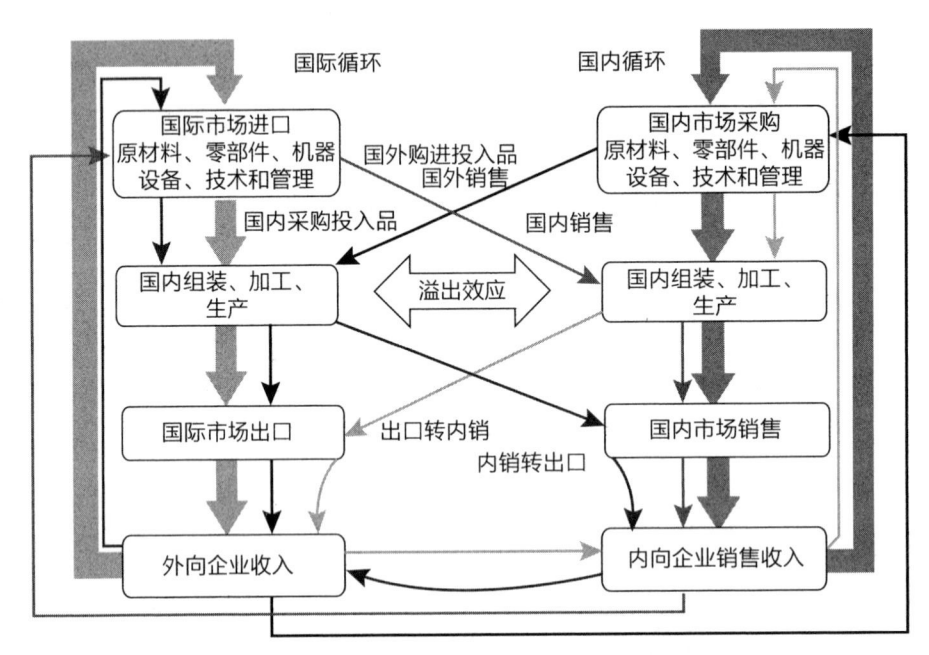

```
                    国际循环                    国内循环
        ┌─────────────────┐  国外购进投入品  ┌─────────────────┐
        │ 国际市场进口     │  国外销售       │ 国内市场采购     │
        │ 原材料、零部件、机器│                │ 原材料、零部件、机器│
        │ 设备、技术和管理 │                │ 设备、技术和管理 │
        └─────────────────┘                └─────────────────┘
            国内采购投入品        国内销售
        ┌─────────────────┐  ⇔ 溢出效应 ⇔  ┌─────────────────┐
        │ 国内组装、加工、 │                │ 国内组装、加工、 │
        │ 生产             │                │ 生产             │
        └─────────────────┘                └─────────────────┘
        ┌─────────────────┐  出口转内销    ┌─────────────────┐
        │ 国际市场出口     │  内销转出口    │ 国内市场销售     │
        └─────────────────┘                └─────────────────┘
        ┌─────────────────┐                ┌─────────────────┐
        │ 外向企业收入     │                │ 内向企业销售收入 │
        └─────────────────┘                └─────────────────┘
```

图 2　国际、国内双循环的相互影响与渗透

外-外、内-外 a、内-外 b 型都是创汇型的循环形式。2019 年中国的两大出口产品是电气机械设备（占出口总额的 27%）和含计算机的机器（占出口总额的 17%）。由此可以推断，外-外型产品是中国的最主要创汇产品类型。

这里还应该强调：国际大循环同国内大循环是相辅相成的。例如，国际大循环企业可能对国内循环企业产生技术溢出效应。比如我在外-外型企业工作，之后辞职到内-内型企业工作，就可以把外-外型企业的先进管理技术带到内-内型企业。虽然两种循环确实有不同特点、不同目的，但是它们相互影响、相互渗透，是不可分割的。事实上，也很难把中国的经济截然分成两种循环。另外，有相当多的经济活动，既不能归入外-外型循环，也不能归入内-内型循环。例如，从境外购入消费品在国内消费的纯进口活动，由于并不涉及国内加工和装配，不能纳入上述任何循环过程。

外资企业在中国的国际大循环中占有极为重要的地位。事实上，在作为国际大循环的主要载体的加工贸易中，外商投资企业占据绝对主导地位。直到 2019 年，外商投资企业在加工贸易进出口中的占比仍分别高达 77.3% 和 80.7%。

FDI 企业或者合资企业也有这样四种基本循环形式：①外 - 外型，两头在外，大部分的外资企业都是两头在外的。比如外资的电子产业中的企业就是两头在外的，如富士康。②内 - 内型，两头在内，应该是少数。③内 - 外型，在国内采购原材料、零部件，外销，比如纺织企业。④外 - 内型，进口原材料、零部件，内销，比如汽车企业。

下面以电子产业为例，说明电子产业企业在双循环中的地位（见图3、图4）。

图3　电子产业出口额/总产值

图4　电子产业进口额/出口额

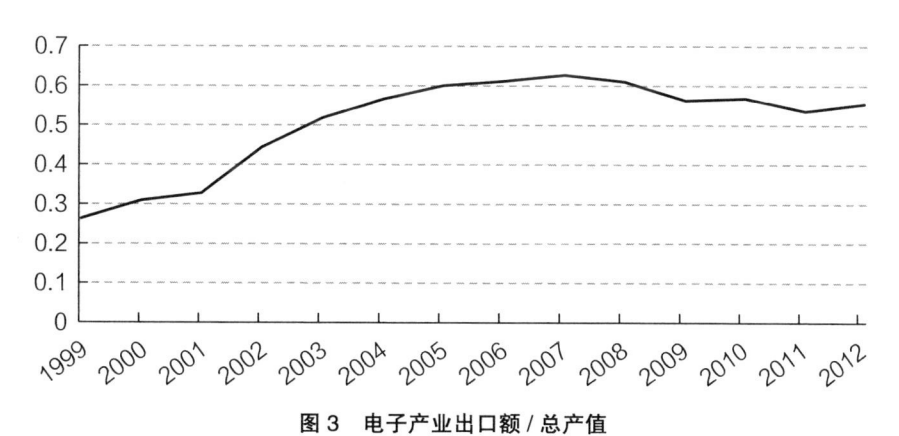

图3和图4显示：①电子产业出口额/总产值≥50%，说明电子产品对国外市场有很高依存度（同汽车等产业相比）。②电子产业进口额/出口额高达2～5，说明大部分或绝大部分电子产品进口用于国内最终消费，不参与国际循环。③电

子产品（作为最终产品和中间产品）严重依赖进口。事实上，出口的半导体中进口含量达90%。因而可以推断：电子产品（或相关企业）的循环类型是外-外型和外-内a型。同时，还可以推断，电子企业既有创汇企业（参与外-外型循环），也有用汇企业（参与外-内a型循环），电子产业是用汇产业（进口大于出口）。在电子产业中，参与外-内a型循环和纯进口（不参与循环）的企业占支配地位。总之，在电子产业中，中国是消费者、组装者和用汇者。

内资企业和外资企业在两个循环上没有很大不同，不同的是对国际收支的影响不同。外资（合资）企业的外国投资者，拥有企业的股权，作为股东在企业获利后取得投资收入。外国投资者的投资收入在国际收支平衡表上表示为经常项目下的流出。而国内企业的进出口则仅影响国际收支平衡表的贸易项目。地方政府和企业非常欢迎FDI，用股份换取资金，好像我们自己不需要花什么钱。企业一旦盈利后，大量利润是要汇出的。任何一种引资形式都有利弊。比如借债，债我还清就完了。但采用FDI，只要工厂存在，就要永远分享利润（见表1）。例如，德国汽车企业靠它们在华合资企业的盈利，弥补了它们在国内的亏损。所以，对中国而言，从长远来看，FDI是成本更高的一种引资形式。

表1 FDI流入和投资收入汇出对国际收支平衡表的影响

贷　方	借　方
经常项目	经常项目
贸易项目（出口）+	贸易项目（进口）-
投资收入 +	投资收入 -
资本项目	资本项目
FDI+	FDI
官方储备资产 -	
说明：由于生产过程中价值增值，出口－进口＞0。外汇储备增加＝出口－进口－投资收入	所考虑的时段可假设为FDI资金开始流入至开始投产、创汇的会计年度

注：符号代表资金的流入（+）和流出（-）。

根据世界银行的分类，贸易可以分成传统贸易和全球价值链贸易，后者又可分为简单全球价值链和复杂全球价值链贸易。考虑到在全球价值链的"大进大出"的循环中，中国所进口的原材料、中间产品可能已经在多个国家进行过加工，这个产品在中国加工后又出口到其他国家进行加工或作为最终产品，才进入中国，在中国组装加工后出口，贸易品可能要在经过多次跨国的加工后才能成为最终产品（见图5）。

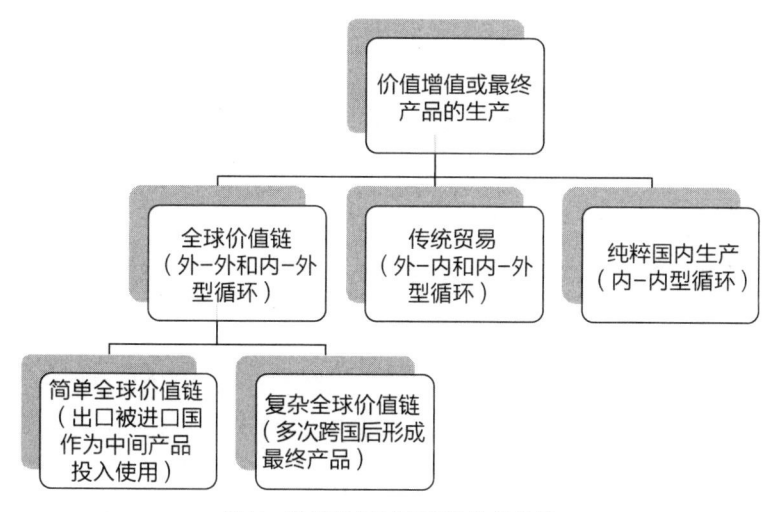

图5 世界银行对贸易活动的分类

在执行国际大循环发展战略时期，我们的政策是鼓励创汇型企业，鼓励创汇型经济活动。这些政策包括汇率政策、出口退税政策、金融支持政策、建立保税区和自由贸易区等。应该注意，出口导向发展战略不仅鼓励两头在外的企业，也鼓励传统出口企业的发展。而用汇型企业则一般不享受更多的优惠政策。

国际大循环战略成功突破了中国外汇短缺、缺乏现代化资本的发展瓶颈，为中国经济走上高速发展道路作出了重要贡献。1979年，中国GDP全球排名第11位，在荷兰之后，在世界GDP中的比重仅占1.79%。1978年，中国出口97.5亿美元，在世界出口中的比例为微不足道的0.78%（武力，《中华人民共和国经济史》，第662页）。2009年，中国成为世界上第一大出口国，2013年成为世界上第一大贸易国。1995年，中国进出口在世界贸易中的比重仅为3%，2018年上升到12.4%。2010年，中国超过日本成为世界第二大经济体，2018年，中国GDP总量达到13.6万亿美元，在世界GDP中占比为16%，是日本GDP的2.7倍。特别值得注意的是，2020年8月，中国的外汇储备是3.16万亿美元。2014年，中国外汇储备一度高达近4万亿美元。世界上从来没有一个国家曾经积累起如此之多的外汇储备。

通过对中国改革开放历史的一个简单回顾，我们分析了为什么中央提出构建以国内大循环为主体，国内、国际双循环相互促进的发展格局，并指出任何事物都有一个度，过了这个度，矛盾的主要方面就会发生转化。如果我们不能与时俱进、处理好这种挑战，中国经济就可能陷入停滞。

事实上，对以往成功的发展战略进行调整的必要性是多方面的，可以从五个方面谈调整发展战略的必要性和如何调整的问题。

第一，国际市场容量有限，中国成为世界第二大经济体之后，出口导向发展战略难以为继。

我们经常说世界经济是一个汪洋大海，足够宽大，能容下所有国家。过去在决定贸易政策时，我们可以假定世界市场是完全竞争市场，中国进出口对产品的国际价格不会产生什么影响。但是，由于中国已经成为世界第一贸易大国，众多产品在世界市场上已经占据举足轻重的地位（见表2）。早在2000年代前期，国际市场就出现了中国买什么、什么涨价，中国卖什么、什么跌价的形势。中国进出口会对世界产品价格产生重要影响本身说明，进出口数量已经存在最优值问题。

表2 2018年中国重要产品出口额占世界该产品出口总额的比重

产品类别	比重
货物贸易合计	12.77%
农产品	4.58%
食品	4.67%
燃油和矿产品	2.54%
燃油	1.94%
制成品	17.62%
钢铁	13.30%

续表

产品类别	比 重
化工产品	7.43%
医药品	2.74%
机械和运输设备	17.86%
办公和电信设备	31.61%
电子数据处理和办公设备	36.25%
电信设备	42.29%
集成电路和电子元件	16.24%
运输设备	5.92%
汽车	3.92%
纺织品	37.91%
服装	31.95%

资料来源：WTO 数据库

不仅如此，中国早已不存在外汇储备不足的问题。早在1990年代后期，无论用何种国际标准衡量，中国的外汇储备都已经超过必要的数量。

与此同时，继续推行出口导向政策的副作用也越来越明显，例如，恶化了贸易条件，抑制了国内消费市场的发展，中国经济抵御外部冲击的能力下降等。总之，中国经济早已到达一个新阶段，在这个新阶段，适用于小国经济的出口导向战略已经不再适用于中国。扩大出口和贸易总额在GDP总额中的比重、增加外汇储备不应该再是中国宏观经济政策和贸易政策的目标。

中国政府早就意识到出口导向发展战略的局限性。2006年初，"十一五"规划提出以内需为主的方针，也就是说，以国内大循环为主体的思想在2006年就已经提出来了。事实上，2006年，中国出口额占GDP的比重是35.21%，此后就开始持续下跌（见图6）。

图 6　中国出口额 /GDP

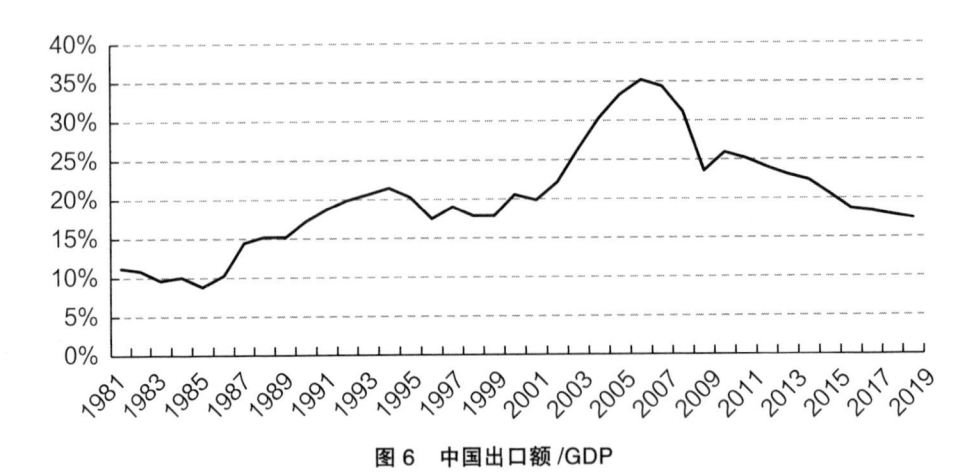

2006 年之后，中国的所有对外依存度指标都在下降。显然，对"大进大出"范式的调整早已开始，但是现在是进一步强调范式调整的紧迫感，并不是说以国内大循环为主体的思想是今年才提出的，调整的思想在 2006 年甚至比这更早的时候就已经提出了。

贸易总额占 GDP 的比重同出口占 GDP 的比重的变化趋势基本是一样的。2006 年贸易总额占 GDP 的比重达到 63.94% 峰值，此后开始下降，金融危机使得这一占比下降速度更快。现在贸易总额占 GDP 的比重达 30%。由此可以看出，中国经济对外依存度的调整幅度是巨大的（见图 7）。

中国加工贸易出口占贸易出口的比重畸高是中国出口导向战略的重要特征，这一比重从 1981 年开始一直上升，但到 2005 年前后，这一比重开始下降。这种下降趋势一直延续到目前。同时，由于在进口替代方面的努力，中国加工贸易出口中的进口含量也在下降。但是，也应该看到，进口含量依然是相当高的。

总体而言，出口导向发展战略适用于处于起飞阶段的小国经济。事实上，在改革开放之初，中国的经济规模小于荷兰。随着中国经济体量、贸易额和金融实力的增加，对发展战略进行调整是不可避免的。而全球范围内贸易保护主义的兴起和中美贸易摩擦的爆发，更是大大加强了中国调整出口导向政策、强调双循环并以国内大循环为主体的迫切性。

图 7　中国贸易总额/GDP

过去我们对发达国家的保护主义兴起问题重视不够。中国有廉价劳动力的优势，大力推动了劳动密集型产品和制造品出口，理论上是互利的事情。但中国的出口浪潮必然对发达国家的蓝领造成冲击。过去他们可以组织工会，跟工厂主议价，现在工厂主说我把工厂迁走，我到中国去，或者我从中国进口产品。虽然从总体上来讲，发达国家从中国的廉价商品中得到了好处，但是发达国家的精英阶层并没有公正分配本国从国际贸易中得到的收益，没有采取有效的产业升级政策，发达国家中的劳动阶层蓝领受到了冲击，自然会产生一种保护主义排外的情绪。发达国家保护主义的兴起，对中国来讲是一个严重的挑战。由于关税和非关税壁垒，中国的出口会越来越困难。我们非要出去没有问题，但我们的贸易条件会进一步恶化。

为了减少中国经济的对外依存度，中国逐步放弃了旨在推行出口导向发展战略的一系列经济政策。2005年，人民币汇率的升值是这种战略调整的一个重要标志。经过10年的升值，人民币汇率已经基本处于均衡汇率水平。在双循环中以国内大循环为主体的思想指导下，中国还将进一步推进贸易自由化，对进出口贸易采取中性政策，对外国投资者实行国民待遇和负面清单政策。与此同时，通过体制改革、税制改革、户籍制度改革、城镇化、宏观经济政策调整等一系列措施，中国的内需必将进一步扩大。这样，中国经济内外部平衡将得到进一步改善。

第二，以加工贸易和 FDI 为基本特征的出口导向的发展战略加速了中国技术进步和经济增长速度，但降低了中国抵御外部冲击的能力。

从自然经济到商品经济，从农业社会到工业社会，分工是推动经济发展的重要驱动力。在工业化社会，分工首先是在一个国家的内部实行的，然后才开始跨越国界，在世界范围内扩展。领先国家希望使本国具有比较优势的产业进入其他国家市场，充分利用规模效益带来的好处。而后起国家则利用关税等办法保护本国幼稚产业，使之不至夭折。所有国家都希望最终有一个相对完整且自主可控的产业体系。但在本国建立这样的产业体系同广泛参与国际分工存在着矛盾：完整且自主可控的产业体系意味着安全性和独立性，但会导致生产效率下降；反之，深度参与国际分工则意味着生产效率和经济增速提高，但会削弱经济的安全性和独立性。

工业革命之后，英、法这样的老牌资本主义国家率先建立了自己的产业体系，并通过殖民主义政策把以宗主国为中心的产业体系推广到世界。工业化进程起步较晚的国家，诸如德国、美国等，则借助贸易保护主义政策也成功地建立了自己的产业体系。发达国家的产业体系是根据国家意志建立的，而国际分工则是伴随着发达国家建立本国产业体系而形成的。国际分工提高了各个国家的生产效率，并反作用于各个国家产业体系的形成。由于有国际分工，在特定国家一些行业得到加强，另一些行业则被削弱甚至完全消失。但是，在参与国际分工的同时对本国产业体系进行调整，是以不危及本国经济安全为前提条件的。例如，中国之所以执行"独立自主，自力更生"的发展战略，就是要建立一个能够在西方实行经济封锁条件下，可以生存、发展的现代化的产业体系。日本、韩国等亚洲经济体在二战后，在执行出口导向战略的同时，也致力于建立自己的产业体系。例如，尽管没有比较优势，韩国在 1970 年代大力发展重化和钢铁工业，在相当大程度上，是出于安全考虑[①]。一个国家的产业体系同其在国际分工中的地位是相互对应的，对于出口导向国家，情况尤其如此。

---

① SAKONG I. 世界经济中的韩国 [J]. IIE，1993.

国际分工和国际贸易格局不是静态的。后发国家都会寻求在国际分工和贸易体系中处于较为有利的地位,具有一定发展潜力和雄心的后发大国都会致力于赶超。而发达国家则会竭力保持其领先地位。因而,除考虑安全外,大国参与国际分工一定会考虑如何不被锁定在国际分工体系的低端而丧失赶超能力。

20世纪70年代末和80年代初,"雁形模式"曾引起中国经济学家的高度关注。"雁形模式"试图把不同国家产业体系的形成同该国发展国际贸易的进程相联系。根据"雁形模式",领先国家(头雁)的某一个产业通过进口、生产和出口三个阶段实现增长。随着该产业的成熟和竞争力下降,该产业被转移出去,被后发国家承接。而领先国家则进入资本、技术密集度更高的产业,生产和出口更为高端的产品。不同产业从领先国家到后发国家转移的顺序一般是从纺织、钢铁、造船、汽车到计算机。这种转移顺序也可以划分为从消费品到资本品,或者产品从简单到复杂、从低级到高级。

韩国1960年代以来的经济发展比较好地展示了其在出口导向战略下,产业和贸易由初级到高级的发展进程以及相应的贸易结构(见表3)。它在刚开始"一穷二白"时,只能出口初级产品;接着建立起轻纺工业,主要出口纺织品和服装;最后电子产业发展起来,电子产品成为最重要的出口产品。

表3 韩国前三大出口项目的演变

年 份	出口行业	出口占比	出口行业	出口占比	出口行业	出口占比
1961	铁矿石	13%	钨	12.5%	生蚕丝	6.7%
1970	纺织、服装	48%	胶合板	11%	假发	10.8%
1975	纺织	36.2%	电子	8.9%	钢制品	4.6%
1980	纺织、服装	28.6%	电子	11.4%	钢制品	10.6%
1985	纺织、服装	23%	船舶	16.6%	电子	14.1%
1991	电子	28%	纺织、服装	21.5%	钢制品	6.3%

资料来源:SAKONG I. 世界经济中的韩国 [J].IIE,1993

在改革开放之初,中国经济中的最大事件就是大规模引进外国成套设备。1978年,中国签订了22个进口大项目,如上海宝钢项目、4套30万吨乙烯项目、德兴铜基地和4套30万吨化肥项目。由于规模过大,当时被批为"洋跃进"。此后,由于执行了以加工贸易和FDI为特征的出口导向战略,中国逐渐形成了一般贸易和加工贸易两种国际贸易模式。也就是说,中国是以两种方式加入国际分工体系的。其一,大体依照"雁行模式",通过一般贸易方式加入国际分工体系。如通过进口大型成套设备提高了钢铁、重化等行业的技术水平。由于出现外汇不平衡或出现产能过剩问题,这些产业增加了对国外市场的依赖度。其二,通过加工贸易的方式加入全球价值链(国际生产网络),从事由跨国公司外包的某些环节的生产活动,产品销售主要依靠海外市场。对应于这两种不同的国际分工参与方式,可以把中国的产业大致划分为传统产业和加工贸易产业(或产品)。无论以何种方式扩大国际贸易,中国的产业体系对外依存度都显著提高。

中国产业的对外依存度提高可以从供给和需求两个方面看。对外依存度在超过一定限度后就意味着中国经济的脆弱性增加。

所谓生产对外依存度在这里是指,国内生产在多大程度上要依靠外国提供的原材料、中间产品和机器设备。比例越高,可能意味着该产业的脆弱性越大(见表4)。石油业的生产对外依存度远高于通信设备业多少有些令人意外,但也足以提醒我们,中国经济的阿喀琉斯之踵可能是能源。由于统计的原因,我们无法把同一产业中参与和未参与全球价值链的部分区分开来,也无法从部门、产品大类等层次区分传统产业和全球价值链产业。但不难猜出,通信产业对外依存度畸高的原因是该部门的细分项目深深嵌入全球价值链。

表4 2018年生产对外依存度最高的十大产业

产　业	进口中间品/ 国产中间品	(进口中间品+进口 固定资本)/总产出	出口/产值
石油、炼焦产品和核燃料加工品	0.885	0.356	0.370
通信设备、计算机和其他电子设备	0.481	0.288	0.711
金属冶炼和压延加工品	0.186	0.119	1.110
化学产品	0.123	0.084	0.621

续表

产　业	进口中间品/ 国产中间品	（进口中间品＋进口 固定资本）/总产出	出口/产值
电气机械和器材	0.117	0.093	0.592
造纸印刷和文教体育用品	0.114	0.079	0.626
交通运输设备	0.108	0.105	0.126
木材加工品和家具	0.102	0.074	0.441
专用设备	0.092	0.172	0.243
通用设备	0.077	0.110	0.385

从表5可以看到，中国产业，特别是制造业，即便并未深度嵌入全球价值链，对外需的依赖度普遍非常高。不难猜想，全球价值链参与程度的提高大大提高了中国产业的对外依存度。

表5　2018年市场对外依存度最高的十大产业

产　业	进口中间品/ 国产中间品	（进口中间品＋进口 固定资本）/总产出	出口/最终使用
金属冶炼和压延加工品	0.186	0.119	1.110
纺织品	0.039	0.031	0.862
非金属矿物制品	0.025	0.017	0.776
通信设备、计算机和其他电子设备	0.481	0.288	0.711
金属制品	0.046	0.036	0.675
造纸印刷和文教体育用品	0.114	0.079	0.626
化学产品	0.123	0.084	0.621
电气机械和器材	0.117	0.093	0.592
编织服装鞋帽皮革羽绒及其制品	0.043	0.034	0.536
木材加工品和家具	0.102	0.074	0.441

注：出口在投入产出表中是最终使用的一部分。表中出口/最终使用的值大于1是存货调整之故。

其实可以构造一个衡量中国产业体系安全性的指数。这个指数不仅考虑到中国产业体系的对外依存度，而且考虑到产业体系的完整性和应变能力。例如，即便一个国家产业体系不够完整，但该国具有强大的制造能力，一旦形势需要，该国就可以迅速弥补短板。

中国改革开放之际，正值国际生产网络或全球价值链形成之时。国际分工体系成为两种不同分工类型的混合体。一种类型是传统的按产业分工，如澳大利亚和巴西生产铁矿石，韩国和中国生产纺织和服装、钢铁制品。另一种类型是同一最终产品按生产的不同阶段分工。后者意味着国际生产网络或全球价值链形成。

国际生产网络是生产过程的碎片化（fragmentation）导致的（见图8）。由于技术进步、贸易自由化等原因，发达国家的生产出现碎片化趋势。例如，一个电子产品公司的整个生产过程从上游到下游本来全部都在一个国家内。生产过程可以分成不同的模块，而这些模块是可以分散在不同地点进行生产的。当一定的技术和制度条件得到满足之后，在不同国家生产同一产品的不同模块可以降低生产的总成本。于是，生产过程的不同阶段就被分散到世界各地，从而形成国际生产网络或全球价值链。国际生产网络的概念反映了全球生产者之间错综复杂的相互关系，全球价值链可看作国际生产网络的一种形态。当然，如果把"链"的概念理解得更为宽泛一些，两者可以看作同一个东西（下文中将仅使用全球价值链这

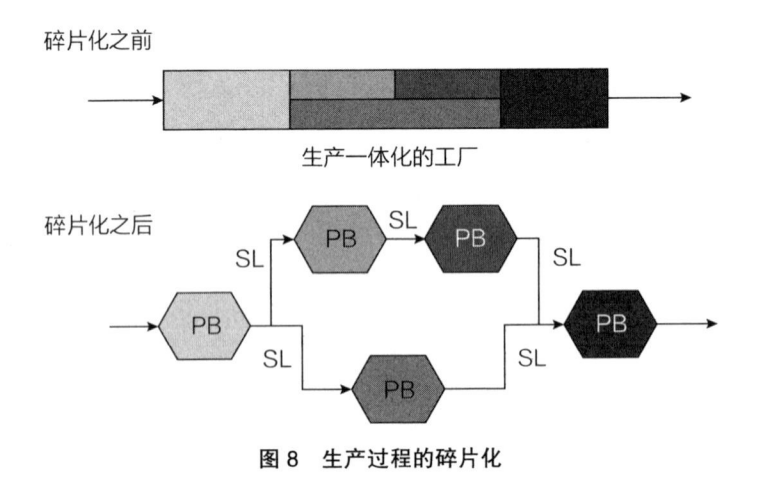

图8 生产过程的碎片化

注：PB——生产模块（Production Block）
　　SL——服务链（Service Link），代表板块连接环节，包括运输、通信、整合环节

个概念)。全球价值链被定义为:企业和工人从形成概念到制成最终产品的所有活动的全过程。全球价值链活动包括设计、生产、营销、分配和为最终消费者提供的服务。

在价值链中,不同企业的地位和作用是不同的。企业可以分为主导企业和合同制造商(供应商)。在主导企业之下存在不同层次的合同制造商。最上层是一级制造商,一级制造商下面又有众多二级制造商,如此等等。主导企业拥有品牌和商标,并把最终产品销售给消费者。由于在创造品牌过程中进行了大量投资和掌握了先进技术,主导企业对于上下游合同制造商具有支配能力。合同制造商为主导企业组装产品,对市场的影响力有限,但它们往往规模庞大且散布于不同国家。不同层级的合同制造商从事不同的生产、服务活动。大多数主导企业都位于发达国家(美、日、韩等),合同制造商一般都来自发展中国家。

全球价值链的"长度"可以按已分割的、从上游到下游的跨国生产阶段的数目衡量。例如,电视和通信设备的价值链的长度是不动产的两倍左右。[①] 全球价值链的"参与度指数"则是根据一国出口产品中所包含的外国中间产品的比例来衡量的。

作为加工者、组装者,中国加入全球价值链可以提高国家福利水平和技术水平,但也显著增加了中国产业体系的对外依存度和脆弱性。中国在全球价值链中的生产活动能否正常进行,取决于整个全球价值链中各个环节的生产活动能否正常进行及最终产品能否顺利销售。产品的全球价值链越长,生产因外部冲击而中断的概率越高。不仅如此,中国深度参与全球价值链必然会对原有的相对独立、自主可控的产业体系的完整性造成冲击。事实上,中国实施以加工贸易和 FDI 为特征的出口导向战略之后,在一些产业或产品生产得到极速发展的同时,原有的一些重要产业衰落了,有一些产业干脆就消失了。2005 年前后,国内甚至一度出现过一股跨国公司收购中国骨干国有企业的浪潮。幸运的是,由于中国在加入全

---

① BACKER K, MIROUDOT S. Mapping Global Value Chains. OECD Trade Policy Papers, No. 159, OECD Publishing, Paris, 2013-12-19.

球价值链之前已经建立了比较完整的工业体系①，以及政府的态度比较谨慎，中国依然保存了较为完整的产业体系，而且许多重要产业依然自主可控。

在新冠疫情冲击下，中国并未发生社会、经济秩序的混乱，很大程度上要归功于中国政府成功保证了粮食和能源安全，以及中国拥有强大的制造能力。面对云谲波诡的国际地缘政治形势，中国必须保证产业体系的自主可控，而这又要求保证产业体系门类的完整性和关键门类的自主可控性。

应该承认，我们过去低估了地缘政治因素的重要性。在参加全球价值链的过程中，没有准备"备胎"。当变化突然发生之时，措手不及。事实上，如何调整中国在全球价值链中的地位，成为我们对产业体系进行调整的最紧迫任务。

产业体系门类的完整性、自主可控性同最大限度参与国际分工是一个国家可能作出选择的两极。一方面，尽可能拥有完整的、自主可控的产业体系可以最大限度地增进经济安全，但以牺牲经济效率为代价；另一方面，最大限度地参与国际分工可以获得比较利益所能提供的经济效益，但可能损害经济安全。因而，决策者必须在两者之间作出最佳选择。

如何选择？美国给我们提供了有用的参考。拜登总统称：他的政府甫一上台就将用100天时间对供应链存在的漏洞进行清点，并立即填补这些漏洞。要在包括能源、网络技术、半导体、关键电子与电信基础设施和关键原材料等众多领域建立更强大、更有弹性的国内供应链。具体措施包括：通过联邦政府购买的方式提高国内指定关键物资的制造能力；推动企业将关键物资的生产转移回美国本土；为了能够在危机期间在关键物资的生产上不依赖中国或任何其他国家，美国将扩大国内生产、增加战略储备、消除威胁供应链的反竞争行为、执行在危机期间能够迅速增加产能的巧计划（smart plans）、同盟国紧密合作。拜登还打算要求国会同意建立每四年就对关键供应链进行一次评估的永久性制度安排。拜登团队

---

① 参阅中华人民共和国国家标准《国民经济行业分类》（GB/T4754—2017），联合国标准《所有经济活动的国际标准产业分类》（ISIC Rev. 4）。有些行业生产的完全是原材料，有些是中间产品，有些则是最终产品。行业的划分标准，行业与门类下各大类、中类、小类的划分可以进一步研究。

指出，执行这种政策并非是为了实现自给自足，而是为了使美国具有一种基础广泛的应变能力。

总之，由于全球经济和地缘政治形势的变化，中国也有必要在双循环思想指导下，对中国产业体系的现状进行评估，确认薄弱环节，制订具体的产业调整计划，以保持在产业体系自主可控和参与全球价值链之间、在经济效率和国家安全之间的最佳平衡。对于已经深度嵌入全球价值链，特别是高技术产业全球价值链特定的产品，中国也应该尽可能提高在链条内的自主可控度。即便不属于高技术产业的产品，为实现经济的持续增长和减少地区发展的不平衡，中国也应该把更多生产环节留在国内，把生产环节更多地向西部和内陆转移。同时，要通过经济增长、收入分配和信贷政策培育国内市场，尽可能使国内市场成为中国产品的最终市场。

特朗普政府一直想要把中国踢出全球价值链。我们难以预知拜登政府在这个问题上会对中国采取什么政策。美国有研究机构认为，中国公司对半导体的需求占全球需求的23%，本国企业只能满足其中的15%。如果美国对中国半导体企业实行全面禁运，再加上中国的反制，美国在全球的份额将降低18个百分点，收入将减少37%。对于美国来说，丧失中国市场意味着美国半导体行业收入的急剧减少，而经费缺乏又将导致研发经费的急剧减少。形成的恶性循环最终将使美国半导体产业丧失对欧洲国家和日本的竞争力。可见，想把中国踢出全球价值链也不是一件容易的事。这种相互制约的形势，为中国准备"备胎"、提高自己在高技术产业全球价值链中的自主可控度提供了时间。准备"备胎"无疑是成本极高的事情，但为保万全，中国恐怕别无选择。

总而言之，中国应该根据构建双循环、以国内大循环为主体的指导思想，对产业体系的安全性进行评估，并尽快对产业体系进行优化调整。

第三，以加工贸易和FDI为特征的出口导向战略有助于提高中国的技术水平，但并不能使中国赶超世界先进技术水平。占据高新技术产业制高点必须依靠自主创新。

《建议》指出，坚持创新在我国现代化建设全局中占核心地位。同一般发展中国家不同，追赶世界的先进技术水平始终是中国发展战略的一个核心目标。1980年代初实现这一目标的具体途径基本是两条：一是购买大型成套设备和先进资本品，二是希望合资企业的外放带来先进技术。指导思想则是"引进先进技术"。自1990年代以来，另一条途径是：通过深入参与全球价值链，赶超世界先进技术水平。从根本上看，通过深入参与全球价值链获得先进技术，同通过FDI获得先进技术，只是同一思路的两个不同角度。

日本和韩国在经济起飞阶段引进先进技术的主要方式是，通过借债购买先进机器设备和技术许可。进口机器设备主要是为了通过反求工程进行自主开发，而购买技术许可的需要只在进行自主开发时才会产生。日、韩的技术引进是本国R&D的补充而不是替代物。特别要指出的是，日本和韩国一直严厉限制FDI。虽然它们后来在美国的压力下被迫"自由化"，但这个政策使它们的企业在技术学习的关键阶段没有被外资控制[①]。

1990年代后，对FDI的优惠越来越多，跨国公司也开始大举进入。FDI的大量涌入，对促进中国的经济增长发挥了积极作用。但是，从国际生产网络的角度来看，FDI是跨国企业将中国企业嵌入国际生产网络和全球价值链的一个重要环节。跨国公司把劳动密集型产品的生产、加工和装配环节转移到中国，使中国变成出口美国的最终产品的"总装厂"。尽管在中国的出口中被列为高技术产品的比例在上升，但中国参与的生产环节集中在劳动密集的终端组装，实际上在大多数领域都没有完整的产品生产的能力，而必须依赖外国的设计、营销和零部件供应。这种全球价值链布局的宏观经济结果是中国对美国维持大量贸易顺差，而对日本、韩国、中国台湾省这些中间产品供应者维持大量贸易逆差。[②]

正如路风教授所指出的："出于包括战略判断、政策思维和体制束缚等原因，对技术引进的偏重在实践中逐渐发展成对自主开发的替代，并产生了可以依靠引进技术和外资来发展中国经济的幻觉。"中国希望通过以"市场换技术"的政策鼓励外国投资者把物化了先进技术的设备带到中国，然后再通过"国产化"吸收

---

① 路风，余永定. 转变经济发展方式的宏观和微观视野 [M]. 北京：中国社会科学出版社，2012.
② 同上。

这些技术。但外国投资者并没有动力转让技术，特别是关键技术。而对外汇平衡的考虑又促使政策重点转向引进产品的零部件国产化，但国产化的进展并不一定代表产品开发技术与能力的增长。

以中国乘用车工业为例。该工业的主要企业从1980年代中期开始，相继与国外主要汽车企业建立了合资企业，其中最知名的包括上海大众、上海通用、一汽大众、一汽丰田、东风雪铁龙、东风日产、北京现代、广州本田等。但是，在合资模式主导了这个工业20年之后，却少有实行了合资的中国汽车企业能够自主开发出新车型。韩国汽车工业（1960年代才诞生）在1970年代走上自主开发道路后，不到20年就打入国际市场。中国汽车工业后来在产品开发上获得突破的原因是在中国加入WTO前后出现了包括奇瑞、吉利等一批重视自主开发的新型企业。

全球价值链是根据发达国家大公司的国际战略构建的。发达国家主导企业把不同生产环节转移到发展中国家的目的包括：绕开关税保护，利用东道国的廉价劳动力，加快上市时间，缩短研发和产品生命周期等。地缘政治因素对全球价值链布局的形成也具有重要影响。全球价值链的主导企业提高东道国技术水平的动机十分有限。

发达国家主导企业在行业中处于寡占地位，可以决定本行业的技术路线、产品规格和市场销售。与此同时，这些寡占巨头可以利用规模经济、无形投资、对供应商网络的控制、品牌效应、销售渠道和售后服务等手段建立较高的行业壁垒，使后来者难以进入相关行业，从而维持自己的高额利润。

处于什么生产阶段的生产模块应该安置在什么国家？应该在多大程度上依靠外包？同企业的内部生产网络相比，应该让企业间生产网络发挥多大作用？对于企业间的交易，应该采取集中还是分散的方式加以控制？所有这些问题的解答都是由主导企业根据其全球战略来决定的。换言之，新兴国家企业虽然可以选择进入或不进入、在什么环节进入，但能否根据自己意愿进入全球价值链，一旦进入，能否保住已有地位，甚至向上下游延伸，很大程度上取决于发达国家主导企业的意愿。当然也要看到，被嵌入国际生产网络的发展中国家的企业也不是没有机会的。通过干中学，发展中国家的企业变得强大起来，它们可能提高自己的地位，抢占原来属于主导企业的地盘，全球价值链的"长度""参与指数"等就会出现调整。但一般而言，发展中国家沿给定全球价值链实现升级的空间是有限的。

事实上，时至今日，在许多高科技产业，中国远未实现自主可控。例如，在半导体和飞机这两个关键高技术领域，中国不但在国内和国外的市场占有率都极低，而且关键零部件的国产化率也很低。例如，半导体国内外市场的占有率都仅为5%，飞机国内市场占有率小于5%，国际市场占有率小于1%。它们第一层级关键部件的对外依赖度分别超过90%和80%。机器人、智能手机、云服务等产业的国内市场占有率虽然较高（或相当高），但这些产业第一层级零部件的对外依赖度都在50%以上。[1] 中国是仅次于美国的半导体大市场，在全球需求中的占比高达23%。但从供给方来看，在包括电子设计自动化工具（EDA）、核心知识产权（Core IP）、纯设计公司、代工厂、一体化元件制造商（IDM）、设备供应和原材料制造等领域，中国的占比都极低，尤其在一体化元件制造商和设备供应商方面的占比更是微不足道，只是封装测试领域的占比超过15%。[2]

即便如此，中国在高科技产业上所取得进步已经引起美国政府的恐慌，美国的主导企业也越来越感到不适。华为等企业已经被美国商务部列入管制实体清单，美国还可能进一步把中国的所有重要半导体相关企业列入实体清单。

在短期内，中国首先要应对美国对中国高科技产业的打压。事实上，中国的许多高科技企业已经找到或正在寻找解决办法。例如，中国可以寻找替代供应者（如果美国不对这些供应者进一步加以限制），中国的某些超级计算机现在不得不使用非美国的处理器。在智能手机等领域中国也面临同样的问题。当然，由于质量的差异，中国半导体产品的国际竞争力因此会受到不利影响，但这也是没有办法的事情。

美国把中国踢出全球价值链的政策，从长远来看，可能对中国利大于弊。由于美国的禁运和制裁，中国的主导企业将更多地向中国企业开放，更努力地扶植

---

[1] 麦肯锡全球研究所2022年度分析报告。
[2] BCG analysis and estimates.

本国的下游企业，给它们参与竞争的机会。即便它们的产品质量比美国的产品差一些，只要能满足最基本条件，就让它们进入中国企业主导的价值链中。这样，假以时日，中国必然能够在高科技领域建立起自主可控的产业链。

中美贸易争端爆发之前和爆发之初，中国各界对于是否应该制定产业政策争论不休。事实上，世界上所有发达国家都有自己的产业政策，都在运用各种政策和手段扶植自己的支柱产业和高科技产业。在美国，尽管大公司一直是研发的主力和资金的主要提供者，但美国政府在美国高科技产业的发展中也扮演着重要角色。为了扶植制造业和高科技产业的计划，拜登宣布在未来四年投资7000亿美元，用于清洁能源、量子计算、人工智能、5G、高铁、癌症治疗，其中3000亿美元用于研发。在中美贸易争端爆发两年后的今天，对于应不应该有产业政策的问题大概已无争议，但是，我们确实需要根据外国和我们自己在产业政策上的成败深入讨论如何制定和执行产业政策。中国是市场在资源配置中起决定性作用的市场经济。这一基本现实就决定了在产业发展、产品开发等方面，政府不应过多干预；在高风险、暂时无回报的高科技产业的发展上，政府需要发挥重要作用。

政府和学界专家的普遍共识是：应保留"横向"（功能性）产业政策而放弃"纵向"产业政策（挑选支持对象的具体产业）。实施产业政策有两个主要政策工具：一个是以市场准入投资项目和生产资质等为对象的限制性审批。另一个是由政府认定新兴产业。[①] 限制性审批的初衷是防止重复建设、浪费资源。但根据过去的经验，这种审批往往妨碍新兴产业的发展。而"认定新兴产业"则是执行产业政策的世界通行做法。

中央关于"十四五"规划的建议提出了发展战略性新兴产业的目标。中央点名的产业包括信息技术、生物技术、新能源、新材料、高端装备、新能源汽车、绿色环保、航空航天、海洋装备、互联网、大数据、人工智能。既然认定了那些产业是战略性新兴产业，就必须制定支持这些产业的政策，而产业政策也就不可能仅仅是功能性的了。

---

① 陈新泰：《中国二十年产业政策的得与失》，"中国经济与国际合作年会暨新巴山轮会议·2016"上的演讲。

关键是在制定和执行产业政策的过程中，必须防止腐败和寻租行为；防止政策被地方、部门和企业利益集团所左右；避免因政出多门、条块分割，政策方案不具有可操作性等问题。例如，获得产业政策支持的重大项目申报制度亟待改进：申报者没有机会成本，审查者没有必要的专业水平和激励机制。又例如，由于美国的封锁和打压，我们原来基于国际合作的一些属于战略性新兴产业的重大项目遭遇了严重困难，这些困难的解决是需要通过各部委的协调来解决的。但是，由于条块分割，我们并未拿出可操作的解决办法。议而不决、不议不决，队伍就散掉了。新兴产业必然是高风险产业，必须设计完善的止损和风险分担机制，要鼓励私人企业和私人资本介入。此外，也必须解决产业政策的制定过程不透明，没有真正做到最大限度地集思广益等问题。如何制定和执行产业政策是有许多国内外经验可以参考的，中国政府应该在以往经验的基础上完善产业政策制定和执行的指导规则。

研发投资是高科技产业发展的必要条件。在过去10年中，美国半导体产业的研发投资是3120亿美元，是全球其他国家在半导体产业投资的两倍。2018年，美国在半导体产业的研发投资是390亿美元，美国政府在基础研究方面进行了大量投资。传统上，美国半导体公司研发投资要占到其收入的17%～20%，其他国家则只有7%～14%。中国政府需要进一步增加基础研究领域的投资。更重要的是，我们的企业，特别是国有企业，由于体制和激励机制的问题，缺乏自主创新的动力和能力。制度创新是科技创新的先决条件。

高科技产业在创新上存在抢占制高点和发现制高点的不同技术路线。沿已有路径，做精（如芯片厚度从22纳米做到14纳米，再做到3纳米），还是另辟蹊径？要抢占制高点和发现制高点，特别是后者，必须从基础教育、基础研究、探索精神的培养做起。我们的教育和科研体系改革必须进一步深化，否则将难以满足中国自主创新的需求。

《建议》中提到了"基础研究""原始创新""企业创新能力""举国体制""知识产权"等诸多概念。显然，在高技术竞争领域，核心概念是自主创新，而其他概念则是实行自主创新的必要条件。"以国内大循环为主体"的提出，显示中国在赶超世界先进技术水平的道路上已经超越"以引进为主"的阶段，正在"自主创新"的道路上疾行。

第四，长期执行出口导向政策导致资源跨境、跨时错配，如不及时纠正，中国可能在未来掉入债务陷阱。

由于在发展加工贸易的同时，我们实行了非常优惠的FDI政策，大量的FDI流入中国。如前所述，加工贸易本身一定会导致贸易顺差。尽管在相当长的时间里中国一般贸易保持逆差，但由于加工贸易在贸易中所占比重很高，除1993年外中国各年度都是贸易顺差。与此同时（直到2014年），由于FDI的流入，中国保持着资本项目（现在叫非储备性资本和金融项目）顺差。

双顺差的急剧增加导致外汇储备的急剧增加，但当外汇储备积累到按任何标准来看都过多之后，问题就来了。外汇储备的增加，一般情况下意味增持美国国库券，也就是说以美国国库券的形式中国所持有的海外资产在增加。FDI是中国海外负债，FDI增加意味着资本输入，在中国的国际投资头寸表上，资产主要是外汇储备，负债主要是FDI累积存量。如果说，在特定条件下，在中国改革开放初期直到1990年代，双顺差有其合理性，那么在2000年代初，中国外汇储备已经达到数千亿美元之后，依然维持双顺差就没有什么合理性了。关于导致双顺差的原因，我过去做过很多讨论，这里不再赘述。

在一定意义上，双顺差是实行以加工贸易和FDI为特征的出口导向发展战略的结果。双顺差所代表的资源跨境、跨时错配随着外汇储备的增加而变得越来越严重，而其中的一个重要结果是：作为净债权国，中国却维持投资收入逆差。问题出在哪里呢？

看图9中国际大循环中美元的流动方向。假设美国从中国进口5美元，即中国对美国出口5美元。中国出口了5美元之后，拿其中3美元进口，用于国内生产。与此同时，中国还引入了从美国资本市场筹集的1美元的FDI。理论上，FDI带来的1美元首先进入中国外汇市场换成人民币，导致外汇储备增加1美元。由于这1美元要用于购买进口原材料、中间产品和资本品，所以进口总额是4美元，其中，3美元是通过出口创汇挣来的，1美元是FDI带来的，中国的贸易顺差是 1 美元（5 美元 −3 美元 −1 美元）。进入外汇市场后转化为外汇储备的外汇是 2 美元，其中，1 美元来自贸易顺差，是中国"挣来的"，另外 1 美元是 FDI 带来的，是中国借来的。

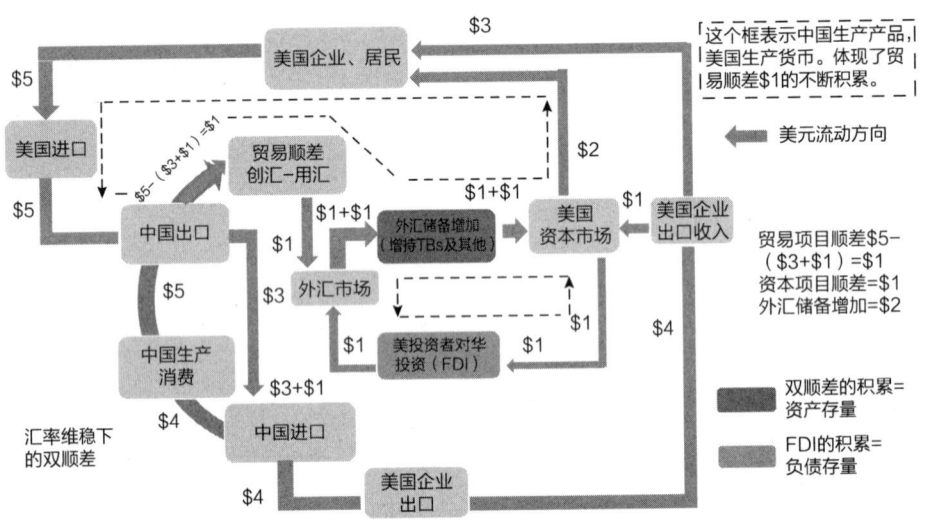

图 9　双顺差条件下资金的国际大循环

外汇储备是对美国的投资（购买美国国债），是对美国的资本输出。中国对美国输出了 2 美元，美国对中国输出了 1 美元（FDI）。但美国以 FDI 形式"借"给中国的 1 美元，也可以理解为本来是中国自己的钱。中国向美国资本市场注入 2 美元，美国向中国资本市场注入 1 美元。美国资本市场代替中国资本市场为中国进行了资源配置：中国企业不是从中国资本市场，而是从美国资本市场取得了所需要的资金。中国的投资者不是在中国资本市场，而是在美国资本市场找到所需要的资金。

图 9 中的国际大循环可以分解为两个子循环（见图 10）：一个循环是中国贸易顺差产生的外汇进入中国的外汇市场，然后变成外汇储备的增加，通过美国的资本市场又被美国的借贷者吸收，用于消费和投资。另一个循环是资金在美国和中国资本市场之间的循环。美国投资者向美国资本市场注入资金，中国投资者（外管局）向美国资本市场注入资金，使美国投资者得到可以再次为美国资本市场注入资金的资金（也可以说，中国投资者向美国资本市场注入资金，美国投资者从美国资本市场筹集资金，再向中国外汇市场注入资金）。两个循环不断重复，

一圈、两圈、三圈、四圈……

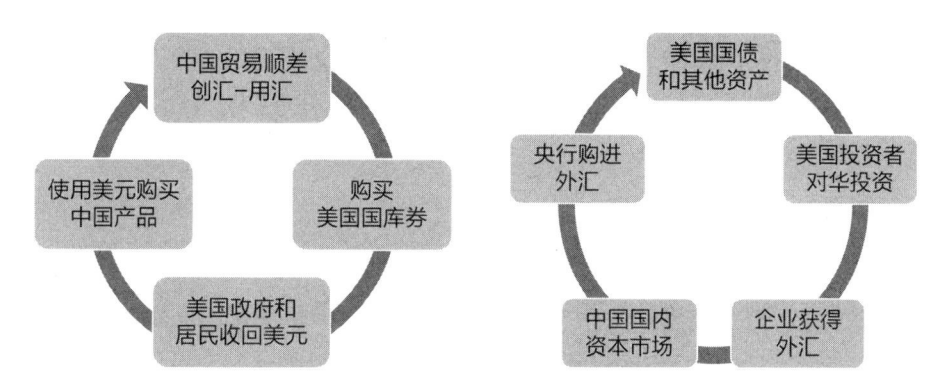

图10　双顺差下的两个子循环

双顺差下的国际循环的两个子循环可以简单理解为"美国生产美元—中国生产商品"循环，以及"中国购买美国国债—美国取得中国企业股权"循环。这样，一方面，中国不断积累美国国债，这是中国的资产，资产的存量越来越多。与此同时，中国的债务（FDI）也在不断积累。中国购买美国国库券和美国对中国进行直接投资的收益差，就是中国投资收入的净流出。

国际大循环的特点决定了双顺差的存在和持续增加，而这种特定的循环形式决定了中国海外资产的特定结构。截至2019年3月，中国的海外资产达7.4万亿美元，主要是由购买美国国库券的外汇储备构成的（还有其他一些形式的资产，如中国在海外的直接投资、证券投资和其他投资）。中国的负债是5.4万亿美元，主要是FDI（还有其他国家在中国的证券投资和其他投资）。中国的海外资产是7.4万亿美元，负债是5.4万亿美元，海外净资产是2万亿美元。

中国拥有2万亿美元净资产，相应的收益是多少呢？你在银行存了2万亿美元，肯定要取得利息。如果银行利息率是1%，你会预期每年利息大概至少有1000亿美元到2000亿美元的投资收入，但实际情况并不是这样的。

在最近十几年，中国的投资收入除个别年份外基本上是负的（见图11）。出现这种情况的直接原因很简单：一方面，中国海外资产主要是中央银行作为外汇储备所购买的美国国库券，而国库券的收益率极低；另一方面，中国的负债主要是FDI，负债的成本比资产的收益率要高得多。

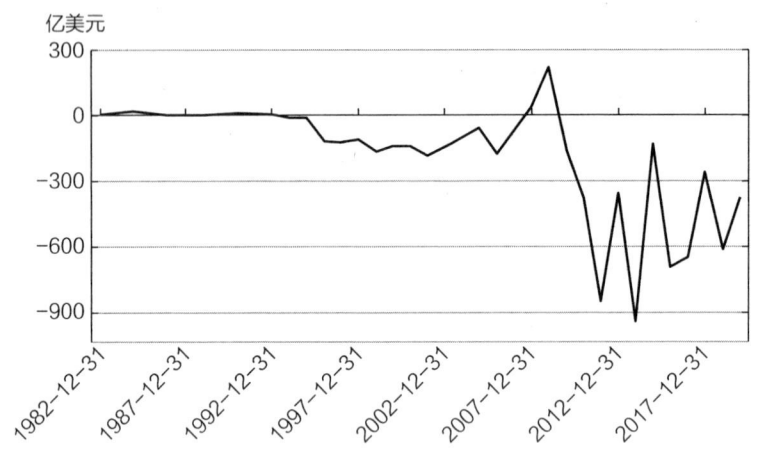

图 11 中国的投资收入

跨境、跨时错配问题对于中国未来的发展会有很大的影响。以日本为例，2005 年后，日本投资收入顺差大于贸易顺差，2011—2019 年（除 1916 年、1917 年外）是贸易逆差。靠投资收入维持经常项目顺差，投资收入始终是正的，而且越来越大。日本国际收支结构一定程度上保证了老龄化的日本可以"食利"，而不是付息（见图 12）。

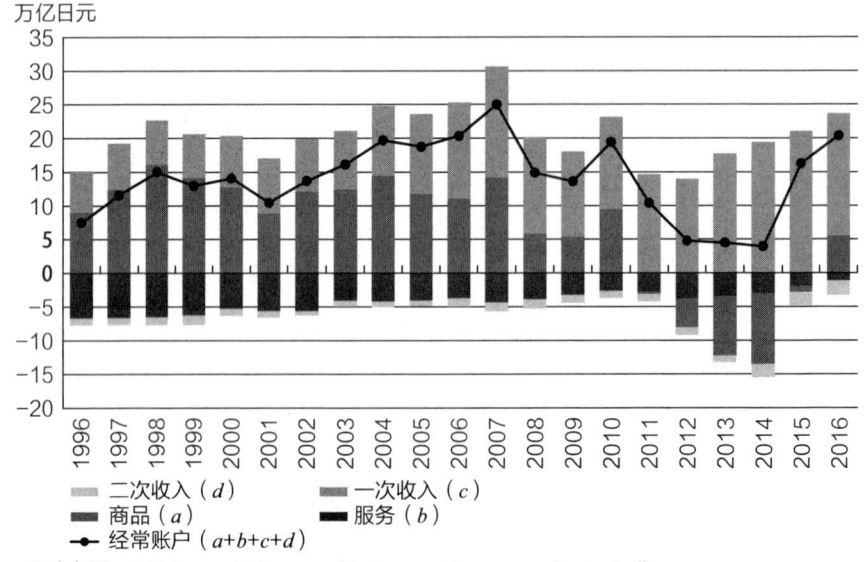

资料来源：Ministry of Finance: "Balance of Payments Statistics"

图 12 日本的国际收支结构

一个国家随着人口老化，不可能维持很高的贸易顺差，贸易顺差会转成贸易逆差。随着人口的老化，中国出现贸易逆差可能会变成常态。在这种情况下，如果我们的投资收入不转变成顺差，不大于贸易逆差，那么中国就可能成为一个债务国。如果中国不改变拥有庞大海外净资产但投资收入为负这种状况，进入人口老龄化之后，还要付息而不能"食利"，我们的经济会出现很大的问题。今后，即便中国不再继续保持双顺差，中国也必须花大力气，改善中国的国际投资头寸结构，变投资收入逆差为顺差。

第五，中国必须调整发展战略的另一个原因是地缘政治环境发生了变化。美国想把中国从高科技产业链条中踢出去，这增加了中国调整发展战略的紧迫性（关于这个问题我们已经有过很多讨论，这里不再赘述）。

中国非常幸运，因为中国是世界人口第一大国，有广阔的国内市场，只要以国内市场为依托，进一步深化改革，通过正确的经济政策组合，改善和加强国内循环，实现国内、国际双循环相互促进，中国就能在困难的外部环境中立于不败之地。

总之，只要我们能在"以国内大循环为主体，国内、国际双循环相互促进"的思想指导下，加速中国经济发展战略和政策的调整，即便面对持续恶化的外部环境，中国经济仍可以在相当长的时间内维持较高经济增长速度，最终逼近或者赶上世界先进国家，实现中国屹立于世界各国之林的梦想。

本文创作于2020年。在写作过程中得到中国社会科学院世界经济与政治研究所许多研究人员的帮助。在此要特别向东艳及其团队、肖立晟、徐奇渊和杨博涵表示感谢。

新地缘政治条件下的中美贸易争端

中美贸易争端应该说是从 2018 年 3 月 8 日美国宣布对从中国出口的钢铝产品加征关税开始的。现在来看，中美贸易争端已不可避免，而且可能长期化。目前两国贸易争端还在不断升级。2018 年 7 月 6 日，美国对中国 340 亿美元的出口产品加征 25% 的关税，8 月 23 日和 9 月 24 日又分别对中国 160 亿美元和 2000 亿美元的出口产品加征 25% 和 10% 的关税，并扬言自 2019 年 1 月起，对剩下的 2650 亿美元的出口产品加征关税。

一、中国和美国贸易争端的原因

美国和中国发生贸易争端，有直接的原因，也有深层次的原因。直接的原因有两个。

第一，中国对美国保持了大量贸易顺差，特朗普认为中国占了美国的便宜。然而中国对美国有顺差，按定义就是中国把钱借给美国了。借给美国这么多钱，他居然说中国占了他们的便宜，实际上是他们占了中国的便宜。

第二，中国贸易顺差影响美国就业，特朗普个人特别强调这一点。尽管中国对美国维持大量贸易顺差意味着把大量资源借给了美国，但美国蓝领认为中国的廉价劳动力对他们的就业构成严重竞争压力，使他们在劳资谈判中处于不利地位，因而在美国出现了以蓝领工人为代表的比较普遍的反华、厌华情绪。

深层次的原因是中国的崛起使美国统治集团感到了威胁，换言之，是"修昔底德陷阱"问题。在谈判桌上，美国把有可能使中国实现赶超的一系列问题，如以"中国制造2025"（现已改为"中国智能制造"。——编辑注）为代表的中国产业规划、产业政策等归结为结构性问题。当然，也应该看到，我们在开放金融服务、保护知识产权、贸易自由化等方面也确实存在一些需要改进之处。

就特朗普本人而言，他比较强调中国对美国的贸易顺差问题。但另一些美国人，如莱布尼泽等，则强调所谓的结构性问题。美国贸易代表办公室（USTR）的《301报告》通篇谈论"中国制造2025"，认为中国有一个天大的阴谋。实际上，"中国制造2025"只是中国改变制造业落后状况的一个愿景，并无具体实施细则，远说不上是一个实现国家意志的纲领和行动计划。

二、美国政府发起贸易争端的战略意图

美国口头上承认任何一个国家都有权力发展自己的产业，但是它认为中国发展自己产业的手段是不正确的。美国的《301报告》提出了四个主要问题：第一，不公正的技术转让制度；第二，歧视性的注册限制；第三，瞄准高技术产业的海外投资；第四，入侵美国商业计算机系统，盗窃美国知识产权。

我国商务部针对《301报告》中美国的许多指责并没有给予正面回答，但仔细研究《301报告》就不难发现，美国的绝大部分指责是站不住脚的，是建立在道听途说、主观臆断的基础之上的。

美国政府到底想干什么？特朗普强调的是美国对华贸易逆差，他要让美国"再次伟大"，就是让资本回流美国，让美国蓝领实现再就业。他和班农等之流相比，对地缘政治的考虑似乎少一些。美国的《国家安全战略报告》宣称："中国和俄罗斯挑战美国的实力、影响力和利益，试图侵蚀美国的安全与繁荣。中国和俄罗斯通过削弱经济自由和公平，扩展军队及控制信息和数据，来压制它们的社会和扩大它们的影响力。与此同时，朝鲜和伊朗的'独裁政权'一心破坏地区稳定，威胁美国及其盟友，并残酷对待其本国国民，从'伊斯兰圣战'恐怖主义分子到跨国犯罪组织正在处心积虑地伤害美国。"可见，美国已经把中国确定为头号竞争对手和潜在的敌人。对此我们必须正视，不应抱有幻想。但美国的《国家

安全战略报告》同时还提出："竞争并不等于冲突和战争，竞争是避免冲突的最佳路径。"美国政府的战略意图非常清晰：一方面要抑制中国的发展，保持对中国至少20年的技术领先，防止中国的国力进一步接近美国；另一方面美国也不希望美中冲突发展为战争，认为美中必有一战的看法是武断的。

美国是相信能力而不是意图的。只要你的能力在接近它，它就会怀疑你的意图。美国从国家安全需要出发，想尽一切办法抑制中国的发展，在大国博弈中是很自然的事。日本和美国打了30多年贸易战。由于中美贸易争端是同地缘政治联系在一起的，同美国与日本和欧洲国家的贸易战相比，中美贸易争端必然是更激烈、持续时间更长的持久战。

最近我到美国去，接触了美国的思想库、商界和一般民众，有一些新的感受。根据 *US Today* 最近一期关于民众所关心的问题的民意测验，前几个月民主党支持者关心的问题，前五位分别是医疗问题（42%）、就业问题（22%）、退伍军人问题（21%）、腐败问题（12%）、能源和环境问题（12%），中美贸易争端并不在其中。共和党支持者的情况也差不多。中美贸易争端问题还不是美国民众最关心的事情。美国商界、知识界和其他精英人士对中国的态度确实有很大变化，但也不能说他们已经把中国视为敌人。总之，中美之间的关系还不像冷战时期的美苏关系。中美之间有许多共同经济利益，甚至战略利益（如反对恐怖主义）。因而，我对中美贸易争端得到控制，在各个阶段都能达成某种妥协还是抱有希望的。

三、中国的应对之策

什么是贸易战？按照WTO的解释，贸易战是媒体对主要贸易伙伴之间出现贸易争端的一种夸张说法。争端的双方一般会按照多边贸易规则通过谈判找到双方都可以接受的结果。根据WTO规则，贸易争端应该通过WTO争端解决机制解决。如果无法达成协议，WTO的上诉机构将作出最后裁决，并且授权上诉方对拒绝执行裁决的败诉方采取合乎WTO规则的报复措施，如加征关税等。

如果 WTO 规则得到尊重，中美贸易争端是可以在 WTO 框架内得到解决的，而不至于激化成贸易战。美国根据 301 条款对中国出口加征关税的做法本身就是违反 WTO 规则的。美国根据其规则对 500 亿美元中国产品加征关税后，中国实施关税报复完全合乎 WTO 规则，也符合国际惯例。如果在美国对 500 亿美元中国产品加征关税后中国不采取报复措施，美国是否会就此罢手呢？不会！美国对中国产品加征关税并非仅仅是为了减少对中国的贸易逆差，其主要目的是要中国解决所谓"结构性问题"。因而，除非中国满足这些要求，否则即便中国不对美国实施关税报复，美国还是会对中国产品加征关税的，或者采取加征关税之外的其他更具有破坏性的措施。中国的选择不外乎对美国加征关税实施报复，或者满足美国在所谓"结构性问题"上的要求。由于我对美国到底提出了什么具体要求一无所知，对中国应作出何种选择难以置喙，但我相信，对美国实行有限度的（按比例）关税报复，是劝说美国放弃极限施压、放弃贸易战的有效办法。

大家都说"贸易战没有赢家"，是因为加征关税对贸易双方都没有好处。美国政府在确定对 500 亿美元中国产品加征关税时是颇费思量的，因为它不希望加征关税对美国消费者和跨国公司造成太大不利影响。美国很多学者指出，在 500 亿美元的进口产品中，85% 都是资源品和中间品，加了关税，美国企业的成本就会上升，竞争力就会削弱。另外，在这些产品中，60%～70% 是美国在华企业生产的，美国自己也要受到利益损失。中国采取报复措施后，美国又对中国的 2000 亿美元产品加征关税，甚至威胁对中国余下的 2670 亿美元产品加征关税，美国国内消费者和生产者难免不受巨大打击。中国的进一步关税报复，必然对美国生产者造成更大打击。事实上这种打击致使美国生产者产生的损失已经开始显现。

美国政府希望通过贸易战对中国经济造成最大限度的伤害（特朗普一再对中国经济下滑、股市大跌表示高兴），同时尽量减少对美国经济的伤害。针对美国的谈判策略，中国只能以战止战。只有当真正感受到贸易战的伤害时，美国才会有意愿坐下来同中国达成妥协方案。如果特朗普依然相信美国可以轻易赢得对中国的贸易战，他凭什么会同中国妥协呢？极限施压是特朗普的一种谈判策略，其实，特朗普比我们更急于取得成果。我们完全可以"让子弹再飞一会儿"，争取尽可能好的谈判结果。

需要指出的是，应对美国的挑战我们应该遵循有利、有理、有节的方针，以战止战是我们的目标。虽然我们不知道在谈判中美国会对中国提出什么具体要求，但是我们相信，这些要求也不一定是完全不合理的。对于合理要求我们应该尽可能满足。有些要求不尽合理，但可能并不涉及中国的核心利益，我们也可以作出适当让步，但中国不能接受最后通牒。

四、未来的新战场

目前中美冲突主要表现为贸易冲突，但战场可能会转移。第一是打投资战。特朗普的一个重要政策主张是让美国企业回归，给美国民众创造就业机会，但是美国企业把整个产业链搬回国也不是件容易的事。中国经过 20 多年的发展，打造了完整的产业链。如果富士康到美国去建厂，不花两三年甚至更长的时间，不但难以训练出像在中国那么多的吃苦耐劳的熟练工人，连能否建立完整的后勤保障系统都很难说。投资战未来可能变成主战场，建议政府有关部门组织力量研究中美投资战的预案。第二是打汇率战。现在特朗普对汇率谈得比较多。第三是实施金融制裁，特别是跟伊朗石油禁运有关的金融制裁。第四是把中国排除出全球供应链。第五是冻结中国海外资产。中国外汇储备的安全问题是需要考虑的，因为中国买了美国那么多国债，美国欠中国好几万亿美元。中国在这个问题上是很被动的。贸易争端升级，大打投资战、汇率战，实施金融制裁，把中国排除出全球供应链，冻结中国海外资产，所有这些都是可能发生的事情。

五、如何应对汇率战和金融制裁

2016 年 8 月 30 日，特朗普在接受《彭博》记者采访时说，他的政府正在重新审视如何确定各国是否在操纵本国汇率，而且称中国在通过人民币贬值来应对近期的经济增长放缓。他抱怨中国操纵人民币汇率，说这是中国惯用的方式，他正在密切注意这个问题。特朗普很喜欢让美元贬值，一再声称美元应该是弱势美元，而这种观点跟美联储的观点是相抵触的。但他要代表蓝领工人，重视就业问题，自然要支持美元贬值。

关于什么是操纵汇率，IMF 在 1977 年有明确的定义，美国自己也给出了定义。一旦某个国家被美国确定为汇率操纵者之后，它就可以对所谓的"汇率操纵国"施加反补贴税。2005 年，舒默声称要对中国加征 27.5% 的关税，他认为中国的汇率被低估了 27.5%。这个结论是怎么得出的呢？舒默从不同经济学家用不同方法计算出来的不同结果中找出中位数——27.5%，于是宣布人民币汇率被低估了 27.5%。这种计算方法显然是很荒唐的。特朗普会不会以中国操纵汇率为由再次加征关税？这种可能性也不能排除，但目前看可能性不大。1985 年根据广场协议，美国强迫日本将日元大幅度升值时美元指数是 160。现在的美元指数仅为 90 左右。

人民币汇率应该让市场决定，如果市场压力要求人民币汇率贬值到 7 以下，我们就应该让人民币汇率破 7。目前最大的问题是，一旦人民币汇率贬值，美国就会说中国央行操纵人民币汇率。如果找不出像样的理由，美国还可能会说中国是通过鼓励资本外流推动人民币贬值的。欲加之罪，何患无辞？中国应对美国汇率问题挑战的最好办法就是改革人民币汇率形成机制，尽早实现汇率从有管理浮动到清洁浮动的转变。应该看到，当人民币受到贬值压力时维持人民币汇率不动，固然可以打击空头，但是也降低了人民币兑换美元的成本，实际上方便了资本外流或外逃。

2018 年 11 月，美国恢复了对伊朗的全面制裁，同时还通过了一系列法律，对同伊朗进行交易的公司和个人加以惩罚。中国在伊朗有大量的投资，是伊朗最大的海外投资国。如果中国的企业和金融机构违反美国的禁运规定，根据美国的"长臂管辖"，它们就要被美国罚款或被从 SWIFT 和 CHIPS 系统中剔除，从而无法使用美元进行交易。

面对这种情况，欧洲采取了几个措施，例如，援引"阻断法令"（Blocking Statute），禁止欧洲企业接受美国的处罚。而中国目前没有类似的法令。又如，欧洲建立了一个独立于 SWIFT 和 CHIPS，专为同伊朗进行贸易的结算系统。尽管欧洲的这些措施不一定能有效规避美国的制裁，但欧洲毕竟在想办法反制美国的霸道行径。

我们还面临着一个更为长期和根本性的挑战，就是美国可能不惜付出巨大代价也要把中国逐出全球供应链。中国的许多重要产业，特别是高科技、高附加值产业是全球供应链的重要组成部分，无论是在上游还是在下游，无论是在纵向还是在横向，都严重依赖全球供应链。如何应对这一挑战是我们必须尽快作出具体回答的问题。

六、坚持多边主义原则

中国应该坚持多边主义原则，维护现存的多边主义组织架构。我们应该与欧洲各国、日本及其他国家讨论 WTO 的改革问题。WTO 确实有需要改革的地方。中国在 WTO 框架内得到了很多好处，但中国并没有违反 WTO 规则。应该承认，现在的中国已非昔日的中国，中国可以、也应该根据自己的发展水平承担更多的责任和义务。

目前中国正在同许多国家进行关于区域经济合作、贸易自由化的谈判。中国应该全面地开展这类谈判，动员国际力量，迫使美国回归多边主义。

七、加强和美国公众的交流与对话

除利益冲突之外，误解在中美贸易争端乃至中美政治关系中扮演了重要的角色。中国社会科学院在美国开了几次记者招待会，美国记者经常提出的问题是"为什么你们盗窃我们的知识产权"。美国的民众也想当然地认为中国人在盗窃他们的技术。我们反问他们，你们凭什么说我们盗窃了你们的知识产权，证据在哪里？可以不夸张地说，在我们访美的全程中，美国方面没有一个人能举出一个例子来说明中国人到底偷了他们什么东西。

然而，我们也应该看到，美国政府在《301 报告》中对一系列中国企业进行了指名道姓的指责。但是，令人不解的是，我们这些被指责为对美国进行网络入侵、技术盗窃的企业似乎并没有站出来反驳《301 报告》，捍卫自己的荣誉。

《301 报告》指控中核电从 E-mail 上盗窃了西屋 7 万页的技术资料。在网上可以查到，中核电和西屋签订了关于 AP1000 型核电站的技术转让协议。根据协议，西屋向中核电提供约 7 万页的技术资料。而这仅是第一个协定。根据第二个协定，西屋还应向中核电提供相当于 2.1 吨的材料外加几百个计算机软件。我实在不理解中核电为什么不站出来辩诬。中海油等大企业也都面临着这样的指控。如果中国企业都采取"清者自清"的态度，国外舆论就会认为中国企业默认了《301 报告》的指控，美国政府中的鹰派就会获得美国民意的支持，中国就会为这场贸易争端付出沉重代价。

中国 40 年来所坚持的改革开放方针无疑是正确的。在新地缘政治条件下，我们必须对如何坚持改革开放作出新的思考。唯其如此，我们才能在和美国的经贸、金融博弈中立于不败之地。

本文根据本书作者在 2018 年 9 月 27 日"中美战略博弈走势研判及应对"研讨会上的发言摘编。本书作者对摘编稿作了少量文字上的润色。

产业体系的安全与效率和全球供应链重塑

自改革开放以来，通过贸易、投资和技术交流，中美之间在经济上已经形成高度相互依赖的格局。但是，随着中美经济差距的缩小，美国某些政治精英产生了严重的恐中情绪。特朗普政府把中国当作排在俄罗斯、伊朗、朝鲜、恐怖主义者和跨国犯罪集团之前的头号对手。美国政府不但对中国发动贸易战，大幅度提高关税，而且把大量中国高技术企业列入管制"实体清单"，对中兴和华为等高技术企业实施制裁。特朗普政府的官员公开声称，他们这样做的目的是要把中国踢出全球供应链。拜登政府的对华经济政策在调门上有所缓和，但大概率会继续坚持把中国踢出全球高技术产业链（如半导体、大飞机和精密机器制造等领域）的"小院高墙"政策。

对于美国某些政治精英来说，最佳选择应该是一方面阻止中国在高科技领域进一步缩小同美国的差距，另一方面尽量减少"脱钩"对美国造成的商业损失。因而，美国把中国踢出全球高科技产业链的政策应该是渐进的、选择性的。美国政府也在根据自己的国家利益致力于全球供应链的重塑。到目前为止，拜登政府政策的重点还是"完善国内产业链"：对美国供应链存在的漏洞进行清点，并且立即填补这些漏洞。在包括能源、网络技术、半导体、关键电子与电信基础设施和关键原材料等众多领域建立更强大、更有弹性的国内供应链。

如果美国的政策十分明确，我们也就可以迅速形成应对之策。拜登政府的政策似乎依然处于形成过程之中（还有些犹豫？）。而美国政府政策的模糊之处也给中国企业制定应对之策造成了困难。是"丢掉幻想准备战斗",还是"继续怀抱希望,争取较好结果"?两种类型的误判都会给企业造成巨大损失。例如,如果不马上准备"备胎"或另辟蹊径,最终被踢出局,我们就浪费了5年、10年的时间。反之,如果美国政府最终放弃把中国踢出局的政策,我们准备"备胎"或另辟蹊径,就意味着浪费资源,代价可能也是巨大的。

我们现在所要回答的问题是:在全球价值链和中国产业体系的重塑过程中,中国如何在最大限度地嵌入全球供应链的同时,把经济风险降低到最低限度。

自1791年美国第一任财政部部长亚历山大·汉密尔顿(Alexander Hamilton)发表著名的《制造业问题报告》以来,经济学家在这个问题上的争论已经持续了200多年。

从自然经济到商品经济,从农业社会到工业社会,分工是推动经济发展的重要驱动力。在工业化社会,分工首先是在民族国家的范围内实行的,然后才开始跨越国界,在世界范围内扩展,形成国际分工体系。

1776年3月,亚当·斯密在《国富论》中第一次提出了劳动分工的观点:一个小工厂的工人,"一人一日可成针四千八百枚。如果他们各自独立工作,不专习一种特殊业务,那么,他们不论是谁,……说不定一天连一枚针也制造不出来。"所谓分工就是指劳动过程被分为不同阶段,由不同的一个或一组人在不同阶段完成不同任务。分工极大提高了劳动生产效率。

在工业革命爆发以前,英国最重要的工业或农村工业是纺织业。纺织的工序包括清洗,梳理,纺线,织布,平整,印染。由于工具简单,这些工序都是在农户家中或作坊里由不同家庭成员或学徒完成的。

17世纪后,在英国和欧洲其他各国逐渐形成了所谓家庭包工制度(Domestic System),又称"包出制度"(Putting-out System)。这种制度有两个要素:包销商和家庭作坊。包销商将羊毛或棉原料交给村庄中从事纺线工作的农户,然后再把纺好的羊毛线或棉线交给其他农户织布。包销商最后按件(或工资)从农户手中收购最终产品到市场上销售。在这种制度下,承包不同阶段加工工作的农户不用自己买进原料(原料的所有者是包销商),也不必操心产品的出售。

18 世纪工业革命爆发。织布飞梭（John Kay，1733）、珍妮纺纱机（James Hargreaves，1765）、水力纺织机（Richard Arkwright，1769）和以蒸汽（Watt，1775）为动力的纺织骡机（Crompton's Mule，Samuel Crompton，1779）相继问世。为了充分发挥机器设备的规模效应，充分利用城市的集聚效应，以成本最小化和利润最大化为目标的企业家自然会选择在城镇而不是在分散的农村安装大型机器设备，建立工厂。工厂制度也就应运而生。

18 世纪末期，由于可交换部件的广泛应用，以纺织生产的机械化为标志的工厂制度得到进一步加强。此前毛瑟枪的每一个部件都是由一个工人单独制造，然后再组装在一起的。可交换部件的出现意味着根据严格工艺要求生产的每一支毛瑟枪的任何部件，都可以同另一支毛瑟枪的相同部件交换。这种可交换性开创了大规模生产的时代。

工业革命不仅导致工厂制度的建立和已有产品生产的分工和专业化，而且导致不同产业的诞生和发展。蒸汽机使纺织生产得以实现机械化，而蒸汽机的使用导致了煤炭工业、冶金工业和金属加工业的发展，机床制造业的发展又使大规模生产的进一步发展成为可能。

由于生产规模的扩大，从一个国家进口原材料到另一个国家销售最终产品使生产变得更加有利可图。这样，一些国家成为原料出口国和制成品进口国，另一些国家则相反。于是，国际贸易迅速发展起来。

回顾历史，我们可以看到，分工起源于家庭、作坊和工厂内的分工。与此同时，也存在社会和产业层面的分工，如农业、牧业和手工业的分工。在工业革命时期，英国纺织业的狂飙突进导致一系列新产业的诞生。英国最终建立了一个包括农业（占比下降）、轻工业和重工业的完整的工业体系。对外贸易主要是进口粮食、原材料和出口制成品。生产过程的碎片化和产业链贸易应该基本不存在。在当时已经出现是按绝对利益（或比较利益）进行国际分工，建立超越国界的产业体系，还是在民族国家范围内建立相对完整的产业体系的争论。

1791 年，汉密尔顿在《制造业问题报告》中指出："一些国家在其经营多年且日臻完善的产业上所拥有的优势,对于那些试图把这一产业引进本国的国家来说,是难以逾越的障碍。同一产业,在一国是新生产业,在另一国是成熟产业,希望两者在质量和价格相同条件下进行竞争,在大多数情况下是不可行的。"德国经济学家李斯特(Friedrich List)后来将这种观点提炼成幼稚产业保护理论。根据这一理论,后起国家的新兴产业,经不起领先国家的业已成熟的同一产业的竞争,因而,应该对本国新兴产业采取有选择的适当保护措施。

为什么即便眼下没有竞争优势,也一定要发展某个产业呢?李斯特认为:英国和美国执行的是"踢掉梯子",不让后来者登顶的政策。因而,应该通过关税等措施保护那些将来有机会形成比较优势的产业,使它们最终也能成功登顶。更重要的是,李斯特认为:伴随分工的应该是民族团结感(sense of national unity)、独立和共同目标以及生产性力量(productive forces)之间的合作。可见,李斯特是从国家利益最大化的前提出发来考虑产业体系建设和国际分工问题的。他同亚当·斯密的最大不同是,后者是个全球主义者,认为有利于英国的一定是有利于世界的。

有意思的是,自由贸易的拥趸亚当·斯密在叱责英国的制造业保护主义政策的同时,却支持赋予英国船只和水手垄断权的航海法,理由是"防务比富裕重要得多"。

可见,对于所有民族国家,特别是大国来说,按比较利益(包括动态比较利益)参与国际分工并不是无条件的。参与国际分工应与建立完整的产业体系的努力相协调。足够完整的产业体系意味着:第一,发展能力。即便贸易伙伴"踢掉梯子",自己依然能够登顶。例如,如果没有钢铁、机器制造和某些高科技产业,一个大国就可能会永远失去进入先进国家行列的机会。第二,国家安全。这里的安全应该包括粮食、能源和国防安全。

发展中国家如何最终进入发达国家行列?苏联模式的特点是优先发展重工业。通过"剪刀差"为工业发展提供资金;借美国大萧条之际,从美国大量进口机器设备,迅速实现工业化并建立起一个完整的产业体系。1933年,苏联第一个"五年计划"提前完成,斯大林自豪地宣布:"我们从前没有钢铁工业,现在我们已经有了；我们从前没有拖拉机工业，现在我们已经有了；我们从前没有机床制造工业，现在我们已经有了；我们从前没有汽车制造工业，现在我们已经有了。"

中国在"一五"期间，在苏联的帮助下布局建设的 156 个重点工业项目为新中国工业化初步奠定了基础。尽管此后有间歇性干扰，但经过近 30 年的艰苦奋斗，中国还是拥有了其他发展中国家所没有的比较完整的产业（工业）体系。

日本、韩国等亚洲经济体在二战后执行出口导向战略的同时，也致力于建立自己的产业体系。例如，尽管没有比较优势，韩国在 1970 年代大力发展重化工和钢铁产业，在相当大程度上，是出于对安全的考虑[①]。

改革开放后，中国希望引进外国先进设备，对已经落后的技术装备进行改造；希望积极参与国际分工，通过开展对外贸易，发挥中国的比较优势，但这些意愿受到外汇储备极度短缺的制约。1978 年，中国的外汇储备只有可怜的 1.67 亿美元。幸运的是，中国打开国门之时恰逢在国际上，特别是在东南亚代工、贴牌生产（OEM）的高峰期。OEM 的最大特点是生产者不需要花外汇储备购买原材料和中间产品。中国企业只负责加工这一环节，其余都由外商操心。在来料基础上加工，中国获得了对应于价值增值的外汇。这种生产－贸易方式同英国前工业革命时期的"包出制度"十分相似。OEM 的原始形式是"三来一补"，后来逐渐升级为"加工贸易"。经过近 20 年的努力，中国彻底解决了外汇短缺问题。1999 年，中间产品在中国出口中的占比达到 57% 的峰值。事实上，在不经意间，中国已深深嵌入全球价值链中。

在发展加工贸易的同时，中国还积极引入 FDI。同外债不同，FDI 的流入实际上同跨国公司的布局密切相关。事实上，大部分 FDI 企业同时在从事加工贸易，大部分加工贸易也是由 FDI 企业提供的。FDI 逐渐成为跨国公司引导中国企业进入全球供应链的最重要方式。

全球价值链是产品生产过程被分割成分布在全球不同地点的众多小阶段所形

---

① SAKONG I. 世界经济中的韩国 [J].IIE，1993.

成的。由于技术进步、贸易自由化等原因，发达国家的产品生产过程出现被分割成越来越小的阶段的趋势。当一定的技术条件（如产品轻型化、小型化、高价值化、标准化，拥有稳定性和独立性等）和制度条件（如低关税或零关税等）得到满足之后，把处于不同生产阶段的电子产品模块分散到不同国家生产，可以显著降低生产的总成本，是亚当·斯密当初所说的产品生产的工厂内分工在国际范围内的扩展。当今的国际分工体系是两种不同分工类型的混合体：一种类型是传统的基于资源禀赋的按产业划分的国际分工，如澳大利亚和巴西生产铁矿石，韩国和中国生产纺织品和服装、钢铁制品；另一种类型是同一最终产品按生产的不同阶段进行的国际分工。

中国参与国际分工有两种基本途径：其一，大体依照"雁行模式"，通过一般贸易方式加入以垂直分工为特点的国际分工体系，实现纺织、钢铁和重化工业的产业升级和转移。这种分工是不同国家产业间的分工。其二，通过加工贸易的方式加入全球价值链（国际生产网络）。这种分工是不同国家的企业在同一产品生产过程中的分工。参与分工的企业力图沿相应产业链实现向高技术、高价值增值的生产环节升级。不同的生产阶段是通过加工贸易连接的。

同通过一般贸易参与国际分工、实现产业升级相比，虽然加入全球价值链对促进经济增长、提高技术水平的积极影响是明显的，但对经济安全的负面影响也是显著的。最重要的是，全球价值链是由发达国家跨国公司设计和主导的，发展中国家一般只能被动接受跨国公司的安排，扮演加工者、组装者的角色。跨国公司是价值链的组织者和管理者，什么国家的哪个企业可以在哪个环节进入哪种产品的全球价值链，完全是由在该产品全球价值链中起主导作用的跨国公司决定的。

在正常情况下，加入全球价值链的利弊同参与一般国际分工的利弊相似。其利主要是改善资源配置，提高生产效率，可以学到一定的先进技术和管理技能。其弊包括在利益分配中处于不利地位，可能被锁定在国际分工的低端，引起贸易摩擦（处于全球价值链末端的最终产品组装，加工国对最终产品购买国保持贸易顺差）。

中国深度参与全球价值链必然会对原有的产业体系的完整性造成冲击。中国产业体系的安全性问题主要包含三个维度：对外依存度、完整性和适应性。对外依存度问题，学术界已作过比较充分的讨论，这里无须赘述。

完整性和对外依存度是两个相关但不同的概念，是产业体系安全性问题的两个不同视角。完整性问题可以从投入-产出矩阵的角度看。一个国家的各产业都是相互依赖的，缺少一个产业（或大类、中类、小类），其他产业都会受到不同程度的影响。当然，不同产业对一个国家的生存和发展的作用是不同的。例如，农业、能源等产业对中国这样的大国是关系到生死存亡的重要产业；钢铁、重化、机器制造和高科技等产业对中国的发展是必不可少的。这些产业无论经济效益是高还是低，都必须发展。完整性并不等于完全自给自足，有相当数量的产业并非不可或缺。但无论如何，保持一个相对完整的产业体系对中国这样的国家来说十分重要。许多国家片面追求经济效益，产业结构畸重畸轻，或者产业单一（如只有石油和天然气产业），一旦出现外部冲击，经济的脆弱性就暴露无遗。与此相反，在这次新冠疫情中，中国表现出巨大的韧性，这在很大程度上要归功于中国拥有一个相对完整的产业体系。

由于安全性依赖于完整性，对产业体系安全性的追求往往以生产效率的下降为代价。深度参与国际分工、深度嵌入全球价值链，意味着生产效率的提高，但又要以产业体系的安全性下降为代价。一个国家必须在产业体系安全性与最大限度参与国际分工之间找到平衡。

适应性概念兼顾了对效率与安全的考虑。例如，即便一个国家由于参与国际分工，产业体系不够完整，但该国具有强大的制造能力，一旦形势需要，该国就可以迅速补上短板。产业体系是否具有适应性，很大程度上取决于基础性产业是否得到充分发展。例如，强大的通用机床行业可以很快补足某种细分机床类别的短缺。产业体系的终极适应性来自教育、科研和高科技产业的发展。

中国产业体系建设如何处理好效率和安全的对立统一并非新问题，但在新的地缘政治条件下，全球供应链问题的出现给产业体系的效率和安全的对立统一问题增加了一个全新的维度。如果说产业体系的建设属于产业和细分产业的垂直分工的范畴，全球供应链就可以看作以产品为中心的水平分工。当然，这两者也难以严格区分。全球供应链是亚当·斯密劳动分工发展到极致的结果。深度嵌入全球价值链则意味着生产效率和经济增速的提高，而这种提高必然以削弱产业体系的完整性，从而导致其安全性的下降为代价。另外，片面追求安全性而拒绝加入全球供应链的结果可能是更不安全。

我们担心深度嵌入全球供应链产生的安全性问题，美国也担心所谓"国家安全受到中国威胁"。美国政府的全球供应链战略一直处于调整过程中。特朗普政府高呼"脱钩"，拜登政府则提出"小院高墙"和"不脱钩但去风险"战略。中美之间开启了"供应链攻防战"，美国是进攻方，中国是防守方。针对美国的战略，中国则以"缠抱和备胎"战略加以反制。当然，仅有战略是不够的，战略必须转化为政策和可操作的措施。

2020 年 12 月，美国国会研究部（Congressional Research Service）在一份研究报告[①]中提出了美国如何重塑全球价值链的设想。

第一，退出中国市场。例如，把某些低增值制造业从中国转移到越南。

第二，分散化和留余量。例如，依赖中国提供中间产品的企业可以执行"中国+1"战略。分散化和增加供应商会增加成本、降低效益，留余量会造成浪费，但是许多企业仍然计划执行分散化战略，而不是仅仅依赖一个供应商。

第三，建立区域供应链。建立区域供应链可以减少全球性冲击的影响，降低运输成本，缩短交货期，充分利用区域内的各种优惠安排。但区域供应链使企业无法在全球范围内挑选最好的合作伙伴，而且更容易受到区域内的冲击的影响。

第四，囤货。企业可以采取无库存生产（或准时制），但如果不愿意调整现存产业链，企业就只能沿供应链的各个环节，增加存货，以便为意想不到的冲击预做准备。囤货当然会增加成本，造成浪费。

第五，纵向生产。增加国内生产，减少外包。这种战略要求企业增加在各个

---

① Global Value Chains: Overview and Issues for Congress，December 16, 2020.

环节（制造专门部件，最终组装和包装等）的投资，把所有环节置于自己的控制之下。这种战略成本高昂，会导致企业丧失通过专业化提高效率、通过分散化规避风险的能力。

第六，回迁产业链。这种做法将导致企业成本上升，丧失分散风险的能力。2020年4月，日本政府拨款22亿美元鼓励企业把产业链的高价值环节由中国回迁到日本或迁移到东南亚其他国家。美国也在谈论这个问题。事实上，特朗普政府就曾颁布过相关政策，鼓励美国企业回迁到美国。

第七，留在原地。许多企业是服务于当地市场的，它们不愿意因迁出而失去当地市场。东道国的本地化政策迫使这些企业在去留之间作出选择，而这种选择是困难的。某些企业可能选择直面全球价值链风险而留在国外（不一定是原来的东道国），这对于某些企业（如成衣企业）可能是最好的选择。

把中国踢出全球价值链绝非易事。从特朗普上台到拜登上台，中美之间公开的"脱钩－反脱钩"拉锯战已经进行了四五年。事实证明，脱钩对美国经济的损害比特朗普所预料的严重得多，脱钩也比特朗普所预料的困难得多。中国所采取的一系列反脱钩措施加大了美国单方面脱钩的难度。出于商业利益，美国政府会给美国企业足够的时间，以便对全球价值链进行合乎美国利益的重塑，并且把重塑成本降到最低。中美的"脱钩－反脱钩"可能会持续相当长的时间，这种情况也使我们得到喘息和调整的时间，但没人知道美国政府在推行脱钩政策的道路上会走多远。尽管同中国脱钩会严重损害美国的经济利益和商业利益，但我们不知道美国政客是否会为实现其地缘政治目的，宁可"杀敌一千，自伤八百"，也要抑制中国的发展。基于底线思维，我们必须假设，中国迟早要面临被美国踢出全球高科技价值链的局面。

中国政府显然应该首先对中国产业体系和供应链存在的漏洞进行清点，并且立即填补这些漏洞。从全球价值链重塑的角度看，我们需要处理好以下四个方面的问题。

第一，对于已经深度嵌入全球价值链的高科技产业企业，中国政府应该帮助它们尽可能提高自己在链内的自主可控度，尽可能留在链内，以便为"备胎"的成熟争取时间。另外，高科技产业企业必须彻底丢掉幻想，从最基础、最低层做起，打造立足于国内的完整产业链。

第二，有些产品即便不属于高科技范畴，但为了实现经济增长、减少地区发展的不平衡，中国需要适当缩短这些产品参与全球价值链的"长度"，把更多的生产环节留在国内，特别是向中国的西部和北部转移。中国自身需要解决失业问题。中国需要推动城市化，而城市化的实现是以城市的工业化为条件的。然而，中国目前已经出现大规模的产业外移。由于国内不少行业产能过剩、国内工人工资上涨，以及美国的"原产地"原则，许多企业有转移到海外生产的强烈动机。正如有作者[1]指出的：中国供应链正面对"近岸制造"和"友岸制造"的争抢。例如，越南从纺织开始，沿着家居、电子逐步向机电领域爬升。虽然被转移到越南的订单仍是中国制造的延伸，但在培育越南产业链方面，中国厂家其实也是急先锋。它们在中国积累的经验，也会逐渐复制到越南和印度。在利润最大化和降低生产成本的动机驱使下，企业向外转移无可厚非。然而，这种外移对国家而言未必是好事，我们对产业外移应持谨慎态度，不应无条件地支持产业外移。

第三，中国必须发展以中国龙头企业主导的国内生产网络和供应链。要打破地方藩篱，在全国（而不是一省、一地）范围内，实现重要产品生产的最优分工。由于全球价值链的存在，在相当长一段时期内，一些中国企业，特别是中小民营企业，没有机会加入由中国龙头企业主导的国内生产网络和供应链。美国的"脱钩断供"实际上为中国中小企业加入中国龙头企业（如华为）主导的供应链创造了难得的机会。2023 年 8 月 29 日，华为 Mate 60 Pro 的上架说明，只要有华为这样的优秀龙头企业，中国完全可以建立起自主可控的高技术产品供应链。

第四，不少产业问题专家指出，应该打破近年来把工业分为旧动能和新动能的二分法，承认产业体系中传统工业的增长潜力。政府应该对现有产业体系中所

---

[1] 林雪萍. 供应链攻防战 [M]. 北京：中信出版社，2023.

有能够改造、升级、创新的企业或项目提供支持。这些专家指出："低端产业"是一种充满偏见的分类，是人们不假思索对于"低技术产业"的描述，而"战略性新兴产业"的提法，则在对比中加重了人们对于传统制造业的偏见。一些地方政府千方百计同时髦的高科技产业搭上关系，但对传统产业不闻不问。全球化发展到今天，几乎所有的产品都经受过技术的持续打磨，市场则经过了一轮又一轮的洗礼，能够生存下来的产业和企业，都必然有其独特性。中国制造的打火机，竞争力是无人能及的。作为中国三大家电生产基地之一的浙江慈溪市，也是打火机的生产基地，虽然出口总额只有数十亿元人民币，但是小生意背后是高级的组织管理，不仅需要高精尖的机床，也需要发达的供应链组织。某些"低端制造"拥有巨大的连接力，其供应链体系并不简单，背后也有高级的组织形态在支撑。精耕细作是一种供应链能否落地生根的关键。①

总之，由于全球经济和地缘政治形势的变化，有必要对中国产业体系的现状进行评估，确认薄弱环节，从产业和产品多个层面进行调整，实现在经济效率和产业体系安全之间的最佳平衡。

本文原为本书作者为徐奇渊、东艳主编的《全球产业链重塑》（2022 年由中国人民大学出版社出版）一书所写的序言，收录本文集时采用了本书作者为林雪萍所著的《供应链攻防战》（2023 年由中信出版社出版）一书所写的序言中的少量内容。

---

① 林雪萍.供应链攻防战 [M].北京：中信出版社，2023.